AI와
기후의 미래

AI와 기후의 미래

디지털 과잉 함정에 빠진 한국, 더 위험해진 기후

김병권 지음

착한책가게

차 례

세 명의 노벨상 수상자가 말하지 않은 것

왜 인공지능이 기후에 문제가 될까?

2024년 수여된 노벨상은 한 가지 점에서 아주 특별했다. 가장 화려하게 빛났던 수상자가 사실상 사람이 아닌 인공지능이라 볼 수 있기 때문이다. 사정은 이렇다. 무려 세 명의 수상자가 모두 '인공지능'과 관계가 깊었다. 우선 인공지능 단백질 구조 예측 모델인 '알파폴드'를 개발해 노벨 화학상을 받은 데미스 허사비스(Demis Hassabis)는 인공지능 기업 딥마인드의 CEO다. 두 번째 주인공은 인공 신경망을 이용한 머신러닝 개발에 기여한 공로로 노벨 물리학상을 받은 토론토 대학교수 제프리 힌튼(Geoffrey Hinton)이다. 마지막으로 노벨 경제학상 수상자 대런 애쓰모글루(Daron Acemoğlu)의 경우, 수상 이유는 인공지능이 아닌 '국가 사이의 경제 성과를 가져오는 제도 연구'를 한 공로였다. 하지만 그는 인공지능에 대한 독특한 견해를 강하게 밝히고 있는 보기 드문 경제학자이다. 2023년 디지털과 인공지능의 진화 방향의 문제점을 담은 《권력과 진보》를 출간해 화제를 모았고, 인공지능이 가져온 생산성 효과가 기대만큼 크지 않다는 논문을 발표하기도 했다.

흥미롭게도 이들 세 명의 노벨상 수상자들은 인공지능이 가져올 미래에 대해 서로 상당히 다른 견해를 보였다. 우선 허사비스는 인공지능 전문가 출신 경영인답게, 10년 이내에 사람과 동등한 수준의 인공일반지능(AGI)의 출현을 낙관하는 등 인공지능이 바꿀 미래가 대체로 인류와 사회에 긍정적인 영향을 줄 거라고 확신한다. 이 주장 배경에는 인공지능 혁신으로 시장 규모가 팽창하고 주가와 수익이 뛰어오르길 바라는 실리콘밸리 기술기업과 투자자들의 강력한 기대가 있음은 물론이다. 정반대로 힌튼은 적절히 통제되지 않은 인공지능의 난개발이 초래할 위험성을 공개적으로 강력히 경고해온 대표적 'AI 규제론자'다. 심지어 그는 인공지능의 위험성을 '핵분열 물질'에 빗대면서 정부가 인공지능과 관련한 강력한 윤리적 법규를 도입하고 인공지능 개발 기업이 확실한 안전 대책을 세우도록 규제해야 한다고 역설했다. 힌튼은 인공지능 기술 자체에 내재한 위험성을 강조하는 경향을 대표한다.

허사비스나 힌튼과 달리 경제학자 애쓰모글루는 인공지능 폭발과 디지털 혁신 자체를 문제 삼기보다는 인공지능 개발과 운영의 의사결정을 누가 하는지, 개발된 인공지능을 누가 소유하고 운영하는지 주체의 문제로 질문을 옮긴다. 지금처럼 공적인 규제의 틀 없이 오직 사기업의 수익 추구 수단으로만 인공지능 개발 방향이 결정되면, 빅테크 주가는 천정을 뚫고 비상할 수 있겠지만 노동자와 사회 전체에는 이익이 되지 않으리라는 것이 애쓰모글루의 논점이다.

이처럼 최고 전문가들 사이에도 첨단 인공지능이 열어줄 미래의 길은 상당이 다르게 전망된다. 그런데 이들 사이에는 차이점만 있는 것이 아니다. 인공지능 폭발이 불러올 '인권적', '사회적', '민주주의적' 충격에 대해 서로 상당히 의견이 엇갈리면서도 세 사람 모두 공통적으로 '지구'와 '기후'에 미칠 잠재적 충격에 대해서는 이렇다 할 언급이 없다. 물론 허사비스가 속한 기업 딥마인드는 인공지능 기반 기상예보 모델인 '그래프 캐스트'를 2023년 공개해 주목받기도 했고, 2019년에는 최대 36시간 전에 재생에너지 발전량을 훨씬 더 정확하게 예측하는 인공신경망 모델을 개발하기도 했다. 하지만 그의 주된 관심사는 아니다.

사실 일찍부터 실리콘밸리 빅테크들은 자신들의 디지털 기술과 인공지능 혁신이 기후위기 해법일 수 있다고 주장해왔다. 최근에는 인공지능이 기존 애플리케이션과 기술을 확장함으로써 2030년까지 글로벌 온실가스 배출량의 5~10%를 줄일 수 있음은 물론, 기후재난에 대비하고 회복력 향상에 도움을 줄 수 있다는 식의 보고서들도 쏟아져 나온다. 마이크로소프트는 2030년까지 자사의 온실가스 순배출 제로를 결정하는 한편, '선을 위한 인공지능(AI for Good)' 프로젝트를 시작하며 그 일환으로 '지구를 위한 인공지능(AI for Earth)' 활동도 수행했다. 인공지능이 기후위기 해법이라는 주장들이 현재 압도적으로 미디어와 여론을 지배하는데, 샘 알트먼(Sam Altman)이나 일론 머스크 같은 기술기업 경영자들이 마케팅 용어로 쏟아내는 낙관적인 미래 예측을 시민들이 정치인이나 학자들보다 오히려 더 신뢰하는 세태 때문이다.

하지만 디지털과 인공지능 혁신이 오히려 지구와 기후에 부정적 영향을 줄 수 있다는 주장 역시 만만치 않다. 지금까지의 경험적 사실은 디지털 혁신이 원래 약속했던 장밋빛 전망을 배신했던 상당한 증거들을 보여준다. 예를 들어 2000년대 '참여, 공유, 개방'을 보장해주리라던 소셜미디어(SNS)의 초기 낙관적인 분위기가 시간이 지나면서 무너져버린 대신, 갈수록 반향실 효과와 허위정보 유포, 개인정보 남용과 빅테크 독점화 등 부정적 영향은 커졌다.

2010년대 우버와 에어비앤비를 중심으로 급부상한 '공유경제' 사례도 마찬가지다. 공유경제는 시민들에게 편의를 제공하면서도 쉬는 자동차와 빈 공간 등 유휴 자원을 최대한 효율적으로 이용하도록 함으로써 환경에 도움을 줄 거라는 기대를 부풀렸다. 하지만 결과는 어땠나? 공유경제가 대규모 불안정 노동을 양산했음은 물론 우버의 대규모 팽창으로 오히려 교통 혼잡이 더 심해졌다. 자가용 운전자들이 자가용 대신 우버를 이용한 게 아니라, 원래 대중교통 이용자들이 우버를 이용하는 경향이 강했고, 쉬는 자가용이 아니라 우버 택시를 운행하기 위해 일부러 대출로 자동차를 신규 구매했기 때문이다.

2010년대 중반부터 엄청나게 팽창한 블록체인 기반 각종 가상코인의 초창기 화려한 약속도 예외가 아니었다. 이들은 탈-중앙화라는 이름 아래 평등한 개인들의 디지털 네트워크를 통해 금융 접근이 어려운 서민에게 수수료 없는 송금을 가능하게 해주고, 인플레이션 공포로부터 자유로운 새로운 디지털 통화를 약속했다. 하지만 탈-중앙화의 약속은 거대 채굴회사들과 코인 중개소들의 독점으로 참담하게 실패했고, 단 한 번도 제대로 화폐의 기능을 하지 못한 가상코인은 주로 마약 거래 등을 위한 블랙마켓에서 환영받고 있을 뿐이다. 또한 인플레이션의 공포에서 벗어나기는커녕 금융시장에서 가장 변동성이 극심한 디지털 자산으로 투기의 대상이 되고 있다. 채굴을 위한 엄청난 에너지 낭비로 환경에 심각한 악영향을 주고 있음은 물론이다.

이처럼 21세기에 차례로 등장했던 SNS, 공유경제, 블록체인과 가상 코인 등이 처음에 약속했던 낙관적 기대의 많은 부분이 무너졌는데, 가장 최신의 디지털 혁신인 인공지능은 다를 것인가? 이미 제프리 힌튼이나 대런 애쓰모글루가 문제 삼았던 사회적 위험성을 넘어 지구와 기후에도 부담을 주는 상황이 만들어질 우려는 없을까?

불행하게도 이미 인공지능의 생태적 악영향 조짐은 현실로 드러나고 있다. 특히 2022년 말 전 세계에 충격을 주면서 등장한 생성형 인공지능과 데이터센터 폭증이 '전기 먹는 하마'로 알려지면서 인공지능의 막대한 에너지 수요가 미디어의 집중 조명을 받았다. 국제에너지기구에 따르면 급팽창하는 하이퍼스케일(hyperscale) 데이터센터는 규모가 클 경우 100 메가와트 이상의 전력용량을 요구하는데, 이를 위한 연간 전력 소비량이 전기자동차 약 35만~40만 대에 필요한 전력과 맞먹을 정도다.[1] 유럽의 개방 국가 아일랜드는 자국에 유치한 데이터센터가 2024년 기준 전체 국가 전력 소비량의 20%를 잡아먹을 정도로 막대했고, 2026년에는 전체 전력수요의 32%까지 잠식할 수 있다는 충격적인 전망도 나오고 있다. 앞으로 인공지능 발전이 지체된다면 그 이유는 반도체 칩이나 학습 데이터 부족이 아니라 전력공급 부족 때문일 것이라는 우려가 나올 정도다.

디지털 첨단 국가 한국도 마찬가지다. 2023년 12월 말 기준으로 국내에는 153개의 데이터센터가 있다. 이를 가동하기 위해 1기가와트급 대형 발전소 2기 이상의 발전용량을 데이터센터에 내주고 있는 한국도 2029년까지 새로 요구되는 데이터센터 수요가 무려 700개를 넘을 것이고 이를 위해 막대한 추가 전력이 필요하다는 전망이 나온다. 2023년까지 재생에너지 비중이 고작 9.2%밖에 안 되는* 한국의 경우, 전력수요 증가는 더 많은 석탄과 가스 발전의 수요로 연결되고 이는 곧바로 온실가스 증가로 귀결된다. 만약 이런 추세가 확대된다면, 기후위기 최대 장애물이 인공지능과 이를 지원할 '데이터센터'로 옮겨갈 가능성도 있다.

심지어 인공지능이 기업들 사이의 경쟁을 넘어 본격적으로 국가들 사이의 대규모 시설투자 경쟁 국면에 들어가고 있어 인공지능으로 인한 전력수요는 한층 커질 전망이다. 트럼프 대통령은 취임하자마자 오픈AI와 오라클, 소프트뱅크가 참여하는 5천억 달러의 대규모 인공지능 데이터센터 구축 프로젝트인 '스타게이트 합작회사' 계획을 자신이 직접 발표했다. 한국 정부는 2025년 1월 최대 2조 원 규모의 '국가 AI컴퓨팅 센터'를 비수도권에 지을 계획이며 여기에 공공이 51%를 투자하겠다고 공개했다. 물론 같은 시점에 중국 스타트업이 개방형 오픈 웨이트** 방식으로 훨씬 적은 계산자원을 이용했음에도 비슷한 성능을 내

---

* 한국의 재생에너지 비중 통계는 일관되지 않은데, 이 책에서는 에너지 전문 온라인 서비스 기관인 에너데이터(Enerdata) 정보를 기본으로 할 것이다.(참고로 우리 정부의 '11차 전력수급기본계획' 보도자료에는 2023년 재생에너지 발전량 비중을 8.4%라고 분석했다.)

** 주로 인공지능 모델에 적용되는 오픈 웨이트(open weights) 개념은 오픈 소스(open source)와 마찬가지로 '개방형' 개발 방식인데, 다만 오픈 웨이트는 모델의 가중치와 일부 아키텍처만 공개하고 학습 데이터 등은 공개하지 않는다는 점에서 다르다. 아울러 딥시크는 2025년 2월 24일부터 5일간의 '오픈 소스 워크' 이벤트를 열고 딥시크 모델 훈련의 핵심인 컴퓨팅과 통신, 스토리지 등에서 하드웨어의 성능을 어떻게 극대화했는지 기술 비법을 공개하여 개발자들로부터 큰 호응을 얻기도 했다.

는 딥시크(DeepSeek-V3와 DeepSeek-R1)를 공개하면서 자원 효율적인 인공지능 개발 시대를 예고했지만, 에너지와 자원 수요 증가 추세 자체를 막지는 못할 것이다.

이처럼 인공지능이 앞에서는 기후재난을 막아주고 에너지의 효율적 이용을 도와주면서도, 뒤로는 막대한 컴퓨터 자원과 에너지를 소모하여 지구생태계와 기후에 악영향을 주는 양면적 상황을 어떻게 받아들여야 할까? 기후를 위해 인공지능은 더 좋아지고 커져야 하는가 아니면 적절하게 절제되고 제한되어야 하는가? 우리 사회가 새롭게 직면한 거대한 딜레마다.

이 책의 구성

인공지능과 기후의 관계는 사실 '디지털전환과 생태전환'이라고 하는 더 넓은 범위에서 일어나는 세상 변화의 한 단면에 불과하다. 지금 한편에서는 디지털전환이라는 거대한 물결이 우리가 살아가는 사회를 뿌리부터 변화시키고 있고, 다른 한편에서는 생태전환이라는 문명적 수준의 변화가 미래의 삶을 규정하려 한다. 누가 주도하고 어떤 경로를 선택하든지 상관없이 두 전환은 최소 2050년까지 한 세대 동안에 일어날, 피할 수도 거부할 수도 없는 가장 큰 사회적 변동 요인이 될 것이다. 이 두 전환의 맨 앞에 인공지능과 기후위기가 있다. 그러므로 인공지능과 기후위기의 상호관계를 제대로 이해하려면 디지털전환과 생태전환이라는 두 전환이 어떻게 서로 맞물리면서 현재와 미래사회의 방향을 주조하게 될지에 대한 종합적인 분석과 판단이 필요하다. 특히 한국 사회에서 두 전환이 지금까지 어떻게 서로 영향을 주면서 작용해왔고, 앞으로는 어떤 방식으로 우리가 살아갈 미래를 바꾸게 될지 일반론을 넘어 구체적인 맥락을 파고들 필요가 있다.

이 책은 인공지능으로 대표되는 디지털전환과 기후위기 대응으로 대표되는 생태전환이 한국 사회에 미칠 사회-생태적 영향에 대해 통합적으로 접근하고 상호영향을 과학적으로 분석하려는 최초의 시도다. 지금까지 디지털전환과 생태전환을 따로 접근하고 별개로 대응해왔던 관행에서 벗어나겠다는 것이다. 그럼으로써 인공지능이 기후위기에 도움이 될 거라는 막연한 기대나, 반대로 기후위기 심화를 불러올지 모른다는 선험적 우려를 뛰어넘고자 한다. 동시에 지금까지의 학문적 성과와 구체적 데이터에 기반해서 두 전환이 서로 균형을 이뤄서 사회와 생태계에 도움이 되도록 새로운 길을 찾고자 한다. 만약 여기서 해답의 실마리를 얻을 수 있다면 인공지능이 과연 기후위기 해결의 구원투수가 될지 아니면 반대로 기후악당이 될지에 대한 판단과 지혜를 얻을 수 있을 것이다.

우선 1부에서는 인공지능이 기후에 미칠 다양한 영향을 긍정적, 중립적, 부정적 견해로 분류하여 기존 논의를 종합했다. 비즈니스 쪽에서 주도하는 인공지능의 긍정적 역할 논의는 현재 정치권이나 미디어에서 압도적인 다수를 차지하고 있고 학계도 크게 다르지 않음을 먼저 소개한다. 이어서 다소 중립적인 위치에서 디지털과 녹색을 정책적으로 적절히 조합하여 선순환을 이뤄야 한다는 주장들도 있음을 확인한다. 디지털과 인공지능이 기후와 생태에 줄 수 있는 부정적인 영향을 우려하는 분석과 연구는 아직 공론장에서는 비주류이고 국내에서는 그조차도 접하기가 쉽지 않다. 하지만 이 책은 디지털 혁신이 발생시킬 생태적 유해성에 대한 글로벌 연구성과를 다양하게 소개하고, 상당한 논리와 근거로 이들 주장이 뒷받침되고 있음을 보여줄 것이다. 그 결과 기후를 위해 인공지능이 할 수 있는 것과 할 수 없는 일을 명확히 하고, 인공지능의 특별한 능력을 뒷받침하기 위해 사회와 기후가 어떤 비용을 치러야 하는지도 알아볼 것이다. 다만 디지털전환이나 생태전환이 자본과 국가가 주도하는 한 진정한 '체제전환'이 될 수 없다는 식의 단선적 비판은 여기서 다루지는 않는다.

다음으로 2부에서는 구체적으로 한국의 현실에 눈을 돌린다. 한국은 디지털전환과 생태전환이 어떤 수준에 와 있고 과연 두 전환을 균형적이고 상호 보완적으로 추진하고 있는지 확인해보기 위해서다. 국내 문헌에서는 처음으로 디지털전환과 생태전환의 매트릭스 분석을 통해서, 한국이 매우 높은 '디지털 과잉사회'인데 비해서 생태전환은 크게 지체된, 세계적으로 지독히 예외적인 국가임을 보여줄 것이다.

한국 경제는 역사적으로 반도체와 디지털 경제에 의존해 성공적으로 경제 선진국이 되었지만 생태전환을 위한 준비는 제대로 할 기회가 거의 없었다. 그 결과 선진국 가운데 매우 특이하게 최고의 디지털 국가이면서 동시에 최악의 생태국가라는 불균형에 빠졌다(세계 최첨단을 자랑하던 반도체 제조 아성이 흔들리고 있고, 인공지능 분야에서는 이렇다 할 글로벌 주자가 없는데 '최고의 디지털 국가'라고 주장할 수 있냐고 반문할 수 있다. 이 반문에 답할 근거는 뒤에 밝혀질 것이다). 2020년 코로나19를 계기로 시작된 한국형 뉴딜정책으로 한국 정부도 이 불균형의 늪에서 빠져나올 중요한 기회를 열었다. 하지만 처음부터 디지털전환에 치우친 설계와 부실한 그린뉴딜, 과도하게 사기업에 의존한 정책 추진, 정부의 일관된 정치적 의지 결여, 그리고 윤석열 정부로의 교체가 이루어지면서 점점 더 균형에서 멀어졌다. 이 책에서는 정부 자료 분석을 통해 이를 입증하려고 했다.

같은 시점에 한국의 글로벌 기업들도 4년 동안 무려 36개 기업이 재생에너지 100% 이용 약속(일명 RE100)에 참여하는 등 미뤘던 생태전환 대열에 동참하는 모습을 보였다. 하지만 RE100 가입 데이터 분석을 통해 실제 내용을 살펴보면, 실현 목표를 대부분 2040년 이후로 미루면서 디지털전환에서 세계 최첨단에 서려는 의지와 달리 생태전환은 대세 추종적 성향을 드러냈다. 그나마 다행인 것은 시민들이 현재 우리 사회가 '디지털 편향'으로 기울어 있음을 잘 인식하고 있고, 정책적 개입을 통해 두 전환의 균형 회복이 필요하다고 본다는 점이다. 이 책은 별도의 설문조사를 통해 디지털전환과 생태전환에 대한 시민들의 의견을 묻고 응답을 분석했다.

그러면 '디지털 과잉, 생태 지체' 국가인 한국이 어떻게 불균형을 바로잡고 두 전환의 균형을 회복하여 더 나은 미래를 열 수 있을까? 지금까지는 주로 다양한 이념형을 제시하는 방식의 미래 전망 논쟁이 있었다. 예를 들어 빅테크나 권위주의 국가가 인공지능을 이용해 조직해낼 '감시사회'나, 반대로 디지털 기술이 약속하는 해방적이고 '화려한 자동화사회' 같은 전망이 있다. 한편 생태전환이 진행되는 양상에 따라 '녹색자본주의'와 '탈자본주의'를 둘러싼 논쟁들도 있다.

하지만 이 책은 3부를 통해 이념형이 아니라 매우 현실적인 두 전환의 전개 양상을 추적한다. 우선 세계적으로 미국과 중국, 유럽이 서로 다른 방식으로 두 전환에 대처하고 있음을 확인한다. 이를 위해 미국 법학자 아누 브래드포드(Anu Bradford)가 디지털전환에서 유형화한 세 국가 모델을 차용하고 이를 생태전환에까지 확장시켰다. 두 전환의 현실 경로 모델로서 미국 중심의 '시장주도 모델', 중국의 '국가주도 모델', 그리고 유럽이 선도하는 '권리주도 모델'이 각각 고유한 길을 걸었음을 본문에서 확인하게 된다. 미국의 경우 국내적으로 사기업의 주도성을 인정하는 반면, 중국은 국가권력의 우위가 위협받지 않는 범위에서 시장경쟁을 허용했다. 유럽은 사기업의 자율성을 인정한다는 점에서는 미국과 같지만, 시민권 보호라는 이름 아래 정부가 시장의 규칙을 정한다는 점에서 중국과 외견상 닮았다.

브래드포드는 사적 기업권력이 과도한 미국 모델이나 정부(중국 공산당)권력이 과도한 중국 모델보다, 시민권의 관점에서 표준적인 규칙과 규범을 만들어 두 전환을 끌고 가려는 유럽연합의 방식이 더 발전적이라고 평가하면서도 현재 세 모델은 서로 수렴하는 경향이 있다고 지적한다. 이 책은 한국이 불행하게도 세 모델의 어디에도 속하지 않을 만큼 글로벌 전환 궤도에서 일탈하고 있음을 확인시켜 줄 것이다.

필자는 '정책' 연구자다. 따라서 이 책을 통해 단지 문제점 분석이나 상황 진단만 하고 끝내지 않을 것이다. 이 책 4부를 통해 우리 사회에서 인공지능과 기후, 디지털전환과 생태전환의 불균형을 재조정하여 균형과 선순환으로 방향을 틀어줄 핵심적인 대안 정책을 적극적으로 제안한다. 우선 현재 경제권력의 중심부를 차지하면서 시장경제에서 두 전환의 방향에 결정적인 영향을 주는 거대 빅테크에 주목한다. 그리고 그들이 사적 이익만을 생각하며 인공지능과 디지털 혁신의 방향을 좌우하는 행태에 대해 공적으로 제동을 걸 필요가 있다고 강조한다. 아울러 유럽의 '인공지능법'을 필두로 전 세계적으로 뜨거운 쟁점이 되는 인공지능 관련 규제에서 사회적 요소만이 아니라 생태적 요인이 반드시 포함되어야 함을 역설한다. 두 전환의 균형을 위해서는 디지털 영역에서의 규제뿐 아니라 지체된 생태전환의 속도를 올릴 녹색산업정책을 시급히 도입하는 것도 필수다. 전 세계적으로 녹색산업정책을 둘러싼 국가 간 경쟁이 치열한 현재, 산업정책 덕분에 선진국 반열에 올랐던 한국이 지금은 녹색산업정책에 뒤처지고 있는 역설적 상황에서 빨리 탈출하자고 제안한다.

물론 재선된 트럼프 대통령은 취임하자마자 빅테크 규제를 되돌리고, 인공지능과 가상자산 규제를 폐지하며, 전기자동차 생산 보조금을 없애려 하는 등 녹색산업정책도 되돌리겠다며 '역사적 후퇴'를 공언하고 있다. 하지만 트럼프의 역진적 폭주도 두 전환의 균형 모색을 위해 노력해온 글로벌 추세를 꺾기는 어려울 것이다.

생태경제학 렌즈로 인공지능에 접근하기

디지털전환과 생태전환의 선순환 방안을 탐구하는 주제는 이제 겨우 학계와 정책 전문가들의 관심을 얻는 초기 단계이고 동시에 문자 그대로 학제간 연구를 요구하는 어려운 과제다. 디지털전환 자체만으로도 매우 복잡한 내용을 담고 있고, 생태전환 역시 독립적으로 방대한 분야를 아우를 수 있어야 하기 때문이다. 그런 탓에 사회적 현실이 아무리 두 전환의 통합적 접근을 긴급하게 요구하더라도 학문적, 정책적으로 이를 탐구하는 것은 매우 도전적 과제다. 이 작업이 결실을 보려면 당연하게도 대단히 다양한 전문 영역 사이에서 협업이 필요하고 개인만의 노력으로는 불가피하게 대체적인 윤곽을 잡는 수준에 그칠 가능성이 높다. 심지어 두 전환은 아직 방향조차 제대로 확정되어 있지 않을 만큼 최첨단 주제여서 서문을 쓰는 2025년 1월에도 시시각각으로 상황이 급변하고 있을 정도다(물론 가능한 최신 정보까지 이 책에 담으려고 노력했다). 그만큼 탄탄한 논거를 쌓으면서 확신 있게 일관된 맥락을 잡아 주장을 펴기 쉽지 않다.

그런데도 필자가 과감하게 두 전환의 통합을 시도했던 배경에는, 두 영역 모두에 대해 다소간의 경험이 있었던 이유도 작용했다. 필자는 과거 약 10여 년 동안 소프트웨어 개발자로 일선에서 종사한 경험이 있고, 최근까지 디지털 비즈니스의 변화추이를 관찰하려고 노력한 덕분에 디지털전환의 맥락 자체는 크게 낯설지 않았다. 한편 생태전환의 경우 2019년부터 정의당에서 그린뉴딜정책을 추진하는 등 상당 기간 기후정책 설계에 관여했고, 《기후위기와 불평등에 맞선 그린뉴딜》, 《기후를 위한 경제학》, 《1.5도 이코노믹 스타일》 등 관련 단행본을 내기도 했다. 지난 7~8년 동안 두 전환을 통합적으로 분석하고 연구하려고 시도해오면서, 서로 도움이 되는 방향으로 두 전환을 통합시키는 접근이 미룰 수 없을 만큼 절실하다고 생각했다.

그런데 한국의 디지털 분야 전문가들은 디지털전환이 가져올 미래는 낙관적으로 과대평가하는 경향이 있지만 생태전환에는 관심이 적었다.

반대로 환경운동이나 환경정책에 관여해온 이들은 기후위기의 심각성과 생태전환의 절박성에 대해서는 누구보다 깊은 이해를 가지고 있었지만 디지털전환에는 상대적으로 무관심했다. 이렇게 지식과 정책 분야의 관계자들이 두 전환에 대해 인적·지적으로 각각 분리된 상황은 점점 더 두 전환을 통합할 정책과 제도 설계의 기회를 멀어지게 했다. 하지만 2022년 생성형 인공지능 등장과 가속화되는 디지털전환이 최근 사회의 기초를 통째로 뒤흔들고 있고, 그로 인해 마이크로소프트와 구글 등 빅테크들의 탄소중립 계획도 차례로 어긋나고 있다. 한편 2024년 역사상 처음으로 지구의 연간 평균온도가 산업화 이전 대비 1.5℃를 넘기면서 기후위기도 완전히 새로운 국면으로 들어가게 되었다. 더이상 디지털전환 따로, 생태전환 따로 고민할 수 없는 한계지점까지 온 것이다.

최초로 두 전환의 통합적 접근을 시도했다는 점만이 이 책의 차별적인 요소는 아니다. 여전히 우리 학계와 정책 분야에서 생소한 생태경제학의 관점에서 두 전환을 함께 보려 했다는 점이 이 책의 두 번째 특징이다. 생태경제학이라는 낯선 학문을 우리 사회에 소개해온 필자는 생태경제학 원리가 두 전환의 철저한 분석에 유용하다고 판단하고, '인공지능과 디지털 혁신도 오직 지구생태계의 한계 안에서만 가능'하다는 생태경제학의 관점을 일관되게 적용하려고 노력했다.

이 책의 세 번째 특징은 인공지능과 기후, 디지털전환과 생태전환을 상호 선순환시킬 핵심 요인이 기술적 잠재력이나 혁신의 수준에 있기보다는 사회를 구성하는 이해관계자들 사이의 역학관계, 즉 권력관계와 민주적인 거버넌스 수준에 있다고 전제한 점이다. 그에 따라 '더 많은 기술, 더 나은 혁신'이 도움이 될 수도 있지만, 결정적으로는 기술과는 차원이 다른 사회정치적인 역학관계의 재구성이 인공지능과 기후의 선순환을 촉진하게 되리라 전망했다. 다만 빅테크가 주도하는 자본 중심 전환과 그 반대의 체제전환이라는 극단적인 도식보다는, 좀 더 구체적으로 빅테크나 화석자본 등의 시장권력과 권위주의 정치권력의 규제를 통한 민주적 거버넌스를 탐색했다.

마지막으로 필자는 '규제와 혁신이 서로 충돌'할 것이라는 기존 통념을 거부한다. 치열한 글로벌 디지털 혁신 경쟁에서 뒤지지 않으려고 분투하는 기업가나 투자자, 엔지니어의 관점에서 볼 때, 기후와 생태를 이유로 인공지능과 디지털 규제를 주장하는 필자의 견해가 불편할 수 있다. 하지만 필자는 지극히 현실주의자이며 기술혁신을 통한 사회 변화를 적극적으로 지지한다. 그런데 일반의 선입견과 달리 사회의 공동이익과 기후 대응을 위해 디지털 기술을 적절히 규제하는 것은 오히려 사회 친화적이고 생태 친화적인 혁신을 낳을 수 있다. 엄격한 교통법규가 오히려 자동차 산업의 부흥을 촉진하고, 까다로운 식품·의약품 규제가 식품과 제약 산업의 성장을 돕는 등 규제와 혁신이 동반된 사례는 역사적으로 수없이 많다. 비용 효율적인 인공지능 혁신으로 화제가된 중국 스타트업 딥시크가 미국에서 먼저 나오지 못한 이유는, 미국의 '공적 규제'가 걸림돌이 되었기 때문이 아니라 극소수 빅테크의 '사적 독점'이 시장의 혁신을 억압했기 때문이라는 경제학자 로버트 라이시(Robert Reich)의 지적도 같은 맥락이다.

인공지능(디지털)과 기후(생태)를 동시에 다룬 이 책은, 각각 두 분야에서 일하는 독자들 모두에게 서로 다른 측면의 도움을 줄 수 있다고 믿는다. 인공지능이나 디지털전환 분야의 업무에 종사하거나 관심을 두고 있는 독자들은 지금까지 잘 생각해오지 못한 디지털의 환경적 영향이 대단히 다면적이라는 사실을 발견할 수 있을 것이다. 또한 기후에 도움이 되는 디지털 혁신을 고민하거나, 아니면 디지털이나 인공지능이 기후와 생태에 위험을 초래하지 않도록 정책과 규범 설계의 시사를 얻게 될 수도 있다.

　반면에 전통적으로 기후와 생태 영역에 종사하거나 관심이 있는 독자라면, 날로 심각해지는 기후위기와 생태파괴의 비상 상황에서 인공지능과 디지털 혁신이 기후 해결에 도움이 되는 중요한 도구가 될 수도 있고, 반대로 위기를 심화시키는 새로운 위협이 될 수 있다는 사실을 확인하게 될 것이다. 이제는 더 이상 인공지능과 디지털이 미칠 생태적 영향을 무시하고 기후 대응과 생태전환을 말할 수 없다는 점 역시 분명하게 인지하게 될 것이다. 디지털전환과 생태전환이라는 역사적 분기점에 서 있는 오늘, 우리 사회와 지구를 위한 바람직한 인공지능 혁신에 기여하려는 디지털 분야나 생태 분야의 독자 모두가 이 책으로 도움을 얻길 바란다.

2025년 2월
김병권

1부

인공지능은
기후 구원투수일까, 기후악당일까?

1
한 세대 안에 일어날
네 가지 가능한 미래

2025년 시점에서 우리 사회를 뒤흔들 가장 중요한 변화의 계기를 꼽으라면 뭐라고 답할까? 조금 더 시야를 넓혀 2050년까지 한 세대 안에 우리 사회와 삶을 바꿀 가장 큰 요인을 지목한다면? ①글로벌 갈등과 전쟁? 2차 대전 이후 지금까지 80년 동안 우여곡절을 겪으면서도 대체로 유지되어온 세계적 평화체제가 무너지고 글로벌 상호의존 대신 분열과 갈등, 심지어 러시아-우크라이나처럼 수십만 명의 죽음을 불러올 전쟁으로 치닫는 상황을 지목할 수도 있다. 20세기 상반기 두 차례의 세계대전이 실제로 모든 것을 바꿨던 기억을 떠올리면서 말이다. 다보스포럼 2025년 보고서는 단기적으로 가장 가능성이 큰 글로벌 위험이 '국가 기반 무력 충돌(state-based armed conflict)'이라고 지목했다.[2]

②민주주의 붕괴? 어떤 이들은 글로벌 질서보다는 국내 정치의 불안정, 특히 미국을 포함한 세계 곳곳에서 민주주의가 흔들리고 민주적 절차를 무시하는 극우 포퓰리즘과 권위주의가 발흥하고 있는 양상이 눈

에 들어올 수 있다. 당장 한국 시민들도 2024년 12.3 내란 사태를 통해 이를 충격적으로 실감하고 있다.[3]

③극도의 경제 불평등과 격차? 민주주의가 정치적으로 부서지기 쉬워지는 현상은 그 밑에 점점 더 격차가 벌어지는 경제적 불평등과 떼어서 생각하기 어렵다. 더 우려되는 점은 앞으로도 한 세대 안에 경제적 격차가 줄어 더 평등해지고, 그 결과 민주주의가 더 잘 안착될 수 있다는 보장을 현재 어디에서도 찾기 어렵다는 사실이다.[4]

④급격한 인구감소? 복지 분야에 관심이 많은 이들은 전례 없이 빠른 '인구감소'로 인해 그동안 의지해온 사회제도와 복지체계가 한 세대 안에 상당히 변형되거나 불안정해질 수 있다고 우려할 수 있다. 노동인구가 매년 약 200만 명씩 줄어드는 유럽을 포함해 인구감소는 아프리카 등을 제외하고 거의 세계적인 현상이다. 특히 한국과 일본, 중국, 아시아 세 나라는 그 속도가 충격적일 만큼 빠르다. 지난 두 세대 동안 동아시아에서 일어난 놀라운 경제 도약만큼이나, 급속한 인구감소로 인한 심각한 사회 붕괴의 파괴력이 또 한 번 세계를 놀라게 할 수 있다는 말이다. 인류 역사에서 전례가 없는 합계출산율 0.72(2023년)를 기록했던 한국은 그 맨 앞에 서 있다.

하지만 글로벌 질서나 민주주의와 불평등, 인구문제 전부와 연결되어 있으면서 동시에 사회와 경제의 모든 방면에 전방위적으로 영향을 미칠 새로운 두 요인, 과거의 역사적 경험으로는 별로 참조할 만한 전례를 찾기 힘든 두 가지로서 인공지능(디지털) 확산과 기후(생태) 대응을 절대로 빼놓을 수 없다. 지금이라도 각종 미디어를 도배하고 있는 콘텐츠를 살펴보면, 반도체와 인공지능, SNS 등 하루가 다르게 급변하는 디지털전환 양상을 쉽게 발견할 수 있다. 개인들의 일상을 넘어 국가의 산업과 경제구조에, 심지어 국제관계와 외교 갈등에 이르기까지 그 흔적이 가득하다. 디지털전환을 빼놓고 21세기 미래를 전망한다는 것 자체가 무의미할 정도다.

기후 대응과 생태전환의 영향도 다르지 않다. 2023~2024년 두 해는 역사상 가장 더웠던 해가 될 만큼 기후변화 기록이 매년 새롭게 갱신되고 있고, 인류는 이전에 한 번도 경험하지 못한 지구적 불확실성의 영역에 발을 담그고 있다. 이에 대응하기 위해 일 년 사이에 무려 600기가와트의 태양광으로 지구 표면을 덮는 등 한 세대 안에 에너지를 교체한다는 역사상 초유의 실험이 시작되었다. 지난 200년간 인류 문명을 지탱했던 화석연료와 결별하는 거대한 녹색산업전환도 시작되려 하고 있다. 탄소 집약적이고 자원 낭비적인 라이프스타일에 젖은 개인들의 일상에도 심대한 변화가 닥칠 것이다.

인공지능과 기후가 바꿀 미래 전망은 비관과 낙관의 극단을 넘나든다. 사실 디지털 분야에서는 오래전부터 빌 게이츠, 스티브 잡스, 일론 머스크, 제프 베이조스 등 초거대 디지털 기업을 일군 억만장자들이 '세상을 바꾸겠다'고 큰소리치며 자신들이 약속한 다양한 버전의 화려한 미래를 광고하고 다녔다. 정도는 덜했지만 다보스포럼을 창설했던 독일 경제학자 클라우스 슈밥(Klaus Schwab)도 '4차 산업혁명'이라는 유행어를 통해 디지털 혁신이 일으킬 거대한 미래변화를 강조하기도 했다.[5] 최근 생성형 인공지능의 성능이 놀라운 속도로 향상되자 인공지능이 '인간지능'을 언제 뛰어넘을지를 두고 경쟁적으로 예언 아닌 예언도 쏟아내고 있다.

대부분 낙관적인 전망으로 윤색된 이들 주장의 공통점은 대체로 디지털전환이 선택의 여지 없이 수용해야만 하는 피할 수 없는 길인 것처럼 간주된다는 사실이다. 물론 디지털전환도 여러 갈래 길이 있고 어디로 갈지를 결정하는 것은 '권력'의 소재에 달렸다는 일부 견해가 있기는 하다.[6] 하지만 전환을 이끄는 글로벌 기업가들의 영향력이 워낙 막강하다 보니 다른 목소리는 잘 들리지 않는다.

반면 생태전환의 경우, 전환이 늦어져 생길 기후 붕괴와 생태 붕괴의 우려 때문인지 '붕괴'나 '멸종' 등 주로 우울한 미래 전망이 공론장에서 자주 거론된다. 파국을 피하려면 상상 이상으로 우리 사회를 획기적으로 변화시켜야 한다는 '체제전환' 주장도 뒤따른다. 당장 화석연료 문명과 완전히 단절해야 하고, 내연기관 자동차가 사라진 도시를 상상해야 하며, 무한성장을 멈춘 경제를 수용해야 한다는 제안들도 쏟아진다.[7] 기후 붕괴나 생태 붕괴를 피하고 전환이 성공적으로 이뤄져서 만들어질 미래 사회는, 확실히 디지털전환이 바꿀 미래만큼이나 지금 모습과는 크게 다를 것이다.[8]

인공지능과 기후가 바꿀 극히 다양한 견해들은 잠시 접어두고 두 전환이 불러올 전체적인 미래 시나리오를 큰 그림으로 스케치해보자. 이를 위해 2050년쯤 되는 미래에 대한 전망을 크게 4가지로 유형화한 스위스 제이콥스재단(Jacobs Foundation) 2020년 연구보고서를 참조하겠다.[9] 이 보고서는 현재 우리가 진정 이례적으로 불확실하고 비선형적인 미래를 앞두고 있다면서 한 세대 안에 마주할 몇 가지 가능성이 있는 미래 시나리오를 두 가지 차원으로 교차하여 예시한다.

하나의 차원은 '물질적 부(Wealth)'의 차원인데, 이 차원은 풍요로움 (abundance)과 희소함(scarcity)으로 구분된다. 풍요로움은 누구도 음식, 건강, 교육 등 생존에 필요한 자원의 부족을 느끼지 않는 것이고, 희소함은 시민의 일부 또는 전체가 기본적인 자원 결핍에 시달리는 상태다. 두 번째 차원은 코로나19 시대의 락다운처럼 환경적, 경제적 위기를 고려한 '자유(freedom)'의 제한(restriction) 이슈다. 자유의 제한은 환경적, 윤리적으로 자발적인 절제 형식을 띨 수도 있고 강요된 형태일 수도 있다. 또한 흡연 제한이 비흡연자의 자유를 더 확대하는 것처럼, 환경적으로 동기 부여된 자유의 제한은 미래세대를 위한 더 많은 자유를 보장할 수 있다는 점 등을 고려한다(그림 1-1 참조). 제이콥스재단 보고서가 보여주는 4가지 가능한 미래는 기본적으로 디지털전환과 생태전환이 어떤 방향으로 움직일지에 따라 달라지는데 각각을 구체적으로 살펴보자.

첫째는 '붕괴(Collapse)'라는 미래다. 붕괴의 미래는 한마디로 물질적 부도 희소해지고 자유도 제약을 받게 되는, 그래서 기존에 당연하다고 생각했던 "많은 활동이 단순히 더 이상 가능해지지 않는" 미래다. 기후변화로 인한 극한 폭염, 가뭄 등이 식량과 물 부족을 초래하고 지역과 국가 간 갈등을 증폭함으로써, 또는 대량 기후난민을 발생시키거나 기후 관련 질병을 확산시킴으로써, 그 결과 경제에 부정적인 충격을 가하면서 붕괴가 촉발될 수 있다. 결국 "붕괴는 예기치 않고 장기적이며 급격하게 사회경제적 복잡성이 상실되는 것"으로 그려진다.[10]

역사적으로 마야나 잉카 문명, 로마 문명처럼 꽤 많은 붕괴 사례가 있다. 현대인들은 지금 살고 있는 세상이 무너질 수 있다고 상상하기 어렵겠지만, 사실 고대 로마인이나 잉카인, 마야인들도 자신들의 위대한 문명이 끝날 거라고 예상할 수 없었을 것이다. 붕괴의 공통점은 인구와 사회적 복잡성이 갑작스럽게 감소한다는 것인데, 기원전 100년 150만 명이었던 로마 인구가 서기 800년 무렵이면 약 3만 명만이 생존해 폐허가 된 제국의 땅에서 살았다. 수로와 무역로 및 기타 고대 로마의 거대한 인프라가 무너졌고, 읽고 쓸 수 있는 사람들의 수도 감소했으며 막대한 지식과 기술이 사라졌다.[11]

둘째는 '긱경제 프레카리아트(Gig Economy Precariat)'라고 이름 붙인 미래다. 기계가 인간노동을 넘겨받은 결과 '기술적 실업(technological

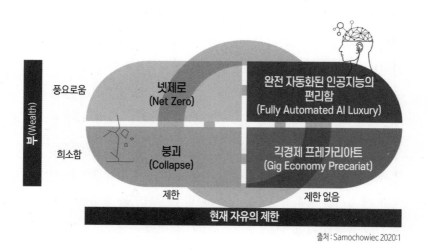

출처 : Samochowiec 2020:1

그림 1-1 디지털전환과 생태전환에 의해 주조될 미래 시나리오

unemployment)*이 만연하여 필요한 상품을 충분히 구매할 수 없으므로 붕괴의 미래처럼 희소성이 지배한다. 자유가 제약받지는 않지만 사실상 그 자유는 소수 엘리트만 누린다. 디지털전환으로 인해 불평등이 증가하고 있는 오늘의 모습에서 이미 단초가 드러나고 있는 미래이기도 하다. 디지털 혁신의 결과 새로운 일자리가 만들어지지만 대체로 임시직이거나 호출 노동 또는 프리랜서, 영세한 개인사업자처럼 임금과 소득이 낮은 일자리들뿐이다. 때문에 긱경제가 일상화되면 독점화된 거대 플랫폼기업들이 제공하는 불안정한 단기 일자리에 대다수가 의존해 살아간다.

그러다 보니 청년들은 더 이상 자신들이 사회보장 시스템의 혜택을 받을 것이라고 믿지 못한다. 심지어 다음 달 임대료를 제대로 낼 수 있을지조차 장담하지 못할 정도로 아주 가까운 미래에 대한 희망도 없다. 복잡한 시스템을 중앙에서 통제하는 거대 플랫폼기업들을 제외하고는, 중소기업이나 협회, 노동조합은 쓸모가 없어지고 개인들, 임시 프로젝트 그룹들, 그리고 약체 정부만 남게 되며 극단적 착취와 폭력을 막을 최소한의 규제만 존재한다. 특히 교육과 보건을 위한 정부 기금은 최소한으로 줄어들게 된다. 대중들은 단기 일자리를 두고 서로 경쟁한다. 플랫폼기업으로 넘어가는 개인정보로 인해 프라이버시를 보호할 수도 없다. 어떤 실질적인 공적 사회안전망도 없고 희망도 없는 미래다.[12] 어쩌면 인공지능 혁신이 지금처럼 진화할 때 가장 현실적으로 예상해볼 수 있는 시나리오다.

---

* '기술적 실업'이란 새로운 기술 도입으로 사라지는 일자리가 새로 만들어지는 일자리보다 많아지면서 발생하는 실업이다. 케인스는 1930년에 쓴 에세이 '손자세대를 위한 경제적 가능성'에서 기술적 실업 문제를 제기했다.

세 번째, '넷제로(Net-Zero)' 미래다. 현재 상황을 그대로 유지한 채 기술혁신만으로는 온실가스 감축이 불가능하다고 인식하고, 기후 대응을 위해 사회가 자발적으로 사회 복잡성을 줄인 미래다. 기후운동이 주장해온 '탈성장' 미래와도 유사하다. 대부분 사회 구성원이 물질적으로 부족하지는 않지만, 의도적으로 사회의 복잡도를 줄인 결과 미래에는 '소비의 자유' 같은 것들이 제약된다. 온실가스를 줄이기 위해 일상에서 과소비 축소와 같은 과감한 조치들이 취해지기 때문이다. 물론 이는 '붕괴'의 미래와 달리 사회에 의해 의식적으로 취해진 결정이다. '넷제로' 미래 사회는 과거와 달리 좀 더 지역적이고 탈-중앙화된 사회다. 비행기나 개인 자가용 등이 대폭 축소되는 대신 자동차는 공유되고 사람들이 움직이는 반경은 줄어들며, 더 많은 지역의 공공공간이 공원 등으로 바뀐다. 태양광이나 풍력으로 생산되는 에너지는 스마트 네트워크가 지역별로 조율해준다.[13]

네 번째는 '완전 자동화 된 인공지능의 편리함(Fully Automated AI Luxury)'이 보장할 화려한 미래다. '긱경제 프레카리아트' 미래처럼 기계가 인간의 노동을 넘겨받지만, 이번에는 기술혁신 성과를 소수 엘리트가 아닌 모두가 누리게 된다. 그 결과 물질적인 희소성은 없고 자유가 제약당하는 것도 없다. 독점적인 플랫폼기업들에 대해 강력히 규제함으로써 이 기업들은 데이터 독점권을 잃는다. 대신 일반 이용자들이 광범위하게 데이터에 접근하는 것이 허용될 만큼 '개방과 공유'의 시대가 된다. 거의 모든 것이 디지털 형식으로 무료로 제공된다.

물론 에너지와 물질적인 수요가 증가하겠지만 재생에너지 생산가격의 급격한 하락과 우주에서의 광물 채굴 등으로 이 문제도 해결된다.

이제 돈을 버는 것은 삶의 동기가 되지 않고, 삶의 목적이나 개인적 자율을 유지하는 것이 고민이다. 소유가 더 이상 지위를 상징하지 않고 사람들은 정말 필요한 것만을 소유한다. 오픈소스 소프트웨어나 3D프린터 등으로 사람들은 스스로 전기를 생산하며, 단순한 로봇을 직접 제작하여 사용하는 자기충족적인 운동이 일어난다. 점점 더 많은 것이 공유되고 그 결과 사적 거래의 필요성이 사라진다.[14]

과거 '참여, 공유, 개방'을 내건 웹 2.0, 우버와 에어비앤비가 내걸었던 공유경제, 분산과 수평적 관계를 강조했던 블록체인 등이 약속했던 미래와 꼭 닮았는데, 과거에는 약속이 번번이 좌절된 경험이 있다. 이런 유형의 환상적인 미래는 빌 게이츠나 마크 저커버거같은 실리콘밸리 빅테크 경영자들에게서만 나오지 않는다. 좌파적 성향의 영국 정치 평론가 아론 바스타니(Aaron Bastani)도 '완전히 자동화된 화려한 공산주의' 사회를 예상하면서 비슷한 전망을 했다. 그는 최근 디지털 혁신과 재생에너지 혁명을 3차 대변혁이라고 불렀는데, "3차 대변혁은 에너지의 희소성을 완전히 해소할 것이다. 어느 때보다 똑똑한 기계와 저렴하고 깨끗한 에너지가 결합한 이른바 새로운 기술과 에너지가 기반이 돼서 우리는 이 세계의 한도를 뛰어넘어 자원을 채굴할 테고, 이는 원자재의 무한 공급으로 이어질 것이다. 이렇게 되면 현재 우리의 한계를 인류가 완전히 초과하도록 허용하는 사슬이 완성된다"고 주장했다.[15] 자칭 진보주의자들의 기술 낙관주의를 대변한다.

제이콥스재단이 제시한 네 개의 시나리오는 당초에 청소년들에게 미래를 대비시킬 교육안을 고민하기 위해 기획된 것이었지만, 디지털전환과 생태전환이 중심이 되어 주조하게 될 서로 다른 미래의 전형적인 네 가지 가능성을 꽤 인상적으로 형상화해주고 있다. 첫 번째 붕괴 시나리오는 기후위기 대응에 실패한 디스토피아를, 두 번째 긱경제는 (이미 그 초기 현상을 실제 경험하고 있는데) 디지털전환이 지금과 같은 방식으로 더 심화될 경우 직면할 수 있는 디스토피아를 상징한다. 세 번째 '넷제로' 시나리오는 지구의 평균온도 추가 상승을 1.5℃ 이내로 통제하면서 기후위기를 성공적으로 완화할 경우 맞이할 미래다.

그리고 마지막은 디지털전환의 유토피아가 디지털 독점기업들에 대한 단호한 규제를 전제로 성립하게 될 것이라는 흥미있는 가정을 한 경우인데, 이는 1930년에 존 메이너드 케인스가 '손자세대를 위한 경제적 가능성'에서 묘사한 2030년의 세계와 많이 닮았다.* 그리고 잘 규제된 디지털 혁신이 생태 친화적으로 작용하여 이상적인 '디지털-생태적 성숙사회'가 만들어질 수 있다는 가정을 했는데 이는 이 글의 중요한 논점 중 하나다.

이상 위에 소개한 제이콥스재단 보고서가 예시하는 시나리오는, 비록 과도하게 이상적이고 단순하지만, 디지털전환과 생태전환의 방향이 어디로 가는지에 따라 남은 21세기 75년 동안의 미래가 얼마나 크게 달라질 수 있는지를 암시해주는 좋은 본보기가 될 수 있다. 다만 위의 시나리오에서 발견되는 중대한 결함은, 두 전환이 동시에 현재와 미래

---

* 케인스는 경제발전으로 사회적 필요가 완전히 충족된 세상을 이렇게 묘사했다. "이제 우리는 종교의 가장 확실한 가르침과 전통적인 미덕으로 마음의 부담을 전혀 느끼지 않고 돌아갈 수 있게 되었다. 탐욕은 악덕이고 고리대금 행위는 비행이고, 돈에 대한 집착은 혐오를 살만 하고, 내일을 지나치게 걱정하지 않는 자가 미덕과 지혜의 길을 진정으로 걷는 사람이라고 생각할 수 있게 될 것이다. 우리는 다시 수단보다 목적을 더 높이 평가할 것이고, 유용한 것보다 훌륭한 걸 더 선호할 것이다."(케인스 2017)

의 사회 지형 주조에 큰 영향을 준다는 것을 인정하면서도, 마치 서로 별개의 힘으로 작용하는 것처럼 묘사된다는 것이다. '긱경제 프레카리아트' 미래에서는 기후위기가 얼마나 위험해졌는지 알려주지 않는다. 반면 '넷제로' 사회를 만들기 위해 디지털전환이 어떤 역할을 하는지도 모호하다. 심지어 '완전 자동화된 인공지능의 편리한' 사회에서 기후위기는 넷제로 사회처럼 온실가스를 줄이려는 별도의 노력으로 해결된 것인지, 아니면 디지털의 힘과 심지어 우주 개척의 성과를 빌어 해결된 것인지 알 길이 없다.

2
인공지능을 담은 디지털전환,
기후를 담은 생태전환

지금까지는 인공지능을 담는 큰 그릇으로 디지털전환을, 그리고 기후위기 대응을 포괄하는 개념으로 생태전환을 특별한 설명 없이 사용했다. 하지만 두 용어는 생각보다 모호하다. 정책 분야나 학술 영역에서도 비교적 최근에 등장한 탓에 유사한 용어와 혼재해 쓰기도 한다. 한국어로 '전환'은 간혹 영어의 'turnaround(전회)'나 'change(변화)'를 번역하면서 사용하기도 할 정도로 뜻이 모호하고 넓게 사용되고 있다. 하지만 전환을 디지털과 생태에 붙여 사용할 경우엔 대체로 'transition'과 'transformation'의 의미를 혼용해서 사용한다. 네덜란드 전환연구소 연구원 카타리나 휠셔(Katharina Hölscher) 등에 따르면, "두 용어 모두 바람직하고 급진적이며 비선형적인 사회변화를 설명하고 해석"하기 위해 혼용해서 쓸 수 있다고 인정한다.

다만 '가로지르다(going across)'라는 어원의 'transition'은 "변화의 패턴을 만들어내는 과정과 역학에 초점을 맞춰, 한 상태에서 다른 상태로의 비선형적 전환이 '어떻게' 지원되거나 방해되는지를 설명"하는 데 쓰이고, 대체로 전체 시스템 중 하위 시스템의 변화를 다루면서 사용된다. 반면 어원적으로 '형태의 변화(change in shape)'라는 뜻을 지닌 'transformation'은 "새로운 변화 패턴에서 변화하는 '무엇'과 시스템 수준에서의 결과를 강조"한다는 차이가 있다는 것이 휠셔 등의 설명이다.[16]

사실 디지털전환과 생태전환은 전체 사회 시스템 차원에서 보면 하위 시스템(sub-system)의 변화이므로 'transition'과 더 어울릴 수도 있다. 뒤에 자세히 소개할 유럽연합 보고서가 두 전환을 통합하여 다루면서 'twin transition'이라고 표현했던 것도 전체 사회 시스템의 하위 시스템을 다룬다는 점을 강조할 의도가 있었는지 모른다. 하지만 여기서는 전체 사회의 부분으로서 디지털전환과 생태전환에 초점을 맞추는 대신에, 우리 사회 전체의 프레임과 구조를 완전히 변화시킬 수 있는 핵심 동력으로서 디지털전환과 생태전환에 접근하려 한다. 또한 의도적으로 사회구조와 성격의 근본적 변화를 강조할 목적 아래 여기서는 'transformation' 의미를 담은 '전환'을 사용하겠다. 나아가 필자는 특별히 생태경제학 관점에서 회복력이나 행성의 경계와 같은 개념을 가지고 두 전환의 상호영향에 접근하려 하는데, 이런 취지를 고려해도 'transformation'이 조금 더 적합할 수 있다. 비슷한 배경에서 세계은행도 'green digital transformation'이라는 용어를 사용했다.[17]

한편 2019년까지 영어문서 데이터베이스를 구축한 구글북스 앤그램뷰어(Google Books Ngram Viewer)에서 검색해보면, 디지털전환의 경우 'transition'으로 사용되는 빈도보다 'transformation'으로 사용되는 빈도가 훨씬 높고 생태전환의 경우에도 다소 높게 나온다. 한국에서는 이상헌이 "실천적인 관심에서 전환은 transition의 의미로 이해하는 것이 현실적이고 이 경우에 구체적인 실천 전략이 도출될 것"이라는 근거로 'transition'에 무게를 두었고,[18] 정태석은 'transformation'을 선호하는 의견을 내기도 했다.[19] 또한 이 글의 주제인 디지털전환과 생태전환의 상호영향를 다룬 국내 연구도 전환의 영어표현을 'transformation'으로 사용한 사례가 발견된다.[20] 물론 '전환'의 의미가 반드시 'transformation'이어야 하고 'transition'으로 해석되면 안 된다는 뜻은 아니고 개념의 미묘한 차이를 고려할 때 조금 더 'transformation'에 가깝다는 정도라고 생각한다.

다음으로 '디지털'-전환(transformation)과 '생태'-전환(transformation) 개념을 재정의해보겠다. 먼저 디지털전환의 경우 협소하게는 디지털 '기술 도입'으로 한정하기도 하지만, 여기서는 디지털 기술 자체보다도 그것이 사회와 경제, 정치와 문화 등 한 사회 전체의 형태 변화를 촉진하고 강제하는 양상에 초점을 맞출 것이다. 이미 이런 의미로 다양한 곳에서 디지털전환 개념이 사용되고 있다. 따라서 굳이 여기서 어떤 디지털 기술 목록들이 디지털전환에 포함되는지 복잡하게 나열할 필요는 없을 것이다.[21]

생태전환 개념은 다른 이슈가 있다. 현실 정책이나 학술연구에서는 '녹색전환(green transformation)'이나 '지속가능성 전환(sustainability transformation)'이라는 개념이 생태전환 개념 못지않게 자주 혼용되어서 사용되기 때문이다. 일반적으로 지속가능성 전환 개념은 유엔의 지속가능목표(SDGs)와 연결되어 더 자주 사용되고,[22] 유럽 등의 공식 정책 문서에는 생태전환보다 오히려 녹색전환 개념이 더 흔하게 발견된다.[23] 하지만 여기서는 지구생태계 전반에 미치는 전환적 성격에 초점을 두면서도, 동시에 현재의 전환이 탈-탄소 에너지전환 정도에 한정되지 않고 미래의 생태문명을 향해 전환을 계속해야 한다는 지향을 담아, 넓은 의미로 사용되는 생태전환을 대표 개념으로 사용하겠다.[24]

마지막으로 확인할 개념은 '쌍둥이전환(twin transformation)'이다. 아직은 사용 빈도가 낮은 최신 개념인 쌍둥이전환은, 디지털전환과 생태전환을 통합해서 접근하기 위한 개념으로서, 정책문서나 학술논문에 사용되기 시작한 것이 불과 몇 년이 되지 않았다. 이 같은 취지로 기존에 가장 많이 사용되는 영어표현은 'twin transition'이다. 아주 제한적으로 '디지털-지속가능성(digitainability)'이라는 새로운 개념을 만들어 사용하는 사례도 있지만 일반적인 것은 아니다.[25] 한편 한국에서는 드물게 '이중전환(dual transformation)'이라는 개념을 사용하는데, 글로벌 학술 분야나 정책 분야에서 널리 사용되는 사례는 아니므로 여기서는 '쌍둥이전환'으로 사용하겠다.[26]

3
디지털전환과 생태전환을
'쌍둥이전환'으로

　디지털전환과 생태전환 각각이 예고하는 미래 전망은 화려하거나 파국적이며, 어떤 경우에는 유토피아적이고 또 다른 경우에는 지극히 디스토피아적이다. 긍정적 미래든 불행한 미래든 적어도 20세기 문명과는 상당히 다른 미래를 두 전환이 예고한다는 점만은 공통적이다. 그런데 이렇게 영향력이 큰 두 전환을 하나로 통합하여 미래 사회를 새롭게 재구성할 가장 영향력 있는 힘으로 고려하기 시작한 것은 비교적 최근일이다. 기업 경영과 공공정책 분야, 그리고 학계에서 두 전환을 묶어서 연구하고 정책 설계에 반영하는 추세가 유럽을 중심으로 이제 막 만들어지는 추세다. 예를 들어 "지속가능성과 디지털화는 현재와 미래의 사회를 형성하는 두 가지 주요 트렌드"라는 진단이나,[27] "지속가능성과 디지털화가 향후 수년간 경제와 기업의 비즈니스 활동을 형성하는 데 중요한 역할을 할 필수 메가트렌드를 구성"하리라는 전망이 대표적이다.[28]

더욱이 두 전환을 통합적으로 접근하는 것을 넘어 상호영향까지 분석해보려는 경향이 2020년 이후 본격화되었다. 예를 들어 유럽연합의 2020년 보고서에서 "녹색전환과 디지털전환은 서로 연계되면 많은 이점을 가져올 수 있음에도 불구하고 너무 오랫동안 개별적으로 추진"해왔다는 지적이 발견된다.[29] 그리고 "녹색전환과 디지털전환 모두 오늘날 사회와 경제에서 매우 중요하기 때문에 이 두 가지 전환을 연결하여 어떻게 상호작용하는지와 잠재적인 긴장의 근원이 어디에 있는지 파악하는 것이 중요"하다는 지적들이 이어진다.[30]

이 책의 문제의식은 여기서부터 출발한다. 왜 어떤 이들은 디지털전환의 파괴력만을 소리높여 강조하고, 또 다른 이들은 생태전환의 절박성만을 호소하는가? 만약에 두 전환이 서로 결합하여 우리 사회의 현재와 미래에 '문명전환' 수준의 영향을 미친다면, 각각이 따로 바꾸게 될 지형과는 얼마나 다른 미래가 만들어질까? 혹시 동시에 추진되는 경우 상호갈등과 충돌이 일어나 심각한 긴장 관계에 들어가지는 않을까? 이렇게 무수한 질문이 쏟아질 수 있다.

두 전환이 동시에 같은 사회에 작용한다면 틀림없이 긍정적으로든 부정적으로든 서로 영향을 주고받으며 작용할 것이다. 바로 이런 문제의식 때문에 두 전환을 '쌍둥이전환'으로 통합하여 사회에 미치는 영향을 분석해보려는 것이다. 시대 추이에 민감한 다보스포럼은 이미 "'쌍둥이전환' 접근 방식을 채택함으로써 디지털과 지속가능성 의제를 통합하여 조직의 미래를 대비할 수 있어야 한다"는 주장을 발빠르게 내놓기 시작했다.[31] 주로 기업을 대변해온 다보스포럼은 두 전환 과정에서 기업들이 처한 현실을 진단하면서, "많은 조직이 두 전환의 시급성을 이해하고는 있지만, 이를 실행에 옮기는 데 어려움을 겪고" 있다고 평가한다. 기업들이 겪는 어려움은 일관된 접근 방식의 부재, 기존의 관성, 서로 충돌하는 과제들의 전략적 우선순위 결정에서의 어려움 등인데, 특히 디지털전환을 책임진 조직과 지속가능성을 담당하는 조직 사이의 협업 부재가 문제일 수 있다고 지적한다.

한편 학계 일부도 지금까지 "지속가능성 또는 디지털화라는 두 가지 메가트렌드 중 하나에만 집중"한 결과, "높은 이론적, 경영적 관련성에도 불구하고 지속가능성과 디지털화의 결합에 구체적으로 초점을 맞춘 연구는 매우 제한적"이었음을 인정했다.[32] 이어서 "디지털화와 지속가능성의 결합은 이제 막 중요한 새로운 연구 분야로 부상하기 시작"했다고 지적했다.[33] 또는 "녹색전환과 디지털전환의 교차 주제에 대한 정책적 필요성을 조사하는 연구는 최근에야 착수"되었다거나[34], "지속가능성과 디지털화라는 특정 주제를 결합하는 프로그램은 최근 몇 년 사이에 시작"되었다고 언급하는 사례가 늘고 있다.[35]

아울러 "디지털화가 제공하는 새로운 기회로 인해 디지털화는 더 높은 수준의 지속가능성에도 기여할 수 있으며, 이는 이 두 가지 메가트렌드 사이에 긍정적인 상호의존성"을 가질 수 있다는 점을 인정하면서도, 동시에 "디지털화와 지속가능성 사이에는 부정적인 상호의존성이 존재"할 수 있다는 점을 함께 지적하기도 한다.[36] 반대로 최근의 디지털 확산이 오히려 기후위기와 생태위기를 심화시킬 것이라는 주장도 나오고 있는데, "현재 우리 눈앞에 펼쳐지는 디지털 세계는 대부분 지구를 구하거나 기후위기를 타개하는 데 전혀 도움이 되지 않는다는 사실"을 기억해야 한다면서, "디지털 오염은 녹색전환을 위험으로 몰아가고 있으며, 향후 30년을 뜨겁게 달굴 도전들 가운데 하나가 될 것"이라고 전망하는 견해도 발견된다.[37]

두 전환을 통합하여 쌍둥이전환으로 접근하면서 동시에 상호 긍정적인 의존은 물론 상호 부정적인 의존이라는 양면성이 있을 수 있음을 포괄적으로 인식한 가장 모범적인 사례는 유럽연합 보고서다. 〈녹색과 디지털 미래를 향하여(Towards a Green & Digital Future)〉라는 제목의 2022년 보고서는 쌍둥이전환의 렌즈를 통해 상당히 균형감 있게 미래 사회 변화에 대응하려는 의지를 보여주고 있는데, 이 분야에서 유럽이 매우 앞서 나간다는 것을 알 수 있다.[38]

이 보고서는 "녹색전환과 디지털전환은 유럽연합의 미래를 형성할 두 가지 주요 추세다. 두 가지 모두 정치적 의제의 최상위에 있으므로 이 두 가지 추세가 어떻게 상호작용할지, 그리고 어디서 긴장 관계에 놓일 수 있는지 고려하는 것이 필수적이다. '쌍둥이전환'이라는 용어는 녹색전환과 디지털전환이라는 두 가지 전환 추이가 동시에 진행되는 것을 의미할 뿐만 아니라, 이 두 가지 전환을 통합하여 필요한 변화를 가속화하고 사회를 필요한 수준의 전환에 더 가깝게 만들 수 있다는 의미도 담고 있다"고 매우 선명하게 쌍둥이전환의 의미와 상호작용에 대해 설명해주고 있다.[39] 이 점에서 유럽연합 보고서의 문제의식 자체는 이 책의 문제의식과 완전히 일치한다.

특히 유럽연합 보고서는 "많은 영역에서 녹색전환과 디지털전환이 서로를 강화할 수 있지만, 항상 그런 것은 아니"라는 점도 매우 분명히 밝히면서, 두 "전환이 서로를 방해할 수 있다. 예를 들어, 디지털 인프라의 확장은 녹색전환의 목표에 부합하도록 유지되어야 한다. 특히 디지털 인프라의 에너지 소비와 환경적 영향에 대해 고민"해야 한다고 적절히 지적하고 있다.[40] 이어서 보고서는 사회, 기술, 환경, 경제, 정치 영역 각각에 대해서, 쌍둥이전환 과정에서 발생할 위험요인들을 세부적으로 열거한 후, 이에 대한 나름의 해법이 될 키워드 역시 제시하고 있다(표 1-1 참조). 보고서는 이처럼 두 전환이 모두 다양한 층위를 가지고 있고, 동시에 다양한 층위에 영향을 줄 수 있음을 강조하고 있다.

영역	쌍둥이전환이 초래할 도전과제	핵심 요구사항
사회	• 에너지 빈곤 위험 • 녹색 보조금 접근의 불평등 노출 • 쌍둥이전환으로 인한 불평등 노출 • (사회 집단간, 지역간) 디지털 격차	정의로운 전환 보장
	• 과감한 변화 대신 미미한 개선에 초점을 맞춘 녹색전환 • 녹색전환에 대한 긴박감 부족 • 환경적 측면 대신 경제적 측면에만 집중 • 기존 습관을 바꾸지 않으려는 경향 • 기존 가치가 의심받는 상황 도래	변화의 필요성에 대한 사회적 공감대 확산
	• 디지털 기술과 관련된 개인정보 보호 문제 등장 • 윤리 및 감시와 연관된 위협 • 신기술에 대한 신뢰 부족	프라이버시 보호와 기술의 윤리적 사용에 대한 보장

기술	• 아직 충분히 성숙하지 않은 일부 기술 존재 • 디지털 혁신 역량 부족(지방 또는 중소기업의 경우) • 녹색-디지털 연구와 혁신을 위한 비즈니스 사례 부재 • 새로운 기술과 표준이 너무 빨리 구식으로 퇴화 • 두 전환의 활성화를 위한 인프라 부재	혁신 인프라 구현
	• 기술 복잡성 증가 • 다양한 기술적 해법들의 결합 필요 • 전체 시스템과 조화되지 않는 고립된 해법의 문제 • 상호 운용성 부족 • 장비의 기술적 신뢰성 부족	일관되고 신뢰할 수 있는 기술 생태계
	• 데이터 공유에 대한 거부감 • 불명확한 데이터 소유권 • 관련 데이터에 대한 접근성 부족 • 사이버 보안 위협 • 데이터의 상호 운용성 및 신뢰성 부족 • 해석하기 어려운 데이터의 존재	데이터 가용성 및 보안 보장
환경	• 녹색상품으로의 수요이동이 공해상품의 가격 인하 유발 • 녹색이면서 효율적인 상품이 더 많은 소비를 유발	리바운드 효과 방지
	• 디지털 기술로 인해 상당한 자원 사용량 증가 • 디지털 기기의 재사용에서의 어려움 • 디지털 기술로 인한 에너지 사용량 증가	녹색-디지털 기술의 환경발자국 감소

경제	• 새로운 친환경 디지털 솔루션에 대한 비즈니스 사례 없음 • 친환경 디지털 솔루션의 높은 운영 비용 • 사양 산업으로부터 벗어나기 • 좌초자산 및 매몰비용 위험	시장의 활성화	
	• 전통적 기술의 이점(잠김효과)에 집착 • 시장 진입 장벽 • 대기업의 지배력 • 소규모 기업은 새로운 기술에 적응할 역량이 부족 • 소규모 플레이어가 관리하기 어려울 정도로 기술 규모 증가	시장 참여자의 다양성 보장	
	• 디지털 기술에 대한 의존도가 인간의 지식을 감소시킬 위험 • 디지털 기술 옵션에 대한 지식 부족 • 기술 격차	노동자에게 관련 기술 제공	
정치	• 새로운 기술 해법에 대한 표준 부재 • 낡아버린 기존의 표준 • 유럽연합 외부의 선도국가가 표준을 제정	적절한 표준 구현	
	• 정부 수준과 유럽 회원국 간의 정치적 합의 부족 • 너무 많은 관료주의 • 혁신과 변화를 촉진하지 못하게 할 규제의 존재	정책적 일관성	
	• 녹색-디지털 기술에 대한 대규모 투자 필요 • 공공자원을 둘러싼 경쟁	녹색-디지털 기술 해법에 대한 집중 투자	

출처: Muench·Stoenmer et al. 2022:75-76.

표 1-1 유럽에서 주요 영역별 쌍둥이전환의 도전과 해법을 위한 요구사항

디지털전환이 생태전환에 미칠 부정적인 영향을 검토할 때 핵심이 되는 '리바운드 효과'*에 대해서도 다보스포럼이나 다른 문헌과 달리 유럽연합 보고서는 어느 정도 이를 인정하고 있다. 구체적으로 보고서 는 "의도하지 않은 부작용인 리바운드 효과도 발생"할 수 있음을 명시 하면서, 그 사례로서 "재택근무가 주거 공간 증가"로 이어지거나 "저탄 소 교통수단이나 친환경 전기와 같은 대안이 화석연료 기반 솔루션보 다 더 친환경적이라고 시민들에게 인식되면 수요 증가로 이어질 수" 있 음을 예시한다. 또한 "친환경 대체재에 대한 수요 증가는 탄소 집약적 제품에 대한 수요 감소로 이어질 것이므로, (탄소 집약적 제품의) 가격이 저렴해지고 친환경 제품에 비해 가격 경쟁력이 생겨서 다시 수요가 늘 어날" 가능성을 지적하며 리바운드 효과를 피할 정책적 대응이 필수임 을 확인하고 있다.[41]

이처럼 유럽을 중심으로 최근 공공정책 영역에서 두 전환을 별개 로 접근하지 않고 '쌍둥이전환'으로 통합하려는 시도가 구체화되고 있 다.[42] 흥미로운 대목은 중국 역시 지난 2023년, 중국정보통신연구원이 〈디지털화와 녹색화의 협력 발전 백서〉를 발간하면서 두 전환의 상호 발전, 즉 '쌍둥이전환'을 처음으로 제시했다는 것이다. 백서는 녹색화 와 디지털화의 공동 발전은 고품질의 경제 및 사회발전에 대한 고유한 요구사항이고, 두 개의 전환이 상호 촉진의 효과를 발휘할 수 있다는 주장을 담았다.[43] 그리고 뒤늦게 2024년, 세계은행도 "쌍둥이전환 접근

---

* '리바운드 효과(rebound effect)' 또는 '제본스 역설(Jevons paradox)'은 기술혁신으로 자원의 효율을 높이면 단위당 자원 투입량은 줄어들지만, 가격의 하락으로 인해 수요가 증가하여 총자원 소비는 오히려 증가하는 효과다.

(twin transition approach) 방식은 디지털전환과 기후행동을 함께 추구하는 것"이라면서 이 대열에 합류한다.[44]

　하지만 여기서는 두 전환의 복잡한 상호작용 가운데 범위를 좁혀 '디지털전환이 생태전환에 주는 영향'에 국한하여 집중적으로 살펴보려 한다. 한국은 물론 전 세계적으로 이미 디지털전환은 매우 높은 수준으로 진행된 반면 생태전환은 2015년 파리협약 이후 이제 막 성과를 보이고 있을 정도로 디지털전환에 비해 생태전환이 뒤처지고 있다는 점을 고려한 것이다. 디지털전환(인공지능)이 생태전환(기후 대응)에 미치는 영향에 대해서는 크게 세 가지 주장, 즉 '인공지능이 기후의 해법'이라는 긍정적인 주장, '인공지능과 기후대응을 적절히 조합할 수 있다'는 중립적인 주장, 그리고 마지막으로 '인공지능이 기후에 도움을 주는 것 이상으로' 유해한 영향을 줄 가능성이 높다는 비판적인 주장으로 구분할 수 있다. 그러면 지금부터 가장 널리 알려진 긍정적인 주장에 대해 먼저 검토하고, 차례로 중립적인 주장과 비판적인 주장을 분석해볼 것이다. 특히 비판적인 주장은 중요성에 비해 아직 덜 알려져 있는데, 이 책의 주된 관심사이므로 집중적으로 살펴보려 한다.

4
디지털과 인공지능이
기후위기 해결책이라는 주장들

1) 디지털은 우리를 탄소중립으로 안내할까?

먼저 두 전환의 상호작용에 대한 가장 흔한 주장, 즉 인공지능과 디지털전환이 기후와 생태전환에 도움이 된다는 주장을 살펴보자. 대표적인 사례로서 비즈니스 리더들이 주축이 된 모임인 다보스포럼이 발간하는 보고서가 있다. 다보스포럼은 [그림 1-2]처럼 지속가능성을 지원하는 디지털전환의 메커니즘이 쌍둥이전환 과정에서 잘 작동할 수 있음을 상당히 낙관적으로 예시하고 있다.[45]

심지어 그들은 [그림 1-3]에서 보는 것처럼, "디지털 기술이 산업 전반에 걸쳐 확장된다면 에너지, 소재 및 모빌리티 산업에서 2050년까지 탄소중립 궤도에 도달하는 데 필요한 감축량의 최대 20%를 달성"할 수 있다는 매우 야심 찬 전망까지 제시하고 있다.[46] 구체적으로 '에너지 부문'에서 디지털 기술을 잘 활용한다면 2050년까지 최대 8%의 온실가

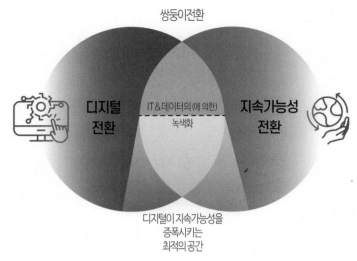

쌍둥이전환

디지털
전환

IT&데이터의(에 의한)
녹색화

지속가능성
전환

디지털이 지속가능성을
증폭시키는
최적의 공간

출처 : Royal Schiphol Group & PA consulting 2022

그림 1-2 생태전환에 도움되는 디지털전환 구도

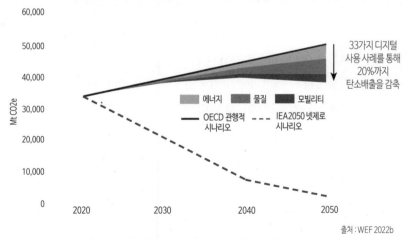

디지털 해법은 탄소 집약적 산업에서 넷제로 궤도를 가속화할 수 있다

33가지 디지털
사용 사례를 통해
20%까지
탄소배출을 감축

에너지   물질   모빌리티

OECD 관행적
시나리오

IEA2050 넷제로
시나리오

출처 : WEF 2022b

그림 1-3 디지털 해법이 온실가스를 줄일 수 있다는 사례

스를 감축할 수 있는데, 디지털 기술이 "탄소 집약적인 산업공정의 효율성을 높이고 건물 에너지 효율을 개선할 뿐만 아니라, 클라우드 컴퓨팅 기반의 인공지능과 5G를 이용한 고도로 네트워크화된 시설을 활용하여 재생에너지를 공급하고 관리"할 수 있기 때문이라는 것이다.

또한 소재 부문에서는 디지털 기술을 동원해 "2050년까지 최대 7% 온실가스 감축"을 실현할 수 있는데, 채굴 및 업스트림 생산을 개선하는 한편 빅데이터 분석 및 클라우드, 엣지컴퓨팅과 같은 기반 기술로 이를 지원할 수 있다고 다보스포럼은 주장했다(그림 I-4 참조). 이어서 모빌리티 분야에서는 2050년까지 온실가스 배출량을 최대 5%까지 줄일 수 있으며, "IoT, 이미지 처리, GPS 같은 센서 기술을 활용하여 실시간 데이터를 수집하고 시스템적 의사결정"을 지원함으로써 가능하다고 보았다. 더 나아가 디지털 기술은 "철도 및 도로 운송 모두에서 경로 최적화를 개선"하는 데도 도움을 줄 수 있다고 평가했다.[47] 두 전환의 선순환에 대한 다보스포럼의 이 같은 장밋빛 전망은 오래전부터 비즈니스 업계에서 널리 퍼진 주류 경향이다. 여기에는 '디지털 자체가 기후위기와 생태위기에 대한 강력한 해결책'이 된다는 굳은 믿음이 깔려있다. 반면에 디지털이 '해결책이 아니라 문제'가 될 수도 있다는 우려는 이들에게 그다지 관심을 받지 못한다.*

그런데 다보스포럼 유형의 주장이 업계의 시각을 강하게 반영한 일부 연구결과에서만 발견되는 것은 아니다. 비슷한 주장들은 세계은행

---

* 하지만 다보스포럼도 2025년이 되면서 인공지능과 환경의 관계를 다루는 논조가 바뀌기 시작했다. '인공지능의 에너지 역설', '인공지능의 에너지 딜레마', '인공지능의 에너지 문제'와 같은 표현을 사용하면서 인공지능 확산이 에너지와 기후에 부담을 주는 문제가 간단치 않음을 인정하기 시작한 것이다(WEF 2025b).

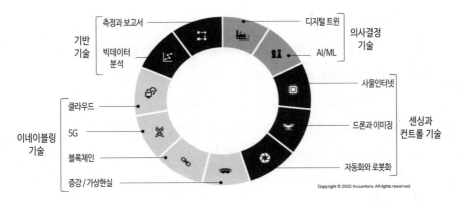

출처 : WEF 2022b

그림 1-4 온실가스 감축에 기여하는 디지털 기술 예시

같은 공식 국제기구에서도 발견된다. 세계은행은 디지털 혁신이 정보 통신 부문의 탄소발자국을 늘릴 수 있음을 인정하면서도, "기후변화의 완화와 적응을 위한 새로운 가능성을 창출"하는 데 무게를 두었다.[48] 심지어 기후변화 연구 집단이나 정책 집단 쪽에서도 유사한 주장이 발견된다. 예를 들어 2021년 스코틀랜드에서 열렸던 유엔 기후변화협약 당사국총회(COP26)를 앞두고 발간한 영국 왕립학회(The Royal Society) 보고서인 〈디지털 기술과 행성(Digital Technology and the Planet)〉도, "영국이 2030년까지 달성해야 하는 탄소 배출량 50% 감축 목표 중 거의 1/3은 센서에서부터 대규모 모델링에 이르기까지 기존의 디지털 기술을 통해 달성"할 수 있을 것이라는 낙관적 기대를 표시했다. 이어서 "적절한 인센티브가 제공된다면 디지털 기술 적용은 자원 소비와 탄소 집약적인 경제에서 벗어나 새로운 서비스와 비즈니스 모델을 가져올 수 있다"고 주장했다.[49]

그렇다면 공공정책 영역에서는 어떨까? 유럽연합이 공식적으로 기술혁신을 다룬 문서를 보면, 여기서도 매우 자연스럽게 디지털전환이 기후위기와 생태파괴를 막는 데 도움이 될 것이라는 가정을 받아들이고 있다. 공공정책도 다르지 않다는 말이다. 예를 들어 2021년 설립된 유럽혁신위원회(EIC)[50]의 보고서는, "인공지능 기반의 지능형 시스템은 환경 데이터를 수집하고, 천연자원과 기후를 모니터링하며, 인간이 환경에 미치는 영향을 측정할 수 있다. 이러한 시스템은 기후변화의 영향을 완화하거나 역전시키기 위한 맞춤형 전략을 개발하는 데 도움이 되는 기본적인 도구"라고 요약했다.[51] 이처럼 기술 낙관주의는 다보스포럼처럼 기업 편향이 강한 집단들은 물론이고 국제기구나 공공정책 영역 모두에서 상당한 경향으로 자리잡고 있다.

그런데 '환경 친화적 디지털 낙관주의'가 사회에 만연한 이유는 그것이 타당한 근거를 갖추고 있기 때문이라기보다는 대체로 디지털 산업계의 직간접적인 영향 탓이라는 것이 프랑스 환경전문기자 기욤 피트롱(Guillaume Pitron)의 진단이다. 디지털 산업이 실제 생태에 어떤 영향을 주고 있는지 수년 동안 직접 현장을 방문하여 확인한 탐사보도 결과를 두 권의 단행본으로 엮어낸 그는, "현재 우리 눈앞에 펼쳐지는 디지털 세계는 대부분 지구를 구하거나 기후위기를 타개하는 데 전혀 도움이 되지 않는다"고 강한 어조로 반박했다.* 또한 그는 디지털 기술이 환경에 우호적으로 작용한다는 담론의 많은 부분이 실제로 디지털 산업

---

* 피트롱 2023:25. 기욤 피트롱은 2018년에 발간한 《프로메테우스의 금속(La guerre des métaux rares)》과 2021년에 발간한 《'좋아요'는 어떻게 지구를 파괴하는가(L'Enfer numérique)》 두 권의 책에서 자신이 직접 탐사한 결과를 생생하게 수록하고 있는데, 자료적 가치가 상당히 있어 학술적 근거자료로도 활용이 가능할 정도다.

계에서 발원했다고 지적하면서, "디지털 산업계가 '인터넷이 환경에 도움을 준다'는 담론을 독점해버리고는 모든 수단을 동원해서 그 담론을 여기저기 팔려고 기를 썼고, 지금도 그렇게 하고 있다"고 냉정하게 평가했다.[52]

특히 그는 '글로벌 지속가능성 이니셔티브(GeSI)' 같은 단체가 발간하는 〈스마터2030(SMARTer2030)〉 보고서가 디지털 산업의 혜택을 과도하게 포장한 대표 사례라고 그는 말한다.[53] 이 단체의 주장에 따르면 "디지털은 지구의 건강 상태에 대해서 지금까지 볼 수 없었던 지식을 얻게" 해주고, "우리의 생활 방식을 최적화하는 데 도움을 주며", "우리의 소비 방식을 녹색화"하도록 촉진해줄 수 있다고 주장한다는 것이다.[54] 이 같은 주장에 대해 피트롱은 디지털이나 인터넷의 DNA 자체에는 절대로 "환경에 대한 염려라는 부분이 들어있지 않다"고 단언하면서, 만약 환경을 염려했다면 디지털과 인터넷이 지금과 같은 모습은 아닐 것이라고 반박했다.[55] 피트롱의 경우는 기본적으로 '디지털은 해결책이 아니라 문제'라는 입장을 고수하고 있는데, 뒤에서 다시 살펴보겠지만 디지털은 생태위기의 해결책이 아니라 문제라는 비관론 가운데 가장 급진적 경향을 대표한다.

2) 친환경 디지털 혁신으로 포장된 '스마트도시'

한국 사회의 공공정책 공간에서 기후위기와 생태위기의 해결책으로 디지털을 꼽는 발상이 가장 강력히 침투한 영역은 바로 '스마트도시'다. 최근 도시 인구의 급격한 증가와 기후변화 대응의 필요성을 배경으로 전 세계적으로 관심이 높아진 스마트도시는, "정보통신기술을 활용하여 도시의 경쟁력 및 삶의 질을 향상시키고 지속가능성을 추구하는 도시"로 정의된다.[56] 정의만 놓고 보면 디지털전환과 생태전환이 동시에 고려되고 있다. 물론 도시의 디지털화 추진과정에서 얼마나 '환경'에 방점을 찍을지는 도시마다 다를 수 있다. 하지만 "세계 각국의 스마트도시 추진목표를 분석해보면 에너지 효율화가 36%로 가장 높은 비중을 차지하며 신도시 개발 및 도시 관리 부문이 27% 정도를 차지"한다는 분석도 있을 만큼 글로벌 차원의 스마트도시가 지속가능성에 무게를 둔 것만은 사실이다.[57]

그런데 한국의 경우 스마트도시 추진이 정점에 오른 2018년 무렵이 되었을 때 그 개념은, "도시문제 해결을 위하여 빅데이터 및 인공지능과 같은 4차 산업혁명의 신기술들을 바탕으로 신산업을 창출하기 위한 공간"이라는 식으로 디지털 편향을 보인다. 이 개념에서 생태문제에 대한 고려는 여러 도시문제의 하나로 밀려나고 오히려 디지털 기술에 의한 신산업 창출이 전면에 부상한 것이다.[58]

구분	기존 도시	스마트시티
문제해결 방식	도시 기반시설의 확대 교통체증 발생 → 도로 확대 범죄 발생 증가 → 경찰력 확대 전기 소비 급증 → 발전소 확대	스마트 서비스 제공 교통체증 발생 → 우회도로 정보제공 범죄 발생 증가 → 실시간 CCTV 모니터링 전기 소비 급증 → 실시간 전기요금 정보

출처 : 이재용 · 사공호상 2015:2

표 1-2 스마트도시에서의 문제 해결방식 예시

2017년에 제정된 '스마트도시 조성 및 산업진흥에 관한 법률'에서도 스마트도시는 "도시의 경쟁력과 삶의 질 향상을 위하여 건설·정보통신 기술 등을 융복합하여 건설된 도시 기반시설을 바탕으로 다양한 도시 서비스를 제공하는 지속가능한 도시"로 정의되었다. 마찬가지로 4차산업혁명위원회와 관계부처 합동 보고서에서도 "도시에 ICT·빅데이터 등 신기술을 접목하여 각종 도시문제를 해결하고, 삶의 질을 개선할 수 있는 도시모델"로 스마트도시를 정의했다.[59]

국토교통부가 공식적으로 '스마트도시 국가시범도시' 추진을 위해 세운 2019~2023년 3차 스마트도시 전략도 유사하다. 비록 시범도시에 적용할 12개 분야 56개 서비스 안에 4개의 에너지 분야 서비스와 3개의 환경 분야 서비스가 있지만, 사실 '환경적 지속가능성'은 매우 부차적인 '고려사항'으로만 언급되고, 디지털 기술의 광범위한 적용을 통한 도시의 혁신을 강조하고 있을 뿐이다.[60] 실제 정부 계획에서 예시한 참고 개념도를 보아도 에너지, 환경, 교통에서 디지털 기술이 적용된 스마트도시가 곧 그린도시인 것처럼 묘사되고 있다.[61]

이런 구도의 스마트도시에서도 적극적인 생태전환을 위한 고려는 사실상 뒤로 밀려나게 된다. 2024년에 세워진 '제4차 스마트도시 계획 (2024~2028)' 역시 비록 '기후위기 대응 강화 및 디지털 포용성 제고'라는 항목을 넣어 지속가능성을 다시 강조하기는 했지만 대세는 여전히 인공지능과 디지털 기반의 도시 구축에 초점이 맞춰져 있다.[62] 다만 4차 스마트도시 계획에는 "국제기준에 맞는 지속가능한 도시모델을 위해 기후위기 대응 및 디지털 포용성 부문을 스마트도시계획 수립시 의무사항으로 명시"하겠다는 약속을 덧붙였다.[63]

3) 친환경 디지털을 이끄는 인공지능

2022년 11월 30일에 처음 출시된 챗GPT가 2개월 만에 월간 사용자 수가 약 1억 명, 2년 만에 3억 명을 돌파하며 오픈AI가 불러일으킨 생성형 인공지능 열풍이 기후 해법 모색에도 곧바로 영향을 미쳤다. 보스턴 컨설팅 그룹과 구글은 보고서를 내고, "인공지능이 현재 검증된 애플리케이션과 기술을 확장함으로써, 2030년까지 글로벌 온실가스 배출량의 5~10%를 줄일 수 있음"은 물론, 앞으로 기후재난에 대비하고 복원력 향상을 위한 통찰력을 줄 잠재력이 있다고 높게 평가하고 있다.[64]

이들에 따르면 인공지능은 [표 1-3]처럼 기후위기 대응을 위해 몇 가지 차원에서 긍정적인 영향을 줄 수 있는데, 첫째 인공지능이 선별해 낸 '정보(information)'를 이용해 기후 대응 전략 수립이나 산불같은 기후재난 대비에 도움을 줄 수 있다. 둘째로, 인공지능의 탁월한 '예측(prediction)' 능력 등을 활용하면 홍수에 대한 사전 경고를 제공하는 등 기후재난에서 인류의 생명을 구하는 데 도움을 받을 수 있다.

셋째로, 인공지능의 '최적화(optimization)' 능력을 극대화하면 기업들이나 국가는 공급망에서 스코프(Scope) 3*까지 탄소발자국을 최소화할 해법을 찾을 수 있다.[65] 물론 이들도 인공지능 폭발에 따른 생태적 악영향 가능성에 대해 언급한다. 예를 들어 2022년 기준으로 데이터센

---

* 온실가스 배출은 세 가지 Scope(범위)로 분류된다. 'Scope 1'은 기업이 소유하거나 통제하는 원천에서 발생하여 직접 배출되는 온실가스를 말한다. 화석연료를 직접 태워 만든 열을 생산공정에서 사용한다면 여기에 해당한다. 'Scope 2'는 기업이 구매한 전기, 열 또는 증기 생성으로 인해 간접 배출되는 온실가스다. 공급받는 전력의 발전 과정에서 배출된 온실가스가 여기에 해당한다. 'Scope 3'는 기업의 공급망에서 발생하는 모든 기타 간접 배출을 포함한다. 납품받은 부품 공급업체가 부품 제조공정에서 배출한 온실가스가 여기에 해당한다.

완화		적응 및 회복력	
측정 및 모니터링	축소 및 제거	위험 예측	취약점 관리
매크로 레벨 측정 예 : 국가단위의 탄소발자국 계산	배출량 감소 예 : 재생 에너지를 스마트 그리드에 통합하고, 상품 운송을 최적화	조기 경보 시스템 구축 예 : 홍수, 가뭄, 태풍과 같은 단기적인 극한 상황 예측	위기 대응 예 : 가뭄 및 산불 확산 모니터링
마이크로 레벨 측정 예 : 개별 제품의 탄소발자국 계산	자연 기반 및 기술적 제거 지원 예 : 자연의 탄소 보유량 평가	장기 추세 예측 예 : 지역의 해수면 상승 및 가뭄 빈도 모델링	회복력 있는 인프라 구축 및 생물다양성 보호 예 : 지능형 관개수로, 멸종 위기종 모니터링

출처 : Dannouni·Deutscher et al. 2023:10

표 1-3 기후 대응에서 인공지능의 기여 포인트

터 부하의 약 25%가 머신러닝과 관련된 것으로 추정되는 등 인공지능이 에너지 사용량과 온실가스 배출을 증가시키게 될 것이라고 지적한다. 또한 인공지능 확산이 데이터센터의 냉각용 물 사용량을 증가시킬 수 있고, 데이터센터 팽창으로 인한 전자 폐기물도 늘어나며, 인공지능이 양산하는 허위정보나 차별 정보로 인해 사회적으로 피해가 발생하는 것 역시 무시되지는 않는다. 다만 위험 요소를 충분히 제어할 수 있다거나, 혹은 악영향에 비해 얻을 수 있는 혜택이 압도적이라고 낙관적으로 평가할 뿐이다.[66]

한편, 기후변화에 관심이 많은 인공지능 전문가들도 인공지능의 생태친화적 활용을 지지하는 사회적 분위기에 편승하여 자신들의 기술을 기후위기 대응에 어떻게 활용할지 구체적으로 고민하는 연구를 시작했다. 예를 들어 맥길대학교 및 밀라-퀘벡 AI 연구소의 데이비드 롤닉(David

Rolnick)과 카네기멜론대학교 프리야 돈티(Priya Donti)를 포함한 다수의 머신러닝 전문가들은 전력, 수송, 건물, 토지 사용 등에서 발생하는 온실가스를 줄이는 데 머신러닝 기술이 활용될 수 있다고 제안한다.

[그림 1-5]처럼 수송 분야를 보면, 머신러닝을 활용하여 장거리 운행의 필요성을 줄이고, 적재량을 효율화시키며, 차량 경로를 최적화하여 차량 주행거리를 줄일 수 있다는 것이다. 또한 머신러닝은 효율적인 차량 설계를 도와줄 수 있고, 전기자동차의 충전 스케줄링, 혼잡 관리, 차량-그리드 간의 알고리즘 개선에 기여할 수 있다는 것이다. 더불어 대중교통을 어디에 건설해야 하는지 등의 교통계획을 세울 때에도 머신러닝이 도움을 줄 수 있다고 지적한다.[67] 당분간 이런 방식의 연구는 빠르게 확대될 것으로 보인다.

물론 이들 역시 머신러닝이 생태적으로 해로운 "화석연료 탐사 및 추출과 같은 활동을 가속화하는 데도 널리 사용"되는 등 기후변화를 악화시키는 영역에도 적용될 수 있다는 점을 인정한다. 아울러 "기술 자체만으로는 기후변화를 해결할 수 없으며, 정책과 같은 기후행동의 다른 측면을 인공지능이 대체할 수도 없다"고 짚는다. 하지만 큰 틀에서 볼 때, 생태적 안전 범위에서 인공지능 확산과 디지털전환을 다루기보다는, 일단 인공지능의 지속적 확대를 전제한 뒤 생태에 도움이 되는 기능을 찾아보자는 기존 발상은 달라지지 않았다. 이런 사고의 배경에는 디지털이나 인공지능 기술 종사자들이 대체로 문제에 직면했을 때 항상 '더 많은 기술, 더 새로운 기술'로 해결책을 삼으려 한다는 점이 있다.[68] 이런 기술주의적 해결방식이 두 전환의 균형과 선순환 추구에 도움이 될 수 없다는 것은 뒤에 다시 설명하겠다.

한편 생태 친화적 인공지능이라는 낙관적 기대에 대한 비평도 빠르게 쏟아져 나오고 있다. 먼저 인공지능의 기후나 환경 '예측 능력'을 과장하면 안 된다는 경고는 상당히 넓게 공유되고 있다. 예를 들어 아무리 최신의 생성형 인공지능 모델이라고 해도 "수십 년 된 많은 AI 모델과 마찬가지로 여전히 패턴 인식과 통계적 예측을 사용하여 결과를 산출한다. 즉, 대형언어모델의 신뢰성은 미래가 과거와 같을 거라는 가정에 기반"하고 있음을 기억해야 한다고 전문가들은 강조한다.[69] 왜냐하

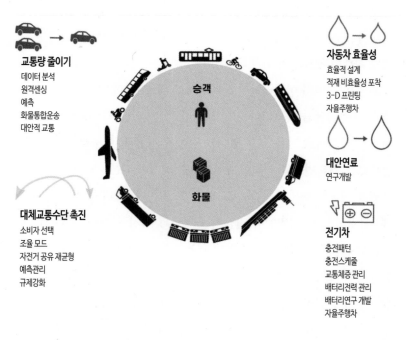

출처 : Rolnick·Donti 2022:15

그림 1-5 머신러닝을 통한 수송 부문 온실가스 줄이기

면 기계학습 기반 인공지능은 과거 지식과 경험의 '거울' 이상일 수 없기 때문이다.[70] 그런데 기후위기처럼 이미 티핑포인트를 지나서 과거와는 차원이 다른 국면에 들어선 상황에서 과거의 데이터 학습에 기반한 인공지능이 아무리 강력하다고 해도 그 미래 예측 능력은 그다지 신뢰할 만하지 않을 수 있다. 더욱이 "인간행동 예측이 갖는 내재적인 어려움 탓에, 예측하는 인공지능은 현재에도 제대로 작동하지 못할 뿐 아니라 미래에도 결코 작동할 수 없을 것"이라며, 예측하는 인공지능은 일종의 '사기(snake oil)'라고 비판하는 이들도 있다.[71]

한편, 저명한 환경 저널리스트이자 기후활동가인 나오미 클라인(Naomi Klein)은 '인공지능에 대한 유토피아적 환각(hallucination)'이라는 2023년 가디언지 기고를 통해, 챗GPT 같은 생성형 인공지능이 기후 대응을 위한 새로운 해법이 될 수 있다고 기대하는 경향을 근원적 차원에서 비판했다. 그는 빅테크와 일부 기술 낙관주의자들이 '인공지능이 기후위기를 해결해 줄 것(AI will solve the climate crisis)'이라는 환각을 심어주고 있다면서 다음과 같이 긴 문장으로 그 주장의 맹점을 공격했다.

"인공지능이 기후위기를 해결해 줄 것이라는 주장은 거의 항상 인공지능 장점 목록에서 1위를 차지한다. 다보스포럼부터 미국외교협회, 보스턴컨설팅그룹에 이르기까지 다양한 기관에서 이러한 주장이 제기되고 있는데, 보스턴컨설팅그룹에 따르면 모든 이해관계자가 탄소배출을 막고 친환경 사회를 구축할 수 있도록, 인공지능이 정확한 정보에 입각해서 데이터 기반 접근을 해줄 것이라고 설명한다. 또한 가장 위험에 처한 지역에 더 노력을 기울일 수 있도록 인공지능이 도울 수 있다고 주장한다"는 점을 확인한다. 하지만 그는 "기후변화와 같은 큰 문제를 해결하지 못하는 것이 똑똑한 사람이 부족하기 때문"이냐고 반박하면서, 이미 "박사 학위와 노벨상을 받은 똑똑한 사람들이, 이 혼란에서 벗어나려면 탄소배출을 줄이고, 탄소를 땅에 묻어두며, 생태학적 비용이 없는 에너지원은 없으므로 부자들의 과소비와 가난한 사람들의 빈약한 소비를 해결해야 한다고 수십 년 동안 우리 정부에 말해왔다는 사실"을 상기시킨다.[72]

이어서 지금까지 "데이터 세트가 충분하지 않은 탓에 아직 풀지 못한 미스터리나 수수께끼가 남아있어" 기후위기 해결이 지체되는 것이 아니라면서 이렇게 결론 내린다. "기후가 요구하는 대로 행동하면 수조 달러에 달하는 화석연료 자산이 좌초되고 소비 기반 성장 모델이 도전을 받게" 되는데, 바로 이를 두려워한 기득권의 저항 때문에 기후위기 대응이 어렵다는 것이다.[73] 보스턴컨설팅그룹과 나오미 클라인의 접근법이 완전히 대조적임을 여기서 확인할 수 있다. 전자는 인공지능 확산을 기정사실화하고 기후위기와 생태위기에 인공지능이 도움이 되는 지점을 찾으려 애쓴다. 반면 나오미 클라인은 생태전환을 가로막는 사회정치적인 방해 요인을 인공지능이 해결해 줄 수 있는지, 과연 인공지능의 도움이 얼마나 절실히 필요한지를 묻는 것이다.

5
두 전환을 적절히
조율할 수 있다는 주장들

두 번째 부류의 주장으로 넘어가자. 모호하기는 하지만 다소 중립적인 관점에서 디지털을 적절히 통제하고 친환경적 장점을 충분히 활용하자는 이들도 제법 있다. 우선 디지털이 생태전환에 미치는 영향의 양면성을 인정하면서도 경제 주체인 기업들이 두 전환의 교차점에서 다양한 선택을 할 수 있다는 의견이 있다. 예를 들어 독일 쾰른국제경영대학원 교수이자 기술경영 분야 전문가인 울리히 리히텐탈러(Ulrich Lichtenthaler)는 기업들이 시장에서 디지털화와 지속가능성 중 하나를 추구하는지, 아니면 둘 다 선택하는지에 따라 [그림 1-6]처럼 네 가지 유형으로 분류했다.[74] 그에 따르면 우선 재무 목표에만 초점을 맞추고 비즈니스를 해온 전통적인 기업들은 디지털화나 지속가능성을 모두 외면한다.

하지만 일부 기업들은 오래전부터 지속가능성에 초점을 두고 경영을 해왔는데, 최근 지속가능성 이슈의 중요성이 높아지자 다른 기업들도 지속가능 발전목표에 반응하기 시작했다. 이들 기업은 대신 디지털이 아닌 아날로그에 초점을 맞추는 경향을 보였다. 한편 최근 몇 년 동안 상당수 기업이 전형적인 디지털전환 쪽으로 이동하고 있는데, 이들은 "새로운 센서, 고급 분석, 스마트 알고리즘, 인공지능의 다양한 추가 애플리케이션을 기반으로 데이터의 수집, 분석, 활용에 더 많이 의존"하는 등 높은 수준의 디지털화를 추구하는 반면, 지속가능성에 대한 고려는 낮은 기업들이다.

그런데 만약 기업들이 '높은 수준의 디지털화와 지속가능성'을 결합하여 동시에 추구하는 전략적 선택을 할 경우, "효율성 향상은 물론 새

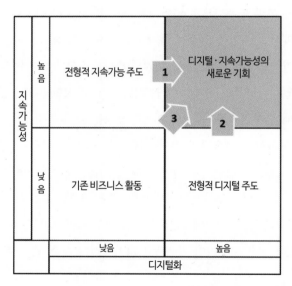

출처 : Lichtenthaler 2021:69

그림 1-6 기업에서 디지털전환과 생태전환의 우호적 통합

로운 비즈니스 개발과 혁신 측면에서 이점을 제공"할 것이라며 지속 가능한 디지털전환의 '긍정적인 순효과'를 강조한다.[75] 리히텐탈러의 설명에는 디지털전환이 자연스럽게 생태전환을 포용할 것이라는 가정은 없지만, 두 전환 사이에 갈등이 발생하여 서로를 밀어내는 역작용이 발생할 우려에 대한 적극적 분석 역시 발견되지 않는다. 하지만 이 모델을 기업 차원을 넘어 사회적 차원으로 확장하고 상호의존성과 상호 갈등의 가능성을 추가로 고려한다면 두 전환이 이뤄지는 역동성을 설명하는 중요한 프레임이 될 수도 있다. 이 책이 2부에서 제안할 '디지털-생태전환 매트릭스'는 바로 리히텐탈러의 분석 프레임을 사회적 차원으로 확장하고 변형한 것이다.

공적 담론에서 디지털이 기후와 생태에 미치는 양면적 특성을 중립적으로 인정하는 흐름은 점점 더 늘어나는 추세다. 흥미 있는 사례 하나는 2024년 11월 아제르바이젠에서 열렸던 제29차 유엔 기후변화협약 당사국총회(COP29)였다. 기후를 위한 디지털의 역할을 조명하는 '디지털화의 날(COP Digitalisation Day)' 행사가 여기서 처음 열렸다. 국제전기통신연합(ITU)이 주도해 2023년 만든 '녹색 디지털 행동계획(green digital action initiative)'이 이 행사의 개최에 중요한 역할을 했는데, 이들의 접근이 바로 기후에 대한 디지털의 양면적 영향을 모두 지적하는 방식이었다.

행사에서 공개된 'COP29 녹색 디지털 행동 선언'의 내용을 보자. 선언은 큰 맥락에서 인공지능과 디지털이 기후위기에 대해서 보여주는 양면성, 즉 한편에서는 기후위기 대응에 도움을 주면서도 동시에 에너지와 자원 사용 폭증으로 인해 부담을 주는 측면을 모두 다룬다. 구체적으로 선언은 지속 가능한 디지털 기술의 개발과 도입을 장려해 여러 부문에서 온실가스 배출 저감, 감축, 제거 및 에너지 효율을 가속화하고 기후 회복력이 있는 지역사회를 지원하자고 요청했다. 또한 기후변화에 영향을 받지 않고 서비스를 지속시킬 안전한 디지털 인프라도 강조했다.

이어서 디지털 기술의 자원 사용 효율과 에너지 효율을 높이고 폐기물을 최소화하자는 제안을 덧붙였다. 그런데 "디지털 기술의 부정할 수 없는 잠재력을 활용해 기후위기를 해결하는 동시에 환경발자국을 줄일 수 있고 또 줄여야 한다"는 보그단마틴(Doreen Bogdan-Martin) 국제전기통신연합 사무총장의 발언에서 알 수 있는 것처럼, 양면성을 인정하면서도 실질적으로는 인공지능의 활용 가능성에 무게 중심을 두는 경향이 있다.[76]

비슷한 주장은 국제에너지기구에서도 나오고 있다. 인공지능과 에너지의 상호의존이 갈수록 높아지자 국제에너지기구는 '인공지능을 위한 에너지, 에너지를 위한 인공지능(Energy for AI, and AI for Energy)'이라는 중립적 개념 아래 이 분야에 점점 더 깊은 관심을 보이게 되었다. 예를 들어 날씨 모델과 터빈의 위치에 대한 정보를 사용하여 풍력 발전량을 인공지능이 더 정확히 예측해주면 재생에너지 간헐성에 훨씬 더 탄력적으로 대응할 수 있다고 강조한다. 동시에 인공지능 모델 하나를 학습시키는 데 미국 가정 100가구가 1년 동안 소비하는 전력보다 더 많은 전력을 사용할 정도로 에너지 부담을 주는 문제가 발생하는 사실에 주목한다.[77] 하지만 국제에너지기구의 무게 중심도 역시 에너지 시스템에서 인공지능의 효율적 응용에 두어진다.

2019년에 유럽에서 채택한 유럽 그린딜 정책도 유사한 맥락에서 해석할 수 있다. 2020년 유럽 정책보고서는 "산업전략, 순환경제 실행계획, 디지털 전략 등이 뒷받침하는 유럽위원회의 그린딜에 이미 두 가지 전환이 밀접하게 연결되어 있음"을 확인시켜준다. 같은 맥락에서 애니카 헤드버그(Annika Hedberg)와 스테판 십카(Stefan Sipka)는 앞으로 유럽이 "디지털화를 통해 환경보호와 기후행동을 강화하고 동시에 디지털 부문의 친환경성을 강화"하자고 제안한다.[78]

이들의 강조점 역시 디지털전환 가속화가 기후위기와 생태위기에 당연히 도움된다는 전망이 아니라, 역으로 '지속가능성'을 담보할 수 있도록 디지털혁신의 방향과 내용을 정부 정책으로 규제하고 조정하는 쪽에 가 있다. 즉 [그림 1-7]처럼 "디지털화를 활용하여 지속가능성을 향상시킬 수 있지만, 디지털 혁신 자체도 지속가능성을 높여야" 하며, 이를 위해 디지털 장비들을 포함해 디지털 산업에서의 탄소발자국 문제를 어떻게 해결할 것인지에 대해 진지하게 접근하자는 것이다.[79] 비슷한 기조로 최근 세계은행 역시 인공지능과 디지털이 기후에 직접적, 간접적으로 미칠 수 있는 긍정적인 영향과 부정적인 영향을 모두 평가하면서 균형을 잡을 방안을 찾는다. 세계은행은 "직간접적인 경로 모두에서 정책 및 규제 환경, 자금 조달 능력, 시장의 힘이 디지털화가 기후변화에 미치는 최종 영향을 결정"할 걸로 전망하며 국가마다 적절한 정책 조합의 선택을 강조했다(그림 1-8 참조).[80]

디지털전환과 생태전환 어느 한쪽에 치우치지 않으면서 양자의 선순환을 모색하려는 이들 접근법은 꽤 매력적이다. 그러나 구체적인 현실

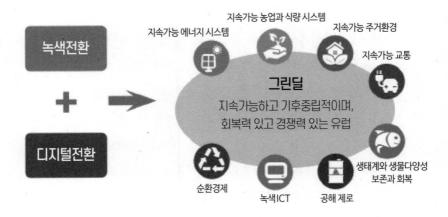

출처 : Hedberg·Šipka 2020:4

그림 1-7 생태전환과 디지털전환의 선순환을 시도한 유럽의 그린딜

에서는 산업계의 성장 욕구를 충족시키면서 동시에 리바운드 효과를 통제하기가 어려운 등 두 전환의 조화를 이루는 과제가 예상외로 도전적일 수 있다. 하지만 중립적인 견해들은 대체로 두 전환의 균형을 추구하는 과정에서 직면할 난관들을 외면하는 경향이 있다.

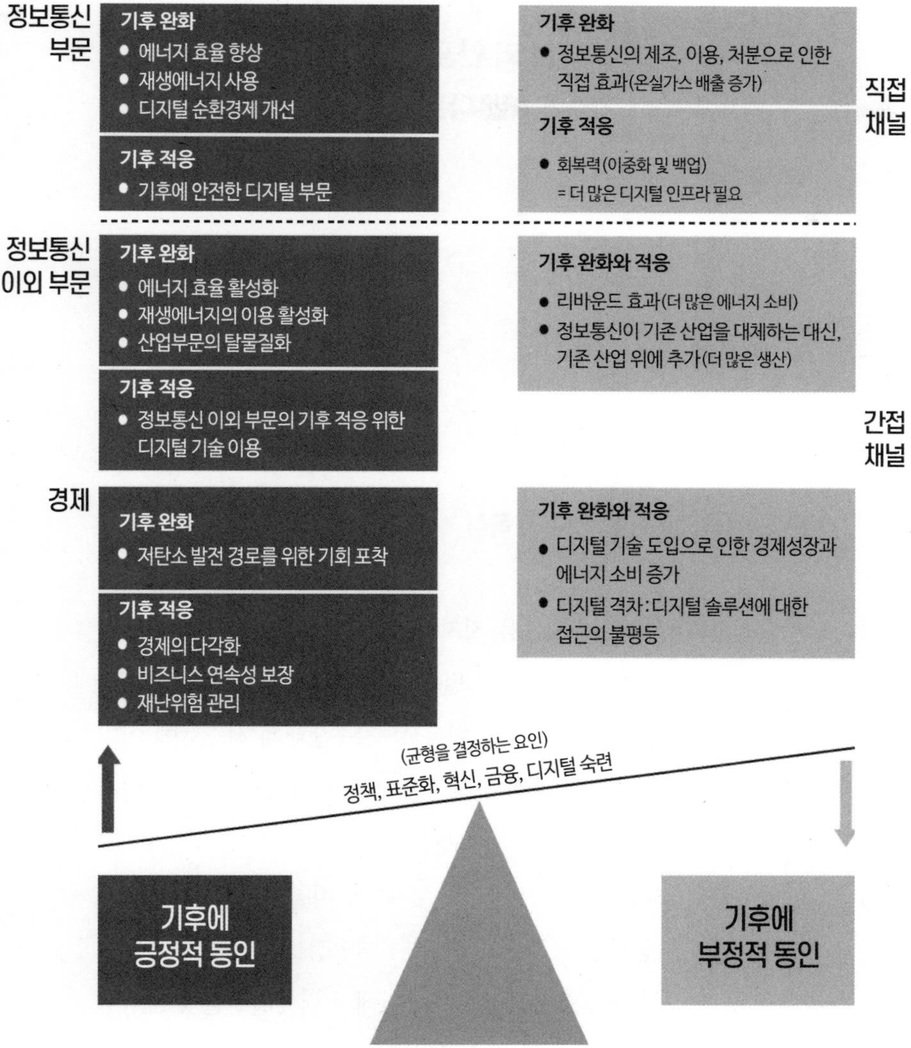

| 정보통신
부문 | **기후 완화**
● 에너지 효율 향상
● 재생에너지 사용
● 디지털 순환경제 개선

기후 적응
● 기후에 안전한 디지털 부문 | **기후 완화**
● 정보통신의 제조, 이용, 처분으로 인한
 직접 효과(온실가스 배출 증가)

기후 적응
● 회복력(이중화 및 백업)
 = 더 많은 디지털 인프라 필요 | 직접
채널 |

정보통신
이외 부문

기후 완화
● 에너지 효율 활성화
● 재생에너지의 이용 활성화
● 산업부문의 탈물질화

기후 적응
● 정보통신 이외 부문의 기후 적응 위한 디지털 기술 이용

기후 완화와 적응
● 리바운드 효과(더 많은 에너지 소비)
● 정보통신이 기존 산업을 대체하는 대신, 기존 산업 위에 추가(더 많은 생산)

간접
채널

경제

기후 완화
● 저탄소 발전 경로를 위한 기회 포착

기후 적응
● 경제의 다각화
● 비즈니스 연속성 보장
● 재난위험 관리

기후 완화와 적응
● 디지털 기술 도입으로 인한 경제성장과 에너지 소비 증가
● 디지털 격차 : 디지털 솔루션에 대한 접근의 불평등

(균형을 결정하는 요인)
정책, 표준화, 혁신, 금융, 디지털 숙련

기후에 긍정적 동인

기후에 부정적 동인

출처 : World Bank Group 2024b

그림 1-8 디지털이 기후에 미치는 긍정적, 부정적 영향

6
디지털과 인공지능이
기후에 해롭다는 경고들

1) 디지털 가속으로 인한 에너지 폭식

　디지털전환의 생태적 순기능을 지지하는 연구와 보고서들이 여전히 압도적으로 많은 가운데, 최근 디지털전환과 인공지능 도입의 가속화가 기후위기에 악영향을 주고 담수 이용 등 지구생태계 시스템에 이미 위험 요인이 되고 있다는 비판적 주장들이 점차로 늘어나고 있다. 이제 비판적 의견들을 집중적으로 탐구해보자.

　디지털전환이 '지구생태계'가 아니라 '사회'에 미칠 수 있는 유해성은 이미 꽤 다양하게 공론장의 주제가 되었다. 개인정보 유출과 남용이라든지 허위정보 양산, 불안정 노동 확대 측면에서 디지털전환의 악영향이 지적된 사례가 그것이다. 글로벌 차원에서도 감시국가 도래나 디지털 기술의 전쟁 무기화(드론 같은 무인 디지털 무기) 등이 디지털 기술과 인공지능 관련 사회적 위험성을 대표한다. 반면 국내적으로나 국제적으로도 디지털전환 과정에서의 생태파괴 위험성은 여러 위험 가운데 아직 부차적인 것으로만 여겨지는 것이 엄연한 현실이다.

여기서는 디지털전환 과정에서 생태적 위험을 초래하는 사례로서 ①에너지 사용량 폭증, ②물질자원 사용량 증가, ③기후 허위정보 유포, ④가상코인 채굴로 인한 생태적 악영향, ⑤디지털 과소비로 인한 문제로 나눠서 살펴보겠다. 기존 비판연구 경향은 대부분 디지털 기기의 에너지 사용량 폭증에 맞춰졌지만, 최근 디지털전환이 정말로 '탈물질화'로 가고 있는지에 대한 문제제기도 늘고 있다. 한편 SNS나 인공지능의 '환각' 작용이 기후 허위정보 유포를 조장해서 기후 대응에 장애가 된 사례가 발생했고 최근 이 상황에 대한 우려도 높아지는 추세다. 그나마 가상코인의 환경파괴 양상은 많이 알려진 편이다. 마지막으로 디지털전환의 위험에 대해 이제까지는 '공급' 측면에서 조명했는데, '수요'의 측면 즉 소비의 관점에서도 접근할 필요가 커지고 있는 점을 살펴보겠다.

비판적 주장의 검토에 앞서 한 가지 전제를 확인하자. 디지털전환의 생태친화성을 옹호하는 이들이 '생태적 악화' 가능성도 일부 인정하는 것처럼, 디지털전환이 기후와 생태위기를 심화시킬 가능성을 우려하는 비판자들 역시 디지털전환이 기후위기 해결과 생태보호에 가져다 줄 순기능이 있다는 점을 부인하지 않는다는 것이다. 즉, 인공지능과 로봇공학, 사물인터넷(IoT) 등 관련 기술이 "기후변화와 생물다양성 감소 문제의 해결과 더 효과적인 천연자원 이용 및 모니터링에 기여하며, 지속 가능 발전목표(SDGs) 달성을 향한 진전에 도움이 될 수" 있다는 점을 인정한다.[81] 다만 비판자들은 디지털전환이 자동적으로 기후위기와 생태위기의 '해결책'이 될 수 없을 뿐만 아니라 오히려 현실에서는 '해결책보다 문제'가 되고 있으므로 공공정책이 적극 개입하여 상황을 역전시킬 필요가 있다는 데 무게를 싣는다.

그러면 본격적으로 디지털전환의 가속화와 최근 생성형 인공지능의 폭발적 확산이 어떻게 에너지 수요를 폭증시켜 오히려 생태적 위협을 증대시키고 있는지 살펴보자. 생물리학적 관점에서 잊지 말아야 할 단순한 명제는 "모든 디지털 행위는 지구의 에너지를 소모한다(Every single action in digital costs the Earth energy)"는 것이다.[82] 한마디로 '에너지 없이 인공지능 없다(no energy, no AI)'는 것인데, 문제는 산업과 사회 곳곳에 편재한 디지털과 인터넷, 데이터센터 등에서 사용하는 에너지 소비량을 정확히 측정하기 어렵다는 것이다. 가장 큰 이유 중 하나는 해당 기술기업들이 데이터센터의 장비 내역이나 에너지 소모량 등에 대해 정확한 정보를 제대로 공개하지 않고 있기 때문이다.[83] 디지털이 지구에 얼마나 빚지고 있는지, 디지털이 끌어 쓰는 에너지와 물질, 디지털이 쓰고 버리는 전자 폐기물에 관한 정보를 디지털 자신이 누락하는 역설이 생긴 것이다. 따라서 대부분 연구자들은 상당히 제한적인 정보를 활용해 인공지능 에너지 소비량을 추정할 뿐인데 대체로 과소 추정되는 경우가 많다고 단서를 붙인다. 이를 미리 전제하고 비판적 의견을 따라가 보자.

우선 데이터센터 증설, 스마트폰과 같은 모바일 단말기 이용 확대, 그리고 이를 연결하는 네트워크까지 디지털전환은 대단히 넓은 영역에서 에너지 수요를 증가시킨다. 기존의 분석 다수는 주로 데이터센터 에너지 소비만 평가하지만, 사실 이는 전체 에너지 수요의 절반이 되지 않는다. 소비자가 사용하는 기기와 네트워크 운영에 들어가는 전력수요가 절반이 넘기 때문이다.[84] 더욱이 여기에는 삼성전자나 TSMC같은 반도체 제조회사가 소비하는 막대한 전력수요는 계산하지도 않았다. 따라서 흔히 데이터센터 전력수요를 기준으로 디지털전환의 에너지 소비를 평가한 분석들은 실제로는 최소 2배 이상 에너지 수요가 커진다는 것을 고려해야만 한다. 데이터센터에서 사용하는 전력만 고려할 때도, [그림 1-9]처럼 서버 컴퓨팅이 데이터센터 전력수요의 40%를 차지하고, "안정적인 처리 효율을 달성하기 위한 냉각 요구사항도 마찬가지로 약 40%를 차지"하며, 나머지 20%는 기타의 관련 IT 장비에서 발생한다는 점을 기억할 필요가 있다.[85]

데이터센터를 넘어 비교적 포괄적으로 디지털전환의 에너지 사용량 팽창을 연구한 곳은 프랑스 씽크탱크 '더시프트 프로젝트(The Shift Project, 일명 TSP)'다.[86] 2010년 설립된 후 꾸준히 포스트-탄소경제를 연구해온 TSP가 2021년에 디지털 부문의 전력 소비를 체계적으로 추정한 결과를 보자. 우선 세계 디지털 부문*의 최종 에너지 소비량은 2015~2019년 사이 매년 6.2%씩 증가했다. 세계가 디지털 소비패턴을 바꾸지 않으면 2025년까지 매년 6.5~9.8%까지 증가 속도가 더 빨라질 것으로 TSP는 예측했다. 이는 연평균 약 3%를 조금 넘는 글로벌 경제성장률이나 4% 수준의 글로벌 전력 소비 성장률의 두 배를 뛰어넘는 속도다.

그 결과 2020년 기준 디지털 부문이 전체 에너지 소비 비중의 5%를 넘었는데, TSP는 10년 안에 9% 이상 갈 수도 있다고 경고했다. 일

---

* 여기서 디지털 부문은 통신 네트워크, 데이터센터, 단말기 및 주변기기, 사물인터넷 등이고 자동차 디지털 장비와 산업 생산라인의 디지털 구성 요소, 시청각 생산에 사용되는 장비 및 통신위성은 제외되었다.

전형적인 데이터센터 에너지 사용

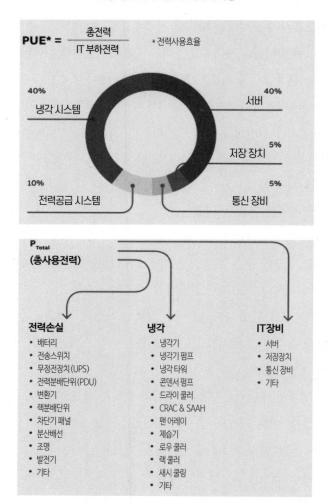

$$PUE^* = \frac{\text{총전력}}{\text{IT 부하전력}}$$

*전력사용효율

40%
냉각 시스템

40%
서버

5%
저장 장치

10%
전력공급 시스템

5%
통신 장비

P_{Total}
(총사용전력)

전력손실
- 배터리
- 전송스위치
- 무정전장치(UPS)
- 전력분배단위(PDU)
- 변환기
- 랙분배단위
- 차단기 패널
- 분산배선
- 조명
- 발전기
- 기타

냉각
- 냉각기
- 냉각기 펌프
- 냉각 타워
- 콘덴서 펌프
- 드라이 쿨러
- CRAC & SAAH
- 팬 어레이
- 제습기
- 로우 쿨러
- 랙 쿨러
- 섀시 쿨링
- 기타

IT장비
- 서버
- 저장장치
- 통신 장비
- 기타

출처 : Baldor-Reliance 2022:2

그림 1-9 데이터센터에서 사용되는 에너지 분포

부에서 데이터센터의 전력 소비만 가지고 글로벌 전력 소비의 고작 1%(2024년 기준) 정도라는 점을 들어 대단치 않다고 치부하지만, 데이터센터가 아닌 전체 디지털의 전력 소비 비중이 이미 2020년에 5%를 넘고 있다면 결코 무시할 수 없는 규모다. 사실 이조차도 2022년 챗GPT 등장 이후 인공지능 확산이 예상을 뛰어넘어 폭발되는 추세를 반영하지 않은 것이다.[87]

디지털 부문의 에너지 소비량과 비중이 급격히 팽창한 결과 온실가스 배출도 빠르게 증가했다. TSP에 따르면 2019년 글로벌 디지털 부문 온실가스 배출량은 18억 4천만 톤으로 전체 배출량의 무려 3.5%를 차지했다. 더 큰 문제는 증가율인데 2020년 현재 연평균 6% 정도 증가율을 보였지만 단기간에 최대 연간 9%까지 늘어날 가능성도 있다.

TSP처럼 디지털 장비제조-데이터센터-네트워크-단말기 이용까지를 망라하여 에너지 사용량을 추정한 경우는 드물지만, 최근 인공지능 확산에 따라 '전기먹는 하마'로 주목받는 데이터센터가 소비하는 전력 사용량 추정은 다양하게 업데이트되고 있다. 여기서는 비록 과소추정되더라도 신뢰성 있는 가장 최신 데이터 확인을 위해 국제에너지기구가 2024년 분석한 보고서를 참조하겠다. 국제에너지기구에 따르면 "2022년 현재 데이터센터, 암호화폐, 인공지능이 전 세계적으로 약 460테라와트시(TWh)의 전력을 소비할 것으로 추정되며, 이는 전 세계 총 전력수요의 약 2%"라고 평가했다.[88]

하지만 "데이터센터의 전 세계 전력수요가 2026년까지 두 배로 증가"한 결과, "데이터센터, 암호화폐, 인공지능의 전 세계 전력 소비량이

620~1050테라와트시에 달할 것으로 예상"되는데, 이는 "2022년에 비해 2026년 전력수요가 160테라와트시에서 최대 590테라와트시까지 추가되는 것으로서, 스웨덴 정도 국가 1개 또는 최대 독일 정도의 국가 1개가 추가되는 것과 비슷한 수준"의 전력이 더 소요되는 것이다.[89]

개별 국가 차원으로 시야를 돌려 구체적으로 살펴보자. 국제에너지기구의 2022년 추산으로 미국 데이터센터 전력 소비량은 향후 몇 년간 빠른 속도로 증가하여 2022년 약 200테라와트시(미국 전력수요의 약 4%)에서 2026년에는 약 260테라와트시로 증가하고 전체 전력 수요의 6%를 차지"하리라 예상된다.[90] 더욱이 미국의 최소 5개 주에서는 이미 데이터센터 부문이 전체 전력 소비의 10%를 넘어섰다(그림 1-10 참조). 이들 수치가 글로벌 평균과 상당히 다르다는 것을 금방 알 수 있다.

미국만 하더라도 전체 전력수요의 6%면 놀랄 만한 비중이지만, 외국 디지털기업 유치를 국가전략으로 선택한 몇몇 유럽 기업들은 상황이 훨씬 심각하다. 법인세가 극도로 낮은 아일랜드(유럽 OECD 국가의 평균 법인세가 21.5%인데 비해 아일랜드는 12.5%)는 브뤼셀 등과 함께 해외기업 유치가 가장 활발하여 글로벌 다국적 기업의 데이터센터가 몰려있다. 그 결과 도시 주거용 건물에서 소비하는 전력량과 맞먹을 정도로 데이터센터 전력수요가 폭증했다.

국제에너지기구에 따르면 2022년 기준 데이터센터 전력수요가 "5.3 테라와트시로서 아일랜드 전체 전력 소비량의 17%를 차지"했고 2024년에는 20%를 넘어갔다(그림 1-10 참조). 그리고 "2026년에는 아일랜드 전체 전력수요의 32%에 달할 것으로 전망된다"는 충격적인 예상을 하고 있을 정도다. 향후 아일랜드에서 에너지 부문의 온실가스 감축과 기

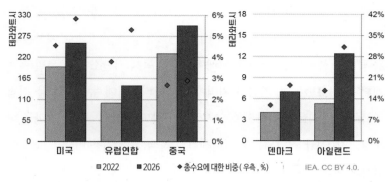

데이터센터 전력 사용량(TWh) 범례:
■ 2022 ■ 2026 ◆ 총수요에 대한 비중(우측, %)

IEA. CC BY 4.0.

출처: IEA 2024a:31-39

그림 1-10 주요국 데이터센터 전력 사용량과 2026년 예상량

후 대응은 거의 데이터센터의 향방에 달려 있다고 봐도 무방하다.[91]

이런 상황에 대응하기 위해 시장 자율과 개방에 대단히 친화적인 아일랜드 정부조차 불가피하게 전력 시스템의 안정성과 신뢰성을 보호하는 조치를 하지 않을 수 없었다. 즉 '아일랜드 전력규제 위원회(Ireland's Commission for Regulation of Utilities)'는 2021년, 이미 추진 중이거나 신규로 설립될 데이터센터의 전력계통 연결 신청에 적용되는 새로운 규제방안을 발표한 것이다.[92] 그 내용에는 ①전력 시스템 제약지역 안에 데이터센터가 있는지 여부와 관계된 데이터센터 위치 규제, ②데이터센터가 최소한의 수요에 상응하는 발전 또는 저장을 자체적으로 감당할 수 있는 능력을 보유하는 규정, ③전력 시스템 운영자의 요청이 있을 때 데이터센터가 수요를 줄임으로써 유연성을 제공할 수 있는 능력을 보유하는 규정 등이 포함되어 있다.[93] 한편, 2023년 현재 34개의 데이터센터가 있는 덴마크 역시 데이터센터의 전력 소비가 2026년까지 총 전력수요의 20%에 가깝게 도달할 정도로 상당한 부하를 가지고 있다.

아일랜드와 덴마크보다는 적지만 이미 4%를 넘어가고 있는 중국의 데이터센터 전력수요는 앞으로 매년 15%씩 증가할 것으로 예상된다. 그에 따라 중국은 2024년 7월 '데이터센터 녹색 저탄소 발전 특별 행동 계획'을 발표했는데, 가능한 지역에서 데이터센터에 녹색 전력을 직접 공급하는 방식을 도입하도록 장려하는가 하면, 2025년 말까지 전국 허브 거점에 신규 건립되는 데이터센터의 녹색 전력 이용 비중을 80% 이상으로 하도록 했다.[94]

한국은 어떨까? 국회 입법조사처 보고서에 따르면 2023년 12월 말 기준으로 국내에 153개의 데이터센터가 있다. 이들의 전력수요는 1.986기가와트, 즉 1기가와트급 대형 발전소 2기의 규모이고 대략 전체 발전 용량의 2% 정도에 해당한다.[95] 미래에는 얼마나 빨리 증가할까? 전망 자체에 너무 큰 편차가 있다는 것이 문제인데, 예를 들어 2029년까지 637개 데이터센터가 건설될 예정이고 4.1기가와트의 전력수요가 발생할 것이라는 전망부터,[96] 2029년까지 새로 요구되는 데이터센터 수요가 732개로 예상되는데 이를 위해 무려 약 50기가와트의 전력 용량이 필요하다는 주장까지 전망 격차가 크다.[97] 현재 우리나라 전체 전력수요 용량이 100기가와트 내외임을 감안할 때, 추가 50기가와트라는 숫자는 기술기업들이 부동산 개발 선점을 목적으로 한국전력에 우선 전력 용량을 과도하게 신청한 결과가 반영된 상당히 과장된 예측일 수 있다.[98] 한편 2025년 2월 확정된 '11차 전력수급기본계획'에 따르면 2038년까지 데이터센터 전력수요를, 기존에 잡았던 수요 예측치인 1.8기가와트 이외에 최근 상황 변화에 따른 추가수요 4.4기가와트 더하여 총 6.2기가와트로 잡고 있다(세부 계산내역은 공개되지 않았는데 2030년까지로 한정하면 대략 3~4기가와트가 데이터센터를 위해 필요하다고 산정했다).[99]

문제는 제대로 된 데이터센터 전력수요 파악도 안 된 상황에서, 미래의 인공지능 확산과 데이터센터 폭증 가능성을 구실로 핵발전 증설을 주장한다는 것이다. 예를 들어 국회 입법조사처는 "데이터센터는 24시간 중단없이 가동되므로 데이터센터가 많아질수록 무탄소 기저발전원인 원자력의 경제성이 높아진다"면서, 인공지능 확대 수요 때문에 핵발전 증설이 불가피한 것처럼 주장하기도 했다.[100]

2) 효율성을 압도하는 인공지능의 에너지 소비

다음으로 최근 가장 쟁점이 되는 문제, 즉 생성형 인공지능 활용의 확산이 과거와는 차원이 다른 에너지 수요 폭증을 낳을 가능성이 높아졌다는 지적을 살펴보자. 암스테르담 자유대학교 알렉스 드브리스(Alex de Vries)의 분석 결과에 따르면, 구글과 같은 현재의 검색 기능을 완전히 인공지능 방식으로 구현하면 전력수요가 10배 이상 증가할 수 있다고 평가한다.[101] 일반적인 구글 검색의 평균 전력수요(요청당 0.3와트시 소비)와 챗GPT(요청당 2.9와트시 소비)를 기준으로 매일 90억 건의 검색을 고려하면 1년에 거의 10테라와트시의 추가 전력이 필요하다는 계산이 나온다(그림 1-11 참조). 이는 한국 전체 가정에서 쓰는 연간 전력 소비의 1/7에 해당하는 엄청난 양이다. 심지어 반도체 조사분석 기업 세미어낼리시스(SemiAnalysis)의 계산법에 따르면, 모든 구글 검색에 대형언어모델을 구현했다고 가정했을 때 매일 80기가와트시, 연간 29.2테라와트시

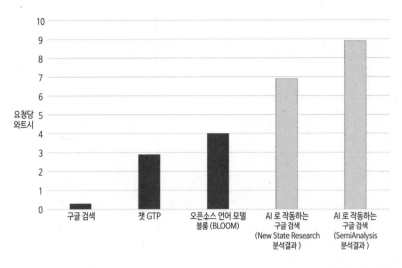

출처: de Vries 2023

그림 1-11 구글 검색과 비교한 인공지능의 요청당 에너지 소비량

전력이 필요하다.[102]

　모델이 커질수록 전력수요는 계속 올라갈 것이다. 한 추산에 따르면 현재 가장 큰 모델은 훈련하는 데 1억 달러가 들지만, 다음 세대는 10억 달러, 그다음 모델은 100억 달러가 들 수 있다는 것이다. 급상승하는 비용 안에는 당연히 전력 사용량 증가가 포함된다. 최근 많은 인공지능 기업들이 성능향상 경쟁을 벌이면서도 마이너스 수익률의 늪에서 헤어 나오지 못하는 이유가 여기에 있다.[103]

　인공지능 활용에 따른 하드웨어 증설 규모 예측으로 인공지능 확산에 따른 추가 에너지 수요를 추정할 수도 있다. 인공지능을 지원하는 프로세서 시장의 95%를 장악하고 있는 엔비디아가 2023년에 인공지능 칩

을 10만 개 출하했는데 이들 모두는 연평균 7.3테라와트시의 전력을 소비한다. 그런데 "2026년까지 인공지능 산업이 기하급수적으로 성장하여 2023년 수요의 최소 10배를 소비할 것"으로 국제에너지기구는 추정하고 있다.[104] 당연히 그에 비례해서 전력 소비량도 증가할 것이다.

이 문제는 국가 단위보다 개별 기업 단위에서 즉각적으로 나타나고 있다. 생성형 인공지능 주도권 경쟁이 치열한 마이크로소프트와 구글 같은 거대 기술기업의 온실가스 감축 계획이 최근 인공지능으로 인해 크게 어그러지는 상황이 이를 말해준다. 인공지능 시장에서 초기 주도권을 확보한 덕분에 마이크로소프트는 다시 세계에서 가장 가치 있는 회사 중 하나가 되었지만, 인공지능 서비스 확대와 이를 뒷받침하기 위한 데이터센터 증설로 2023년 온실가스 배출이 2020년에 비해 약 30% 증가했다. 때문에 2030년 약속한 온실가스 순제로 목표 경로에서 크게 벗어나고 있다(그림 1-12 참조).[105] 구글 역시 2030년까지 온실가스 배출 순제로 달성 목표를 세웠지만, 2023년 "총 온실가스 배출량은 1,430만 톤으로 2019년에 비해 48% 증가"했다. 그 이유는 "AI 컴퓨팅의 증가로 인한 에너지 수요 증가와 기술 인프라 투자 증가에 따른 탄소배출량 증가" 때문이었다.[106]

사정이 이렇게 흘러가자 구글의 전 최고 경영자인 에릭 슈미트(Eric Schmidt)는, 최근 인공지능 붐이 너무 강력하고 잠재력이 커서 기후변화 때문에 방해받고 싶지 않다면서 다소 운명론적으로 "우리는 어차피 기후 목표를 달성하지 못할 것"이라고 솔직히 말하며, 자신은 배출량 감축에 집중하기보다는 "인공지능이 문제를 해결하는 데 베팅하고 싶다"고 주장하여 충격을 주었다.[107]

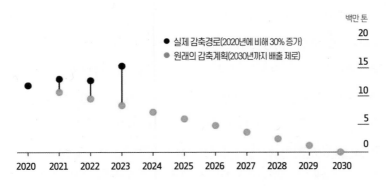

실제 감축경로(2020년에 비해 30% 증가)
원래의 감축계획(2030년까지 배출 제로)

백만 톤
20
15
10
5
0

2020 2021 2022 2023 2024 2025 2026 2027 2028 2029 2030

출처 : Microsoft 2024

그림 1-12 마이크로소프트의 탄소중립 계획과 실제 진행과정

또한 최근 인공지능이 부과하는 과도한 에너지 부담에 대한 사회적 우려가 커지자 그동안 친환경 이미지를 대표하며 기후회의 등에도 적극적으로 참여해온 빅테크 경영자들이 2024년 아제르바이젠 유엔 기후변화협약 당사국총회에 모습을 드러내지 않는 등 변화된 태도를 보였다. 영국 경제지 파이낸셜타임스는 "에너지에 굶주린 빅테크들이 유엔 기후정상회의 스포트라이트에서 사라졌다"며 이를 비꼬기도 했다.[108] 파이낸셜 타임스는 또한 빅테크들이 각종 시장적 기법을 동원하여 온실가스 배출량을 상쇄한 것을 빼면, 실제 데이터센터가 위치한 지역에서 발생한 온실가스 배출량은 기업들의 공식적 발표보다 훨씬 많다고 배출량 산정 방식을 문제 삼기도 했다.[109]

생성형 인공지능 폭발을 명분으로 생태전환의 경로를 이탈하는 움직임은 개별 기업 차원에 국한되지 않는다. 지역마다 전력 사정이 달라 편차가 크지만 지역과 국가 단위에서도 생태전환 전략에서 생성형

인공지능이 점점 더 중요한 도전이 되고 있다. 실제 전력회사 및 전력 망 사업자들에 따르면, 과거 미국의 전력수요는 매년 1% 미만으로만 증가했는데, 데이터센터 증설 등으로 "향후 5년간의 연간 예측치를 약 1.5%로 두 배로 늘렸다. 이는 미국이 가정과 기업의 에너지 효율을 높이기 위한 노력을 강화하기 전인 1990년대 이후 가장 높은 수치"라고 블룸버그는 전하고 있다.[110] 디지털전환의 가속이 에너지 수요를 급증시켜 기후위기를 악화시킬 수 있다는 우려가 그저 가능성으로만 남지 않는다는 것을 보여주는 사례들이 아닐 수 없다.*

물론 인공지능의 팽창 속도가 기후 대응 계획을 위협할 정도로 강력한지에 대해서는 반론이 있을 수 있다. 예를 들어 국내 일부 기후전문가들은 전기자동차나 히트펌프 등 사회 전체의 전기화로 인한 수요가 추가로 상당히 늘어날 미래를 고려해볼 때, 데이터센터 증설로 인한 전력수요 증가가 특별히 큰 비중은 아니라고 전망한다.[111] 국제에너지기구 역시 "전 세계 총 전력 소비 증가라는 보다 넓은 맥락에서 보면 데이터센터의 기여도는 미미한 수준"이라고 언급한 적이 있는데, 이는 미래

---

* 이처럼 에너지 사용 폭증과 온실가스 증가로 귀결되는 인공지능의 경제성장 효과는 어떨까? 골드만삭스 수석 글로벌 이코노미스트인 조셉 브릭스(Joseph Briggs)는 인공지능이 궁극적으로 전체 업무의 25%를 자동화하고 향후 10년간 미국의 생산성을 9%, GDP 성장률을 6.1%까지 누적으로 끌어올릴 것으로 예상한다(Goldman Sachs 2024). 하지만 MIT 경제학자 애쓰모글루는 훨씬 더 적은 생산성 효과밖에 가져오지 못할 것으로 평가했다. 그에 따르면 향후 10년 동안 인공지능으로 인한 총요소 생산성(TFP)은 0.53%, 그리고 GDP 성장률은 10년간 총 0.93%~1.16% 범위에서(만약 투자 붐이 크게 일 경우라면 총 1.4%~1.56% 범위에서) 완만하게 나타날 것으로 전망되었다. 심지어 인공지능 도입으로 인해 자본 소득과 노동 소득 간의 격차가 더욱 확대되어 불평등이 감소하기보다는 오히려 증가할 수 있다고 예상했다(Acemoglu 2024a). 경제 효과는 미미하고 불평등 효과는 부정적이며 생태 효과도 부정적이라는 것인데, 이는 미디어나 일반인의 인식과는 상당히 다른 결과다. 유사하게 경제학자 다이엔 코일(Dian Coyle) 역시 "적어도 가까운 미래에는 AI의 경제적 영향에 대한 기대치를 낮춰야 한다는 것을 시사한다. AI 산업 자체는 빠르게 성장할 준비가 되어 있지만, 단기 또는 중기적으로 GDP 성장률을 크게 끌어올릴 거라고 기대할 이유는 거의 없다"고 진단한다(Coyle, 2024).

디지털화나 인공지능의 확산 속도가 시민의 삶, 산업에서 차지하는 비중에 대해 지나치게 데이터센터에 국한해서 저평가했고, 평균 수치보다 지역별 편차가 훨씬 중요하다는 점도 주목하지 않았다. 반면 경제학자 마리아나 마추카토(Mariana Mazzucato)는 가디언지 기고에서 '지구를 먹어 치우는 속도로 자원을 낭비하는 AI(AI is guzzling resources at planet-eating rates)'라고 최근 인공지능의 규모 경쟁이 낳을 생태적 피해를 우려하기도 했다.[112]

다른 측면의 반론도 있다. 디지털전환과 인공지능 도입으로 에너지 사용을 훨씬 효율화하여 에너지 사용량을 줄인 효과와 대비하여, 데이터센터 등 장비 추가와 리바운드 효과로 인해 늘어난 에너지 수요가 과연 더 많은가 하는 점이다. 즉 순효과가 에너지 사용량 증가로 나타났는지 감소로 나타났는지 실제로 따져보자는 것이다. 디지털전환이 환경에 우호적으로 영향을 주었다는 이들은 전체적으로 감소가 컸다고 주장하고, 반대로 환경에 해롭게 작용한다고 주장하는 이들은 디지털전환이 총량적으로 에너지 사용량을 늘렸다고 주장할 수 있기 때문이다. 다른 말로 하면 160년 전 석탄에 적용되었던 리바운드 효과가 21세기 최첨단 인공지능에도 과연 똑같이 적용될 수 있느냐는 질문이기도 하다.

정확히 여기에 초점을 맞추어 독일 생태경제학자 스테픈 랑게와 요한나 폴 등은 〈생태경제학 저널〉에 기고한 논문에서 ①디지털 기술 도입과 사용, 폐기로 인한 '직접적'인 에너지 사용 증가 효과, ②디지털화가 에너지를 효율화하여 사용량을 감소시킨 효과, ③거시적으로 디지털 기술이 생산성을 높여 총소비 증가와 경제성장을 가져오고 그 결과

'간접적'으로 에너지 수요를 증가시킨 효과,[113] ④다른 자원 집약적 산업 대신 자원집약도가 낮은 '디지털 서비스' 분야의 상대적 부상으로 에너지 수요가 감소한 효과로 구분했다.

이들의 연구 결과는 뭘까? 한마디로 "디지털화가 에너지 소비를 줄일 것이라는 기대는 아직 정당화되지 않았다"는 것이다. 즉 "디지털화는 에너지를 절약하는 이상으로 추가적 에너지 소비를 불러왔고, 디지털화의 에너지 증가 효과(직접 효과 및 간접 효과)가 에너지 감소 효과(에너지 효율 증가 및 산업부문 변화)보다 더 컸다"는 것이다(그림 1-13 참조). 특히 개별적인 에너지 절감 효과가 전체적인 에너지 증가 효과로 이어지는 리바운드 효과 때문에 에너지 소비 증가 추이는 앞으로도 계속될 가능성

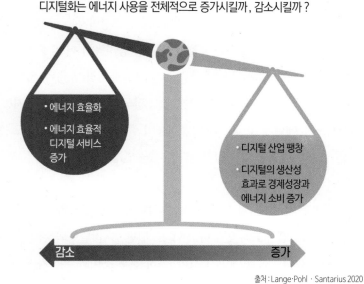

출처 : Lange·Pohl · Santarius 2020

그림 1-13 디지털화로 인한 에너지 사용량 증감 요인

이 높다는 것이 저자들의 결론이다.[114] 이에 대해 푸켓과 히페 역시 "전반적으로 디지털화가 에너지 소비를 증가시켰다는 광범위한 합의"가 있다고 인정한다.[115]

2025년 1월, 중국 인공지능 스타트업 딥시크가 출시한 새로운 인공지능이 메타의 1/10 수준의 계산자원을 사용할 정도로 효율성이 높다고 알려지자, 하드웨어 칩을 제공해온 엔비디아뿐 아니라 지멘스 에너지 등 전력회사 주가도 일시적으로 동반 폭락하는 사태가 발생했다. 전력 소비 시장이 기대만큼 커지지 않을 것이라는 투자자들의 우려 때문이었다. 그러자 전력 업계가 "딥시크 모델이 더 효율적일 수 있지만, 이 혁신이 AI 도입을 가속화하여 전체적으로 더 많은 전력수요를 창출할 것"이라며 리바운드 효과를 근거로 투자자들을 안심시킨 사례가 있다.[116] 심지어 마이크로소프트 사티아 나델라(Satya Nadella) 최고경영자는 딥시크 충격을 보면서 "제본스의 역설이 다시 발생한다! 인공지능이 더 효율적이고 접근하기 쉬워질수록 그 사용이 급증해 지금은 충분히 얻을 수 없는 것이 필수품으로 변할 것"이라고 역설했다.[117] 결국 전력 업계나 인공지능 업계에서조차 에너지 효율적인 인공지능이 출현하더라도 리바운드 효과로 인해 총 에너지 소비가 늘어난다는 것을 인정한 셈이다.

랑게와 폴의 연구 결과와는 다소 다른 국내 연구결과도 있기는 하다. 오형나와 홍종호의 연구다. 이들도 일단 "디지털화와 관련된 우려 중 하나는 디지털화가 에너지 소비, 특히 전력 소비와 온실가스 배출량을 늘려 기후변화를 촉진할 뿐만 아니라 수명을 다한 디지털 제품의 폐기 및 처리와 관련된 환경문제를 일으킬 수" 있다면서 디지털 산업 또는 디지털전환의 녹색화가 필요하다는 점을 강조한다.[118] 그런데 그들이 2013~2019년 기업 활동 데이터를 기반으로 한국의 디지털전환 과정에서 에너지 효율화와 에너지 소비량의 추이를 분석한 결과, "제조업 부문에서 ICT 기술이 활용된다면 전력 소비는 증가할 수 있지만 다른 에너지 소비가 줄어들면서 결과적으로는 총에너지 소비를 줄이는 긍정적 효과"가 나타났다고 일차적인 결론을 내리고 있다.

따라서 전력 소비를 효율화하고 특히 재생에너지로의 전환을 서두른다면 디지털전환으로 전력 사용량이 증가하더라도 온실가스 감축을 일정 부분 이뤄낼 수 있으리라고 예상했다.[119] 다만 연구자들도 인정했듯이, 이 연구는 결정적으로 디지털 경제의 핵심이자 관련된 에너지 소비 급증이 예상되는 정보통신 산업을 자료 부족 이유로 분석 대상에 포함시키지 않았고, 최근처럼 생성형 인공지능이 폭발적으로 확대되는 점을 충분히 감안할 수 없었다.

한편 앤더스 안드레이(Anders S. G. Andrae)는 〈과학과 공학 국제저널〉에 기고한 논문에서 디지털 장비 생산이나 네트워크 운용 과정은 빼고 데이터센터 프로세서와 모바일 및 PC 등 단말 프로세서가 사용하는 전력량을 추정하는 방식으로 전력 소비를 계산했다. 그 결과 인터넷과 관련된 전기 사용량은 향후 10년 동안 두 배(또는 잠재적으로 네 배) 증가할 것으로 전망되었다. 그 이유는 기술혁신으로 인한 컴퓨팅 장비들의 효율성 개선이 컴퓨터 사용량을 따라갈 수 없기 때문이다.[120] 결국 디지털전환에서 발생하는 제본스 효과(리바운드 효과)가 효율성 제고를 능가하고 있다는 것을 다시 확인시켜 주었다.

• 보론 : 인공지능을 핵발전이 구원해 줄 수 있나?

한 가지 중요한 쟁점을 보충해보자. 폭증하는 인공지능과 데이터센터, 반도체 제조를 지원하면서도 기후위기를 회피하기 위해 '핵발전'을 적극 활용하면 어떨까 하는 제안 말이다. 실제로 최근 글로벌 빅테크들 사이에서 인공지능 경쟁이 치열해지고 이를 뒷받침하기 위한 대규모 데이터센터 물량 경쟁이 이어지면서, 여기에 투입될 막대한 전력수요 일부를 기존 대형 핵발전이나 소형모듈원자로(SMR)로 조달하려는 움직임이 있고 일부에서 이를 확대해석하는 경향도 생기고 있다.

미국 빅테크들에 몰려있는 이런 경향은 대체로 계획 수준이고 당장 핵발전에서 전력을 끌어올 상황도 아니어서 상당히 과장된 면이 있다. 이에 대해 독일 출신의 국제에너지정책 전문가 마이클 슈나이더(Michael Schneider)는 인공지능으로 인한 전력난 때문에 원전이 필요하다는 주장은 비합리적이라고 지적했다. 기후위기는 그야말로 비상사태이고 빠른 대응이 필요한데 원전은 한 기를 짓는 데에만 15~20년이 걸리며, 가장 비싸고 가장 더딘 에너지에 불과하기 때문이다.[121]

그동안 핵발전에 비교적 호의적인 태도를 보였던 국제에너지기구도 최근 〈핵에너지의 새로운 시대로 가는 길(The Path to a New Era for Nuclear Energy)〉이라는 다소 거창한 제목의 보고서를 내고 이런 분위기에 동조했다.[122] 국제에너지기구는 2025년에는 원전의 발전량이 사상 최고치를 기록할 것이고, 핵발전 투자도 2023년 기준으로 650억 달러까지 올라왔다고 평가했다. 또한 에너지 투자자들은 데이터센터 지원

용도로 최대 25기가와트의 SMR을 새롭게 계획하고 있다는 진단도 덧붙였다.

하지만 국제에너지기구는 다음과 같은 이슈도 짚지 않을 수 없었다. 첫째, 최근 핵발전 투자는 세계적 현상이기보다 거의 중국과 러시아가 주도한다는 점이다. 즉 "2017년 초부터 2024년 말까지 52개의 원자로가 건설을 시작했는데, 이 중 4개를 제외한 모든 원자로가 중국 설계(25개)이거나 러시아 설계(23개)였다. 선진국에서는 영국에서 2기, 국내 기술을 사용한 한국에서 2기 등 단 4기의 원자로만 건설이 시작"되었다는 것이다. 유럽의 경우 전력공급에서 핵발전이 1990년대에 34%로 정점을 찍고 현재는 23%까지 떨어질 정도로 대세는 탈원전으로 가고 있다. 또한 국제에너지기구는 "최근 몇 년 동안 대규모 원자로 건설이 상당히 지연되고 막대한 비용 초과가 발생"하고 있다는 점도 확인했다.[123]

아울러 핵발전량이 올해 사상 최고가 될 거라든지, 투자 금액이 커지고 있다는 주장 역시 다른 발전원, 특히 태양광이나 풍력과 상대 비교를 해야만 정확히 그 추세를 알 수 있다. 국제에너지기구는 2023년 공개한 보고서에서, '1.5°C 경로'로 진입하기 위해서 핵발전은 2023~2030년 연평균 1,140억 달러 규모로 지금보다 2배 이상 투자해야 하고, 그 이후에도 비슷한 규모를 유지해야 한다고 계산했다. 이것만 보면 마치 '원전 르네상스'가 열린 것처럼 보이지만 재생에너지와 비교하면 분위기가 완전히 달라진다. 글로벌 재생에너지 투자는 현재도 이미 5천억 달러가 넘는데, 2023~2030년 연평균 1조 2천억 달러, 이후에는 그 이상으로 투자를 이어가야 한다는 것이 국제에너지기구의 계산이다. 대체로 핵발전의 10배 수준으로 재생에너지 투자 규모를 보는 것이다. 앞으로 인공지능과 디지털이 어떤 에너지에 주로 의존하게 될지 이를 보면 충분히 알 수 있다.[124]

그런데 적어도 데이터센터만큼은 24시간 가동을 멈출 수 없으므로 간헐성 문제가 있는 재생에너지가 적합하지 않고 핵발전이 적절하다는 주장도 일부 있다. 하지만 최근 '재생에너지＋배터리 저장시스템(BESS)'이라는 해법이 강력한 대안으로 부상하고 있다. 태양광과 풍력의 간헐성 문제를 보완하기 위해 "전력망에 연결된 초대형 배터리(grid-scale energy storage)를 쓰면 문제가 깔끔하게 해결된다"는 것인데, 국제에너지기구에 따르면 "2025년에 초대형 저장 배터리를 활용하는 태양광 발전의 비용은 중국의 석탄화력발전 및 미국의 신규 가스화력발전보다 저렴해질 것"이라고 전망했다.[125] 그 결과 2023년에 세계적으로 42기가와트 규모가 전력망에 추가되었던 배터리 저장장치가 불과 2년 뒤인 2025년이면 80기가와트 규모로 급성장할 전망이다. 또한 글로벌 배터리 단가가 2025년에 역사상 처음으로 93~100달러(1킬로와트시 당)까지 떨어질 만큼 비용도 빠르게 하락할 예정이다.[126] 더욱이 기존 리튬이온 배터리보다 저렴하고 화재 가능성이 낮아 주목받는 '나트륨 이온 배터리' 제조업체들이 "2025년 전력망 규모의 에너지 저장을 위한 대규모 제조를 시작"할 것으로 전망되고 있다.[127] 따라서 글로벌 차원에서 빠르면 2030년에나 실제 가동이 예상되는 SMR보다는,* 이미 상용화되어

---

* 제11차 전력수급기본계획에 따르면, 우리나라의 경우 "SMR 안전성 확보를 위한 기술개발, 표준설계인가 획득 등을 거쳐 2030년대 초반 건설허가 획득을 전제로," 2035년이나 되어야 0.7기가와트급 SMR 상용화를 처음 이루겠다는 계획이다. 다시 말해서 2035년까지 데이터센터 폭증을 위해 SMR은 아무런 도움이 되지 않는다는 말이다.

규모가 급팽창하고 있고 비용하락 속도도 매우 빠른 '재생에너지+배터리 저장시스템' 조합이 훨씬 유력한 대안이 될 수 있다.

3) 디지털과 인공지능이 '비물질적'이라는 착각

"우리는 디지털이 한계가 없고 공기처럼 가벼우며 거의 공짜와 다름없다고 생각하기 시작했다. 그러나 사실이 아니다. 디지털은 무겁다. 그리고 너무 많은 디지털 데이터를 쏟아내는 바람에 점점 더 우리 지구에 부담을 주고 있다."[128] IT 전문가 게리 맥거번의 함축적인 주장이지만 금방 공감하기는 어려울 수 있다.[129] 디지털의 '탈물질성'이라는 선입견 때문이다. 오히려 데이터센터를 표현하는 '클라우드'라는 용어를 사용하면서 '가볍고 솜같이 몽실몽실한 것'을 떠올리고 이를 탈물질화로 연결하는 것이 자연스러울지 모른다.

그러나 "인공지능의 범위는 데이터베이스와 알고리즘, 기계학습과 선형 대수학을 훌쩍 뛰어넘는다. 이것은 은유적이다. 인공지능은 제조, 운송, 물리적 작업에 의존하고 데이터센터와 대륙을 가로지르는 해저 케이블에 의존하고, 개인용 기기와 여기에 들어가는 원료에 의존하고, 공기를 통과하는 전송신호에 의존하고, 인터넷에서 긁어모은 데이터 집합에 의존하고, 끊임없는 연산주기에 의존한다. 이 모든 것에는 비용이 따른다."[130]

디지털전환이 전통적인 산업에 비해 얼마나 물질적인지를 포괄적으로 비교하고 분석한 연구는 찾기 어렵다. 그런데 기존 산업에 비해 디지털의 물질성이 갖는 독특한 특징들이 있기에 과거 산업이 동원했던 물질량과 비교할 때에는 주의해야 한다. 예를 들어 스마트폰 하나 생산을 위해 17가지 희토류 가운데 4~6가지가 필요할 정도로 디지털은 특수한 원료들을 많이 소비한다. 또한 "세계 구리 생산량 가운데 12.5%, 알루미늄 7%를 디지털 분야가 소비"한다. 그리고 "팔라듐 15%, 은 23%, 탄탈럼 40%, 안티모니 41%, 베릴륨 42%, 루테늄 66%, 갈륨 70%, 저마늄 87%, 심지어 터븀은 88%를 소비"한다.[131]

특히 피트롱은 디지털 기술과 녹색기술이 만나는 곳에 이런 희귀 금속이 집중적으로 소요된다는 점을 주목하고 다음과 같이 평가했다. "오늘날 우리는 녹색기술과 정보기술을 결합하여 멋진 신세계를 만들 수 있다고 믿는다. 실제로 녹색기술을 활용한 태양광 발전이나 풍력발전은 '탄소제로' 에너지를 생산하며, 이것은 초고성능 통신망을 통해 전달되어 에너지를 효과적으로 절약할 수 있다. 그러나 녹색기술에는 엄청난 양의 희귀 금속 자원이 필요하다."[132]

디지털 물질 소비의 또 다른 특징은, 2g짜리 반도체를 만들기 위해 32kg의 원자재가 소요될 정도로, 디지털 장비에 실제 들어간 금속의 중량보다 그 금속을 채굴하고 정제하고 가공하는 데 들어간 직간접 자원의 양이 압도적으로 많다는 점이다. 특히 디지털 기기에 필수적인 희토류를 아주 소량 얻는 과정에서 발생하는 폐기물 비율은 상상을 초월한다. "채취된 점토의 희토류 함유량은 단지 0.2%에 불과하다. 이것의 의미는 99.8%는 광미라 불리는 찌꺼기 또는 폐기물이라는 것이다. 이 광미는 언덕이나 냇가에 버려진다."[133] 또한 "작은 크기의 제품을 정교하게 만들수록 그 물건을 만들기 위해서는 에너지를 엄청 잡아먹는 대형 기계들이 필요"하다. 그래서 "대만에서 TSMC 그룹의 공장설비는 원자로 두세 대가 생산하는 전력량, 즉 정점에 도달했을 때 대만 국내 소비량의 3%를 필요로 한다. 게다가 이 숫자는 향후 10년 안에 두 배로 증가할 것"이라는 전망이 나오는 것이다.[134]

또한 디지털에 필요한 주요 광물 채취에는 전 세계의 악명 높은 가혹한 노동이 존재한다. 콩고 코발트 광산을 직접 탐사한 싯다르트 카라(Siddharth Kara)는, 거의 모든 디지털 장비에 들어갈 배터리의 필수 원료인 코발트의 70%는 콩고에서 조달된다면서 다음과 같이 지적했다. "콩고 출처의 코발트는 모두 노예제, 아동 노동, 강제 노동, 채무 노동, 인신매매, 위험하고 유독한 작업 환경, 초저임금, 부상과 사망, 극심한 환경 공해 등 갖가지 차원의 학대로 얼룩져있다."[135]

디지털 물질성의 독특한 특징은 디지털 장비 생산에서만 발견되는 것이 아니다. 디지털 서비스를 이용할 때에도 디지털의 물질성은 특별한 방식으로 작동한다. 통상적인 우편 교환에 비해서 이메일 교환은 순전히 전자적으로, 그래서 비물질적인 작용만 하는 것으로 오해하기 쉽다. 하지만 이메일이 교환되려면 당연하게도 단말기-네트워크-서버라는 기본적인 디지털 장비가 있어야 하고 이를 작동시킬 전기에너지가 필요하다. 당연히 이 과정에서 온실가스도 다량 발생한다. 이메일 온실가스 계산에 따르면 평균 이메일 하나는 4g의 온실가스를 배출한다(첨부파일이 있으면 50g, 단순한 스팸이면 0.3g).[136] 별거 아니라고 생각하지만 2020년 기준 하루 이메일 전송이 대략 3천억 개였는데, 단순 계산하면 120만 톤의 온실가스 배출이 매일 이메일 교환으로 발생한다는 것이다. 당황스러운 것은 이메일의 절반이 아무런 쓸모도 없는 스팸메일이라는 점이다.

　이런 점에 비추어 디지털 세상이 알고 보면 탈물질화가 아니라 이중적으로 물질화된다는 주장은 나름대로 설득력이 있다. 이를테면, 우리가 어떤 카페의 테라스에 앉아 아이스커피를 마시며 셀카를 찍어 SNS에 올리면, 우리는 아이스커피라는 물리적인 음식을 소비하고 있을 뿐 아니라 디지털 픽셀을 생산하는 것이기도 하다. 디지털 이미지는 주변 와이파이 스팟을 통해 광섬유로 전달될 것이고 바다를 건너 버지니아 '인터넷 허브'를 경유해서 SNS 정보를 관리하는 데이터센터에 쌓일 것이다. 기욤 피트롱 말대로 이렇게 디지털 기기의 일상화로 우리 자신의 일부가 끊임없이 복제되어 어딘가에 물리적으로 저장되고 공유되고 있다. 결국 "탈물질화라는 미명 아래 디지털은 사실 우리가 시도하는 모든 것을 두 번씩 물질화하는 셈"이다.[137]

　앞서 에너지 사용에서도 확인했지만, 디지털의 물질성이 가장 극명하게 드러나는 곳은 데이터센터다. 전 세계의 데이터센터 수는 산정 연도에 따라 8천~1만 1천 개로 평가되는데, 사실 소규모 데이터센터는 2021년 기준으로도 거의 300만 개가량, 중간 규모가 8만 7천 개, 그리고 대형이 약 수만 개 정도 분포하는 것으로 추정되었다.[138] 그리고 평균 50메가와트 이상의 전력 용량을 사용하는 하이퍼스케일 데이터센터만 해도 2023년 말 992개까지 팽창했다.[139] 명백히 물질적인 이들 데이터센터는 일상에서 시민들이 감각하기 쉽지 않다. 하지만 데이터센터 장애가 발생하여 디지털 서비스가 중단되면 그때 비로소 데이터센터라는 물질세계를 떠올린다.

예를 들면, 전 세계 19개국에 27개 데이터센터를 갖추고 130만 고객을 상대하는 유럽 1위 프랑스 기업 OVH의 데이터센터에서 2017년 대형 장애가 발생해서 나흘 동안 제대로 서비스를 할 수 없었다. 그로 인해 이메일이 불가능해지고 홈페이지도 먹통이 되고 기차표 예매도 불가능해졌다. 그 경험 "덕분에 대중은 인터넷이 단순히 웹페이지가 아니라 그 이면에 거대한 인프라와 엄청난 인력, 노동을 거느리고 있음을 이해하게 되었죠. OVH는 말하자면 비물질적인 것의 인간적 면모를 드러내는 데 성공했습니다"라고 한 관계자가 인터뷰에서 밝히기도 했다.[140] OVH는 2021년 3월 10일에도 대형화재로 서비스 장애가 와서 다시 한번 디지털 서비스의 물질성을 사용자들에게 확인시켰다.

데이터센터 장애로 디지털 사용자들이 물질성을 체험한 사례는 한국에서도 있었다. 2022년 10월 15일, SK C&C가 운영하는 판교 데이터센터에 화재가 발생했는데 여기에서 3만 2천 대 서버를 가동하여 서비스했던 카카오톡이 5일 동안 전부 또는 부분적으로 먹통이 되는 상태가 발생했던 것이다. 지극히 비물질적이라고 간주했던 카카오톡 소통이 일시적으로 전면 중단되는 경험을 하자 이용자들은 디지털 소통의 물질성을 확인했다.

워싱턴에서 북서쪽으로 50여 킬로미터 떨어진 버지니아주 라우던 카운티(Loudoun County)의 도시 애쉬번(Ashburn)은 '인터넷의 중심지(The Center of the Internet)', '데이터센터 골목(Data Center Alley)'이라는 별칭으로 불릴 만큼 유명하다. "1991년 인터넷이 대중에게 제공되기 시작하면서 1990년대 후반, 버지니아 북부의 애쉬번과 그 주변 지역은 데이터센터와 대량의 데이터 저장을 위한 이상적인 장소로 인식되었고, 그 이후 이 지도상의 특정 지점은 전 세계 인터넷 트래픽의 약 70%가 매일 발생하는 장소"가 되었기 때문이다.[141]

2025년 1월 현재 이곳에는 3,500개 이상의 기술기업을 위해 약 3,500만 제곱피트 넓이에 데이터센터가 입주해 있는데 미국 내 상위 10개 데이터센터 중 4개가 여기에 몰려있다. "아마존 웹 서비스, 페이스북, 마이크로소프트는 항상 이 지역에 집중해 왔지만, 이제는 구글, 오라클, 세일즈포스, 중국 클라우드 제공업체는 물론 우버, 링크드인, 박스, 드롭박스와 같은 데이터 중심 기업들도" 이 지역에서 사세를 확장하려는 가운데 인공지능 부상으로 그 팽창 속도가 매우 빨라졌다. 문제는 여기서부터다. 갑자기 늘어나는 전력수요를 감당하기 어렵게 되었을 뿐만 아니라, 이 지역의 숲과 농지가 데이터센터로 쓸려나갈 것을 우려한 지역주민들이 반발하는가 하면, 점점 더 많은 주민들이 새로운 데이터센터와 이를 지원하기 위한 전력망 건설에 반대하는 등 환경단체들이 주목하는 지역이 되었다는 것이다.[142] 2024년 한국의 고양시에서는 데이터센터 건립 반대 운동이 거세게 일어나기도 했는데, 앞으로 환경단체들이 숲이나 강이 아니라 데이터센터 앞에서 시위하는 광경을 더 많이 보게 될 개연성도 있다. 한국의 경우 데이터센터는 수도권에 58.8%가 몰려있다(그림 1-14 참조).

한편 디지털의 물질성 가운데 자주 간과되는 것은 폐기 처분되는 디지털 장비들이다. 이는 가상코인을 위해 동원되는 컴퓨터 장비에서 가장 극명하게 드러난다. 채굴을 위해 매년 더 좋은 성능의 컴퓨터로 교체하면서 가상코인 채굴자들은 기존 컴퓨터 자원을 대량으로 폐기 처분한다. 그 결과 비트코인 네트워크를 유지하기 위해 배출하는 연간 전자 쓰레기 규모가 네덜란드에서 발생하는 모든 핸드폰, 노트북과 태블릿, 모든 개인 컴퓨터를 합한 것에 맞먹는다고 한다. 유럽중앙은행은 비트코인 운영이 초래한 막대한 전자폐기물을 다음과 같이 비판한다. "하드웨어 폐기물이 산더미처럼 쌓인다. 비트코인 거래 한 건당 스마트폰 두 대의 하드웨어와 비슷한 하드웨어를 소비한다. 비트코인 시스템 전체가 네덜란드 전체와 맞먹는 양의 전자폐기물을 발생시킨다. 이러한 시스템의 비효율성은 결함이 아니라 내재된 특징이다. 이는 완전히

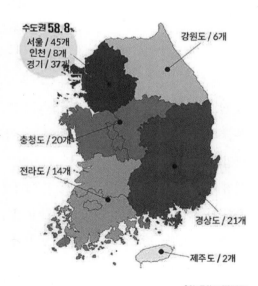

• 2023년 기준 국내 데이터센터는 153개(민간 85개, 공공 68개 등)로 수도권에 58.8%가 집중되어 있음

• KT, SK. LG유플러스 등 통신사 중심으로 데이터센터를 선점하였으며 네이버, 카카오 등 플랫폼기업들도 자체 데이터센터를 구축함

• 글로벌 IT 기업은 우리나라의 양호한 통신 및 전력 인프라와 자연재해 안정성 등을 장점으로 여기며 국내 진출을 늘리고 있음

수도권 58.8%
서울 / 45개
인천 / 8개
경기 / 37개

강원도 / 6개

충청도 / 20개

전라도 / 14개

경상도 / 21개

제주도 / 2개

출처 : 국회도서관 2024

그림 1-14 한국의 데이터센터 지형도

탈중앙화된 시스템의 무결성을 보장하기 위한 특징 중 하나다."[143]

지금까지 디지털 기기와 장비 생산에 동원되는 원료와 물질, 디지털 서비스 이용에 수반되는 에너지와 물질의 소비, 특히 인공지능 확산으로 데이터센터 규모 확대에 동원되는 물질, 그리고 필요 없어진 디지털 장비들의 폐기 처분까지 살펴보았다. 이렇게 디지털은 기존 산업과 다른 고유한 특징들을 보이면서 물질성을 드러낸다. 프랑스 정치경제학자 엘루아 로랑(Eloi Laurent)은 이렇게 요약했다. "디지털 혁명은, 이른바 탈-물질적 인간지능 향상에 기반을 둔 기술 진보로서, 생태적 비용 없이 협동을 가속화시켜 주는 지속 가능 전략이 될 수 있다고 간주되었다. 하지만 디지털 혁신은 사실 재-물질화와 탈-사회화를 통해 지속 불가능성을 증폭해왔다."[144]

또한 다음과 같은 게리 맥거번의 단언은 디지털 물질성의 핵심을 가장 잘 짚은 것일지 모른다. "이메일을 다운로드 받을 때마다 나는 지구 온난화에 기여한다. 트윗을 날릴 때마다, 검색할 때마다, 웹페이지를 확인할 때마다 나는 오염을 만든다. 디지털은 물리적인 것이다. 데이터센터들은 구름 위에 있지 않다. 그들은 에너지에 굶주린 컴퓨터들로 가득한 거대한 물리적 빌딩이 있는 땅 위에 있다. 안 보일지도 모른다. 값이 싸거나 공짜처럼 보인다. 그러나 실제로는 아니다. 디지털은 지구를 희생시키는 것이다."[145]

한 가지만 덧붙여보자. 디지털전환에 동원되는 물질을 포함해서 현재 전 세계적으로 인류가 지구생태계로부터 동원하는 물질의 양이 매년 기록을 깨고 있을 뿐 아니라 자연이 스스로 만들어내는 물질량을 초과하고 있다는 사실이다. '글로벌 물질스톡(global material stocks)'을 추적한 생태학자 프리돌린 크라우스만(Fridolin Krausmann)에 따르면, 1900년부터 2010년까지 110년 동안 인간이 가공한 글로벌 물질스톡은 무려 23배나 늘어났다. 그동안 재활용 기술과 방법이 개선되었음에도 재생원료는 여전히 새로 유입되는 물질스톡의 12퍼센트 정도에 불과했다. 그와 동료들은 이런 수준으로 자원을 사용하면 앞으로 기후위기를 막지 못할 것이라고도 경고했다.[146]

또한 지난 세기 동안 경제가 계속 팽창함에 따라서 콘크리트, 벽돌, 아스팔트, 금속 등 인류가 경제 과정에서 생산하는 '인공물(anthropogenic mass)' 총중량이 20년마다 2배씩 늘어났다. 1900년을 시작할 때만 해도 자연생태계가 만들어내는 온갖 종류의 자연물(나무, 관목, 여타 식물들, 동물들 등)과 비교해서 인공물 중량이 고작 3퍼센트 정도에 불과했다. 하지만 2020년 기준으로 자연물 중량을 초과해서 인공물 중량이 1.1조 톤에 달했다. 실로 어마어마한 규모인데 자연이 만들어낸 것보다 인공물이 더 많아지고 있다는 뜻이다.[147]

4) 인공지능이 기후 부인론자가 되는 미래

2021년 2월 1일에서 12일까지 미국 텍사스에서 연이은 세 차례의 겨울 폭풍과 기록적인 한파로 대규모 정전이 발생하여 5백만 명 이상이 며칠 동안 정전 상태에 놓이는 유례 없는 일이 발생했다. 살인적인 한파로 미국의 75%가 눈으로 뒤덮였고, 텍사스는 물론 앨라배마, 오리

건, 오클라호마, 캔사스, 켄터키, 미시시피 등이 비상재난 사태를 선포했던 시기다. 특히 겨울에도 통상 영상 10도 내외를 유지하던 텍사스는 무려 영하 22도까지 내려가는 강추위가 몰려왔다. 이로 인해 전력사용량이 늘어나고 결국 대규모 정전사태가 터진 것이다.

그런데 이때 정전사태가 풍력발전 때문이라는 허위정보가 SNS를 통해 불과 4일 만에 급격히 확산되면서, 미디어와 정치권에서 재생에너지와 그린뉴딜 정책이 싸잡아 비판받는 어처구니 없는 사건이 발생했다. 이 사건을 정리한 환경단체 '지구의벗(Friends of The Earth)'이 발간한 보고서를 보면 실상은 다음과 같다. 2021년 2월 12일까지 기록적인 한파로 대규모 정전이 발생한 다음날인 2월 13일, 오일필드란도(@Oilfield_Rando)라는 트위터 사용자가, 풍력 터빈의 제빙 작업을 하는 헬리콥터 사진과 함께 친환경 에너지의 고장이 정전의 원인이라는 캡션을 트위터에 게시했다. 그런데 이 트윗에 SNS 이용자들이 빠르게 반응하면서 트윗 내용이 순식간에 확산된다. 문제는 사실 그 사진은 텍사스 정전과는 아무런 관계도 없는 2014년 스웨덴에서 촬영된 사진이었다는 것이다.

하루가 지난 2월 14일, 이 헬리콥터 이미지는 유명 소셜 미디어 계정으로 확산되어 89,000개의 좋아요를 받았고, 트위터에서 30,000회 이상 공유되었으며, 결국 언론사 '오스틴-아메리컨 스테이츠먼'이 "얼어붙은 풍력 터빈 때문에 텍사스 전력 생산에 차질을 빚다"는 제목으로 기사를 내보내는 데 이른다. 2월 15일에는 월스트리트저널, 포브스, 폭스뉴스 등 유력매체들이 이를 기사화하고, 텍사스 전력망 장애의 원인을 재생에너지로 돌리는가 하면, 심지어 그린뉴딜 정책의 '위험'에 대해 경고하는 기사까지 싣는다. 이 기사들은 SNS에서 총 30만 건 이상의 반응을 이끌어 냈다고 보고서는 전한다. 또한 유튜브에도 게시되어 60만 이상의 조회수를 기록했다.

2월 16일이 되었을 때, 풍력터빈이 텍사스 정전의 원인이라는 허위정보는 공화당 의원들에게까지 옮겨갔고, 심지어 그렉 애보트(Greg Abbott) 텍사스 주지사는 폭스뉴스 인터뷰에서, "이것은 그린뉴딜이 미국에게 '치명적인 딜(deadly deal)'이 될 수 있음을 보여줍니다. (…) 이건 화석 연료가 필요하다는 것을 보여줍니다"라고 발언하는 데까지 이른다.[148] SNS에서 한 사용자가 텍사스 정전과 아무런 관련이 없는 사진 한 장을 올려서 유포한 결과가 불과 4일 만에 수백만 시민은 물론 유력언론과 책임 있는 정치인들까지 엉뚱한 재생에너지 비난과 그린뉴딜 공격으로 치닫게 만든 사건은 단순 해프닝으로 보기에는 너무도 심각한 문제였다.

통상적으로 SNS의 허위정보 유포는 기후위기와 아무런 관계가 없다고 생각한다. 하지만 텍사스 정전사태 허위정보 유포사건은, 과거 '기후부인론' 등 잘못된 행태들이 SNS와 인공지능의 허위정보 생산으로 새로이 부활할 가능성마저 생길 수 있음을 극적으로 보여준 사건이다. 지구의벗 역시 보고서를 통해서 "이 사건은 우익 극단주의자들과 화석연료 이해관계자들이 어떻게 소셜 미디어를 무기화하여 기후 해법을 조롱했는지" 잘 보여주고 있다면서 경각심을 가질 것을 촉구했다.[149] 기후단체들의 공동보고서도 앞으로 "기후부정론자들은 설득력 있는 허위 콘텐츠를 더 쉽고 저렴하고 빠르게 개발하여 소셜 미디어, 타겟 광고 및 검색 엔진에 퍼뜨릴 수 있게 될 것"으로 전망했으며,[150] 다보스포럼도 유사한 지적을 언급할 정도가 되었다.[151]

5) 사회와 기후 모두에게 해로운 디지털 가상코인

디지털 기술이 에너지와 물질 과다사용을 통해 환경에 악영향을 미치는 또 하나의 이슈는 가상코인이다. 전체 가상코인의 절반을 점하는 비트코인과 수백 종의 잡코인 등이 '가상코인(virtual coin)', '가상자산(virtual asset)', '암호자산(crypto asset)', '암호화폐(crypto currency)' 등으로 다양하게 불리지만, 한국의 법률에서는 '가상자산'이 특정금융정보법과 가상자산 이용자 보호법에 명기되어 있다. 하지만 여기서는 "비트코인 등이 화폐가 될 수 없고 자산투자 대상으로도 매우 부적합하다고 보고 있으므로 기본적으로는 가상코인으로 부를 것"이다.[152]

한국의 가상코인 시장은 [그림 1-15]에서 확인할 수 있는 것처럼, 약 600만 명이 참여할 정도로 대단한 규모이며, 시가총액으로 봐도 많으면 55조 원에서 적어도 20조 원 사이를 왔다 갔다 할 정도다. 가상코인 시장은 2009년 비트코인을 시작으로 수백, 수천 종의 유사 코인들을 등장시키며 15년을 넘기고 있지만, 과연 무슨 사회적 유용성을 보여주고 있는지에 대한 질문에 답을 하기 어려울 정도로 여전히 '범죄자들의 자금세탁'이나 '투기적 용도' 말고는 쓸모를 발견하기 어렵다. "대부분의 비트코인 열풍은 통화로서의 효용이 아니라 고도로 투기적인 투자로서의 효용에서 비롯된다"면서 비트코인과 가상코인의 내러티브가 극우 이데올로기와 부합한다는 비판도 있다.[153] 유럽중앙은행 소속의 울리히 빈드세일과 위르겐 샤프는 아주 명료한 어조로 "비트코인은 글로벌 탈중앙화 디지털 화폐가 되겠다는 약속에 실패했으며 여전히 합법적인 송금에 거의 사용되지 않고 있다. 최근 (가상코인에 연계된-인용자) 상장지수펀드(ETF)가 승인되었다고 해서 비트코인이 결제 수단이나 투자 수단으로 적합하지 않다는 사실은 변하지 않는다"고 단정한다.[154]

이들 말고도 일찍이 아구스틴 카르스텐스(Agustin Carstens) 국제결제은행 사무총장 역시 2018년, 가상코인의 대표주자인 비트코인을 지목하여 "거품과 폰지사기와 환경적 재앙의 조합(combination of a bubble, a Ponzi scheme and an environmental disaster)"이라고 매우 직설적으로 가상코인의 유해성을 비판했고,[155] 노벨 경제학상 수상자들인 로버트 실러(Robert James Shiller)와 조셉 스티클리츠(Joseph Stiglitz), 그리고 폴 크루그먼(Paul Krugman)도 가상코인이 사행성 투기에 가깝고 사회적으

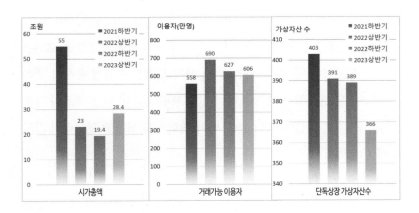

출처 : 금융위원회 가상자산 반기별 보고서 종합

그림 1-15 한국의 가상자산 현황

로 이익이 되는 것이 없다고 비판했다. 특히 경제학자 누리엘 루비니
(Nouriel Roubini)는 '쓰레기 코인들(shitcoins)'이라면서 가장 강경한 모습
을 보였다.[156] 그는 "통화의 의미로 볼 때 조개껍데기를 기준재로 사용
하고 있는 석기시대 고인돌 가족 쪽이 암호화폐보다도 훨씬 정교한 통
화체계를 갖추고 있는 셈"이라고 혹평했다.[157] 심지어 IT 전문가이자 디
지털 비즈니스 사업가인 대런 쳉(Darren Tseng)과 스티브 디엘(Stephen
Diehl) 등은 "암호화폐가 기존 금융 인프라와 조화를 이루기보다는, 외
부 금융 시스템에 압도적으로 기생하며 자본을 빨아들이면서 기존 문
제에 대한 효율성이나 더 나은 해결책을 제공하지도 못하고 있다"고 비
판했다.[158]

그런데도 재선에 성공한 미국 트럼프 대통령이 취임 전부터 암호화
폐를 지지하는 것으로 알려진 워싱턴의 변호사 폴 앳킨스를 증권거래
위원회(SEC) 위원장으로 지명하더니, 취임하자마자 "디지털 자산의 책
임 있는 성장과 사용을 지원하는 것이 우리 행정부의 정책"이라며 가
상코인 활성화를 지원하는 행정명령을 발표하기까지 했다. 가상코인은
다른 가상코인 구매, 자금세탁, 갈취, 사기 외에는 유용한 용도가 없다
고 단언해온 경제학자 로버트 라이시는, 트럼프의 이 같은 행동이 소수
의 정치가와 부자들에게 더 큰 돈벌이 기회만을 제공할 뿐이라며 강도
높게 비판했다.[159]

이처럼 암호화폐라는 이름과 달리 가상코인은 화폐기능을 하지 못하
고 있는데, 그 증거의 하나를 "정부의 전폭적인 후원으로 법정화폐 지
위를 부여하고 시민들에게 30달러의 비트코인을 무료로 증정하는 등

네트워크 효과를 일으키기 위해 노력했지만 성공적인 결제 수단으로 자리 잡는 데" 실패한 엘살바도르에서 찾아볼 수 있다.[160] 저널리스트 제크 포크스(Zeke Faux)도 엘살바도르를 직접 탐사 보도한 결과, "만약 엘살바도르가 비트코인을 일상에서 사용하는 것이 가능한지를 실험하는 곳이라면, 그 실험은 완전히 실패했다. 그곳에서 증명된 것이라곤, 정부가 대대적으로 인센티브를 제공함에도 불구하고 그 누구도 비트코인을 사용하고 싶어하지 않는다는 것"이라고 결론짓고 있다.*

문제는 비트코인과 가상코인이 사회적 '유용성'은 전혀 입증하지 못한 반면, 사회적 '유해성'은 확실히 드러내고 있다는 것이다. "테러와 자금세탁, 랜섬웨어와 같은 범죄의 자금 조달"이 그 하나의 사례이지만, 또한 잘 알려진 대로 "가상코인 유해성 가운데 가장 대표적인 사례가 기후와 생태에 주는 심각한 악영향이다. 비트코인 같은 퍼블릭 블록체인은 네크워크 참여자들의 자발적인 블록생성을 촉진하기 위해서 컴퓨터를 동원해서 연산경쟁을 시키고 거기서 이기는 사람에게 '코인'을 보상으로 제공해주는 시스템이다. 그 결과 비트코인을 얻기 위해 더 많은 컴퓨터 연산능력과 그에 수반되는 전력소모를 투입하기 위한 치열한 경쟁이 벌어지게 되었고, 상상을 초월하는 컴퓨터 자원과 에너지가 비트코인 시스템 유지를 위해 낭비되는 결과를 초래"했다.[161]

---

* 포크스 2024:427. 가상자산에 대해 현실적 근거가 부족한 수많은 내러티브가 세계적으로 유포됨에도 불구하고, 실제 현장에서 이를 직접 확인한 경우는 매우 드물다. 그런 점에서 제크 포크스는 2022년까지 주요 가상자산 관련 기업가들을 직접 동행 인터뷰함은 물론, 엘살바도르와 심지어 가상자산 범죄 소굴로 알려진 캄보디아까지 직접 현장 방문하여 취재하고 이를 성실하게 기록하고 있어, 그 내용은 학문적으로도 상당히 자료적 가치가 높다고 할 수 있다.

케임브리지대학 '비트코인 전력소비지수'의 계산에 따라 비트코인 채굴 전력소비를 연간으로 환산해보면, 거품이 한창이던 2021년 5월 13일 기준으로 하한선으로는 47.3테라와트시에서 상한선으로는 무려 500테라와트시까지의 범위 안에 있을 것으로 예상되었다. 적정 추정 기준 규모인 132.1테라와트시는 2020년 스웨덴 국가 전체 전력 사용량 131.8테라와트시보다 많으며, 상한선으로 잡을 경우 세계 8위권인 한국의 국가 전력소비 557테라와트시(2023년 기준)에 맞먹을 정도다.[162] "이 규모는 거대 디지털 플랫폼기업들인 아마존, 마이크로소프트, 페이스북, 넷플릭스, 구글의 데이터센터를 모두 합친 것보다 많은 전력 소모다. 그런데 비트코인은 전체 가상코인 에너지 사용량의 2/3를 차지할 것이므로 위의 수치에 다시 1/3를 더 얹어야 가상코인 전체 시스템이 소비하는 전력 소비량"이 산출될 수 있다.[163]

국제에너지기구도 비슷한 정도로 추정했는데, "2022년 암호화폐는 전 세계 연간 전력수요의 0.4%에 해당하는 약 110테라와트시의 전력을 소비했으며, 이는 네덜란드의 총 전력 소비량과 맞먹는 양"이다. 동시에 국제에너지기구는 2026년까지 [그림 1-16]처럼 암호화폐의 전력 소비량이 40% 이상 증가하여 약 160테라와트시가 될 것으로 예상했다.[164]

이러한 전력 소모를 이산화탄소 배출로 환산하면, 비트코인은 거래한 건당 270kg의 이산화탄소를 배출했으며 연간으로 따지면 5,190만 톤에 이른다.[165] 삼성전자가 반도체와 휴대폰, 디스플레이 등을 생산한 대가로 2021년 한 해 동안 배출한 온실가스가 약 1,450만 톤인데, 비트코인은 실제 아무것도 생산하지 않으면서 삼성전자의 약 3.6배의 온

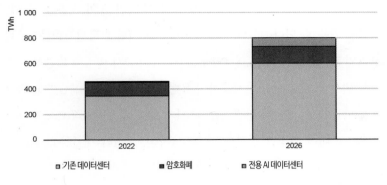

출처 : IEA 2024a:35

그림 1-16 데이터센터, 암호화폐, 전용AI 데이터센터 전력소요

실가스를 배출한 것이다. "비트코인은 채굴을 위해 계속 성능이 향상된 하드웨어를 투입하면서도 전력 소모는 매년 늘어나고 있는데, 심지어 앞으로 30년 안에 비트코인 단독으로 지구 평균온도를 2℃ 이상 올릴 수 있다는 진단도 나온다."[166]

6) 기후와 생태에 해로운 '디지털 과소비'

"시간당 7기가바이트의 고화질 동영상 화질로 하루 4시간 동안 스트리밍을 하면 월간 탄소 배출량이 53kg이지만, 고화질(HD) 동영상을 표준으로 낮추면 배출량은 2.5kg으로 감소하여 볼티모어에서 필라델피아(150km)까지 자동차를 운전할 때 배출되는 양만큼의 탄소 배출량을 절감할 수 있다. 7천만 명의 스트리밍 가입자가 스트리밍 서비스의 화질을 낮추면 매월 350만 톤의 온실가스가 감소할 것이며, 이는 미국 전체 월간 석탄 소비량의 약 6%에 해당하는 170만 톤의 석탄을 없애는 효과를 거둘 수 있다."[167] 이 진단은 메릴랜드 대학교 국립사회환경종합센터의 르네 오브링거(Renee Obringer) 등이 프록시 변수에 의존하는 간단한 발자국 계산 방식을 사용하여 유선 인터넷 사용(즉, 유선 인터넷을 통한 데이터 저장 및 전송)과 관련되는 세 가지 주요 환경발자국(탄소, 물, 토지 발자국)을 대략 추정한 결과를 학술지 〈자원, 보전과 재활용(Resources, Conservation & Recycling)〉에 기고한 것이다.

위의 인용문이 시사하는 것은 무엇일까? 이미 디지털전환이 높은 수준으로 진행되고 있는 상황에서, 디지털의 생태적 유해성을 디지털 기기 생산과 서비스에서만이 아니라 소비의 측면에서도 평가해봐야 한다는 것이다. 게리 맥거번은 "월드 와이드 웹은 진정 월드 와이드 쓰레기"라고 혹독하게 비판하면서 "90% 가까운 디지털 데이타는 사용되지 않는다. 우리는 수집한다. 우리는 저장한다. 우리는 창조한다. 그리고 나서는 사용하지 않는다"고 그 이유를 덧붙였다.[168] 특히 구글, 페이스북 등 무료로 제공되는 서비스가 최근 트래픽의 큰 비중을 차지하는데, 이런 무료 서비스는 "공짜이기만 하면, 난 이미 열 번씩이나 본 고양이 동영상을 열한 번째 보게 된다"는 심리 아래 '인터넷 과소비'로 귀결될 가능성이 높다.[169]

따라서 소비 관점에서 '디지털 과소비' 혹은 '디지털 비만'을 문제제기하는 것이 디지털전환의 생태적 유해성 분석에서 빠질 수 없다. 2부 앞부분에서 더 자세히 살펴보겠지만, 바람직한 디지털화의 방향이 '더 많은 디지털'이 아니라 '디지털 충분성(digital sufficiency)', 또는 '디지털 절제(digital sobriety)'이어야 한다는 주장도 새롭게 떠오르고 있다.[170] 사실 과도한 소비가 생태적 관점에서 허용될 수 없다는 것은 '탈성장'의 핵심 논점 가운데 하나다. 그런데 '탈성장' 주창자들도 호화주택이나 전용 비행기나 고급 자가용, 과도한 육식이나 패스트 패션 등은 자주 문제 삼으면서도 디지털 과소비에 대한 문제제기는 적다. 기욤 피트롱이 던지는 '인터넷 접속량 할당제'나, '고화질 동영상 스트리밍 시간 제한제' 같은 유형의 정책 제안도 공론장에서는 찾기 어렵다.

특히 20~30대로 구성된 "'기후세대'는 무엇보다도 디지털 도구에 중독된 젊은 소비자들로 형성"되어 있어서, 이들이 자신들의 기후위기 의식과 디지털 관성 사이에서 어떤 선택을 내릴지에 따라 미래 쌍둥이전환의 방향이 결정될지도 모른다.[171] 1996년 이후에 태어나서 스마트폰 기반의 아동기를 통과하고 이미 디지털에 심각하게 중독됨은 물론 수면 박탈, 사회적 박탈, 주의 분산을 경험한 세대가 바로 기후세대이기도 하다.[172] 이들이 기존의 디지털 관행 포기를 어려워한다면 기후위기와 생태위기 해결은 어려워질지도 모른다. 반대로 자신들의 '디지털 과소비' 라이프스타일을 바꾸는 선택을 하면 생태적으로 안전한 공간을 확보하면서도 그에 어울리는 새로운 디지털 소비패턴을 만드는 데 성공할 수 있다.

7

기후한계 안의
인공지능이라는 새로운 좌표

1부에서 살펴본 내용을 종합해보면, 디지털과 인공지능이 기후와 생태에 미치는 영향에 대해 의견이 첨예하게 엇갈리고 있음을 확인하게 된다. 기업 쪽을 필두로 공공정책과 학술연구에 이르기까지 다수는 '더 많은 인공지능(디지털)'이 기후와 생태계에 문제를 일으키는 측면보다 '해법'이 될 가능성에 주목한다. 그 가운데 일부는 인공지능이 긍정적인 영향뿐 아니라 부정적 충격을 동시에 줄 수 있다고 인정하고 적절한 정책 선택으로 조율이 가능하다는 기대를 걸기도 한다. 그런데 이 견해들은 '기후(생태)를 위한 인공지능(AI for Green)'에만 주목하거나, 아니면 개념과 실행방안이 대단히 모호한 '녹색 인공지능(Green AI)'을 전제로 하고 있다(그림 1-17 참조).[173]

하지만 여기에는 인공지능이 기후를 위해서 할 수 있는 범위와 그렇지 못한 범위가 명확히 구분되지 않는다. '녹색 인공지능' 역시 과거보다 상대적으로 친환경적이라는 의미인지 아니면 절대적으로 지구생태

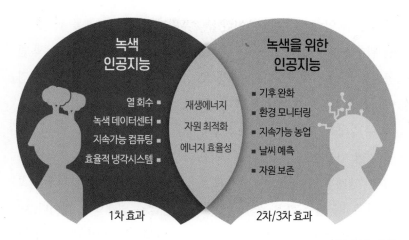

그림 1-17 인공지능과 기후에 관한 기존의 견해

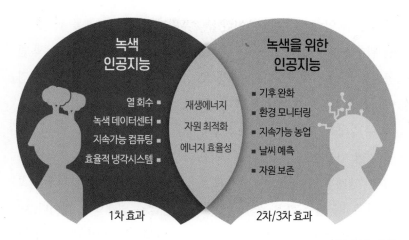
(녹색 인공지능: 열 회수, 녹색 데이터센터, 지속가능 컴퓨팅, 효율적 냉각시스템 / 재생에너지, 자원 최적화, 에너지 효율성 / 1차 효과)
(녹색을 위한 인공지능: 기후 완화, 환경 모니터링, 지속가능 농업, 날씨 예측, 자원 보존 / 2차/3차 효과)
출처 : Deloitte 2024.

계의 한계를 준수한다는 의미인지가 불분명하다. 당연하게도 인공지능이 기후에 미칠 부정적인 충격이 긍정적 역할을 압도할 수도 있다는 가능성이 이런 견해에서는 나올 수가 없다. 기껏해야 점점 더 확대되는 디지털화에 따라 발생하는 온실가스를 줄이자는 탈동조화(decouple digitalization from emissions) 논리 정도가 해법이라고 나오지만, 기후 해법에서 어떤 경우든 탈동조화는 제대로 된 해법이 아니다.

인공지능과 기후의 관계를 생태경제학 관점에서 달리 접근할 수도 있다. 맺음말에서 좀 더 포괄적으로 다시 다루겠지만, 생태경제학은 급격히 폭증하는 인공지능(디지털) 시스템이 '지구생태계의 수용 능력에 비추어 얼마나 적정한 규모'인지를 묻고, 아무리 인간과 경제에 유익한 최첨단 인공지능 시스템이라도 기후와 생태계의 한계를 위반하면 안 된다는 대전제를 요구한다.[174] 따라서 생태경제학 관점에서 '녹색 인 공지능'은 그저 과거보다 상대적으로 더 에너지 효율적이고 덜 자원 집 약적인 인공지능이 아니라, '지구생태계의 수용 능력 범위 안에서 작동 하는' 절대적 의미의 생태적 인공지능을 의미한다. 그리고 '기후(생태) 를 위한 인공지능'은 '녹색 인공지능'과 병렬적으로 위치하는 것이 아 니라, '생태적 인공지능'이 먼저 보장된 후에 그 한계 안에서 '기후 완화 와 기후 적응을 위한 인공지능의 활용'을 말할 수 있게 되는 것이다. 이 를 그림으로 표시하면 먼저, '기후한계 안의 인공지능'이 존재해야 하 고 그 안에서 '기후를 위한 인공지능'이 작동하는 구조가 된다(그림 1-18 참조).

'기후한계 안의 인공지능'을 위해서는 당연하게도 '에너지 없이 인공 지능 없다'는 원리에서 더 나아가, '재생에너지 없이 녹색 인공지능 없 다'는 지향을 가져야 한다. 더 고려해야 할 과제들도 있다. 환경에 우호 적인 사람들로만 지구의 인구가 구성되었다고 가정한다 해도 인구의 무한한 팽창을 지구가 감당할 수 없는 것처럼, 상대적으로 '녹색 인공 지능'의 성격을 갖는다고 해도 그것이 유한한 지구에서 무한히 폭증할 수는 없다고 인정해야 한다.

또한 인공지능과 디지털 역시 에너지와 자원의 물리적인 한계 안에 서 작동하도록 '더 많은 인공지능'의 무한 추구에 제동을 걸어야 한다 면, 일정하게 '디지털 충분성'을 받아들이고 적정한 디지털 절제를 실 천해야 한다. 심지어 앞서 나오미 클라인이 잘 지적했던 것처럼, 어떤 사회적 해결책은 통찰력, 사고력 또는 참신함의 부족이 아니라 사회적

기후한계 안의 인공지능

재생에너지 사용
에너지 효율화 추구

기후를 위한 인공지능

지구생태계 한계
안에서의
자원/에너지
처리량 축소

기후 완화

— 스마트 그리드
— 모빌리티 효율화
— 건물 에너지 제어
— 산업공정 최적화

기후 적응

모니터링
(산불 확산, 날씨 변화,
멸종위기 생물,
홍수/가뭄/태풍 등)

디지털 과소비를
절제하는
디지털 충분성
추구

기술해법 영역 밖의
정치/사회적 기득권
규제 필요성 인정

그림 1-18 인공지능과 기후에 관한 생태경제학의 접근

이거나 정치적인 이해관계가 첨예하게 대립하기 때문에 풀기 어려운데 기후위기도 여기에 속하는 대표적 문제다. 이런 유형의 문제는 사회적 권력관계를 더 민주적인 방향으로 바꾸는 사회적 노력이 필요한데, 이를 인공지능이 해결할 수 있다고 강변하는 건 기술지상주의의 가장 전형적인 편향이다. 우리가 살고 있는 사회에는 기술이 해결할 수 없는 문제가 너무도 많다. 반대로 이 모두를 고려하여 '물질과 에너지가 증가하지 않도록 조정한 특정한 시스템'에서는 인공지능이 재생에너지

이용과 에너지 효율화를 최적화함으로써 기후 대응의 핵심적인 지렛대가 될 수 있다.[175]

극단적으로 사회와 정치가 분열되어 가짜뉴스가 난무하는 오늘날, 인공지능이 모든 문제의 해법을 제공할 수는 없고 많은 문제들은 오직 시민들이 정치적 공론장을 통해 사회적 합의를 이루는 지혜를 발휘해야 한다. 캐나다 테크놀로지 칼럼니스트 나브닛 알랭(Navneet Alang)이 사회문제에 대해서든 아니면 기후 해결에 대해서든 최근 과도한 인공지능 '숭배'를 비판하면서 던진 다음과 같은 화두는 인공지능 과잉의존 사회에 대한 일종의 경고다.

"때때로 아무것도 진실이 아닌 것 같은 세상에서, 인공지능에게 뭔가 사실을 말해달라고 물어보는 건 특히 가슴 아픈 일이다. 주관의 바다에 휩싸인 인간에게 인공지능은 초월적인 존재, 즉 진실을 말할 수 있는 불가능할 정도로 논리적인 마음을 상징한다."[176]

2부

한국은 '최고의 디지털국가', '최악의 생태국가'

1
한국 사회는 두 전환을
통합적으로 접근해왔나?

디지털이 기후에 도움이 되고 생태적 변화를 촉진하는 데 유리하게 작용하리라는 주장이 비즈니스는 물론 정책 분야에서도 대세를 이룬다는 점을 앞에서 확인했다.[177] 다소 중립적 관점에서 개별 기업이나 공공이 두 전환을 적절히 선택함으로써 상호 선순환하도록 만들 수 있다는 주장도 발견되었다. 하지만 가속화되는 디지털전환과 인공지능 부상이 에너지와 자원의 효율성을 높이는 순기능 이상으로 총량적인 에너지와 자원 수요를 끌어 올려왔다는 강력한 문제제기도 있었다.[178] 특히 최근 생성형 인공지능의 갑작스런 확산이 불러온 데이터센터의 대규모 증설은 미국 등 일부 지역에서 화석연료 발전 수명의 연장을 고려해야 하는 상황까지 왔다.[179]

디지털전환은 에너지뿐 아니라 물질량도 기대와 달리 줄어들지 않고 있는데, 이는 부분적으로 '디지털전환=탈물질화'라는 등식이 처음부터 잘못되었기 때문이다. 디지털화는 오히려 철저히 물리적인 과정을 수반한다.[180] 각종 디지털 장비의 제조에 들어가는 소량의 특수 원료를 얻기 위해서는 대규모의 토지나 자원을 파괴해야 하며, 제조뿐 아니라 이메일이나 동영상 스트리밍, 온라인 화상회의 같은 디지털 서비스 이용 과정에서도 막대한 온실가스가 발생할 수 있음을 확인했다. 디지털 장비의 제조 및 디지털 서비스 이용 과정 이외에도, 사용이 끝난 디지털 기기들이 전자폐기물로 지구생태계에 버려지는 현실 역시 생태파괴에 무시할 수 없는 영향을 미치고 있다. 특히 사회적 유용성을 입증하지 못한 채 투기와 검은돈 거래에만 이용될 뿐인 가상코인은, 채굴에 동원된 막대한 전력량은 물론 성능이 떨어진 채굴 장비가 전자 쓰레기로 폐기되는 규모도 심각한 수준에 이르렀다.[181] 디지털전환과 인공지능 확산 과정에서 커지는 '허위정보' 유포는 기후 대응에 또 다른 악영향을 미치고 있는데, 2021년 텍사스 정전사태에서 그 우려가 현실이 되는 경험을 하기도 했다.[182]

이처럼 디지털전환의 가속화가 기후와 생태 안전성에 구체적으로 유해한 영향을 미치는 현실은, 디지털전환이 자연스럽게 생태전환을 촉진할 것이라는 보장이 없다는 것을 말해준다. 다시 말해 두 전환의 상호 선순환을 이루려면, 시장 플레이어인 기업들의 자발적 노력도 필요하지만, 의도적으로 균형을 잡으려는 정부의 적극적 역할이 매우 중요하다는 것이다. 두 전환이 오직 기업들의 수익성 논리에 따라 시장에서 흘러가도록 방치하지 말고, 정부가 적극적으로 두 전환 사이의 악순환을 억제하고 선순환을 촉진할 제도설계와 재정적·정책적 개입을 시작해야 한다.

이 대목에서 한국 사회의 구체적인 현실로 시야를 돌려보자. 유럽과 달리 한국에서는 두 전환이 미칠 미래를 통합적으로 전망하고 제도와 정책을 고려하는 움직임이 아직 없다. 심지어 2020년 한국판 뉴딜이라는 하나의 우산 아래 '디지털뉴딜'과 '그린뉴딜'을 동시에 국가 회복전략으로 추진했던 경험이 있었는데도 불구하고, 두 전환의 통합적 접근은 공론장과 학계에서 제대로 논의되지 않고 있다. 에너지 효율성 차원에서 디지털전환이 생태적 악영향을 미치는지를 실증적으로 연구한 사례가 일부 발견되지만 제한적이다. 2022년 가을 비판사회학회 국제학술대회에서 '이중전환'을 주제로 학술대회가 열리기도 했지만 역시 내용이 극히 한정적이었다.[183]

약간의 예외도 있다. 2022년 출간한 단행본 저서《디지털 폭식 사회》를 통해 이광석은, 한국판 뉴딜에서 "그린뉴딜을 디지털뉴딜과 함께 경제성장의 양대 견인차로 두었지만, 디지털뉴딜이라는 주인공을 위해 그린뉴딜을 들러리 세우면서 뉴딜을 그저 IT 시장경제의 먹거리로만 접근했다"며 두 전환의 통합적 관점에서 정부 정책을 비판적으로 검토했다.[184] 필자 역시 2021년 펴낸 단행본《진보의 상상력》에서, "지금까지 디지털전환이 녹색전환에 우호적이고 녹색전환이 디지털전환에 힘입어 속도를 낼 수 있는 등 상호 보완적일 수 있다는 측면이 주로 부각"되었음을 비판하고, 앞으로는 무게 중심을 디지털전환이 아니라 오히려 생태전환에 두어야 한다고 제안했다.[185] "스마트한 경제에 약간의 그린이 묻어 있는 비전이 아니라, 그린경제를 스마트하게 지원하도록 디지털이 묻어 있어야" 한다고 말이다.[186] 다만 필자 역시 다소 선언적인 제안을 했을 뿐, 왜 생태전환을 우위에 두고 디지털전환을 함께 고려하는 정책이 필요하고 심지어 가능할 수 있는지 제대로 논증하지 못했다.

한편 최근에는 디지털전환과 녹색전환이 글로벌 차원에서 유행하는 현상을 목격하면서, 이를 "기존의 금융자본주의 한계를 벗어나기 위한 새로운 자본의 전략"으로 평가하거나,[187] 자본의 전략으로만 보지는 않지만 "그 출발점이 무엇이었든 점차 국가와 자본의 프로젝트"가 되어가고 있음을 지적하는 이들도 나오고 있다.[188] 그리고 '국가와 자본에 의해 길들여지고 주도되는 전환'을 어떻게 '체제전환'으로 만들어갈 것인지 문제의식을 던지기도 한다. 전환의 주도권에 따라 그 성격이 완전히 달라질 수 있다는 중요한 이슈를 제기하는 것이지만 두 전환에 개별적으로 접근하는 한계는 여전하다. 또한 일부에서는 디지털전환과 녹색전환을 쌍둥이전환으로 통합하여 관찰하면서 이것이 '오늘날 세계 국가들의 미래전략, 외교전략의 핵심 어젠다'가 되고 있음을 주목하자는 주장도 발견된다.[189]

한국은 세계 최고 수준의 초고속 통신 인프라를 일찌감치 구축했고, 인터넷과 스마트 기기 보급률 역시 글로벌 선두권을 유지하고 있으며, 네이버와 카카오, 쿠팡 등 독자적인 국내 플랫폼기업을 보유하고 있는 명실상부한 '디지털 성숙사회'다. 비록 메모리에 편향되어 있기는 하지만 삼성전자와 SK하이닉스로 대표되는 글로벌 반도체 기업도 있다. 이를 배경으로 디지털전환은 매우 빠르게 또 전면적으로 사회의 모든 영역에 영향을 미치고 있다. 반면 2009년 이명박 정부 시기 '녹색성장'이 정책의제로 등장한 적은 있지만, 실제적인 녹색전환은 제대로 진행되지는 못한 채 21세기 20년을 흘려보냈다. 그 결과 최근까지 여전히 선진국에서는 드물게 석탄화력발전 비중이 30%가 넘는 '기후 후진국' 불

명예를 안고 있다.[*]

이처럼 디지털전환 영역에서는 최첨단 디지털국가의 위치를 확립했지만, 생태전환 영역에서는 OECD 국가 가운데 가장 후진적인 탄소 다배출 국가의 오명을 쓰고 있는 심각한 불균형을 해소하기 위해, 우리 사회도 이제 두 전환을 통합하여 '쌍둥이전환'으로 접근함으로써 보다 균형 있게 미래 변화에 대응할 필요가 있다. 더욱이 최근 더 가시화되는 기후재난이나, 급부상한 생성형 인공지능의 막대한 에너지 소모는 이 필요성을 더욱 크게 만들었다. 그런데 디지털 기술이나 인공지능 확대는 미래를 위해 반드시 필요한 혁신이라고 쉽게 수용하면서도, 그것이 노동이나 기후, 생태에 초래할 수 있는 부정적인 영향에 대해서는 제대로 따져보지 않는 경향이 큰 나라 중 하나가 한국이다. 또한 한국은 디지털전환이 '탈물질화' 과정이나 '스마트화'를 촉진하고 국민경제에서 에너지와 물질 사용을 줄일 수 있게 만들어 결국 기후에도 도움이 될 것이라는 낙관론이 과도하게 지배하는 사회다.

하지만 디지털전환이 한국 사회를 유토피아로 이끌 것이라는 보장은 어디에도 없다. 생태전환이 다소 지체되어도 기후로부터 우리가 안전하리라는 보장 역시 어디에도 없다. 따라서 한국 사회 역시 우리 사회 지형을 주조하는 데 가장 큰 영향을 미칠 디지털전환과 생태전환이라는 두 전환을 통합해서 다뤄야 하며, 동시에 어느 한쪽으로 기울지 않고 균형감 있게 추진되고 있는지, 그리고 서로 결합하여 상호 긍정적인 영향을 주는 방향으로 가고 있는지 점검하고 평가할 시점이 되었다.

---

[*] 엠버(Ember)의 데이터에 따르면 2023년까지 한국의 석탄화력발전 비중은 33.2%인 데 비해 핵발전은 29.2%였다. 그런데 2024년이 되면서 석탄은 29.4%로 낮아진 반면 핵발전이 32.5%로 올라가 순서가 바뀌었다.(연합뉴스, 2025.02.09.)

2
디지털전환과 생태전환의
매트릭스 만들기

1) '사회적 층위'에서 두 전환을 살펴보기

두 전환을 별개로 취급하던 기존 관점 대신 '쌍둥이전환'으로 통합하여 접근할 수 있도록 필자는 '쌍둥이전환 매트릭스'를 만들어 한국 사회에 적용해보려 한다. 이 매트릭스는 앞으로 문헌분석, 현실분석, 그리고 대안적인 제도분석이 일관되게 가능하도록 뒷받침할 것이다. 유사한 유형의 매트릭스를, 이미 1부에서 살펴봤던 것처럼, 리히텐탈러가 두 전환에 대한 기업의 행동을 분석하기 위해 이용한 바 있다.[190] 그는 기업 차원에서 매트릭스를 적용했지만 여기서는 기업 수준을 넘어 사회 전체로 확장하기 위해 그의 아이디어를 새롭게 재구성해보겠다.

매트릭스 구성 이전에 살펴봐야 할 사항이 있다. 우선 디지털전환과 생태전환을 하나의 통합된 매트릭스로 구성하려면 두 개념이 범주적으로 같은 층위에서 다뤄져야 한다. 그런데 통상 디지털전환은 사회 시스템 층위보다는 '디지털 기술도입'과 같은 좁은 범위로 사용된다. 하지만 20세기 사회를 바꾼 '전기(electricity)' 기술 이상으로 디지털 기술 (과 인공지능)은, 21세기에 거의 모든 산업과 일상에 적용되는 강력한 '범용' 기술이자 경제와 산업구조, 일상과 사회관계에 심대한 영향을 주는 기술이다. 21세기는 인공지능을 전기처럼 일상적으로 사용하게 되리라는 주장도 있다.[191] 구체적으로 디지털은 노동과 일의 변화는 물론이고, 소셜네트워크 등을 매개로 민주주의와 정치 공론장에까지 영향을 줄 수도 있고, 디지털화를 통해 교육과 문화 지형에 변화를 불러올 수도 있다.[192] 따라서 디지털전환은 기술 층위가 아니라 사회 층위에서 다뤄져야 한다. 물론 실제 연구에 적용하는 과정에서는 그 층위를 균일하게 맞추기가 쉽지 않고, 기존 연구도 각각 서로 다른 층위를 다루는 경우가 많다. 이런 한계를 인정하면서도 여기서는 디지털전환을 (기술 층위를 부분집합으로 포함한) '디지털 사회'라는 층위에 맞추어서 다루려고 노력할 것이다.

한편 생태전환의 경우 오히려 기술적 차원보다는 사회·문화적 차원에서 자주 언급된다. 하지만 생태전환 역시 에너지전환처럼 상당히 기술적인 층위를 포괄하고 있으면서 동시에 문화와 문명 수준의 전환에 이르기까지 대단히 넓은 스펙트럼에 걸쳐 사용되는 개념이다.[193] 특히 태양광과 풍력, 전기자동차와 배터리 기술 등 최첨단 기술혁신의 도움을 받지 못할 때, 현대 사회에서 80억 지구 인구가 삶의 질을 유지하면서 생태적으로 살아가기는 어렵다. 때문에 생태전환에서도 녹색기술과 녹색산업이 매우 중요한 위치에서 다뤄질 필요가 있다. 이 책이 녹색기술과 녹색산업정책을 생태전환의 주요한 지렛대의 하나로 고려한 이유도 여기에 있다. 하지만 디지털전환과 층위를 맞추기 위해 생태전환도 녹색사회와 '생태사회'의 층위에 눈높이를 두고 접근할 것이다. 그래야만 두 전환을 논리적으로 하나의 좌표평면에 표시하는 방법이 정당성을 가질 것이기 때문이다.

2) 어떤 방향이 '바람직한' 전환일까?

사회적 층위를 중심으로 두 전환의 매트릭스를 구성하기로 했다면, 그다음은 어떤 기준으로 두 전환의 진전 정도를 평가할 것인지 결정할 차례다. 두 전환이 어느 방향으로 진전되어야 사회적이고 생태적으로 바람직한가 하는 질문은 의외로 대단히 복잡한 문제를 내포하고 있다. 똑같이 디지털화가 양적으로 진전되더라도 어떤 방향이었는지에 따라 '긱경제 프레카리아트'로 귀결될 수도, '완전 자동화된 인공지능' 사회로 결말이 날 수도 있음을 이미 1부의 미래 시나리오에서도 확인했기 때문이다. 따라서 두 전환이 어떤 방향으로 움직이는 것을 '바람직한' 진전으로 봐야 하는지 미리 정의해둘 필요가 있다.

먼저 디지털전환을 살펴보자. 아직 어떤 방향이 사회적이고 생태적으로 '바람직한' 디지털전환 방향인지에 대한 글로벌 합의나 인정할 만한 기준은 없다. 대개 '더 많은 디지털'이 당연하게도 사회적으로 더 바람직한 결과를 가져올 걸로 생각하거나, 글로벌 경쟁에서 뒤처지지 않기 위해 '더 많은 디지털'을 수용해야 할 불가피한 미래로 받아들이는 경우가 많다. 디지털화 진전을 평가하는 글로벌 기관들 역시 관성적으로 디지털 기술도입 '양'을 기본으로 진전 정도를 평가하고, 디지털화로 인한 일상 서비스의 편의성 증대나 디지털 격차의 완화 정도를 보완적으로 덧붙이는 경향이 강하다.

하지만 이런 방식에는 근본적인 문제가 있다. '과연 더 많은 디지털화가 사회·생태적으로 바람직하고 추구해야 할 목표인가' 하는 매우 상식적이지만 중요한 질문을 생략하고 있기 때문이다. 어디에 얼마만큼 디지털화가 필요한지, 디지털화 지원을 위해 다른 영역이 희생되지는 않는지 제대로 점검하지 않은 채, 가능하면 더 많은 디지털이 당연한 미래 방향이라고 간주해서는 안 된다. 다행히 더 많은 디지털이 사회적으로 전혀 바람직하다고 볼 수 없는 방향으로 갈 수 있다는 경고들이 최근 다양하게 제기되고 있다. 미국 채프먼 대학의 도시 연구자 조엘 코트킨(Joel Kotkin)은 지금과 같은 방식으로 디지털화가 양적으로 계속 확대되면, 디지털 기업이 귀족권력이 되고 디지털 기술 엘리트들은 새로운 사제권력을 획득하며 나머지는 현대판 농노의 신세로 빠지는 '하이테크 중세시대'로 들어갈 수 있다고 경고했다.[194] 비슷한 취지로 그리스 재무장관 출신 경제학자 야니스 바루파키스(Yanis Varoufakis)와 경제학자 세드릭 뒤랑(Cédric Durand) 역시, 현재와 같은 방식의 디지털화는 '기술봉건주의' 사회로 귀결될 거라고 비관했다.[195] 하버드대학 명예교수인 사회학자 쇼샤나 주보프(Shoshana Zuboff)가 감시자본주의로 흐를 수 있다고 했던 경고도 당연히 이 맥락에 포함될 수 있다.[196]

이 문제와 관련해서 생태경제학자 스테펀 랑게(Steffen Lange)는, "너무 빠른 디지털화는 해결책의 일부가 아니라 문제의 일부"가 될 수 있다고 경고하면서, 더 많은 디지털이 진보라는 관성의 수용을 거부한다.

심지어 그는 디지털전환이 생태적이고 사회적으로 긍정적인 영향을 주려면 "필요한 만큼만 그리고 가능하면 적게 디지털화하기"를 대안적인 디지털화 목표로 삼아야 한다고 주장한다.[197] 왜냐하면 "비록 디지털화가 새로운 기회를 창출했다고 하더라도, 현재의 경제·정치적 조건에서는 소득격차, 노동시장 불안, 감시의 위험, 희소자원과 기후 악화, 연료 소비의 증가와 같은 우리 사회가 직면한 문제들을 악화시킬 수" 있기 때문이다.[198]

랑게는 더 많은 디지털이 더 나은 사회적 결과를 가져오리라는 가정을 부인하는 대신, 필요한 만큼만 그리고 가능하면 적게 디지털화하는 대안적 목표를 위한 세 가지 원리로서 디지털 충분성(digital sufficiency), 엄격한 데이터 보호(strict data protection), 공공선에 초점 맞추기(focus on common good)를 제시한다(그림 2-1 참조).[199] 유사한 취지에서 이미

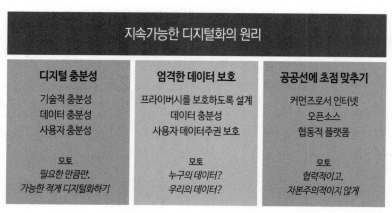

출처 : Lange · Pohl 2020:144-145.

그림 2-1 바람직한 디지털전환 방향과 디지털 충분성

2008년에 그린 IT 프랑스 협회는, 더 검소하게 디지털 서비스를 설계하고 일상적인 디지털 기술 사용은 절제하자는 의미로 '디지털 절제 (digital sobriety)'라는 개념을 도입하기도 했다.

이후 프랑스 싱크탱크 시프트 프로젝트는 "본능적이거나 강박적인 디지털 시스템 사용에서 벗어나 보다 통제된 디지털 기술 사용으로 전환하는 것"을 디지털 절제라고 정의했다.[200] 이 경우에도 올바른 디지털 진전은 절대 더 많은 디지털이 아니다. 여기서는 랑게 등의 아이디어를 일부 수용하여 더 많은 디지털을 더 바람직한 디지털과 동일시하지 않을 것이고, 디지털 사회 역시 지구의 생태적 한계 안에 머물러야 한다는 생태경제학 원리에 기반하여, 과도한 디지털보다는 필요한 만큼 충분한 디지털화를 더 진전된 '디지털 성숙'으로 평가하겠다.

다음으로 바람직한 생태전환 방향은 무엇으로 규정할까? 바람직한 생태전환은 지구생태계와의 관계에서 우리 사회가 어떤 상태에 이를 때 달성되는 걸까? 이 역시 사회적으로 합의된 내용은 없다. 다만 '더 많은 디지털'을 당연한 목표로 간주해온 디지털전환 관성과 달리 생태전환의 지향과 목표를 정하는 기준은 몇 가지 인정된 사례가 있다. 예를 들어 생태현대화론이냐 체제전환론이냐에 따라 서로 다르게 전환 방향과 목표를 잡을 수도 있고, 좀 더 복잡하게는 현상유지, 기존 시스템 안의 개혁, 기존 시스템 자체의 개혁, 탈성장 지향으로 전환 방향과 목표를 세분할 수도 있다.[201]

유사한 구분이지만 환경사회학자 구도완은 ①다른 사회전환 없이 에너지전환 수준에서 마무리할 수 있다고 보는 관점, ②일련의 제도변화

	에너지전환	개혁적 기후정의	변혁적 기후정의	문명전환
위기 원인	화석연료	기후불평등을 낳는 사회제도	자본주의 성장체제	인간, 산업, 국가 중심 문명
해결 방안	탈화석연료	정책개혁을 통한 정의로운 전환	탈자본, 탈성장 체제전환	탈인간중심, 탈산업, 행성 관점의 생태문명
주요 행위자	국가, 기업, 시민, 시장	시민	노동자, 민중, 장애인, 소수자, 최일선 담당자	비인간존재, 동물, 시민, 협동조합, 마을

출처 : 구도완 2023.(필자가 각색)

표 2-1 생태전환의 다양한 방향

를 지향하는 관점, ③탈자본과 탈성장을 전제하는 관점, 마지막으로 ④
생태문명으로의 전환까지 고려하는 관점으로 좀 더 명확하게 유형화한
다(표 2-1 참조).[202] 이 책에서는 탈탄소 에너지전환을 기반으로 하면서도
성장주의를 벗어나는 경제사회 시스템 전환까지를 '생태적 성숙'으로
평가할 것이다.

한 가지를 더 고려해야만 디지털-생태 매트릭스를 구성할 수 있다.
두 전환의 진전 단계를 어떤 용어를 사용하여 질적으로 구분할지 결정
해야 한다. 이 문제도 간단하지는 않다. 가장 단순한 방법은 디지털전
환과 생태전환의 진전을 단순히 '낮음'과 '높음'으로 표현하는 것이지
만, 이 표현은 양적인 측면에만 초점을 둔다는 명백한 한계가 있다. 앞
서 확인한 것처럼, 단지 양적이고 기술적으로 디지털 이용이 늘어난다
고 사회구성원들에게 유익함을 주는 것은 아니며, 심지어 생태적 부담
을 줄 정도로 과도한 디지털화는 바람직한 진전으로 보기 어렵기 때문

이다.

생태전환의 경우에도 관례적으로 '고탄소 사회-저탄소 사회-탈탄소 사회'와 같은 구분법을 사용하기도 한다. 하지만 이 구분법도 사회적 전환없이 에너지 전환만으로 생태전환의 목표가 달성될 수 있다고 간주하는, 이른바 '탄소환원주의' 오류에 대한 비판으로부터 자유롭지 못하다.

따라서 여기서는 양적인 수준과 함께 사회적으로 바람직한 내용으로 전환이 이뤄졌는지를 질적으로도 담아낼 수 있도록 다소 추상적이지만 '성숙도(maturity)'라는 개념을 동원하겠다. 즉, '디지털 성숙도'는 한 사회가 구성원들의 웰빙에 맞으면서 동시에 생태적 한계를 준수하는 범위 안에서 디지털화가 진전된 경우로 정의한다. 그러면 '디지털 지체사회'와 '디지털 성숙사회'로 디지털 진전의 질적 구분을 할 수 있다.[203] 또한 생태전환은 에너지전환을 넘어 탈성장 생태사회로까지의 진전을 질적으로 평가하여 '생태 지체사회'와 '생태 성숙사회'로 구분하겠다.[204]

3) 쌍둥이전환 매트릭스 구성하기

성숙도에 따라 디지털전환과 생태전환의 진전 수준을 양분하여 매트릭스를 구성하면 네 가지의 좌표평면이 만들어진다(그림 2-2 참조). 우선 매트릭스 왼쪽 하단의 '디지털-생태 지체사회'라고 표현한 영역은 대체로 디지털전환과 생태전환이 시작되기 이전인 1950년대까지 저개발국가는 물론 대부분의 선진 산업사회가 포함된다. 아날로그와 화석연료에 의존해 문명을 누린 사회다. 1960년대부터 서서히 일부 선진 국가들에서 디지털 기술을 개발하고 환경파괴에 관심을 기울이면서 이 영역을 벗어나기 시작했고, 그 진전 수준에 따라 최근까지 다양한 위치에 놓이게 되었다고 볼 수 있다. 오른쪽 하단의 '디지털 성숙-생태 지체사회'의 경우는 디지털에 편향된 사회이고, 반대로 왼쪽 상단의 '디지털 지체-생태 성숙사회'는 생태전환으로 기울어진 사회다.

그리고 모든 국가가 궁극적으로는 '디지털-생태 성숙사회'라고 하는, 두 전환이 모두 성숙한 수준에 이른 목표사회를 지향한다고 가정한다. 그 과정에서 어떤 사회는 디지털 편향으로 기울어 머무르거나 '디지털-생태 성숙사회'를 향해 진화를 계속할 수도 있다. 반대로, 처음에는 생태전환에 무게를 두어 '생태적으로 성숙한 사회'로 먼저 이동한 후에 서서히 디지털 심화의 방향으로 움직여 최종적으로 '디지털-생태 성숙

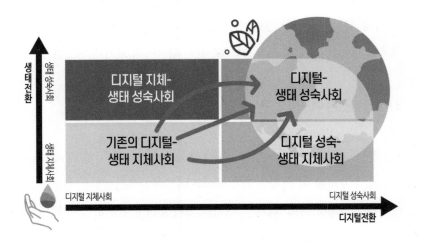

그림 2-2 '쌍둥이전환 매트릭스와 성숙사회로 가는 경로

사회'로 갈 수도 있을 것이다(물론 굳이 디지털을 고도화하지 않고 그대로 머무를 수도 있다). 심지어는 전환과정에 늦게 뛰어든 많은 개발도상국들의 경우 처음부터 균형감 있게 두 전환의 성숙도를 모두 높여서 '디지털-생태성숙사회'로 직진할 수도 있을 것이다. 이때 각 경로마다 직면하는 기회나 위험은 각기 다를 것이다. 이런 식으로 두 전환의 진전 수준에 따라 각 국가들을 매트릭스의 다양한 위치에 놓을 수 있게 될 것이다.

디지털전환과 생태전환의 진전 수준으로 구분한 '쌍둥이전환 매트릭스'를 토대로 볼 때, 우리 사회가 지금까지 걸어온 길은 어디고 앞으로 가야 할 방향은 어디일까? 이를 알아보기 위해 지금부터 디지털-생태 매트릭스 안에 글로벌 주요 국가들과 한국의 상대적 위치를 표시해볼 것이다. 이어서 한국형 뉴딜 분석을 통해 실제로 한국 정부가 두 전환의 방향을 바꿀 계기가 있었는지 확인할 것이다. 동시에 주요 기업들은 두 전환에 어떤 태도를 취하는지 RE100 가입현황으로 알아보는 한편, 시민들은 우리 사회에서 두 전환의 진행에 대해 어떤 평가를 하는지 설문조사 결과로 확인할 것이다.

3
한국은 얼마나 심한
디지털 편향사회가 되었나?

 우리 사회에서 쌍둥이전환이 실제 어떻게 전개되었는지를 알 수 있
는 가장 간명한 방법은, 한국을 포함한 글로벌 주요 국가들의 좌표를
디지털-생태전환 매트릭스에 표시하고 한국이 상대적으로 어떤 위치
에 있는지 확인해보는 것이다.

 우선 두 전환 가운데 디지털전환이 역사적으로 선행하여 추진되었고
생태전환이 후발로 따라왔으며, 지금도 기업들은 디지털전환에 무게를
두는 경향이 있으므로 디지털전환을 좌표의 기본축(X축)으로 정하자. 그리
고 유엔의 전자정부발전지수(EGDI)를 이용해서 X축 좌표에 디지털 성숙
정도를 기표(0~1까지 표시)하겠다. 보완적으로 스위스 국제경영개발대학원
세계경쟁력센터가 평가한 디지털 경쟁력 순위(IMD랭킹), 글로벌파이낸스
(Global Finance) 매거진이 평가한 기술선진국 점수(GF Score), OECD가 평
가한 디지털정부지수(DGI)를 참조했다. 한편 Y축에는 예일대의 환경성과
지수(EPI)를 이용하여 생태전환의 성숙도를 표기(0~100점까지 표시)했다. 그

리고 보완적으로 OECD의 환경정책 엄격성지수(EPS), 다보스포럼의 에너지전환지수(ETI), 저먼워치 등의 기후변화성과지수(CCPI)를 활용했다.*

2022년 기준으로 두 축의 데이터가 모두 존재하는 179개 국가를 좌표상에 전부 표시하면 [그림 2-3]과 같이 어느 정도는 정의 상관관계가 보인다(피어슨 상관계수 0.632이고 0.01 수준에서 양쪽으로 유의함). 이 그래프가 매우 정밀한 위치를 표시했다고 주장할 수는 없지만, 적어도 각국의 상대적인 위치 정보를 알려줄 수는 있으며 국가 간 비교로서는 충분히 의미 있는 자료다. 그런데 한국을 중심으로 주요 국가들의 상대적인 위치를 좀 더 상세히 살펴보려면 데이터 일부를 확대해서 볼 필요가 있다. 그래서 전자정부발전지수 상위 50위 국가들을 별도로 분리해서 해당 국가들의 매트릭스를 다시 그려보았다(그림 2-4 참조).

일단 매트릭스에 표시된 국가들은 디지털전환 기준으로 선별된 상위 50개 국가이므로 그래프에는 '디지털 미성숙 국가'는 없다고 봐야 한다. 또한 생태전환 쪽에서 최상위 점수를 받은 어떤 국가들도 아직 생태적 성숙사회라고 말할 수는 없다. 왜냐하면 재생에너지 100%를 포함하여 온실가스 배출 순제로에 도달한 나라가 아직 하나도 없고, 최상위 점수를 받은 나라들조차 여전히 부족하다고 평가되는 점수를 받고 있기 때문이다. 이를 감안해서 50개 국가들을 크게 세 그룹으로 유형화할 수 있다. 우선 디지털전환 성과는 매우 높지만 생태전환 성과는 상대적으로 낮은 국가들인데 한국이 가장 극단적으로 이 영역을 대표한다. 한국 정도는 아니지만 미국과 싱가폴, 이스라엘도 상대적으로 높은 전자

---

* 각 지수들에 대한 자세한 설명은 책 맨 뒷 부분 별첨자료를 보면 나와 있다.

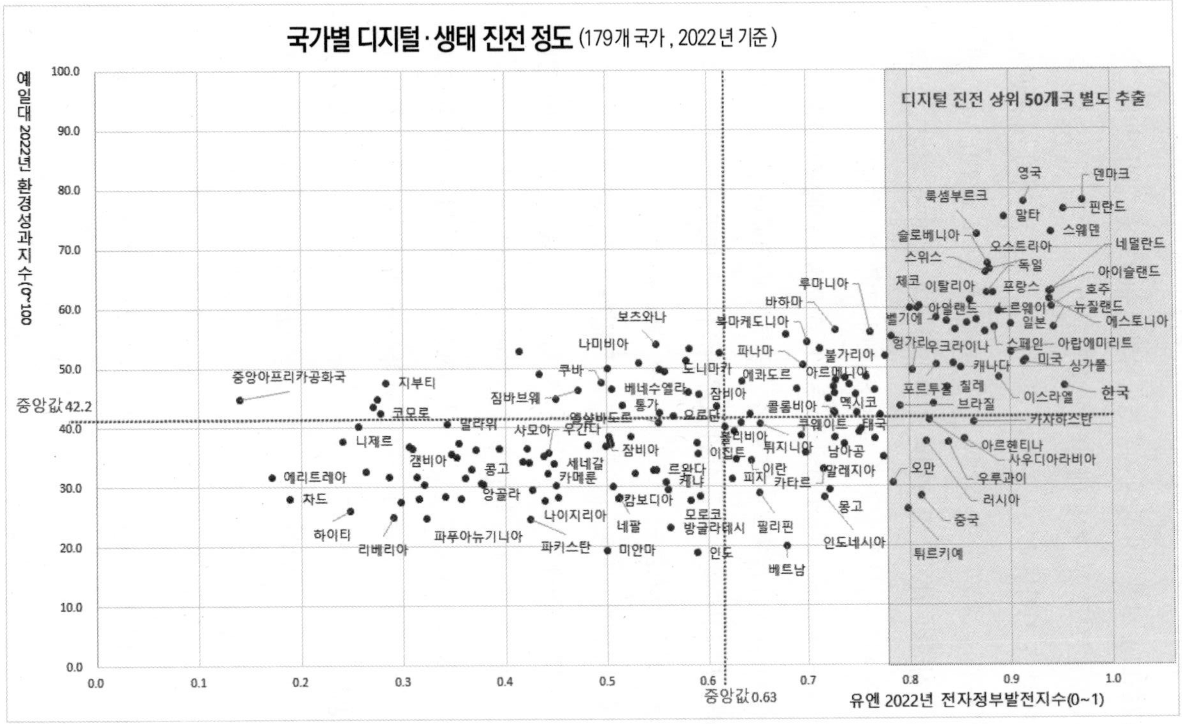

국가별 디지털·생태 진전 정도 (179개 국가, 2022년 기준)

그림 2-3 179개 국가의 전자정부발전지수*환경성과지수 매트릭스

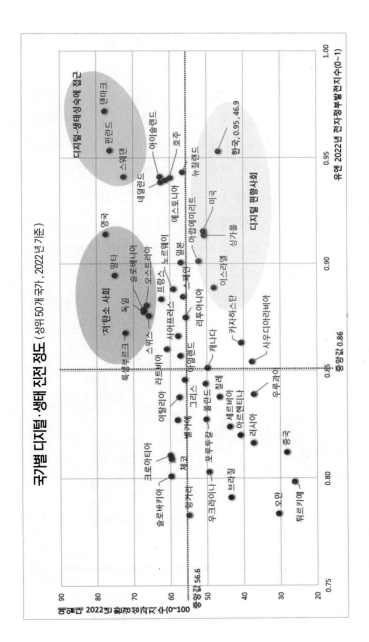

국가별 디지털·생태 진전 정도 (상위 50개 국가, 2022년 기준)

디지털·생태성숙에 접근

자탄소 사회

디지털 평행사회

한국, 0.95, 46.9

중앙값 0.86

중앙값 56.6

유엔 2022년 전자정부발전지수(0~1)

예일대 2022년 환경성과지수(0~100)

그림2-4 상위 50개 국가의 전자정부발전지수 * 환경성과지수 매트릭스

정부 점수에 비하면 환경성과지수(EPI)가 형편없이 낮다. 이 국가들을 '디지털 편향사회'라고 부르자.

　다음으로 디지털전환 점수가 중간 이상이지만 상대적으로 최상위 그룹은 아니면서 생태전환 점수가 매우 높은 국가들인데 영국, 독일, 오스트리아, 스위스 같은 유럽의 주요 국가들이 여기에 해당한다. 일종의 '저탄소사회'라고 부를 만하겠다. 마지막으로 디지털전환 지수와 생태전환지수가 모두 높아 '디지털-생태적 성숙에 접근한 사회'라고 평가할 만한 덴마크와 핀란드, 스웨덴 등 북유럽 국가들을 별도의 범주로 유형화할 수 있다(그림 2-5 참조).

　매트릭스에서 유형화할 수 있는 세 그룹을 편의상 '디지털 편향사회'와 '저탄소사회', 그리고 '디지털-생태적 성숙에 접근한 사회'로 명명하

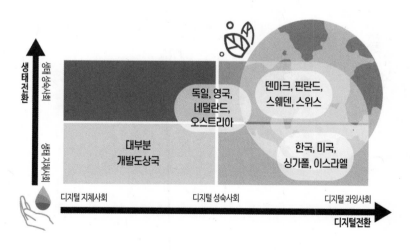

그림 2-5 디지털-생태 매트릭스에서 세 국가유형

고 보완적 지표를 동원하여 이들에 속한 나라들을 좀 더 확인해보자. 먼저 '디지털 편향사회' 유형을 대표할 만한 국가들을 찾아보자. 앞서 본 것처럼, 디지털전환은 가장 높은 수준으로 밀고 갔지만 생태전환을 위한 성과는 매우 적은 나라 중에서 가장 눈에 띄는 나라는 바로 한국이다.

한국은 디지털전환 관련 4개 지표(유엔지수 3위, OECD지수 1위, Global Finance지수 1위, IMD지수 6위)에서 예외 없이 매우 높은 점수를 받았다. 반면에 생태전환의 4개 지표(EPI 63위, OECD지수 16위, 에너지전환지수 31위, CCPI 64위)에서는 모두 중하위권이었다. 특히 전자정부발전지수가 10위권 안에 있는 국가 가운데 환경성과지수가 50위 이하로 밀려난 유일한 나라가 한국이다. 한국 다음으로 미국이 이 범주에 들어가는 점수를 보이고 있고, 한국처럼 선명하지는 않아도 싱가폴과 이스라엘도 여기에 넣을 수는 있다(표 2-2 참조).

전환분야	지수(조사대상)	한국	미국	싱가폴	이스라엘
디지털	유엔 EGDI(193)	3	11	12	16
	IMD랭킹(64)	6	1	3	13
	GF스코어(65)	1	2	11	6
	OECD DGI(38)	1	자료 없음	자료 없음	29
생태	예일 EPI(180)	63	43	44	57
	저먼워치 CCPI(67)	64	57	자료 없음	자료 없음
	다보스 ETI(120)	31	12	70	28
	OECD EPS(28)	16	20	자료 없음	자료 없음

표 2-2 대표적으로 '디지털 편향사회'에 속한 국가들의 점수표

다음으로 첨단 디지털 국가들과 비교하여 디지털전환 정도는 상대적으로 다소 낮지만(물론 점수를 측정한 179개 국가들 전체로 보면 당연히 상위권이다), 높은 수준의 생태전환을 향해 가고 있는 '저탄소 사회'는 어떤 국가를 포함시킬 수 있을까? 대단히 많은 유럽의 중요 국가들이 포함될 수 있다. 그 가운데 독일, 영국, 네덜란드, 오스트리아를 대표적으로 꼽을 수 있을 것이다. 하지만 다른 많은 유럽 국가들도 거의 이 주위에 몰려 있다(표 2-3 참조).

전환분야	지수(조사대상)	독일	영국	네덜란드	오스트리아
디지털	유엔 EGDI(193)	22	11	9	20
	IMD랭킹(64)	23	20	2	22
	GF스코어(65)	14	12	8	15
	OECD DGI(38)	자료 없음	3	22	23
생태	예일 EPI(180)	13	2	11	8
	저먼워치 CCPI(67)	14	20	8	32
	다보스 ETI(120)	8	14	9	8
	OECD EPS(28)	10	9	11	14

표2-3 대표적으로 '저탄소사회'에 속한 국가들 점수표

마지막으로 디지털전환과 생태전환을 모두 높은 수준으로 진전시켜 '디지털-생태적 성숙에 접근한 사회'에 해당할 수 있는 나라들을 살펴보면, 가장 전형적인 국가는 덴마크다. 핀란드와 스웨덴 역시 상당히 안정적으로 이들 국가 그룹에 넣을 수 있다. 스위스도 디지털-생태 매트릭스 그래프에 사용한 유엔 EGDI지수로 보면 다소 떨어지지만 IMD

랭킹이나 GF스코어가 매우 높아서 이 유형에 속한 국가로 분류해도 무방할 것이다(표 2-4 참조).

전환분야	지수(조사대상)	덴마크	핀란드	스웨덴	스위스
디지털	유엔 EGDI(193)	1	2	5	23
	IMD랭킹(64)	4	8	7	5
	GF스코어(65)	4	7	9	5
	OECD DGI(38)	2	12	26	자료없음
생태	예일 EPI(180)	1	3	5	9
	저먼워치 CCPI(67)	4	26	10	21
	다보스 ETI(120)	2	4	1	5
	OECD EPS(28)	7	3	5	2

표 2-4 대표적으로 '디지털-생태적 성숙'에 접근한 국가들의 점수표

이상의 분석으로 확인할 수 있는 사실은, 특히 유럽 국가들이 상대적으로 두 전환 사이에 어느 정도 균형을 맞춘 것과 비교하면, 한국의 디지털 편향이 달리 해석할 여지 없이 매우 두드러진다는 것이다. 디지털 전환을 측정하는 네 가지 지수는 모두 최상위이지만, 생태전환을 측정하는 네 가지 지수는 전부 50개 국가 중에서는 중하위권이다. 우리 정부와 기업이 모두 현재의 심각한 불균형 상황을 심각히 받아들이고 특별한 노력을 기울일 필요가 있음을 시사한다. 특히 정부가 상당한 의지로 취약한 생태전환의 속도를 올릴 수 있는 비상한 정책 수단을 동원하지 않으면 심각한 불균형 해소는 어렵다.

다음으로 넘어가기 전에 디지털-생태 매트릭스와 세 가지 사회 유형을 읽을 때 주의할 점을 짚어보자. 우선 이 분류는 첨단 디지털 국가인 한국과의 상대적 비교를 위해 디지털전환 수준이 가장 높은 상위 50개 국가로 한정했다는 점이다. 그런데 "2022년 기준 전 세계 인구의 1/3은 여전히 오프라인에 머물러" 있을 정도로, 사실 세계의 상당 부분은 여전히 아날로그 사회에 살고 있다는 점을 유의해야 한다.[205] 최근 인공지능과 디지털화 경쟁이 치열해서 한국조차 아직 갈 길이 멀다고 생각할 수도 있지만, 한국은 너무 과도한 디지털화 단계까지 오지 않았는지 성찰할 필요도 있다. 동시에 국가 안의 사회구성원 사이에, 그리고 국가 사이에 디지털 격차가 심각해지는 것도 문제다.

둘째, 생태전환에서 '생태적 성숙사회'로 온전히 이행한 나라가 아직 없다는 사실을 염두에 둔다면, 그래서 사회적 자원과 역량을 압도적으로 더 크게 생태전환에 실어야 한다면, 이런 이유에서도 디지털전환 속도를 어떻게든 재조정해야 할 필요도 있다. 생태적 안정성을 지금보다 훨씬 더 높이는 데 집중하기 위해 어쩌면 과도한 디지털화를 적절히 조정할 필요가 생길 수도 있다는 것인데, 위의 매트릭스에서는 그런 지점들이 제대로 포착되지는 않고 있다. 이는 위에서 열거한 각종 지수들이 갖는 단점인데 해당 지수들이 기본적으로 두 전환의 갈등 관계를 제대로 고려하지 않았기 때문이다.

셋째, 각 국가가 두 전환의 어느 위치에 오게 될지를 결정하는 가장 강력한 제3의 요인으로 '경제성장' 수준을 지목할 수도 있다. 쌍둥이전환의 성숙도가 대체로 국민소득에 의존한다고 간주하는 것인데, 만약 이렇게 가정한다면 쌍둥이전환의 성숙을 위해 경제성장이 불가피하다는 결론이 유도될 수 있다. 위의 디지털-생태 매트릭스는 1인당 GDP로 측정되는 경제 수준이라는 변수를 통제하지 않았는데, 만약 소득수준의 차이를 통제하고 두 전환의 상관관계를 살펴보면 어떤 결과가 나오는지 확인해야 하는 이유다. 실제로 환경성과지수를 측정하는 예일대 환경법정책센터는 "좋은 환경정책 결과가 1인당 GDP와 관련이 있는데, 이는 경제적 부를 환경정책에 투자할 수 있기 때문"이라고 지적했다.[206] 전형적인 녹색성장식 발상이라고 치부할 수도 있지만, 이를 반박하려면 유사한 수준의 국민소득 국가들 사이에서도 생태적 대응 수준이 매우 다를 수 있다는 것을 보여주어야 한다. 이는 뒤에 다시 다루겠다.

4
2020년 코로나19 발생과
한국형 뉴딜이라는 기회

1) 두 전환의 분기점, 코로나19

1998년 정보통신산업 진흥을 강력히 내건 김대중 정부 이후, 전자정부 구현 수준을 끌어올렸다고 평가받는 노무현 정부, 그리고 창조경제라는 이름으로 디지털 혁신을 중시했던 박근혜 정부에 이르기까지 21세기 내내 한국 정부들은 명시적으로 디지털전환을 향한 다양한 전략과 정책을 쏟아냈다.

문재인 정부 역시 '혁신성장'이라는 이름 아래 'D.N.A(데이터·네트워크·인공지능) + 빅3(시스템반도체·바이오헬스·미래차)'에 주력하면서 집권 초기부터 디지털전환에 큰 비중을 두었다. 심지어는 대통령 직속 '4차산업혁명위원회'를 신설할 정도였는데, 이 기조는 계속 이어져 윤석열 정부도 디지털 플랫폼 정부 구축을 주요 국정과제로 두면서 '디지털플랫폼 정부위원회'를 구성했다. 반면에 생태전환의 경우 조악한 녹색성장 정책으로 집중 비판받았던 이명박 정부의 녹색성장을 제외하면 중앙정부 차원에서 제대로 무게를 실어 추진된 사례가 없다.

그런데 2020년 코로나19 팬데믹이 온 사회를 뒤흔들어 놓자, 이를 계기로 사회경제적 회복전략을 모색하는 과정에서 두 전환을 결합해야 할 강력한 이유가 등장했다. 코로나19를 "인류와 환경의 관계가 무너지면서 그 역풍으로 나타난 첫 번째 위기"라고 표현했던 경제사학자 애덤 투즈(Adam Tooze)는 당시 상황을 이렇게 표현했다.

"2020년 상반기와 같이 전 세계 국가의 약 95퍼센트에서 1인당 GDP가 동시에 감소한 사건은 현대 자본주의 역사에서 단 한 번도 없던 일이었다. 30억 명이 넘는 성인이 일시에 해고를 당하거나 재택근무를 하기 위해 고군분투했다. 16억 명에 달하는 젊은이들의 교육이 중단되었다. 유례가 없을 정도로 무너진 가정생활과는 별개로, 세계은행은 인적자본의 상실로 인한 평생 수입 손실이 10조 달러에 달할 것으로 추정했다.[207]

그러면 코로나19는 기존의 디지털전환 추이와 생태전환 흐름을 어떻게 결정적으로 바꿔 놓았을까? 디지털전환을 먼저 살펴보자. 코로나19 팬데믹 대응으로 취해진 '락다운'은 한국에서도 일상과 산업의 일시 멈춤을 불러왔고 짧은 시간 동안 '비대면'으로 삶의 패턴을 바꾸도록 압박했다. 그 결과 영상회의 시스템을 통한 화상회의와 원격교육, 배달 앱을 통한 음식 주문 등 광범위한 사회영역에서 뜻하지 않게 디지털전환이 전보다 가속되었다. OECD도 디지털정부지수(Digital Government Index)를 업데이트하면서, 2020년 코로나19 팬데믹 비상사태에 대응하면서 디지털 정부 기반이 더욱 강화되었다고 밝히고 있다.[208] 한편 2022년 11월 말 혜성처럼 등장한 챗GPT와 이어지는 생성형 인공지능의 부상은 이 경향을 한층 더 끌어올리는 기폭제가 된다.

한편 생태전환의 분기점은 2018년으로 거슬러 올라가야 한다. 262년 만에 가장 더운 폭염이 있었던 2018년 여름, 2003년생 스웨덴 청소년인 그레타 툰베리(Greta Thunberg)는 '기후를 위한 학교 파업(school strike for climate)' 피켓을 들고 학교를 결석한 채 매주 금요일 국회의사당 앞에서 1인 시위를 시작했다. 이 시위는 세계적 기후운동인 '미래를 위한 금요일(Fridays for Future)'로 이어졌고 2019년 3월과 9월에 전 세계의 수백만 청소년과 청년들의 기후 파업으로 확산되었다. 마치 초대형 재난 코로나19가 2020년에 세계를 휩쓸 것을 예견이라도 한 것처럼, 2018~2019년 사이에 미래 세대들이 닥쳐올 기후재앙을 막으려 전 세계에서 움직였다고 생태정치학자 존 벨라미 포스터(John Bellamy Foster)는 당시 상황을 평가했다.[209] 전 세계 국가 지도자들이 모여서 '파리협약'을 맺고도 꿈쩍 않던 기후 대응이 그제야 조금씩 진전을 보이기 시작했다. 이 시점에서 청소년 기후운동 단체인 선라이즈운동의 지지 아래 역사상 최연소 민주당 의원으로 당선된 1989년생 알렉산더 오카시오 코르테스 하원의원이, 에드워드 마키 상원의원과 함께 기후위기 대응을 위한 종합 정책 패키지인 '그린뉴딜 결의안'을 2019년 2월 7일 제출했다.

그린뉴딜은 순식간에 미국 대선의 최대 이슈로 떠올랐고, 유럽에서는 2019년 말 '유럽의 그린딜'이라는 정책으로 곧장 실현되었다.[210] 한편 한국에서는 2020년 총선을 앞두고 녹색당, 정의당이 그린뉴딜 공약을 발표했고, 집권당인 민주당도 공약의 일부로 포함하는 데까지 이른다.

이 상황에서 코로나19가 터지자 전 세계 국가의 일시적 멈춤은 산업과 수송, 난방 등에서 화석연료의 갑작스런 감소로 이어졌고 온실가스가 일시적으로 줄어드는 경험까지 하게 된다.[211] 이후 각 국가는 코로나 충격으로부터 회복 전략을 짜면서 자연생태계를 교란시키지 않고 온실가스 배출을 더 늘리지 않는 삶의 회복을 모색하게 되었다. 전형적인 사례로서 2020년 4월 암스테르담은 '생태경제학에 기반한 비전'인 '도넛모델'을 미래 도시모델로 공식 채택한다.[212] 또한 생태적인 '15분 도시모델'을 공약으로 들고나온 파리의 안 이달고 시장도 2020년 6월 재선에 성공했다.[213] 그리고 [그림 2-6]에서 보는 것처럼 OECD 등에서도 코로나19 이후의 '녹색회복'을 제안하는 보고서를 잇달아 공개하는 등 포스트 코로나19 사회의 녹색 지향이 곳곳에서 나타났다.[214]

2020년 4.15 총선이 끝난 후 한국 정부도 이런 글로벌 추이를 따라

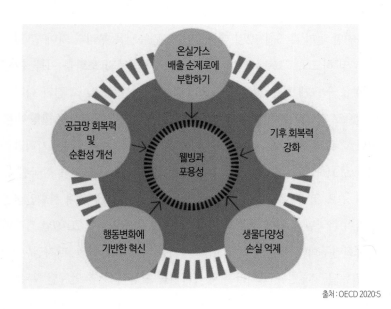

출처 : OECD 2020:5

그림 2-6 OECD가 제안한 코로나19 이후 회복의 핵심 차원

갔다. 총선 직후인 4월 22일, 대통령은 직접 주재한 '제5차 비상경제 대책회의'에서 코로나19 이후의 경기회복 프로그램으로서 '한국판 뉴딜'을 다음과 같이 처음 언급했다. "정부는 고용 창출 효과가 큰 대규모 국가사업을 추진함으로써 단지 일자리를 만드는 데 그치지 않고 포스트 코로나 시대의 혁신성장을 준비해 나갈 것입니다. 관계부처는 대규모 국가 프로젝트로서 이른바 '한국판 뉴딜'을 추진할 기획단을 신속히 준비해 주기 바랍니다."[215] 이후 경제 부총리 책임 아래 4월 29일 '제1차 비상경제 중앙대책본부회의'가 열렸고, 여기서 한국판 뉴딜이 "디지털 경제전환, 4차 산업혁명 대비, 포스트-코로나 등과 연결되는 새로운 일자리 창출 프로젝트"가 될 것이라고 예고했다. 최초의 한국판 뉴딜은 이렇게 디지털뉴딜로 구체화되기 시작했다.

하지만 얼마 후 5월 12일 대통령이 "그린뉴딜은 우리가 가야 할 길임이 분명"하므로, "그린뉴딜이 디지털 인프라 구축과 조화를 이룰 수 있도록 조금 크게 보는 설계가 필요"하다는 지시를 했고, 그 결과 디지털 중심으로 짜인 기존의 한국판 뉴딜에 그린뉴딜을 더한 것으로 방향이 바뀐다.[216] 그리고 대통령이 곧바로 4개 부처에 그린뉴딜을 위한 기획안을 서면 보고하라고 지시하면서 그린뉴딜은 디지털뉴딜과 함께 한국판 뉴딜의 주요 영역으로 자리 잡는다. 마지막으로 여기에 더해 사회안전망 영역이 한국판 뉴딜에 추가되는데, 이는 [그림 2-7]처럼 2019년 경제인문사회연구회가 '전환적 뉴딜'이라는 이름 아래 제안했던 '디지털뉴딜', '그린뉴딜', '휴먼뉴딜'이라는 아이디어를 활용하여 '휴먼뉴딜' 부분이 '사회안전망'이라는 이름으로 대체된 것이다.[217] 그리고 청와대에서 이미 화두를 꺼낸 '전국민고용보험의 단계적 실시'가 이 영역을 채워준다.

출처 : 유종일 2019:6

그림 2-7 경제인문사회연구회가 2019년 제안한 '전환적 뉴딜'

이처럼 급박한 속도로 구성된 한국판 뉴딜 기획안 최종 버전은 7월 14일, '선도국가로 도약하는 대한민국으로 대전환'이라는 이름 아래 대통령이 직접 발표한 '한국판 뉴딜 종합계획안'으로 완성되었다.[218] 2020년에서 2025년까지 국비만 114조 원이 투입되는 종합 국가 프로젝트가 확정된 것이다(나중에 살펴보겠지만 정부만이 아니라 기업들도 2020년부터 본격적으로 RE100에 가입하면서 저탄소 경영전략으로 방향을 잡는다. 한국 기업들의 RE100 가입은 2020년 이전에는 단 하나도 없었다).

결국 2020년 코로나19 팬데믹 충격과 이후의 회복전략을 모색하는 과정에서 세계 각국 정부는 새로운 동기와 방식, 목표를 가지고 디지털전환과 생태전환을 새롭게 추진할 계기를 발견하게 되었다. 그중에서 디지털뉴딜과 그린뉴딜이라는 공식적인 정책을 통합하여 중앙정부

전략사업으로 추진한 한국 정부의 사례는 매우 독특한 경우였다. 만약 2020년 이후 정부가 의식적으로 두 전환을 균형감 있게 추진하면서 과거의 편향을 교정하고자 했다면, 한국 사회가 두 전환의 균형 회복으로 방향을 돌릴 수도 있었던 중요한 분기점이기도 했다.

결국 2020년 코로나19 발발을 계기로 이후 수년 동안 두 전환의 진로에 큰 영향을 줄 사건과 요인들이 한국을 포함하여 전 세계적으로 존재했다는 것이다. 물론 세계보건기구(WHO)는 2023년 5월 6일 코로나19가 더 이상 '국제적인 공중보건 비상사태'가 아니라고 선언함으로써 코로나19 자체는 일단 종료되었다. 하지만 그사이 미국에서는 반독점 규제가 강화되었고, 유럽에서는 2022년 우크라이나 전쟁이 터지면서 에너지위기가 심각한 수준으로 부각되었다. 그리고 한국에서는 한국형 뉴딜의 후속조치로 탄소중립이 선언되는 등 일련의 변화가 있었다. 특히 디지털전환 차원에서 보면 챗GPT가 발화시킨 거대언어모델(LLM) 기반의 인공지능 열풍이 상당한 폭발력을 가지고 전 세계에 영향을 미쳤다.

따라서 코로나19가 시작되어서 끝날 무렵까지 4년 동안(2020년~2023년) 한국 정부가 디지털전환과 생태전환의 균형적 진전을 위해 어떤 식으로 노력했는지를 살펴보는 건 매우 중요하다.[219] 여기서는 2020년 시작된 한국형 뉴딜을 출발점으로 2022년 윤석열 정부 집권으로 중단되었지만, 2023년 3월 발표한 15개 국가산단 건설과 550조 민간투자 지원계획, 그리고 4월 '탄소중립 녹색성장 기본계획' 등을 통해서 윤석열 정부의 전환정책 윤곽이 일차적으로 확정된 2023년 말까지 두 전환을 한국 정부가 어떻게 추진해나갔는지 살펴보겠다. 결국 코로나19의 영

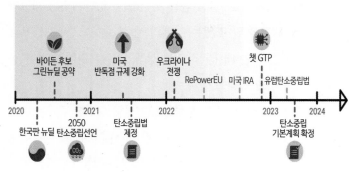

그림 2-8 정부의 쌍둥이전환 정책 분석 기간(2020~2023년)

향권 아래서 문재인 정부 2년 반, 윤석열 정부 1년 반 동안 추진했던 두 전환이 분석 대상이 될 것이다.

2) 디지털뉴딜로 기울어진 한국판 뉴딜

앞서 살펴본 것처럼, 2020년 코로나19 팬데믹을 계기로 한국 정부는 디지털뉴딜과 그린뉴딜*을 함께 추진하기로 결정함으로써 중요한 기회를 맞았다. 만약 2020년 이후 정부가 의식적으로 두 뉴딜을 균형감 있게 추진하면서 과거의 편향을 교정하고자 했다면 적어도 방향을 바꾸는 데 성공할 수도 있었다. 그러면 2020~2023년 4년 동안 구체적으

---

* 한국 정부의 디지털뉴딜을 통상적인 디지털전환 정책의 하나로 간주하는 것은 문제가 없지만, 그린뉴딜을 과연 '생태전환' 정책으로 볼 수 있는지에 대해서는 논쟁의 여지가 있다. 디지털전환과 달리 그린뉴딜의 정책 내용이 부실하기 때문이다.

로 두 뉴딜에 대해 실제로 어떤 정도의 균형감각을 가지고 정부가 추진했는지 확인해보자. 먼저 두 뉴딜 추진을 지원하는 데 관계되는 재정과 교육, 산업 분야에 책임을 맡고 있는 정부의 세 부처, 즉 기획재정부와 교육부, 산자부가 4년 동안 대내외적으로 정책 공유를 위해 발간한 공식 보도자료 내용 분석한 결과를 살펴보겠다.[*]

세 부처의 4년간 보도자료 텍스트 분석을 부처별로 수행한 결과는 다음과 같다. 기획재정부는 전체 보도자료 3,377건 가운데 5.4%에 해당하는 184건이 쌍둥이전환과 직접 관련이 있었고, 교육부는 전체 1,875건 가운데 8.1%인 151건이 관련 있는 자료였다. 한편 산업통상자원부는 발표한 보도자료 자체가 2~3배 정도 많은 5,146건이었고 관련 있는 자료 역시 23.0%로 상대적으로 매우 높아 총 1,183건이었다. 홈페이지를 통해 보도자료를 얼마나 공개하는지는 부처의 업무 특성이나 추진방식과 관련되므로 보도자료 절대량 차이는 일단 큰 의미를 두지 않았다(표 2-5 참조).

정부 부처	전체 건수 (2020~2023년)	쌍둥이전환 관련 건수	비중(%)
기획재정부	3,377	184	5.4
교육부	1,875	151	8.1
산업통상자원부	5,146	1,183	23.0
합계	10,398	1,518	14.6

표 2-5 중앙정부 세 부처 보도자료의 쌍둥이전환 텍스트 분석 결과

[*] 정부 보도자료를 내용 분석한 방법은 책 맨 뒤의 별첨자료에 덧붙여 두었다.

다음으로 정부 부처와 두 전환을 교차분석한 데이터를 확인해보자. 우선 세 부처 가운데 교육부가 무려 86.9% 와 13.9%의 비율로 압도적으로 디지털전환을 많이 다루고 있고, 생태전환은 극히 미미하게 다루고 있다(표 2-6 참조). 이조차도 정부의 그린뉴딜 계획안에 학교와 직접 관계된 '그린스마트 미래학교'가 포함되어 있었던 탓이 크며, 그 외에는 주로 2020년 10월 대통령이 2050년 '탄소중립'을 선언한 이후 이와 연관된 보도자료들이다. 이 결과를 보면 한국의 교육부는 자체적으로 생태전환에 관한 어떤 내용도 중앙정부 단위에서 심각하게 다루거나 관련 기획이나 행사 등을 거의 하지 않았다고 봐야 한다.

		디지털전환	생태전환	디지털+ 생태전환	합계
기획재정부	빈도	64	71	49	184
	%	34.8%	38.6%	26.6%	100.0%
교육부	빈도	130	21	0	151
	%	86.1%	13.9%	0.0%	100.0%
산업통상자원부	빈도	487	654	42	1,183
	%	41.2%	55.3%	3.6%	100.0%
합계	빈도	681	746	91	1,518
	%	44.9%	49.1%	6.0%	100.0%

표 2-6 정부 부처 디지털/생태전환 교차표

교육부와 달리 기획재정부의 경우 디지털전환보다 생태전환이 오히려 7건 정도 많고, 산업통상자원부 역시 생태전환을 다룬 자료가 55.3%로 디지털전환(41.2%)보다 다소 많다. 이것만 보면 두 부처는 오히려 적어도 양적으로는 생태전환(또는 그린뉴딜)에 약간의 무게를 더 실었다고 볼 수도 있다. 하지만 질적 측면을 추가로 고려하면 얘기가 달라진다. 우선 기획재정부의 경우, 한국이 2013년부터 녹색기후기금(Green Climate Fund:GCF) 사무국 역할을 맡고 있는 탓에 관련 행사나 회의가 기획재정부 보도자료에 주기적으로 잡힌다.* 생태전환 관련 71개 자료 중에 녹색기후기금 주제가 무려 전체의 1/3이나 되는 23건이었는데, 이를 제외하면 교육부 정도는 아니어도 기획재정부도 디지털전환 비중이 크게 늘어 두 전환만을 고려할 때 절반을 넘는 57.1%나 된다.

한편 산업통상자원부의 경우에는 두 가지 질적인 요소를 추가로 고려해야 한다. 첫째로 디지털 관련 사업이 과학기술정보통신부와 다소 중첩되므로 산업통상자원부의 자료에는 디지털전환이 과소 추정될 수 있다는 점이고, 둘째로 생태전환에 잡힐 개연성이 높은 에너지 분야에 부처의 무게가 많이 실려 있다는 것이다. 하지만 이들 요소를 정량적으로 엄밀하게 평가하여 수치를 조정하기는 어렵다. 또 하나의 빼놓을 수 없는 이슈로서 '수소 에너지' 관련 정책이 생태전환 관점에서 보면 지극히 모호하다는 점이다. 현재 한국 정부 수소정책은 엄밀하게 말하면 생태전환을 진전시키는 '녹색수소' 정책은 아니고, 대개 천연가스로부터 수소를 얻는 이른바 '회색수소' 정책이다. 따라서 질적으로 온전히 평가한다면 수소 관련 보도자료는 생태전환에서 빼는 것이 더 정확하다. 그런데 산업자원부 생태전환 자료 654건 가운데 수소 관련 건수가 무려 1/5로서 139개였다. 만약 산업자원부 생태전환에서 수소를 덜어

---

* 녹색기후기금(GCF)은 선진국들이 기금을 마련하여 개발도상국에서 기후변화로 겪고 있는 피해를 줄이고 이에 적용할 수 있도록 지원할 목적으로 유엔에서 조성한 기금인데 사무국을 인천 송도에 설치했다.

낼 경우 다시 기울기는 디지털전환으로 움직인다.

결국 세 부처 보도자료에 대한 기본적인 교차분석 결과, 교육부가 두 전환에서 디지털 편향이 가장 심각했고, 기획재정부는 형식적으로는 균형적으로 다루고 있지만, 의례적으로 진행하는 녹색기후기금 관련 주제를 덜어내면 역시 디지털전환이 훨씬 많아졌다. 산업통상자원부도 양적으로는 오히려 생태전환에 다소 기울어 있지만, 논란이 되는 수소 분야를 덜어내면 다시 디지털 쪽으로 기운다. 결국 세 부처의 공식보도 자료 4년 기간 분석 결과는 모두 정도의 차이는 있지만 디지털 편향이 있다고 평가할 수 있다.

이번에는 4년 동안 문재인 정부(2년 4개월)와 윤석열 정부(1년 8개월)에서 각각 어떤 다른 결과가 나타나는지 확인해보겠다. 두 정부로 분리한 후 세 부처들이 두 전환을 다룬 비중을 분석한 결과 두 정부 사이에 꽤 분명한 차이를 확인할 수 있었다(표 2-7 참조). 전체적으로 교육부는 두 정부를 막론하고 디지털 편향이 강했지만, 윤석열 정부에서 디지털 관련 보도자료 비중이 93.1%일 정도로 극단적인 것과 달리 문재인 정부는 79.7%로 다소 완화되었다.

그리고 윤석열 정부는 질적인 보정을 하지 않고 보아도 기획재정부에서 이미 디지털전환이 더 많이 잡혔다. 더 극적인 것은 한국판 뉴딜을 책임진 기획재정부에서 두 전환을 모두 다룬 보도자료가 문재인·정부 시절에는 38.6%로 디지털전환이나 생태전환 각각을 다룬 경우보다 비중이 높았다. 하지만 윤석열 정부에 들어서면 기획재정부가 공식적으로 두 전환을 통합해서 모두 다룬 경우는 아예 없다. 어쩌면 한국판 뉴딜 중단에 따른 필연적인 결과이기도 하다. 이 분석결과로부터 확인할 수 있는 점은, 두 전환에 대한 한국 정부의 디지털 편향은 윤석열 정부로 바뀌면서 더 심화되었다는 사실이다.

정부 구분				디지털 - 그린			전체
				디지털전환	생태전환	디지털+ 생태전환	
문재인정부	부처구분	기획재정부	빈도	35	43	49	127
			%	27.6%	33.9%	38.6%	100.0%
		교육부	빈도	63	16	0	79
			%	79.7%	20.3%	0.0%	100.0%
		산업통상 자원부	빈도	262	404	33	699
			%	37.5%	57.8%	4.7%	100.0%
	전체		빈도	360	463	82	905
			%	39.8%	51.2%	9.1%	100.0%
윤석열정부	부처구분	기획재정부	빈도	29	28	0	57
			%	50.9%	49.1%	0.0%	100.0%
		교육부	빈도	67	5	0	72
			%	93.1%	6.9%	0.0%	100.0%
		산업통상 자원부	빈도	225	250	9	484
			%	46.5%	51.7%	1.9%	100.0%
	전체		빈도	321	283	9	613
			%	52.4%	46.2%	1.5%	100.0%

표 2-7 두 정부의 정부부처 디지털/생태전환 교차표 비교

보도자료 텍스트의 평면적 분석만으로 갖는 한계를 보완하기 위해 경제부총리 주재로 2020년 4월부터 2022년 4월까지 58차례에 걸쳐

진행한 비상경제중앙대책본부회의(이하 '중대본회의') 자료의 내용을 추가적으로 분석해 볼 필요가 있다. 대통령의 지시로 시작된 한국형 뉴딜이 기획되고 추진되어 온 최상위 단위가 바로 '중대본회의'였으며, 이 회의자료가 2020년 이후 두 전환을 통합하려는 중앙정부의 태도와 실제 행정 실행과정을 가장 잘 드러내 주기 때문이다.

2020년 4월 29일 열렸던 1차 중대본회의 보도자료에 따르면, 이 회의는 "예전의 경제장관회의 또는 위기관리 대책회의와는 다른 몇 가지 차이점"이 있다. "중대본 산하에 설치된 거시·산업·금융·고용대응반에서 매주 해당 분야별 동향/흐름/이슈/현장의 애로 등을 정례 점검/보고"하도록 하고, "종합적인 새로운 대책 강구 및 실행력 강화를 위해 중대본 회의에 필요시 경제단체장, 관련기관장, 당청관계자 등도 참석"하게 하며, "회의 종료시 대변인격인 기재부 1차관이 관계부처와 함께 경제동향/중대본 회의결과 등에 대해 회의 직후 대국민 정례 브리핑"을 실시한다는 것이다. 그 결과 58차례에 걸친 중대본회의 결과 브리핑 자료와 참고문서들이 자세히 공개되어 있다. 특히 중대본회의는 "경제위기 극복은 물론 코로나19 사태 이후 새로운 경제질서와 산업구조 변화(Post-코로나 Norm)에 대응한 미래비전과 대책도 함께 적극적으로 강구해 나갈 것"을 처음부터 밝혔는데, 바로 이 맥락에서 중대본을 컨트롤타워로 하여 '한국판 뉴딜'이 추진된 것이다.

중대본회의 보도자료를 전수 분석한 결과 확인된 첫 번째 사실은 '한국판 뉴딜'이 시작부터 '디지털 편향'을 심각하게 보였다는 것이다(표 2-8 참조). 이는 처음 두 번의 중대본회의 자료를 보면 무척 명확하다. 1차 회의에서 정부는 "포스트 코로나19 계기로 규제 혁파 가속화"를 중심 기조로 설정하면서 동시에, "코로나19 계기로 가속화될 디지털 경제 및 비대면(untact) 경제 중심으로 규제체계 재설계"하겠다고 밝혔다.[220] '디지털 경제'와 '규제 완화'가 키워드인 셈이다. 그리고 공식적으로 한국판 뉴딜을 다룬 2차 중대본회의에서 발표된 뉴딜의 내용은 ①디지털 인프라 구축(데이터 수집과 활용기반 구축, 5G 등 네트워크 고도화, AI 인프라 확충 및 융합확산) ②비대면 산업육성, 그리고 ③SOC 디지털화였다.[221] 이때까지 '한국판 뉴딜=디지털뉴딜'이었다고 봐도 무방할 정도다.[222]

디지털뉴딜 일색의 한국판 뉴딜에 그린뉴딜이 결합된 것은 중대본회의 결과가 아니라 대통령의 지시였다. 2차 회의 직후 대통령은 "그린뉴딜이 디지털 인프라 구축과 조화를 이룰 수 있도록 조금 크게 보는 설계가 필요"하다고 지시했고, 이를 계기로 관련 부처들과 중대본은 그 내용을 채우기 위해 2개월이라는 짧은 시간 동안 분주했다. 대통령 지시로 간신히 디지털뉴딜과 그린뉴딜의 형식적인 균형이 이뤄졌지만, 중대본 회의의 무게는 여전히 디지털뉴딜에 쏠렸다. 다시 균형을 이루려는 시도 역시 청와대에서 나왔는데, 그것은 2020년 10월 28일 대통령의 국회 예산안 시정연설이었다. 당시 시정연설은 한국판 뉴딜로 채워졌는데, 그린뉴딜을 언급한 대목에서 대통령은 "국제사회와 함께 기후변화에 적극 대응하여, 2050년 탄소중립을 목표로" 나가겠다고 천명했다. 한국에서 최초의 공식적인 탄소중립선언이었던 셈이었고, 이후 11월 3일 국무회의 모두발언에서 대통령은 "기후위기 대응은 선택이 아닌 필수"라고 강조했으며, 11월 22일 G20 정상회의에서 "한국은 탄소중립을 향해 나아가는 국제사회와 보조를 맞추고자 한다"고 이어갔다.[223] 대통령의 탄소중립 의지가 중대본회의로 넘어온

구분	내용
비상경제중앙대책본부회의 개요	• 기간: 2020.4.29.~2022.4.28.(2년) • 회수: 총 58차 • 별첨문서: 204개
그린뉴딜 관련 특별주제 논의 (7회)	• 디지털, 저탄소 경제전환으로 새일자리 창출(13차) • '탄소중립' 추진전략(22차) • 2030 한국형 친환경선박 추진(23차) • 스마트그린 산업단지 추진(33차) • 공정한 노동전환 지원(41차) • 'ESG경영과 투자' 가이드라인 제공계획(44차) • 탄소중립 주요 실행계획(51차)
디지털뉴딜 관련 특별주제 논의 (20회)	• 인공지능, 빅데이터 활용 방역산업(3차) • 바이오산업 빅데이터 구축(9차) • AI·데이터 기반 중소기업 제조혁신(11차) • 디지털, 저탄소 경제전환으로 새일자리 창출(13차) • 디지털 기반산업 혁신성장(14차) • 소상공인 디지털뉴딜(16차) • 비대면경제 활성화(21차) • 21년 디지털뉴딜 실행계획(25차) • 한국형 도심항공교통(K-UAM) 기술로드맵(32차) • 21년 로봇산업 규제혁신 추진(34차) • K-반도체 전략(35차) • 국가 초고성능 컴퓨팅 혁신전략(36차) • 민·관 협력 기반의 소프트웨어 인재양성(37차) • 초소형위성 및 6G 위성통신기술 개발(38차) • 반도체·배터리·백신 분야 국가전략기술 선정(41차) • 희소금속 산업 발전대책 2.0(42차) • 정밀의료SW 선도계획(43차) • 디지털 대전환 시대의 청년 지원정책(49차) • 메타버스 신산업 선도전략(53차) • 정보보호산업의 전략적 육성(54차)

표 2-8 '비상경제중앙대책본부회의'를 통해서 본 두 전환의 불균형

것은 12월 7일 22차 회의였다. 이때 중대본회의가 '2050 탄소중립 추진전략'을 발표했고 잠깐이지만 그린뉴딜에 큰 무게를 싣는 계기로 작용했다.

하지만 중대본회의에서 기획되고 수립된 전체 흐름은 확실하게 디지털뉴딜에 편향적이었다. 58차례 회의 보도자료와 204개 첨부문서의 텍스트를 분석해보면, 그린뉴딜 내용을 특별주제로 비중 있게 논의한 회의는 7차례였지만, 디지털뉴딜의 경우는 무려 3배 가까이 되는 20회였다. 첫 시작부터 디지털 편향을 보였던 중대본회의 정책 기조는 중간중간에 대통령의 그린뉴딜 강조로 잠깐씩 영향을 받았더라도, 2년 동안의 전체 흐름은 변함없이 디지털에 기울어져 있다고 판단할 수 있다. 특히 탄소중립계획 이외에도 중대본에서 언급한 '스마트그린 산업단지'나 '공정한 노동전환' 같은 그린뉴딜 주제는 다룰 내용이 매우 많은 중요한 주제였음에도 불구하고 대체로 일회성 논의로 끝나고 이후 환경부나 산자부 또는 노동부로 넘어가 버렸다.

중대본회의 자료 전수분석을 통해서 얻은 결론과 유사한 진단이 이전에 없었던 것은 아니다. 이광석은 2022년 출간한 단행본 저서를 통해 한국판 뉴딜이 "이전부터 계속된 '제4차 산업혁명' 중심의 정부 기조가 그대로 이어져 '디지털뉴딜'이 가장 중심이 되고, 뒤늦게 정책 입안 과정에서 '그린뉴딜'이 덧대어졌다"고 분석했다.[224] 그는 그린뉴딜이 윤석열 정부로 이어지면서 사라졌지만, "문재인 정부가 핵심으로 보았던 '디지털뉴딜'은 윤석열 정부의 '디지털 플랫폼 정부'와 '디지털 경제 패권국가' 도약이라는 정책목표로 승계되거나 실질적으로 더 강화되었

다"고 강조했는데 이 역시 위의 데이터 분석과 일치한다.[225]

　중대본회의 자료를 통해서 한 가지 더 확인할 수 있는 것은, 그린뉴딜과 디지털뉴딜을 막론하고 민간투자가 중심이고 정부는 이를 돕는 방식이었다는 점이다. 또한 정부가 새로운 규칙과 규제의 틀을 만들어가는 것이 아니라 '규제완화'가 두 전환을 추진하는 중앙정부의 핵심 수단이 되었다. 이는 쌍둥이전환을 균형 있게 추진하기 위해 정부가 어떤 정책과 제도적 수단을 동원해야 하는지를 논의하면서 뒤에 다시 검토할 것이다.

　지금까지 정부 주요 부처가 공식 발표한 보도자료 텍스트 분석을 통해 두 전환에 대한 한국 정부의 태도가 상당히 일관되게 디지털전환으로 편향되어 있다는 점을 확인했다. 이러한 정책적 편향은 형식적으로 균형을 맞춘 '한국판 뉴딜'의 실제 추진과정에서도 교정되지 않았고, 그 결과 한국이 '디지털 편향사회'로 고정되는 데 상당한 영향을 주었다고 결론지을 수 있다.

3) 2020년 이후 한국 기업의 RE100 참여와 한계

　중앙정부가 2020년 코로나19를 계기로 한국판 뉴딜을 추진하기 시작해서 탄소중립 기본계획 수립을 완료한 2023년 기간 동안 한국의 주요 글로벌 기업들은 두 전환에 대해 어떤 태도를 보였을까? 해당 기간 동안 기업의 생태전환 태도 변화를 알아보기 위해 클라이밋 그룹(Climate Group)이 운영하는 글로벌 RE100 캠페인에 참여한 국내 기업들을 해외 기업들과 비교해보자.* 조사결과 한국 대표기업들의 RE100 참여통계를 기준으로 볼 때 2020~2023년의 4년은 기업들에게도 의미 있는 시점이었다. 한국 기업들이 RE100에 처음으로 가입한 해가 바로 2020년이었고 2023년까지 집중적으로 참여가 늘었기 때문이다(하지만 2024년에는 다시 신규 가입이 끊겼다).

　2023년 말 현재 가입 수만 놓고 보면 한국은 미국, 일본, 영국 다음으로 4번째 많은 RE100 참여 기업을 보유했다.[226] 세계 8위의 전력 소비국(2023년 기준 557테라와트시, 에너데이터 자료)인 한국의 특성을 감안해도, 가입 수만 보면 생태전환을 향한 기업들의 의지가 상당하다고 평가할 여지가 있다. 하지만 RE100 클럽에 가입한 시기를 보면 약간 다른 평가가 필요하다.

　북미와 유럽 기업들은 대체로 2014년부터 꾸준하게 가입해왔고, 오히려 2020년 이후에는 그 추세가 둔화되고 있다. 하지만 아시아 기업은 2018년부터 가입 추세가 급증하기 시작했는데, 특히 한국의 경우에는 2020년에 SK그룹 6개 기업이 처음으로 가입하였고, 2021년에 8개(엘지에너지, 롯데칠성, SK 아이이테크놀로지, 한국아연, 아모레퍼시픽, KB금융그룹, 한국수자원공사, 미래에셋), 그리고 삼성전자를 포함해서 2022년에 13개 기업이, 2023년에는 9개 기업이 참여했다. 다시 말해서 한국 기업은 모두 2020년 이후에 가입했다는 것이다. 그리고 2024년에는 세계적으로 24개 기업이 추가로 가입할 동안 한국 기업은 단 한 건의 신규 가입도 없었다.

---

* 클라이밋 그룹의 RE100에 참여한 기업들 분석 방법은 책 맨 뒤의 별첨자료에 덧붙였다.

주요 한국 기업들이 RE100에 늦은 관심을 보였다는 사실보다 더 문제가 될 대목은 RE100 달성 목표연도다. 한국의 주요 기업들 가운데 2030년까지 RE100 목표 달성을 약속한 기업은 36개 가운데 고작 5개(13.9%)에 불과하다(그림 2-9 참조). 가장 빠르게 목표를 정한 기업이 2025년으로 정한 아모레퍼시픽과 미래에셋증권이고, SK아이이테크놀로지, 엘지이노텍, 엘지에너지솔루션은 2030년으로 목표를 정했다. 한편 2040년까지 달성하겠다는 기업은 16개(44.45%), 그리고 2050년까지로 목표를 최대한 늦춘 기업들이 15개(41.7%)다. 현대차(2045년)와 삼성전자(2050년) 등 한국 최고기업들이 목표를 최대한 뒤로 미뤘고, 네이버(2040년)와 카카오(2040년) 같은 첨단 디지털 플랫폼기업들조차 가능한 한 목표 달성을 미루는 전략을 취했다.[227]

이 대목은 특히 북미나 유럽 기업들과 극명하게 대비된다. 유럽 기업

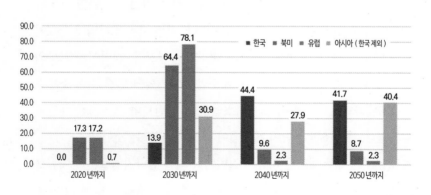

출처 : RE100 데이터 분석결과, SPSS20

그림 2-9 RE100달성 목표에 대한 한국 기업 분포와 다른 지역 비교

들의 경우 2030년 이후로 목표를 잡은 기업은 전체 128개 기업 가운데 고작 6개 기업(4.6%)뿐이다. 북미 기업들도 80% 이상은 2030년 이내로 목표를 잡았다. 그러다 보니 2024년 현재 한국 기업들의 목표 달성까지 남은 시간 평균이 무려 18년으로 심지어 아시아 평균(약 16년)보다도 높다. 주요 글로벌 공급망에 들어오는 한국 기업들이 조속히 RE100을 달성해야 한다는 시장의 압박을 수용하여 겨우 RE100을 하겠다고 선언만 했을 뿐, 실제 실행할 의지는 글로벌 추이에 비해 매우 약하다는 강력한 증거다.

여기서 한 가지 추가로 고려할 점이 있다. 한국은 세계적으로도 손꼽히는 제조업 국가다. 산업연구원 통계시스템 검색 결과에 따르면 한국은 2022년 부가가치 기준 제조업 비중이 28%인데, 이는 일본의 20.3%, 독일의 20.4%보다 훨씬 높고 중국의 28.2%와 유사한 수치다.[228] 그 결과를 반영하듯 한국의 RE100 참여 기업의 절반인 50%가 제조업이고 서비스업은 30.6%에 불과하다. 이는 서비스 기업이 43%이고 제조업 비중이 17.2%인 유럽과 대비되는 분포다. 클라이밋 그룹의 보고에 따르면, RE100에 참여한 제조업 1개 기업의 연간 전력 소모량이 1.9테라와트시인데 비해 서비스업은 그 절반보다 적은 0.85테라와트시였다. 전력조달 부담이 제조업이 더 클 수 있다는 것이다.[229]

그렇다면 혹시 제조업 비중이 절반이나 되는 한국기업들은 상대적으로 높은 전력 소모 부담 때문에 목표연도를 늦춰 잡을 수밖에 없었나? 이 문제는 같은 산업 분야에 있는 기업들에서 국가별로 RE100 목표연도 설정이 얼마나 차이가 나는지 확인해보면 알 수 있다. 제조업 분야만 한정해서 살펴보면, [그림 2-10]처럼 한국은 총 18개 제조업 가운데 절반인 9개 기업이 2050년 목표를 잡고 있다.

하지만 북미와 유럽 제조업 기업들의 경우, 2040년이나 2050년을 목표로 설정한 경우는 매우 적고 대부분 2030년 이전으로 목표를 잡았다. 구체적으로 북미 지역에서 2030년 이내로 목표를 설정한 기업이 70.6%, 유럽은 86.4%였다. 예를 들어 동종 경쟁업체들인 삼성전자는 목표연도가 2050년이지만, TSMC는 2040년이고 인텔은 2030년이다. 따라서 제조업 기업은 어느 지역에서나 늦게 목표를 잡았을 것이라는 주장은 타당하지 않다(물론 세계적으로 제조업의 평균 목표연도는 2024년 기준으로 볼 때 약 13년이 남아있어 다른 산업 분야보다 평균적으로 긴 것이 사실이다).

이상 RE100 가입 기업의 전수 통계분석을 통해서 확인할 수 있는 사실은 다음과 같다. 한국 기업이 처음으로 글로벌 RE100 캠페인에 직접

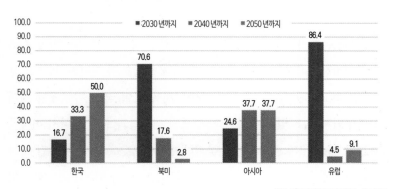

지역별 제조업 RE100 가입 기업들의 목표설정 비교

출처: RE100 데이터 분석결과, SPSS20

그림 2-10 지역별 제조업 RE100 참여 기업의 목표연도 분포

참여한 시점은 코로나19 발발과 그린뉴딜이 시작되던 2020년부터였다. 그해에 SK그룹 6개 계열사부터 참여를 시작하여 4년 동안 36개 기업으로 늘어나는 등 전 세계적으로 보면 4번째로 많은 수의 기업이 가입할 정도로 성의를 보였다. 하지만 2030년 안에 목표를 달성하겠다고 밝힌 기업은 5개로서 고작 13.9%에 불과했는데 이는 80% 이상이 2030년 이내로 목표를 정한 북미, 유럽 기업들과 극명하게 대비된다.

가입 기업의 산업 특성을 통제하고 비교해도 이런 사실은 크게 달라지지 않는다. 그 결과 2022년 현재 한국에 소재한 RE100 가입 기업이 재생에너지를 사용하는 비중은 고작 9%에 불과했다.[230] 오죽하면 클라이밋 그룹은 한국이 재생에너지를 더 확대해야 한다는 별도 권고안을 낼 정도였다.[231] 이는 미국의 77%, 영국의 88%, 독일의 89%와 극명하게 대조되기도 했다. 결국 RE100 캠페인에 가입한 양적 숫자에 비해 목표 달성 의지, 실제 현실에서의 실행력은 북미나 유럽 기업들에 비해 상당히 뒤져 있음을 확인할 수 있었다.

심각한 문제가 하나 더 있다. RE100 달성 목표로 평가한 한국 기업들이 생태전환 의지가 글로벌 수준에 비해 상당히 후진적이지만, 그 후진적인 목표조차 충족시켜줄 재생에너지 공급이 국가 차원에서 제대로 준비되지 않고 있다는 것이다. 한국의 태양광과 풍력 에너지 비중은 2022년 기준 고작 6% 미만에 불과하여 독일(32.5%)과 같은 유럽 국가들에 비해 한참 뒤떨어질 뿐 아니라 중국(13.5%)이나 일본(12.2%)에도 미치지 못할 정도다.[232]

클라이밋 그룹이 회원사 기업들을 설문 조사해 발표한 보고서에 따

구분	전체 기업수	벌목업	사증감	자동차	미디어	금융	음식	의료	전기기술	철강	석유
고비용 혹은 공급제한	127	2	5	6	5	5	4	37	31	24	27
조달 운선의 부족	112	6	8	7	7	10	18	9	12	14	32
마찰 또는 비효율성 (소규모 부하)	49	0	2	3	7	1	2	9	10	7	12
규제장벽	44	2	1	1	2	9	7	2	0	8	8
마찰 또는 비효율성 (이원)	31	0	0	0	1	5	1	1	2	10	2
마찰 또는 비효율성 (토지 임대)	25	0	1	1	2	6	3	1	4	8	3
신용 문제	16	1	1	1	0	3	4	0	2	1	4
내부적 이유	12	0	0	0	2	1	0	1	0	1	0
데이터 부족	15	0	0	0	2	3	3	3	0	3	5
총 기업수	66	11	14	17	24	24	30	43	48	49	66
전체 RE100가입 기업 중 정부가 있다고 보고하는 기업 비중	40%	9%	21%	21%	9%	13%	12%	33%	27%	24%	40%
전체 RE100가입 기업 중 100% 재생에너지를 구매하는 기업 비중	4%	24%	3%	7%	31%	30%	30%	8%	13%	25%	4%

그림 2-11 한국에서 RE100 달성이 가장 어렵다는 조사보고

출처: Climate Group & CDP 2024:28

르면, [그림 2-11]에서 볼 수 있는 것처럼 "다른 어떤 국가나 지역보다 한국에서 재생에너지 조달에 어려움을 겪고 있다고 답한 RE100 기업이 많았다"는 평가가 나왔다.[233] 2022년 한국에서 활동하는 글로벌 RE100 기업 164곳의 재생에너지 사용률이 9%에 머물렀던 이유도 여기에 있었다. 한마디로 미흡한 기업들의 의지조차 충족해주지 못할 정도로 국가의 에너지 인프라 전환은 더 지체되어 있다는 것이다. 이런 상황이 계속되면 향후 국내 기업들조차 RE100 여건이 양호한 해외로 산업체를 이전하겠다는 명분을 줄 수 있다. 기업과 정부가 생태전환을 가속하는 방향으로 상호 자극을 주는 것이 아니라 생태전환의 의지를 꺾는 명분을 서로 채워주는 악순환으로 들어갈 수도 있다는 것이다.

정부가 생태전환에 우호적으로 제도를 세팅하고 정책 방향을 정하면, 기업들도 여기에 적응하여 생태전환에 우호적으로 경영패턴을 변화시킬 수 있음을 암시하는 연구도 있다. 예를 들어 벨기에 루벤대학교 경제학자 라인힐데 포이겔러스(Reinhilde Veugelers)와 클레망스 페이브르(Clémence Faivre) 연구에 따르면, 유럽 기업들과 미국 기업들이 비즈니스에서 디지털과 녹색 영역을 꽤 다르게 수용하고 있는데, 이는 기업이 놓여있는 제도와 정책환경이 다르기 때문일 수 있다는 것이다. 구체적으로 두 사람의 연구에서 유럽 기업과 미국 기업들 사이에 어떻게 디지털과 녹색 지향에서 차이가 드러나는지 확인해보자.[234]

우선 포이겔러스와 페이브르는 '디지털 기업'과 '녹색 기업', 그리고 '디지털 & 녹색 기업'이라는 세 그룹으로 기업들을 유형화한다. 그들의 범주 정의에 따르면, "비즈니스 일부에 하나 이상의 디지털 기술이 구

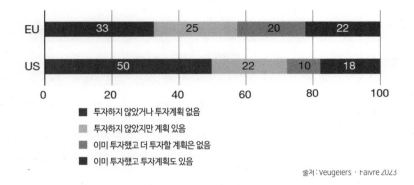

출처 : Veugelers · Faivre 2023

그림 2-12 녹색투자 여부에 대한 유럽과 미국 기업들의 비중 차이 비교

현되어 있거나 전체 비즈니스가 하나의 디지털 기술을 중심으로 구성
된 경우 해당 기업은 디지털 기업"이고, "기상이변 영향에 대처하고 탄
소배출을 줄이기 위해 투자했거나 향후 3년 안에 투자할 계획이 있는
기업은 녹색기술 채택 기업"이다.[235] 이런 분류에 따를 때 2021년 기준
으로 유럽 기업의 42%가 이미 친환경 기술에 투자했지만, 미국은 28%
에 불과했다(그림 2-12 참조). 또한 미국 기업의 절반은 기후변화의 영향
에 대처하기 위한 투자를 하지 않았거나 투자할 계획이 없다고 답한 데
비해 유럽의 기업들은 33% 정도만 그렇게 답했다.

　그 결과 "미국은 유럽보다 디지털 기업의 비중이 높지만, 유럽은 녹
색기업과 녹색 및 디지털전환을 동시에 수용하는 쌍둥이 기업이 더 많
다"는 것이다(그림 2-13 참조). 이처럼 기업들이 두 전환에 대해 국가별로
동일한 패턴을 보이지 않을 수 있는데, 유럽과 미국이라는 각 사회의
제도적 차이와 서로 다른 정책 여건에 기업들이 각각 반응해서 차별적

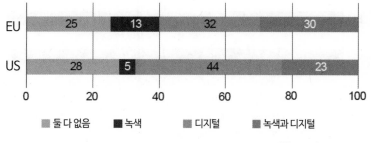

출처 : Veugelers · Faivre 2023

그림 2-13 유럽, 미국에서 녹색 투자 기업과 디지털 투자 기업 비중 차이

인 비즈니스 패턴을 만들었다고 해석할 수 있다.

또 한 가지 주목해볼 만한 점은 첨단 디지털 기술을 채택한 기업들이 생태 친화적 방향을 보일 개연성, 즉 기후변화로 인한 물리적 및 전환적 위험을 피하는 데 투자할 가능성이 더 높고 이는 미국과 유럽에 공통적이었다는 것이다. 에너지 효율 개선에 대한 투자 역시 디지털 기업이 더 많았던 점도 공통적이다. 그 결과 디지털 기업이 디지털과 녹색 기업으로 전환될 가능성이 상대적으로 높다는 것인데, 이렇게 쌍둥이 전환 기업 비중이 유럽에서는 30% 정도 되었고 미국도 23% 수준으로 조사되었다.[236] 또한 쌍둥이전환 기업은 더 나은 경영 관행을 가지고 있으며 혁신리더가 될 가능성도 높았다. 아울러 인력을 증원하고 직원 교육에 매진할 가능성이 높았으며 향후 투자도 늘릴 가능성이 컸다.

5
한국의 디지털 편향을
잘 알고 있는 시민들

지금까지 2020~2023년 기간 동안 한국 사회의 '디지털 편향'을 완화하기 위해 정부가 어느 정도의 노력을 기울였는지 확인해보았다. 아울러 동일한 기간 동안 기업들은 과거에 비해 생태전환에 얼마나 능동적으로 변했는지 RE100 데이터를 기준으로 분석해보았다. 그런데 정부와 기업 외에 또 다른 사회 주체인 시민들은 두 전환의 진전과 균형에 대해 어떻게 생각하고 있을까? 시민들은 한국 사회가 심각하게 디지털 편향으로 기울어 있고, 이를 교정하기 위한 정부의 노력이 실패하고 있으며, 향후 두 전환의 균형 회복을 위해 노력해야 한다고 생각할까?

이를 구체적으로 알아보기 위해 필자는 2024년 5월, 직접 전문기관에 의뢰하여 시민 대상 온라인 설문조사를 수행했다. 디지털전환과 생태전환에 대해 각각 동일하게 13문항을 질문하고, 그다음 두 전환을 함께 묻는 11가지 질문을 던진 결과, 주요 항목의 응답을 분석하여 다

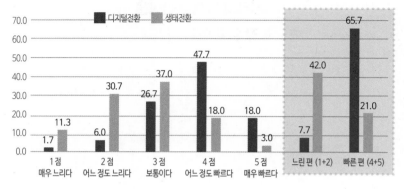

그림 2-14 두 전환 각각에 대해 시민이 느끼는 체감속도 조사 결과(2024. 5월 조사)

음과 같은 데이터를 얻을 수 있었다.[*]

　먼저 두 전환의 속도에 대해 질문했다. 디지털전환에 대해서는 "인공지능 확산 등 우리나라에서 디지털전환 속도가 얼마나 빠르다고 혹은 느리다고 생각하시나요?", 생태전환에 대해서는 "기후위기 대응을 위한 우리나라의 생태전환 속도가 얼마나 빠르다고 혹은 느리다고 생각하시나요?"라고 질문하여 5점 척도로 답을 하도록 요청했다. [그림 2-14]에 나타난 것처럼, 이에 대한 응답 빈도 분석 결과 디지털전환의 경우는 '매우 빠르다' 18%를 포함해서 빠르다는 응답이 무려 65.7%로 나왔고 느리다는 쪽의 응답은 고작 7.7%였다. 반대로 생태전환의 속도에 대한 별도의 질문에 답한 결과를 보면, '매우 느리다' 11.3%를 포함해서 느리다는 응

---

[*] 두 전환에 대한 온라인 설문조사 방법은 책 맨 뒤의 별첨자료에 자세히 실어 놓았다

답이 42%였고 오직 21%만이 빠르다고 응답했다. 일단 시민들의 체감으로도 두 전환의 속도 차이가 상당하다는 점을 확인할 수 있다.

하지만 단순히 전환 속도가 빠르다고 느낀다고 해서 그것이 바람직하지 않다는 판단으로 이어지지는 않는다. 그래서 이번에는 두 전환을 통합한 질문으로 "국내에서 디지털전환과 생태전환은 얼마나 균형 있게 추진되고 있다고 생각하십니까?"라고 물었다. 여기에 대해 시민들은

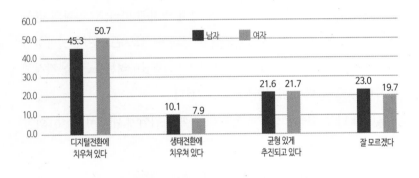

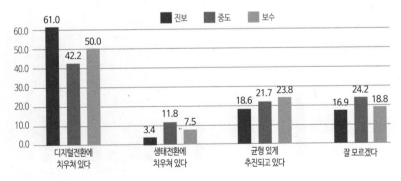

출처 : 시민인식 서베이 결과, SPSS20

그림 2-15 생태전환과 디지털전환의 균형에 관한 시민인식 조사 결과(2024. 5월 조사)

성별, 연령대, 진보와 보수에 관계없이 모두 한국 사회가 '디지털 편향'이 있다고 인정했다(그림 2-15 참조).

이 조사 결과에 비춰볼 때, 객관적 지표로 나타난 한국 사회의 디지털 편향에 대해 이미 시민들도 주관적으로 이 상황을 확실하게 인지하고 있다고 해석할 수 있다. 다만 디지털전환 속도가 빠른 이유에 대해서 기업(6.3%)이나 국가(2.0%)의 문제보다는, '사회가 디지털전환에 과도하게 집착해서'(16.7%) 또는 '글로벌 디지털 경쟁이 너무 치열해서'(39.3%)로 원인을 돌렸다. 그럼에도 정부의 정책 의지에 따라 두 전환의 균형 회복이 얼마든지 가능하고 이를 위한 정책 수단도 존재한다는 사실이 공유되면, 시민들은 두 전환을 균형적으로 추진하려는 노력을 지지해 줄 수 있음을 강력히 암시하는 조사 결과다.

그래서 다음 질문으로, 두 전환이 초래할 위험에 대해서 각각 "한국

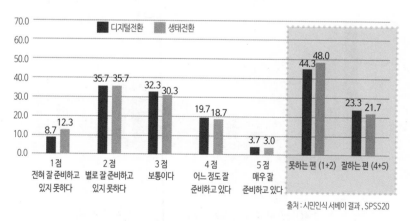

정부와 국회의 대응 평가(2024. 5월 조사)

출처 : 시민인식 서베이 결과, SPSS20

그림 2-16 두 전환이 초래할 위험의 정부 대응에 대한 시민인식 조사 결과

정부와 국회는 디지털전환이 초래할 위험에 얼마나 잘 준비하고 있다고 혹은 준비하지 못하고 있다고 생각하시나요?", "한국 정부와 국회는 생태전환이 초래할 위험에 얼마나 잘 준비하고 있다고 혹은 준비하지 못하고 있다고 생각하시나요?"라고 질문한 결과, 정부와 국회가 잘하고 있지 못하다는 쪽의 응답이 디지털전환의 경우 44.3%, 생태전환이 48.0%로서 잘하고 있다는 쪽의 응답보다 2배 이상 높았다(그림 2-16 참조). 두 전환 과정에서 발생할 위험에 대한 정부(와 국회)의 대응에 신뢰하지 못한다는 뜻으로 해석된다. 정부의 전환위험 대응에 대한 시민들의 불신이 상당한 현실을 극복하는 것이 우선임을 말해준다.

어쨌든 시민들이 한국 사회의 '디지털 편향' 현실에 대해 이미 명확히 인식하는 상황이므로 향후 이를 교정하는 정책전환을 요구하는 것은 자연스럽다. 실제로 "한국 사회는 디지털전환과 생태전환 가운데 무

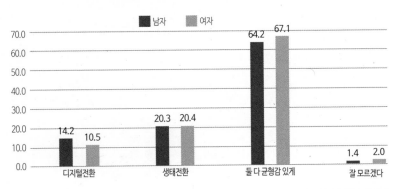

그림 2-17 두 전환의 역점 비중에 대한 시민인식 조사 결과

엇에 우선순위를 두고 추진해야 한다고 생각하십니까?"라는 질문에 시민들은 그렇게 답했다. [그림 2-17]을 보면 압도적으로 많은 시민들이 두 전환을 '균형감 있게' 추진하는 것에 지지를 보내고 있다. 더욱이 생태전환에 무게를 더 싣자는 주장이 오차범위를 넘어 우세한 것도 확인된다. '디지털 편향'의 현실을 뒤집어야 한다는 판단으로 해석할 수 있다. 결국 시민인식 조사 결과는, 향후 한국 사회가 두 전환의 불균형을 바로잡는 방향전환을 하기 위한 정책선택이나 제도개혁 추구과정에서, 시민들의 동의와 공감을 얻어 정당성을 확보하고 추진력을 얻을 가능성이 충분히 있음을 시사하는 것이다.

6
국민소득이 낮아
생태 후진국이 되는가?

앞에서 '디지털 편향사회' 한국이 코로나19 펜데믹 이후의 회복과정에서 디지털전환과 생태전환의 불균형을 교정할 기회가 있었다고 확인했다. 실제 한국 정부는 '한국판 뉴딜'이라는 경제회복 패키지를 발표하고 그 안에 디지털뉴딜과 그린뉴딜을 포함했다. 하지만 중앙부처 정책과 중대본회의 자료를 토대로 분석해 본 결과 디지털뉴딜 편향이 유지되었고 정권이 교체되면서 그 경향은 한층 강화되었다. 한편 기업들도 2020년 이후 놀라운 속도로 RE100 캠페인에 합류해서 세계에서 4번째로 많은 기업들이 RE100을 약속했지만, 목표 달성 시점을 과도하게 미루는 등 실제 실행의지는 유럽과 북미 기업들에 크게 못 미쳤다. 더욱 심각하게도 지연된 기업 RE100 목표마저 뒷받침이 어려울 정도로 국가적 에너지전환의 속도가 느리다. 그나마 다행스러운 것은 시민들은 현재 우리 사회의 '디지털 편향'을 잘 인식하고 있고, 향후 두 전환이 균형감을 가지고 추진되는 쪽에 지지를 보내고 있다는 사실이다.

그런데 앞서 잠깐 언급했던 것처럼 이 대목에서 한 가지 확인해야 할 이슈가 있다. 혹시 우리 사회가 비록 디지털 첨단 국가이지만 생태전환이 더딘 이유가, 아직 국민소득 수준을 더 끌어올리기 위해 온실가스 배출을 감수하고 경제성장을 해야 하는 상황 때문은 아닐까? 이 문제를 분석하기 위해 구체적인 생태전환 지표 몇 가지를 선별한 다음 그것이 국민소득 수준과 얼마나 긴밀히 연관되어 있는지를 살펴보도록 하겠다. 여기서는 1인당 온실가스 배출량, 1인당 일차에너지 소비량, 그리고 재생에너지 발전 비중 세 가지를 뽑아서 살펴볼 것인데, 비교 국가는 한국이 포함된 주요 국가인 G20 국가(EU 제외)에 더해서 한국과 유사한 전환패턴을 가진 이스라엘, 그리고 두 전환의 성과가 좋았던 북유럽의 세 국가(덴마크, 스웨덴, 노르웨이)를 추가했다.

　우선 첫 번째로 국민소득과 1인당 온실가스 배출량의 상관관계를 따져보자. [그림 2-18]에서 알 수 있는 것처럼, 국민소득 범위가 유사한 수준에 있는 나라들 사이에서도 온실가스 배출은 대단히 큰 차이가 났다. 캐나다나 호주처럼 화석연료를 생산하는 국가들은 1인당 온실가스 배출량이 14톤을 넘어가고 있는 반면에 유럽의 '저탄소 국가'들은 6톤을 넘지 않았다. 한국은 소득수준이 비슷한 국가들 가운데 호주나 미국, 캐나다 등 화석연료를 대량으로 생산하는 국가를 제외하고는, 한 사람당 매년 11.6톤(2022년 기준)을 배출하여 기후에 가장 해로운 영향을 주는 나라임이 확연히 보인다. 중국의 경우 국가적 차원에서 보면 전 세계 배출량의 1/3을 차지할 정도로 비중이 압도적이지만, 중국인 한 사람의 배출량은 8톤 정도로 우리보다 훨씬 낮다. 배출량 차이를 발생시키는 다양한 요인이 있지만, 적어도 국민소득을 통제한 후에도 온

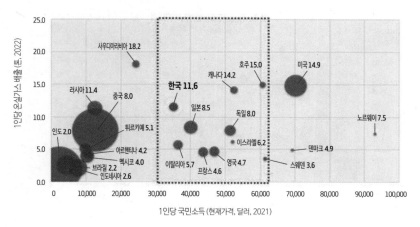

소득이 비슷해도 온실가스 배출은 천차만별

출처 : ourworldindata.org

그림 2-18 소득에 대비한 온실가스 배출 비중 비교

실가스 배출량은 상당한 차이를 낼 수 있음을 확인할 수 있다. 또한 한국은 국민소득과 관계없이 생태전환이 상당히 지체된 국가라는 사실을 알게 된다.

둘째로, 온실가스 배출량 차이를 발생시키는 가장 큰 요인인 에너지 소비량을 확인해보자. [그림 2-19]를 보면 한국은 유사한 소득수준의 국가들에 비해 확실히 1인당 에너지 소비가 많은 나라다. 자동차 의존이 높으면서 산유국인 미국과 캐나다를 제외하면 대부분 선진국 국민 1인당 에너지 소비량은 한국보다 적을 정도다. 한국이 에너지 집약도가 높은 산업에 의존하는 한편, 산업과 교통, 주거 등에서 에너지 효율을 위한 혁신도 부재함을 보여주는 것인데, 이 역시 국민소득 수준이 덜 올라서가 아니라 생태전환 자체가 지체되고 있기 때문이다.

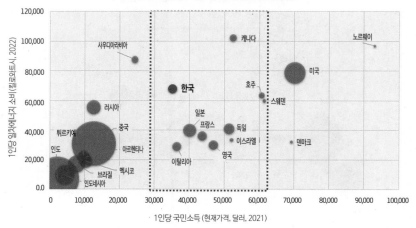

그림 2-19 소득에 대비한 에너지 소비 비중 비교

셋째로, 에너지 소비가 비슷해도 화석연료에 의지한 에너지가 아니라 온실가스 배출량이 적은 재생에너지에 의존하면 그나마 온실가스를 덜 배출할 수 있다. 그래서 화석연료 의존에서 벗어나 미래 탈-탄소사회 에너지의 핵심을 이루게 될 태양광과 풍력발전 확대를 얼마나 빠르게 100%까지 늘리는가는 생태전환에서 사활을 거는 문제이기도 하다. 때문에 국제에너지기구 등은 재생에너지 비중을 2030년까지 59%(국제재생에너지기구(IRENA)는 68%를 주장)로, 2035년에는 77%로 확대하자고 강조하고, 그래야만 지구 평균온도 상승을 1.5℃ 안에 머무르게 할 수 있다고 주장해왔다.[237]

하지만 한국은 태양광과 풍력만 보면 2022년 전력생산 비중이 고작 5%를 조금 넘어가는 수준이라, 선진국은 물론이고 중국, 브라질, 인도

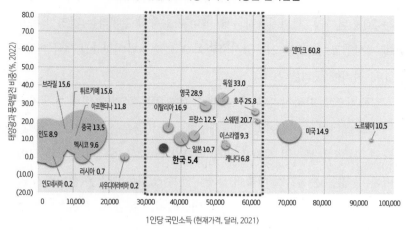

소득이 비슷해도 재생에너지 비중은 천차만별

태양광과 풍력발전 비중 (%, 2022)

브라질 15.6
튀르키예 15.6
아르헨티나 11.8
중국 13.5
인도 8.9
멕시코 9.6
러시아 0.7
인도네시아 0.2
사우디아라비아 0.2

이탈리아 16.9
영국 28.9
독일 33.0
호주 25.8
프랑스 12.5
스웨덴 20.7
이스라엘 9.3
한국 5.4
일본 10.7
캐나다 6.8

덴마크 60.8
미국 14.9
노르웨이 10.5

1인당 국민소득 (현재가격, 달러, 2021)

출처 : enerdata.net

그림 2-20 소득에 대비한 재생에너지 비중 비교

등에도 미치지 못하는 에너지전환 최후진국 신세를 면치 못하고 있다 (그림 2-20 참조). 더욱이 2030년 재생에너지 목표도 국제에너지기구가 제시한 59%의 대략 1/3수준을 국가 목표로 삼고 있을 정도로 정치적 의지조차 없는 상황이다. 특히 윤석열 정부에 와서는 태양광과 풍력 중심의 재생에너지보다 소형모듈원자로(SMR)를 포함한 핵발전에 무게를 두는 쪽으로 변했다.

하지만 글로벌 추세를 보면, 태양광을 중심으로 한 재생에너지는 2022년 기준으로 신규 발전량의 83%를 차지할 정도로 압도적이다.[238] 또한 핵발전에 우호적인 국제에너지기구의 '1.5℃ 경로'에 따르더라도 재생에너지 발전량이 핵발전의 5배, 투자 기준으로는 10배에 가까울 정도로 재생에너지가 중심이다. 아무리 좋게 봐줘도 핵발전은 보조

수단 이상을 넘을 수 없다는 말이다. 특히 유럽연합과 국제에너지기구는 2030년까지 '재생에너지 3배, 에너지 효율화 2배'라는 간명한 목표를 제시했고, 2023년 기후당사국총회(COP28)에 참여한 118개국(한국 포함)도 여기에 동의했다.[239]

결론적으로 한국이 유사한 경제 수준에 있는 국가에 비해 온실가스 배출과 에너지 소비량이 많지만 재생에너지 비중은 상대적으로 떨어진다면, 더 많은 물질적 성장을 위해 당분간 더 많은 에너지 소비와 그에 따른 더 많은 온실가스 배출이 불가피할 수 있다는 가정은 성립하지 않는다. 더욱이 재생에너지 비중을 끌어올리지도 못한 채 국민소득 확대를 위해 에너지 과소비를 방치해야 할 명분은 없다.

한국 사회에서 더 많은 물질적 성장이 여전히 필요한지도 의문이다. 유엔 산하 지속가능발전해법네트워크(SDSN)에서 발표한 〈2023 세계행복보고서〉를 보면 한국은 137개 국가 가운데 57위였고, OECD 38개국 중에서는 35위였다. OECD 국가 중에 한국보다 행복도가 낮은 국가는 58위 그리스, 72위 콜롬비아, 106위 튀르키예 총 3개국뿐이다. 반면 한국보다 경제적 수준이 낮음에도 불구하고 더 행복하다고 답한 국가는 브라질, 멕시코, 코스타리카를 포함해서 중진국 18개국은 물론 저소득국가 세 나라까지 포함되어 있다(그림 2-21 참조). 다시 말해서 한국이 경제적으로 아직 덜 성장했기 때문에 시민들이 불행한 것은 아니라는 말이다.

1960년대 이후 장기간 고도성장으로 식민지 후진국에서 반세기 만에 OECD 국가 일원이 된 유일한 나라 한국은 지금까지 유독 경제성장

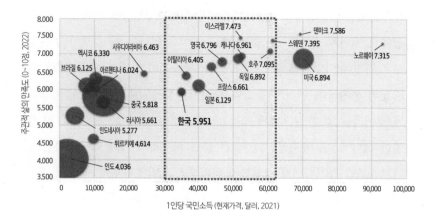

소득이 비슷해도 삶의 만족도는 천차만별

출처 : Helliwell, John · Layard John, Richard et al. 2023

그림 2-21 소득에 대비한 삶의 만족도 비교

에 대한 강한 집착과 관성이 있을 수밖에 없다고 인정할 수 있다.[240] 전 세계 어느 국가보다 경제성장 관성에서 벗어나 '스스로 브레이크를 밟기'가 어려울 가능성이 있다는 것이다. 하지만 앞에 반복해서 확인한 것처럼, 한국은 비슷한 경제 선진국과 비교해도 1인당 에너지 소비량과 온실가스 배출이 산유국에 버금할 정도로 많다. 반면 온실가스를 줄이면서 삶의 질을 유지하는 데 결정적인 재생에너지로의 전환은 세계적으로 꼴찌 수준에 가까울 정도로 뒤떨어졌다.

더욱이 한국 경제는 물질적으로 선진국 수준에 이르렀지만 시민들의 삶의 만족도는 많은 중진국, 심지어 일부 저소득국가보다 못하다. 그러므로 한국 경제에서 지금 필요한 것은 '더 많은 성장'이 아니라 '더 나은 삶의 만족', '더 적은 온실가스', '더 좋은 효율화로 더 적은 에너지 소비', 그리고 '훨씬 더 많은 재생에너지'가 되어야만 한다.

개발도상국이 물질적 결핍을 벗어나고자 경제성장을 가속화하는 과정에서 에너지 소비와 온실가스 배출량이 늘어나는 등 경제가 일시적으로 환경에 악영향을 줄 수 있지만, 경제발전이 일정한 궤도에 오르고 완전히 선진국에 안착하면 그때부터는 환경에 주는 피해가 줄어들게 될 것이라는 '환경 쿠츠네츠 곡선(the environmental Kuznets' curve)'이 유행한 적이 있다. 하지만 이 가설은 틀렸다는 것이 속속 확인되어왔다. 다보스포럼 창시자이자 경제학자 클라우스 슈밥조차도, 경제가 발전함에 따라 환경 훼손이 감소할 것이라고 가정하는 환경 쿠츠네츠 곡선을 쿠츠네츠 자신이 결코 동의한 적이 없을 뿐만 아니라, 이미 1970년대부터 다양한 반박을 받았다고 밝혔다.[241]

생태경제학자 케이트 레이워스 역시 "환경 쿠츠네츠 곡선이 올라갔다 내려올 거라는 약속과 달리 계속해서 올라가고 또 올라갈 뿐이라는 참으로 불편한 진실을 데이터가 보여주고" 있다고 다시 한번 확인해준다.[242] 오히려 레이워스는 한국을 포함하여 독일, 일본, 미국 등 고소득 국가들은 이미 복지의 기본 수준을 달성했지만, 여전히 지구생태계가 허용하는 한계를 크게 초과해서 환경에 부담을 주고 있다고 평가하며, '지구한계 안에서의 복지'를 실현한 나라를 선진국이라고 재정의할 때, 결코 선진국이라고 할 수 없다고 비판했다.[243]

한편, 회계사 출신으로 2015년부터 환경재앙 없는 경제 시스템 재설계를 연구해온 페디 르 플루피(Paddy Le Flufy)는, "지구의 한계 안에서 모두의 필요를 만족시키는 최적의 공간(sweet spot)"에 도달하는 경로는 개발도상국이든 중진국이든 선진국이든 모두 가능하며, [그림 2-22]에서

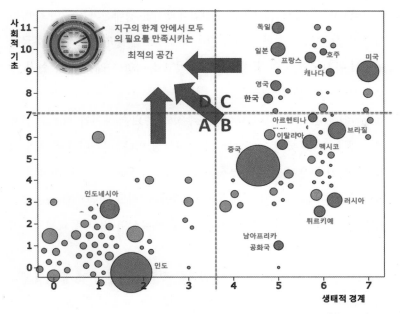

그림 2-22 생태와 사회 경계선에 따른 국가들의 분포

출처 : Raworth 2018

보는 것처럼 굳이 기존 선진국 경로처럼 먼저 생태한계를 넘어서 성장을 추구하고 그 결실로 복지국가가 된 다음에 다시 생태전환을 하겠다고 기획할 필요는 없다고 지적한다.[244] 이렇게 보면 다시 한번 한국이 현재 시점에서 생태전환을 늦출 어떤 불가피한 이유 같은 것도 없어지게 된다.

* * *

2부의 내용을 종합해보자. 한국 사회는 디지털 경제에 주로 의존해서 중진국을 넘어 경제 선진국으로 진입해왔지만 생태전환을 위한 준비는 제대로 못했다. 그 결과 선진국 가운데에서 드물게 최고의 디지털 국가 이면서 동시에 최악의 생태국가가 되었고 유사한 사례를 찾기 쉽지 않을 정도로 불균형이 심하다.

그런데 2020년 코로나19가 궤도수정의 중요한 계기가 되었고 실제 '한국판 뉴딜'을 통해 균형 회복의 기회가 있었다. 하지만 처음부터 디지털전환에 치우친 설계와 부실한 그린뉴딜, 민간 의존적인 한국판 뉴딜 추진, 정부의 일관된 정치적 의지 결여, 그리고 정권교체까지 중첩되면서 기회를 현실화하지 못했다. 오히려 윤석열 정부로 교체되면서 점점 더 균형에서 멀어지고 있다.

같은 시점에 한국의 글로벌 기업들도 4년 동안 무려 36개 기업들이 RE100에 참여하는 등 외형적으로는 녹색경영에 관심을 보였다. 하지만 실제 내용을 보면 실현 목표를 대부분 2040년 이후로 미루면서, 디지털전환에서 세계 최첨단에 서려는 의지와 달리 생태전환은 대세 추종적 성향을 드러냈다. 한편 한국 사회가 지금까지 생태적 지체를 극복하지 못하는 이유는 '경제성장'이 부족해서는 아니었다. 한국과 유사한 국민소득 구간에 있는 국가들 가운데에서도 한국은 온실가스 배출량과 에너지 소비량이 많았고 재생에너지 비율은 떨어졌기 때문이다. 그나마 다행스러운 점은 시민들이 현재 '디지털 편향'으로 우리 사회가 기울어 있음을 잘 인식하고 있고, 정책적 개입을 통해 두 전환의 균형 회복이 필요하다고 판단한다는 사실이다.

3부

디지털 삼국지 vs 생태 삼국지

1
디지털전환과 생태전환으로 가는
세 가지 경로

1) 디지털 편향 함정에 빠진 한국

한국은 국민소득이 1만 달러(1994년)를 넘어가는 중진국 도약 시점에서 정보통신을 성장동력으로 선택함으로써 기존 중화학 중심 산업구조를 정보통신기술(ICT) 중심으로 변화시켰고 이를 계기로 산업적 차원에서 빠르게 첨단 디지털 사회로 전환되어갔다. 그 결과 2021년 기준 연간 ICT 제조업 부가가치 1,143억 달러, ICT 서비스 부가가치 784억 달러, 제조와 서비스를 포함하여 해당 분야 고용 규모가 166만 명으로 미국과 중국을 제외한다면 일본을 능가할 정도로 많고, 2,200억 달러 가까운 ICT 상품 수출 역시 중국 다음이다(표 3-1 참조). 2부에서 살펴본 것처럼, 디지털전환과 관련된 각종 지수에서도 최상위를 기록한 한국은 지금도 산업과 사회 전반에 매우 강력한 디지털전환 추진력을 보유하고 있다.

경제	ICT제조 부가가치 (백만 달러)	ICT서비스 부가가치 (백만 달러)	ICT 제조 고용 (천 명)	ICT 서비스 고용 (천 명)	ICT 상품수출 (백만 달러)	ICT 서비스 수출 (백만 달러)
일본	84,212	255,515	578	2,720	65,202	10,300
핀란드	5,659	15,595	23	125	2,073	12,334
프랑스	15,131	146,655	86	1,034	21,271	24,372
독일	48,365	193,739	419	1,438	82,118	41,258
영국	15,873	163,908	112	1,414	17,313	42,564
미국	337,696	1,847,499	1,053	5,610	158,927	66,227
한국	114,324	78,418	842	823	219,811	9,163
중국	327,130	757,362	10,056	13,783	857,505	82,923

출처 : World Bank Group 2024a:134

표 3-1 한국과 주요 국가들의 ICT산업의 규모 비교(2021년)

하지만 생태전환으로 시야를 옮기면 얘기가 많이 달라진다. 세계적으로 보면 매우 뒤늦게 생태전환을 시작했고 전환의 계기와 동력도 부족한 탓에 한국은 최근까지도 '탄소 집약적 사회'라는 한계에서 벗어나지 못했다. 여전히 석탄화력발전 비율이 30% 이상을 차지하지만(2023년 기준 33%) 풍력과 태양광 발전 비중은 고작 7%를 넘을 정도로(2023년 기준 7.2%) 에너지전환 속도가 느린 현실이 이를 단적으로 보여준다. 그 결과 산유국이나 화석연료 생산국이 아님에도 1인당 연간 온실가스 배출량이 10톤이 넘는 예외적인 선진국 중 하나가 되었다. 생태전환지수에서도 한국은 최근까지도 매우 저조한 성적을 기록했는데, 예일대의 환경성과지수(EPI)는 63위, 저먼워치가 작성한 기후변화성과지수(CCPI)는 64위에 머무를 정도였다.

첨단 디지털 사회이면서 동시에 생태적으로는 지체된 사회 가운데 미국이나 싱가폴, 이스라엘도 있지만 한국이 유독 두드러진다. 2020년 코로나19가 계기가 되어 한국 사회도 디지털전환과 생태전환의 균형을 회복하려고 노력했지만, '한국판 뉴딜'이라는 이름으로 추진된 디지털뉴딜과 그린뉴딜이 실제로는 상당히 디지털뉴딜에 무게가 쏠리는 방식으로 추진되었다. 물론 그린뉴딜 추진과정에서 2050년 탄소중립을 하겠다는 선언이 처음으로 나오기도 했고, 후속으로 탄소중립 기본법과 기본계획이 수립되었다는 점은 그나마 성과라 할 수 있다. 또한 2020년부터 기업들도 RE100 가입을 시작하여 불과 4년 만에 36개 기업이 참여하는 등 두드러진 행보를 보였지만, RE100 달성목표를 2030년 이내로 잡은 기업이 고작 5개일 정도로 실행의지가 상대적으로 매우 부족했다.

그러면 지금부터라도 한국 사회가 과도한 디지털 편향을 극복하고, (덴마크, 핀란드, 스웨덴, 스위스 등이 이미 초기 단계에 진입한) '디지털-생태 성숙사회'로 방향을 돌릴 수 있는 조건과 수단이 무엇인지 탐색해보자. 이를 위해 주요 국가들이 디지털전환과 생태전환이라는 과제를 어떤 이유로 서로 다르게 접근했으며, 서로 다른 성과를 냈는지 국가별 비교를 통해 그 차이를 분석해보려 한다. 그러면 한국이 특별히 '디지털 편향'으로 기울게 된 요인들도 파악할 수 있을 것이며, 동시에 방향을 바꾸어 디지털 편향을 억제하면서 생태전환을 강화할 방안들을 다른 나라의 사례를 통해 발견할 수 있을지 모른다.

2) 전환을 분석하는 기존 틀의 문제

왜 어떤 나라는 디지털 편향을 보이고, 또 어떤 나라는 디지털전환이 상대적으로 더디지만 탈탄소화에는 비교적 성공적으로 진입할까? 심지어 어떤 나라는 왜 두 전환을 동시에 균형 있게 진전시킬 수 있었을까? 그 차이를 만들어내는 배경과 요인은 뭘까? 이 질문들에 답할 수 있다면, 두 전환의 균형 경로에서 벗어난 한국과 같은 국가가 두 전환의 균형 회복과 상호 선순환을 위해 어떤 경로로 방향을 틀어야 할지 시사를 얻을 수 있지 않을까? 아직 관련 연구사례는 없다. 유럽연합의 쌍둥이 전환 전략 문서들도 사회, 기술, 환경, 경제, 정치 영역에서 몇 가지 개별적 사례를 들거나 논리적으로 대안을 나열한 정도다.[245]

하지만 과거를 조금 거슬러 올라가 보면, 디지털전환의 경우에는 온갖 첨단 디지털 기술의 산실이라고 할 '실리콘밸리'를 어떻게 모방할 수 있는지를 둘러싼 수많은 비교연구가 있기는 했다. 2차대전을 전후로 하여 미국 국방성 지원을 등에 업고 스탠퍼드 대학을 기점으로 샌프란시스코 산타클라라 카운티와 산호세 카운티의 북서부에 반도체 기업과 제조 시설을 집중하기 시작한 '실리콘밸리'는 2020년대까지도 여전히 최첨단 인공지능 개발을 선도하며 건재하다. 그 과정에서 실리콘밸리를 모방하려는 다른 나라들의 수많은 시도가 있었으나 대부분 기대한 만큼 성공하지 못했다. 실리콘밸리에서만 가능했던 매우 다양한 요소들이 복합적으로 얽혀 있던 탓에 다른 나라에서는 그 복잡한 요소들을 모두 모방하여 조합할 수 없었고 그 원인에 대한 다양한 연구도 있었다(그림 3-1 참조).[246]

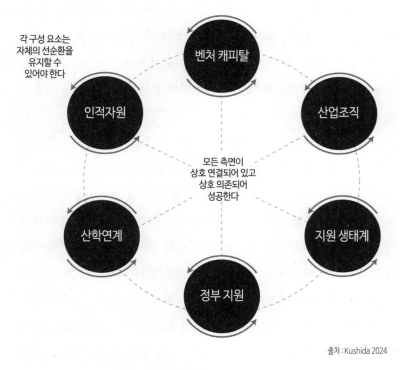

각 구성 요소는
자체의 선순환을
유지할 수
있어야 한다

벤처 캐피탈

인적자원

산업조직

모든 측면이
상호 연결되어 있고
상호 의존되어
성공한다

산학연계

지원 생태계

정부 지원

출처 : Kushida 2024

그림 3-1 실리콘밸리 경제모델의 기본 요소

하지만 최근에는 실리콘밸리 빅테크의 과도한 수익 추구 행위가 낳은 부정적인 사회적 문제들이 확산되면서 실리콘밸리 모방 열풍은 다소 퇴색되었다. 더욱이 21세기에 글로벌 공급망이 확장되면서 생산과 혁신에 참여하는 주체들의 지리적 위치나 글로벌 조직편재가 실리콘밸리의 울타리를 넘어 중국을 포함한 전 세계적 네트워크로 뻗어나가는 근본적 변화에 세계가 관심을 두기 시작했다.[247] 미국에서 발원한 반도체 기술이 일본을 거쳐 한국과 대만으로 확산되어왔고, 지금은 중국이 이를 비교적 성공적으로 추격하는 구도가 만들어진 메커니즘에 대한 다양한 분석과 연구가 최근 주목받기도 했다.[248] 다만 이들은 사회적 층위에서 디지털전환의 국가별 특징을 비교하기보다는, 주로 산업적 측면에서 각 국가의 반도체 제조나 디지털산업 경쟁력에 초점을 맞추는 한계가 있다.

한편 디지털전환보다 훨씬 역사가 짧은 생태전환의 경우에는, 2018년 이후 세계적으로 유행했던 그린뉴딜을 각 국가들이 어떻게 차별적으로 수용하면서 국가별 생태전환의 경로를 형성하는지를 두고 비교한다면 중요한 시사를 얻을 수도 있다. 기후위기와 생태위기를 피하기 위해 '준전시상태'에 맞먹는 '속도'와 '규모'의 대규모 국가 프로젝트가 필요하다는 취지에서 제안된 국가의 정책 패키지가 바로 그린뉴딜이므로, 적어도 그린뉴딜의 채택 방식에 따라 생태전환의 미래가 다르게 전개될 가능성이 충분히 있다.[249] 하지만 그린뉴딜 정책이 국가별로 어떻게 다르게 적용되고 있고 어떤 차별적인 성과가 나오고 있는지를 분석하기에는 아직 시기적으로 이르다.

대신에 실제 국가 사례는 아니지만 개념적 차원에서 지리학자들인 조엘 웨인라이트(Joel Wainwright)와 제프 만(Geoff Mann)이 기후위기를 극복할 4가지 국가별 대응 방식을 다소 이념형으로 제시한 사례가 주목받고 있다. '기후 리바이어던', '기후 마오', '기후 베헤못', '기후X'가 그것이다 (그림 3-2 참조). 그들에 따르면 '기후 리바이어던'은 현실 가능성이 높은 경로인데 기존의 기득권이 자신들의 이익을 침해받지 않으면서 자본주의 아래에서 지구적 기후 거버넌스를 성공적으로 조직해 기후문제를 해결하

	행성적 주권	반(anti)행성적 주권
자본주의	기후 리바이어던	기후 베헤못
비자본주의	기후 마오	기후 X

출처 : 웨인라이트·만 2023:91

그림 3-2 기후 대응을 위한 네 가지 잠재적 사회형태

려는 경로다. 그린뉴딜도 넓게 보면 여기에 포함된다. 둘째 '기후 마오'는 기후 리바이어던과 유사하게 지구적 거버넌스에 의지한 해결을 추구하지만, 제3세계 등이 주도하여 비자본주의 경로로 이끄는 경우다. 셋째 '기후 베헤못'은 탄소 집약적 기업들에 속박된 각 국가들이 기후 대응을 지연시키면서 자국 기업들의 수익을 지키려는 경향이다. 트럼프 정부 등 보수가 집권한 많은 국가들의 현재 모습을 대변한다. 마지막으로 '기후X'는 비자본주의적 정치경제를 추구하면서도 현재와 같은 주권 논리를 거부하는 대신 다층적인 연대를 구축하는 이상적인 대안으로 정의된다.[250]

이같이 기후 대응에서 가능한 4개 국가 모델을 예시하고 서로 다른 결과를 전망한 것은 그 자체로 생태전환을 위한 다양한 정책 선택의 가능성을 보여주는 것이어서 의미가 있다. 특히 이 모델은 개별국가 차원

에서 각기 다른 정책 선택을 하는 것이 아니라, 글로벌 관계 안에서 협력을 어떻게 하는가도 중요하게 고려하고 있다는 점에서, 오늘날 현실 여건과도 부합하는 점이 있다. 그럼에도 이같은 유형화에서 현실 정책을 유도하기에는 여전히 추상 수준이 높고 다소 이상적이며, 기후 대응 경로에 특화된 이 모델을 디지털전환까지 적용하는 것 역시 무리가 있다. 물론 그들은 현재의 생태위기가 단순한 몇 가지 정책조합으로 해결될 수 있는 단계를 넘어섰다면서 다음과 같이 이념형 제시의 정당성을 주장한다. 즉 그들은 "2050년의 세계, 또는 2100년의 세계는 그저 2023년보다 조금 더 뜨거워진 세계가 아닐 것이다. 인간 사회의 재조직을 수반하지 않는 현실적인 시나리오는 단 하나도 없다"고 단언하는데 일정 부분 공감할 수 있는 의견이다.[251]

3) 디지털전환과 생태전환의 세 가지 경로 모델

그러면 두 전환의 양상을 모두 포착하면서 최소한 현실 사회에서 구현되고 있거나 구현될 가능성이 높은 모델을 구축하려면 어떻게 해야 할까? 하나의 방법은 주요 현실 국가의 실제 전환패턴과 전환정책을 유형화한 후에 서로 질적인 차이를 살펴보는 것이다. 즉, 주요 국가의 전환경로 패턴과 한국의 양상을 서로 비교하여 어떤 차이가 발견되고 있는지, 그리고 다른 나라 정부들이 선택해온 정책들을 참조하여 한국의 경로를 변경하는 것이 가능한지를 모색해보자는 것이다.

다만 여기서는 비교 국가를 직접 유형화하고 질적, 양적 자료를 동원하여 비교 분석하기보다는, 콜롬비아대학 로스쿨 법학자 아누 브래드포드가 디지털전환 규제모델 비교군으로 제시한 세 가지, ① 미국이 대표하는 '시장주도 모델(market-driven model)', ② 중국으로 대표되는 '국가주도 모델(state-driven model)', ③ 유럽이 이끌어가는 '권리주도 모델(right-driven model)'을 쌍둥이전환을 위한 세 유형으로 확장하고, 한국과 이들을 비교하는 방식으로 접근해보려 한다(그림 3-3 참조).[252]

즉, 두 전환으로 향하는 실존 경로 모델로서 세 가지 대표적인 국가적 유형과 한국을 질적 맥락에서 대조하고 유사점과 차이점을 확인하는 가운데, 한국이 '디지털 편향'으로 기울어진 원인을 탐색하며, 나아가 앞으로 전환 방향을 바꿀 계기가 있는지 찾아보자는 것이다.[253] 다만 비교의 내용적 범위는 각 국가의 사회경제 시스템 전체보다는 정부의 정책패턴으로 한정할 것이고, 시간적 범위는 브래드포드의 경우 디지털전환과

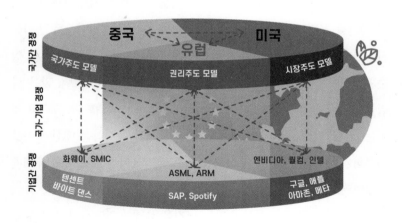

출처 : Bradford 2023a 를 참조하여 저자가 작성

그림 3-3 두 전환을 추진하기 위한 글로벌 차원의 세 경로 모델

생태전환이 사회적 주요 의제로 부상하기 시작한 1990년대를 대상으로 하고 있지만, 여기서는 주로 2008년(글로벌 금융위기)~2024년(트럼프 2기 정부 직전) 시점에서 드러내고 있는 정책 차이에 초점을 둘 것이다.[254]

브래드포드가 유형화한 세 디지털전환 국가군은 매우 최신의 연구 결과이기는 하지만 아주 예외적인 유형화도 아니다. 기술과 무역, 소통이 서로 긴밀하게 상호의존된 현대의 글로벌 사회의 특징 때문에 현대 국제관계를 해석하는 틀로도 유사한 유형화가 시도되고 있기 때문이다. 예를 들어 유럽 외교 전문가 마크 레오나드(Mark Leonard)는, 복잡하게 상호 연결된 세계가 상호의존성을 무기로 경쟁한 결과 세 가지 권력 모델로 쪼개지고 있다고 분석하는데, 이는 정확히 브래드포드의 주장과 겹치는 분석이다. 먼저 '워싱턴(게이트 키퍼 권력)'은 금융과 인터넷 등 네트워크 허브에서 가진 우월한 지위를 이용해서 자신에게 적대적인 국가를 처벌(네트워크에서 배제하거나 정보를 수집)하는 방식으로 권력을 사용한다. 둘째로 '베이징(관계적 권력)'은 '일대일로 이니셔티브'나 '쌍순환 전략' 등을 매개로 글로벌 인프라 구축에 앞장섬으로써, 많은 나라들이 중국에 의존하게 만들고 자신은 그 중심이 되려한다. 그리고 셋째는 '유럽연합(룰 메이커)'인데, 유럽은 개방성을 유지하는 대신에 이를 지속하기 위한 '공통의 규칙'을 선도적으로 만들어 나가고 이를 세계에 전파하려고 한다(표 3-2 참조).

여기서 특히 유럽은 자신이 만든 규칙을 세계에 강제하기 위해 유럽이 보유한 막강한 소비시장 접근권을 활용한다. 유럽의 규제권력은 비용은 적게 들면서도 지속성이 있으며 확산이 쉽고, 경쟁자들에 의해 손

	유럽연합	중국	미국
철학	규범적 (Normative)	관계적 (Relational)	도구적 (Instrumental)
전략	규칙 제정자	시스템과 이익의 중심에 서려고 함	금융과 인터넷 등 연결의 급소 장악
지표	유럽 소비자와 기업 웰빙 중시	연결을 확대하고 연결에서의 중심 장악	경제, 군사, 기술적 역량 우위

출처 : Leonard 2021:164

표 3-2 하나의 지구, 연결에 대한 세 가지 비전

상당하는 정도가 적은 것이 장점이라고 레오나드는 평가한다(다만 이런 장점은 글로벌 자유무역이 비교적 장애 없이 이뤄질 때 극대화될 것인데, 최근처럼 글로벌 디커플링이 점점 심화되면 약화될 수 있다). 그런데 브래드포드와 달리 레오나드는 세 국가군 외에도 제4세계의 권력이 있음을 강조한다는 차이가 있다. 여기서 새로운 제4세계란 과거보다 지정학적으로 더 많은 선택권을 가진 중간 정도의 권력을 보유한 국가들을 말하는 것인데 이미 러시아, 터키, 사우디 등이 이런 권력을 행사하고 있다고 평가한다.[*] 그는 "초강대국들이 나머지 국가들, 특히 점점 자신감을 더해가는 '중간 강대국'들에게 어느 한쪽을 선택하도록 강요할 만큼 경제적, 군사적, 이념적 영향력이 부족한 세계"가 만들어지고 있다면서, "한국부터 신흥 브릭스 회원국에 이르기까지 각국은 강대국에 충성을 맹세하기보다는 자국의

---

[*] 레오나드는 앞으로 인도가 어떻게 자신의 잠재력을 권력화할지도 주목하는 한편, 최근 브릭스가 회원국을 확대하면서 영향력을 키우는 상황을 중요하게 평가한다. 지난 2024년에 브릭스는 신규로 이란, 아랍에미리트, 이집트, 에티오피아 등 4개국을 받아들였고 2025년 초에 인도네시아도 회원국으로 합류했다. 당초 가입이 예정되어 있었던 사우디아라비아와 아르헨티나는 보류되거나 철회된 상태다.(Leonard 2023)

목표와 이익을 발전시킬 수 있는 여력"이 어느 정도는 있다고 강조했다.[255] 이는 글로벌 경쟁 국면에서 일부 중견 국가들이 기존의 세 경로 중 하나를 선택하지 않고, 세 경로의 장점을 취사선택하거나 아예 다른 방식을 탐색할 여지가 과거보다 커졌다는 의미로도 해석할 수 있다.

브래드포드가 원래 디지털전환에 초점을 맞춰 세 국가 유형을 구분하고 레오나드가 외교와 국제관계를 기준으로 동일한 유형화를 시도했다면, 이탈리아 정책 연구자 안드레아 프론테라(Andrea Prontera)는 에너지전환과 녹색전환을 중심에 두고 유사하게 구분했다. '녹색 슈퍼파워(green superpower)'라는 개념을 동원한 그는, '글로벌 녹색 리더가 되고자 하는' 유럽, 녹색전환을 '억지로 쫓아가거나 아니면 다시 녹색 리더로 부상하거나' 선택의 기로에 있는 미국, '예상치 못했던 그리고 논쟁적인 녹색 거인'으로 변신한 중국을 유형화하고 있다. 프론테라는 녹색전환에서 이들이 구사하는 전략을 '소프트 권력(soft power)', '규제권력(regulatory power)', '촉매적 권력(catalytic power)', 그리고 '경제권력(economic power)'이라는 다소 독자적 방식으로 분류한 후, 세 국가들이 서로 다른 조합으로 이들 권력을 활용한다고 말한다.[256]

한 가지 덧붙이자면, 이 책은 두 전환의 양상을 국가 단위로 비교 분석하기는 하지만, 각 국가의 경로가 사회체제 수준에서 고착되어서 변형이 쉽지 않은 것으로 간주하지는 않는다. 이와 달리 에스핑앤더슨(Esping-Andersen)이 유형화하여 잘 알려진 복지 자본주의의 세 가지 모델(영미모델, 유럽대륙 모델, 그리고 북유럽 모델)은, 서로 다른 국내의 계급적 연합 역학이 작용한 결과 경제체제와 (사회권 수용을 중심으로 한) 사회체제가 고유한 특징을 가지고 고착되었다고 간주한다.[257] 이 경우 각 모델은 내부적 계급 역학이 바뀌지 않는 한 쉽게 변동될 수 없는 견고한 경로 의존성을 가지게 되고, 서로 다른 길을 걸어왔던 나라에서 일부 타국의 정책을 모방한다고 기존 경로를 벗어나기는 쉽지 않게 된다.

하지만 브래드포드가 유형화한 세 모델은 사회체제 수준이 아니라 그 자신이 '규제모델'이라고 불렀던 것처럼, 디지털전환(과 생태전환)에 대한 정부 개입패턴의 차이를 유형화한 것이다. 또한 앤더슨처럼 브래드포드 역시 권력관계가 세 국가 유형의 차이를 발생시킨 중요한 변수라고 접근하기는 하지만 구체적 내용은 상당히 다르다. 즉, 복지 자본주의의 세 유형을 결정한 것이 20세기 전체를 통해서 형성된 서로 다른 '국내의 계급연합'이라면, 디지털전환 유형의 차이는 대체로 1990년대 이후 '국내 정부와 기업 사이의 역학뿐 아니라 국가 사이의 역학'이 역동적으로 변하면서 발생한 것이다. 따라서 복지 자본주의 모델들과 달리 디지털전환의 세 가지 규제모델은 매우 유동적이며 상호 침투와 수렴현상까지 나타난다는 중요한 차이가 있다.

따라서 여기서는 한국과 비교하려는 세 국가 유형이 고정되어 있지 않고, 한편으로는 국내적으로 두 전환의 진전과정에서 기업-정부-시민들의 역학관계의 변화에 따라, 다른 한편으로는 글로벌 국가-국가, 국가-다국적 기업들의 관계 변화에 따라 어느 정도 유동적으로 변할 수 있다는 점에 주목한다. 이 점은 세 국가군 사이의 비교가 일정 수준 과도적임을 말해주는 것일 수도 있고, 하나의 유형에서 다른 유형으로의 이동이나 전환도 일련의 조건에서 가능할 수 있다는 점을 동시에 시사하기도 한다.

2
디지털전환에서 세 국가의
서로 다른 경로

1) 미국의 '시장주도 모델'과 디지털 독점의 등장

이제 본격적으로 브래드포드가 디지털전환에 적용한 국가간 비교 방식을 수용하고 이를 확장 적용해보자. 그는 정부의 '디지털 규제모델'을 중심으로 현실에서 세 가지 유형화가 가능하다고 분석했는데, 미국의 '시장주도 모델', 중국의 '국가주도 모델', 그리고 유럽연합의 '권리주도 모델'이 그것이다. 미국과 중국, 그리고 유럽연합에서 대체로 두 전환이 궤도에 오른 1990년대부터 나름의 역사적 배경을 바탕으로 각국 정부가 선택해왔던 정책들과 그 효과를 비교하면서 서로의 차이를 분석한다.

우선 미국의 디지털전환에 구현된 '시장주도 모델'의 직접적인 역사적 기원을 추적하면, 정부의 위계와 권위에 대한 불신을 배경으로 형성된 1960년대 히피들의 반문화로 거슬러 올라갈 수 있다.* 그리고 이 전통은 오늘날 자신들을 혁명가, 비전가로 자칭하면서 혁명적 기술을 통해 세계를 바꾸겠다는 열망을 드러내는 거대 기술기업가들로 지금까지 이어진다. 인터넷이 만들어준 사이버 공간은 정부가 과거에 만들었던 세계보다 이들에게는 이미 훨씬 더 인간적이고 공정한 세계다. 반면 빠르게 변하는 기술 세계에서 정부의 규제는 너무 느리거나 비효율적이다. 정부보다 시장의 벤처캐피탈이 승자를 더 잘 선별하여 더 혁신적인 기업이 번영하도록 만들 수 있으므로 정부는 엄격히 시장실패에만 한정해서 개입해야 한다.

심지어 과격한 기술 자유주의자들은 시장실패 영역에서조차 규제가 필요하다고 보지 않는다. 이들에게는 자유언론과 자유로운 인터넷, 자유로운 혁신 동기가 가장 중요하다. 온라인에서 해로운 내용이 있다면 기술이 그걸 걸러낼 것이고, 인터넷 사용자가 프라이버시를 걱정하면 기술기업들이 프라이버시를 보호하는 기술 개발에 나설 것이다. 이런 발상들을 '캘리포니아 이데올로기'라고 부른다. 한마디로 이들에겐 "기술이 문제인 곳에 해법은 또다시 기술"이다. 이런 분위기는 디지털 기업들과 온라인 플랫폼을 각종 법적 책임으로부터 면제하고 자율규제에 힘을 실어줬다.[258]

---

* 사실 실리콘밸리 문화의 전통은 19세기말 스탠퍼드대학으로 거슬러 올라갈 수 있는데, 작가 말콤 해리스는 2024년에 쓴 《팔로알토》에서 강도귀족 시대에 서부철도 건설로 부를 쌓은 스탠퍼드일가가 세웠던 스탠퍼드대학은 백인우월주의가 강한 우생학 전통을 가지고 출발했다고 주장한다. 그리고 이후 HP를 비롯해서 스탠퍼드 산업단지에 입주한 항공, 통신, 전자 스타트업들의 경우 대체로 미국 정부의 거대한 국방수요에 의지해 성장했으며 1960년대까지 윌리엄 쇼클리, 로버트 노이스, 고든 무어 등 실리콘밸리의 성공한 선구자들 역시 방위산업의 수혜자들이라고 지적한다. 따라서 우생학적인 백인우월주의나 무제한의 공공지원 아래서 성장해온 실리콘밸리 역사를 생략하고, 오직 1960년대 이후의 자유로운 히피문화 전통만 강조한 브래드포드의 지적은 일면적일 수 있다.(해리스 2024)

그런데 기술 자유주의자들이 놓치고 있는 중요한 사실이 하나 있다. 1980년대 이후 금융시장을 포함해서 전체 시장경제로 퍼진 규제 없는 시장지상주의가 기술 자유주의자들의 자유로운 혁신 정신과 반문화 흐름의 긍정성을 잠식해나갔다는 것이다. 그 결과 캘리포니아 이데올로기가 선전한 해방적 약속은 점점 더 현실에서 멀어져갔다. 이에 대해 브래드포드는 디지털 분야에서 시장주도 모델이 가지고 있었던 원래의 반문화적인 뿌리가 시간이 흐르면서 점점 더 자유시장 이데올로기로 대체되었고, 세계를 바꾸겠다는 야망 역시 돈을 벌겠다는 야망에 추월당했다고 날카롭게 지적한다.

그런데 시장지상주의의 부정적 문제점이 2008년 글로벌 금융위기로 전면에 노출되고, 2010년대로 접어들면서 주요 거대 기술기업들의 통제받지 않는 권력과 사회에 미치는 해로운 영향에 대한 우려가 미국 사회에서도 점차 커지기 시작했다. 지나치게 느슨한 규제와 시장근본주의에 대한 맹신이라는 시장주도 모델의 부정적 측면이 커지고, 거대 기술기업들의 과도한 경제력 집중과 독점 남용 행위가 도를 넘기 시작했기 때문이다.

특히 소수 빅테크가 운영하는 소셜 미디어는 사회의 극단화를 조장했을 뿐만 아니라 민주주의 제도를 훼손할 위험까지 있었다. 2016년 미국 대선 개입 사건으로 잘 알려진 캐임브리지 애널리티카 사건이 대표적이다.* 이때 페이스북의 저커버거가 했던 변명은 "우리는 세상을

___

* Frenkel·Kang 2022. 맥나미 2020. 이 사건은 2016년 초에 영국 기업인 케임브리지 애널리티카가 수백만 페이스북 가입자 프로필을 동의 없이 수거해서 정치적 선전을 하려는 목적으로 사용했다는 사실이 세상에 밝혀지면서 일어난 사회적 물의 및 정치적 사건이다.

더 나은 곳으로 만들기에도 너무 바빠서 세계에서 무엇이 잘못되었는지 깨닫지 못했다"는 것이었다.[259] 허위정보는 진실보다 '더 멀리, 더 빠르게, 더 깊게' 퍼진다. 비슷한 생각을 가진 사람들끼리 서로 메아리처럼 동일한 논조의 말만 듣는 와중에 견해가 점점 더 극단적인 쪽으로 고착되는 '반향실 효과(echo chamber effect)'*가 SNS에서 심해지자, 소셜 미디어가 더 많은 민주주의를 보장할 것이라는 기대도 사라져갔다. 알고리즘 편향과 가짜뉴스, 딥페이크까지 그 피해는 갈수록 사회문제로 되고 있지만 기술기업들의 적극적 대처는 없었다. 쇼샤나 주보프는 시민 개인정보를 남용해 수익성만 극대화하는 현대 디지털 플랫폼기업들이 지배하는 시스템을 '감시 자본주의(surveillance capitalism)'라고 불렀다.[260]

한때 마크 저커버거의 멘토였던 로저 맥나미(Roger McNamee)는 조금 더 처절하게 다음과 같이 비판했다. "인터넷 플랫폼이 공중보건과 민주주의, 프라이버시, 그리고 시장경쟁에 미치는 폐해는 디지털판 독성물질의 유출에 비유할 수 있다. 이들 전에 존재했던 화학업계와 마찬가지로 인터넷 플랫폼은 이런 유출비용을 사회가 부담해야 한다고 믿는다. 대다수 유독성 화학물질의 유출과 달리 일부 디지털판 독성물질은 정화할 수 없다."[261] 그리고 이에 대한 해법으로 "오직 정부만이 자본주의 규칙을 정하고 감독하는 역할을 수행할 수 있다. 오직 정부만이 소비자들을 해악으로부터 보호할 수 있다. 정부가 제 역할을 할 때가 왔다"고 덧붙였다.

---

* 반향실 효과란, "뉴스 미디어에서 전하는 정보가 해당 정보의 이용자가 갖고 있던 기존의 신념만으로 구성된 커뮤니케이션에 의해 증폭 및 강화되고, 같은 입장을 지닌 정보만 지속적으로 되풀이하여 수용하는 현상을 비유적으로 나타낸 말이다."(위키백과)

결국 미국은 최근 시장주도 모델의 부정적인 함정에서 벗어나려는 움직임을 보이지 않을 수 없게 되었다. 하지만 실리콘밸리의 기술 낙관주의는 지금도 미국의 빅테크 규제를 차례로 무력화할 정도로 강력하다. 심지어 2023년 10월 발표한 '기술 낙관주의자 선언문(The Techno-Optimist Manifesto)'에서 그 유명한 웹브라우저 넷스케이프를 개발했던 마크 앤드리슨(Marc Andreessen)은, "자연이 만든 것이든 기술이 만든 것이든 더 많은 기술로 해결할 수 없는 물질적 문제는 없다"면서, 인공지능 규제를 '전체주의의 새로운 토대'라고 공격할 정도다.[262] 극단적인 기술 낙관주의 내러티브로 디지털과 인공지능 규제를 무너뜨리려는 시도는 트럼프 2기 정부와 실리콘밸리의 결탁으로 당분간 더욱 거세질 전망이다.

2) 중국의 '국가주도 모델'과 감시국가의 위험성

다음으로 중국의 국가주도 모델을 살펴보자. 혁신적 기술기업이 시장주도 모델에서뿐 아니라 국가주도 모델에서도 성공할 수 있다는 것을 보여준 것은 중국이다. 중국은 이미 디지털 기술 분야의 슈퍼파워가 되었는데, 텐센트(Tencent), 알리바바(Alibaba), 메이투안(Meituan), 징동닷컴(JD.com), 바이트댄스(ByteDance)가 현재 글로벌 소프트웨어 기업의 선두에 있고, 화웨이(Huawei)와 중국인터내셔널반도체(SMIC), 창신메모리(CXMT), 양쯔메모리(YTMC), 샤오미(Xiaomi)도 글로벌 하드웨어 선두기업이다. 중국은 한편으로는 느슨한 규제(lax regulation)와 관대한 보조금을 쏟아부어 기술기업들의 성장을 도왔다. 동시에 '기술-민족주의

(techno-nationalism)' 또는 기술보호주의를 통해서 자국 기업들을 글로벌 경쟁 기업들로부터 보호했다.[263]

2009년 페이스북과 유튜브, 트위터 금지, 2014년 인스타그램 금지, 2010년 이후 구글 검색엔진 중지 등은 한편에서는 중국 정부의 정보 검열 결과이기도 했지만, 자국 기술기업의 성장에 도움을 주는 효과도 있었다.[264] 즉, 중국의 규제 때문에 미국 실리콘밸리 기술기업들은 중국의 온라인 일상에서 효과적으로 차단당했지만, "이것은 중국 공산당의 통제 아래 중국 기술기업들이 미국 플랫폼들의 대안을 개발할 수 있는 길을 열어 주었다"는 것이다.[265] 그리고 오늘날 미-중 기술경쟁이 격화되는 지정학적 현실은 중국을 더욱 기술적 자족과 디지털 보호주의로 향하게 하고 있다.

중국 정부는 또한 적극적 산업정책(proactive industrial policies)을 통해 디지털 분야의 모든 핵심기술에서 자립을 실현하고 '기술주권'을 확보하고자 했다. 대표적으로 '중국제조 2025(Made in China 2025)'와 '중국표준 2035(China Standards 2035)'라는 국가주도 산업정책을 통해 하이테크 제조 분야에서 글로벌 차원의 지배적 플레이어가 되고자 했다.[266] 특히 2016년 알파고와 이세돌 사이의 바둑게임은 중국에도 일종의 '스푸트니크 모멘트(Sputnik Moment)'*가 될 정도로 충격을 주었고, 이를 계

---

* 세계 최초의 인공위성인 스푸트니크 1호를 소련이 1957년 10월 4일 바이코누르 우주비행장에서 발사한 사건은 위기의식을 느낀 미국이 대규모의 재정지원을 통해 우주 기술 개발에 나서는 계기가 되었다. 최근에는 버락 오바마 대통령이 재생에너지와 기술 분야에서 다른 나라의 빠른 발전을 따라잡아야 하는 미국의 필요성을 설명하기 위해 '스푸트니크 모멘트'라는 용어를 사용하기도 했다. 이처럼 자국이 글로벌 기술 경쟁에서 뒤떨어질 수 있다는 위기감을 느끼게 만든 계기를 '스푸트니크 모멘트'라고 부른다.

기로 2017년에 '차세대 인공지능 개발계획'을 세워서 2030년까지 세계 최고 인공지능 혁신센터로 발돋움하려는 의지도 밝혔다.[267]

그런데 중국 모델은 정부와 사적 기술기업이 서로의 목표를 달성하도록 돕는 밀착 관계, 또는 정부와 기술기업 사이의 공생관계를 낳았다는 것이 브래드포드의 지적이다. 중국 기술기업들은 약한 규제를 대가로 정부를 대리해서 감시와 사용자 통제기능을 수행하거나 도왔다. 사실 국가와 사적 기술기업의 긴밀한 파트너십은 중국 규제모델의 핵심 성공 요인이다. 이는 중국 스타일의 강력하고 악명높은 감시국가를 만들어냈다. 일찍이 '만리방화벽(Great Firewall of China)' 시스템을 구축했던 중국은 검열과 감시를 위해 디지털 기술과 기술기업을 적극적으로 이용했는데, 특히 안면인식을 포함한 인공지능이 중국 국가 감시에서 중요한 도구가 되었다. 화웨이, 하이크비전(Hikvision), 다후아(Dahua), 중흥통신(ZTE)같은 기술기업들이 여기에 일정한 역할을 했다. 또한 중국은 2015년 국가보안법, 2016년 사이버보안법, 2021년 데이터보안법에 이르기까지 관련 법적 장치들도 마련했다.[268] 2010년 후반기부터 점점 더 강화되어가는 미국의 대중국 기술규제와 미-중 디지털 경쟁은 중국의 디지털전환 전략이 일정하게 성공하면서 미국의 전환전략과 정면으로 충돌하게 된 결과라고 해석할 수 있다.

3) 세계 표준을 이끌어온 유럽연합의 '권리주도 모델'

이제 유럽의 권리주도 모델로 넘어가 보자. 한국 식자들을 포함해서 많은 이들은 유럽을 '미-중 기술 전쟁의 피해자', '미-중 디지털 제국의 식민지', '스스로 디지털 운명을 결정할 수 없는 처지'라고 묘사한다. 하지만 브래드포드는 '힘없는 구경꾼'으로서 유럽의 디지털전환을 보는 시각을 전면적으로 비판하면서 유럽의 중요한 역할을 권리주도 모델로 표현한다.[*] 이 모델은 "디지털 사회에서 개인적이고 집합적인 시민 권리를 증진"하는 데 초점을 둔다. 미국이 언론자유, 인터넷 자유 등을 강조하는 것과 달리 유럽 모델은 시민들을 위한 인간적 존엄(human dignity), 데이터 프라이버시, 민주적 담론, 그리고 다른 핵심 권리와 언론자유의 균형을 추구한다. 또한 개인의 권리와 시민의 정치적 자율의 보호라는 이름으로 국가의 개입을 정당화한다.

정부가 기술을 이해하지 못하고 기술 발전을 억제하지 않을까 걱정하는 쪽이 미국 모델이라면, 유럽 모델은 기업들이 생산하는 제품이나 서비스가 얼마나 헌법적 민주주의나 기본권을 침식할 수 있는지에 대해 기업들 스스로 잘 이해하지 못한다고 걱정한다.[269] 그래서 유럽은 '법 없는' 인터넷이라는 기술-자유주의자들의 아이디어를 거부하고, "기술 기업은 규칙이 필요하고 그 규칙은 정부가 만든다"는 원칙 위에서 시민들의 권리를 증진하는 규제를 기꺼이 도입한다.

---

[*] 사실 이 주장은 일반적으로 생소하게 들릴 수 있다. 반도체나 디지털 기술을 둘러싼 미-중 경쟁이 워낙 미디어의 초점을 받다 보니, 디지털전환에서 유럽이 나름의 특색이 있을까 하고 주목하기가 쉽지 않기 때문이다. 더욱이 유럽은 소프트웨어에서 독일의 SAP와 스웨덴의 스포티파이, 반도체 하드웨어 분야에서 영국의 칩 설계기업 ARM이나 네덜란드의 독점적 노광장비 회사인 ASML 정도 외에는 유력한 디지털 기업이 없다는 점도 디지털전환에서 유럽이 주목받지 않았던 이유다(Bradford 2023a:136-139). 그런데 뒤에 살펴보겠지만 유럽의 권리주도 모델은 확실히 디지털 확산에 따라서 더 높은 수준의 표준을 제정하고 규범을 형성하는 데 중요한 역할을 해왔다. 최근 유럽의 인공지능법이나 가상자산 규제법이 글로벌 표준으로 확산되는 경향에서도 이 점은 분명하게 드러난다. 최소한 지금까지 현실에서 구현된 디지털전환 모델 가운데 그나마 사회적, 생태적 악영향을 최소화할 수 있는 가장 나은 현실 모습은 유럽모델이라고 할 수 있다.

이런 취지로 도입해온 유럽의 각종 디지털 규제들은 기술기업들이 데이터를 수집, 처리하고 공유하며, 제품을 디자인하거나, 인터넷 사용자들과 일상적으로 수행하는 비즈니스에 실제로 중대한 영향을 미쳤다. 개인정보 처리가 법에 기반하고 공정하며 투명해야 한다는 원칙 아래 제정된 2018년 '개인정보보호법(General Data Protection Regulation:GDPR)'은 글로벌 표준이자 유럽 권리주도 규제모델의 상징이 되었다. 또한 인공지능의 해로운 사용으로부터 시민들을 보호하고자 2021년 제안되어 2024년 실행에 들어간 '인공지능법(AI Act)'은 세계 최초의 인공지능 규제법이 되었다. 아울러 증오, 혐오, 차별 등이 난무하는 온라인 콘텐츠를 투명하고 책임있게 관리하도록 규제하기 위해 '디지털서비스법(Digital Service Act)'이 2022년 제정되고 2023년부터 시행에 들어갔는데, 이 법에 따라 구글과 메타 같은 대규모 온라인 플랫폼은 허위정보로 인한 시스템 위험을 평가하고 이를 완화하기 위한 효과적인 대처방안을 마련하는 것이 의무화된다.

특히 유럽은 시민의 기본권리 보호와 함께 공정성과 재분배 촉진 수단으로 디지털 산업 규제에 접근하기도 한다. 대표적으로 유럽연합 경쟁담당 집행위원이자 일찍이 '세계에서 가장 강력한 독점 파괴자(trust buster)'라는 별명을 얻었던 마르그레테 베스타게르(Margrethe Vestager)[270]가 주도해온 유럽 반독점 규제는, "크든 작든 모든 경제 행위자들이 동일한 규칙을 따르는 공정한 사회가 되도록 경쟁정책이 기여"하게 만들겠다면서 효율성만큼이나 공정성 추구를 강조했다. 이를 위해 최근 빅테크의 시장 지배력 남용을 견제하는 강력한 사전 규제법인 '디지털시장법(Digital Market Act)'을 2022년 입법하여 2024년부터 적용에 들어감으로써 디지털 독점규제를 상징하는 법으로 자리 잡았다.

유럽연합 차원은 아니지만 유럽 회원국들에서 개별적으로 디지털 기업에 대한 과세나 플랫폼노동 규제도 다양하게 도입되었다. 2019년에 프랑스가 사용자에게 제공되는 디지털 서비스에 3%의 세금을 부과하는 등, 거의 절반의 유럽연합 회원국들이 '국내 디지털조세(Domestic Digital Tax)'를 도입했거나 발의 또는 입법 준비 중이다.[271] 나아가 디지털전환이 공정하고 지속 가능하도록 플랫폼노동자의 사회적 보호를 제공해야 한다면서 이를 위한 조치들도 회원국들이 속속 도입하고 있다. 예를 들어 플랫폼노동자의 노동자성을 법적으로 인정하거나(네덜란드, 스페인), 기업에게 노동자가 아님을 입증하라거나(독일), 아니면 제3의 형태로 분류(프랑스, 이탈리아)하는 등 다양한 방식을 모색하고 있다.

이처럼 브래드포드는 미-중 디지털 기술 전쟁의 와중에서 가려져 있었던 유럽만의 고유한 디지털전환 특징을 전면에 드러내는 데 성공했을 뿐만 아니라, 디지털 시민권을 적극 실현하기 위해 정부가 디지털 시장의 규칙을 어떻게 짤 수 있는지 보여주었다.

4) 무엇이 디지털전환의 서로 다른 경로를 만들까?

이상으로 지난 30여 년 동안 세 국가가 어떻게 서로 다른 가치와 문화를 배경으로 각자의 정책목표와 전략을 동원해서 차별적인 디지털전환을 이뤄내며 지금에 이르렀는지 요약했다. 미국의 독보적인 실리콘밸리 모델과 이를 추종하는 각 국가의 모방모델이라는, 얼마 전까지 유행했던 단순 비교와는 차이가 크다는 것을 금방 알 수 있다. 이는 최신의 변화된 글로벌 현실에서 반도체 하드웨어는 물론 소프트웨어 측면까지 아우르는 역동적 대응의 결과를 브래드포드가 잘 포착했기 때문이다.

그런데 여기서 주목해야 할 대목이 있다. 핵심적으로 어떤 기제가 세 모델의 분기를 가능하게 했을까? 국내적 역학과 국제적 역학의 교차에 각 국가가 어떻게 대응하는지가 차이를 만들어낸다는 것이 브래드포드의 설명이다. 즉 정부와 빅테크 권력 사이에 벌어지는 '수직적 싸움(vertical battle)'과, 한 나라 정부와 다른 나라 정부 사이의 '수평적 싸움(horizontal battle)'에 해당 국가 정부가 어떻게 대응하는가에 따라 세 모델로 갈라진다는 것이다.*

구체적으로 보면, 미국은 국내적으로 1980년대부터 빅테크에 대한 기존의 반독점 규제도 거의 하지 않은 채 최근까지 자율규제에 맡겨두는 방식으로 수직적 싸움에서 후퇴했고 그 결과 빅테크의 거대한 경제 권력을 용인했다. 하지만 수평적인 싸움에서는 2018년 중국 글로벌 통신기업 화웨이 규제와 2022년 중국에 대한 전격적인 첨단 반도체 수출통제처럼, 다른 나라들의 '급소(choke point)'를 쥐고 미국의 경쟁자로 부상하는 것을 적극적으로 억제해왔다.[272] 반대로 중국은 수직적 싸움에서 국내 디지털 기업들에 대해 약한 규제로 자율적 성장을 용인하는 대가로 감시국가를 위한 기업의 협조를 요구했고, 이후에 앤트그룹처럼 정부를 위협할 만큼 세력이 커지자 강력한 견제를 시작하는 방식

---

* 브래드포드는 각 국가 안의 정부와 기업 사이의 힘겨루기를 '수직적 싸움'으로 표현하고, 국경을 넘어서 국가와 국가 또는 기업과 기업 사이의 힘겨루기를 '수평적 싸움'으로 표현하면서 두 가지가 얽혀가면서 세 모델이 진화하고 있다고 인식한다. 한국 정부나 미디어가 지나치게 단순한 이데올로기적 관점에서 국가 사이의 적과 동맹이라는 도식에 따라 글로벌 상황을 해석하는 것과 상당히 다르다.

으로 디지털 기업에 대한 정부 우위를 유지했다. 동시에 수평적 싸움에서는 미국과 달리 처음에는 국내 시장을 적극적으로 보호하는 방어적 정책을 취하면서도, 점차 '일대일로 정책'처럼 해외로 무역과 통신 등의 관계망을 확산하는 쪽으로 발전했고, 최근에는 '쌍순환 전략'을 통해 조정 국면으로 들어갔다. 한편 유럽은 미국처럼 시장의 자율을 용인하지 않고 정부가 적극적으로 공정한 시장 규칙의 제정에 개입했다. 하지만 중국처럼 직접 시장의 플레이어가 되기보다는 심판 역할에 머무는 방식으로 기업의 주도권을 인정했으며, 다른 국가의 정부에 대해서는 유럽의 시장 규칙을 글로벌 표준화시키는 규칙 제정자(rule setter) 역할을 자임했다.

이렇게 수직적, 수평적 싸움에 임하는 정부의 서로 다른 태도가 다른 경로를 만들어냈는데, 시간이 흐르면서 미국식 자유방임주의는 점차 퇴조해갔고 대신 유럽식 개입주의와 중국식 개입주의가 점점 더 부상하게 되었다. 중국식 개입주의는 적극적 산업정책에서 강점이 드러나지만 권위주의로 흐를 위험성이 있다. 유럽식 개입주의는 사회, 생태적으로 바람직한 디지털전환의 '표준적 시장 규칙'을 제시해주지만, 기업 권력에 대한 견제가 여전히 제한적이고 특히 국가 재정을 동원한 국가의 적극적 역할을 하지 못해 전환의 추진력을 형성하는 데 한계를 보이게 된다. 이 대목은 뒤에서 다시 확인할 것이다.

3

생태전환에서 세 국가의
서로 다른 경로

1) 세 국가 모델은 생태전환에서 어떻게 달라질까?

앞의 디지털전환처럼 생태전환 추진 패턴의 국가별 차이를 깔끔하게 세 국가군으로 구분해서 대조한 연구는 아직 없다. 다만 안드레아 프론테라가 유럽과 미국, 중국이라는 세 '녹색 슈퍼파워'를 거칠게 유형화했을 뿐이다. 하지만 앞서 디지털전환에 적용되었던 세 가지 주도 모델은 사실 생태전환에서도 큰 틀에서 적용되는 데 무리가 없다. 그 이유는 첫째, 현재 글로벌 경제(그리고 한국 경제)를 지배하는 가장 강력한 경제권력(심지어는 정치적 영향력과 공적 담론 지배력까지)을 디지털 사기업들이 쥐고 있는데, 이들은 단순히 디지털 경제의 방향만 좌우하지 않고 산업과 경제 전체의 방향에도 핵심적인 역할을 하기 때문이다. 뒤에 다루겠지만 바이든 대통령은 '기술산업복합체'라는 새로운 개념으로 이를 아주 적절히 포착했다.

사실 21세기 초까지만 해도 엑손모빌과 같은 화석연료 기업들이 글로벌 시가총액 상위권을 휩쓸었다. 하지만 2025년 1월 15일 기준 시가총액 1위는 애플(약 3.5조 달러), 2위 엔비디아(약 3.3조 달러), 3위 마이크로소프트(약 3.1조 달러), 4위 알파벳(구글, 약 2.4조 달러), 5위 아마존(2.3조 달러)이었고 6위에 와서야 사우디 국영 석유기업 아람코가 명단에 들어왔다.[273] 한국도 1위 삼성전자(324조), 2위 SK하이닉스(152조), 10위 네이버(32조), 27위 카카오(16조) 등으로 반도체와 디지털 플랫폼기업들이 최상위권을 차지한다.[274] 이들 디지털 사기업들의 권력과 무한팽창 욕구를 얼마나 적절히 지구생태계 한계 안으로 규제할 수 있는지, 그리고 이들이 미치는 사회적 악영향 뿐만 아니라 생태적 악영향을 제어할 수 있는지에 따라서 생태전환의 속도 역시 결정적으로 한계지워질 것이 분명하다. 이처럼 디지털전환의 규제모델은 생태전환의 규제모델에 중대하게 영향을 준다.

둘째, 디지털전환 모델의 차이는 어느 정도 각 국가가 형성해온 산업, 경제발전의 역사적 경험과 제도를 반영한다. 디지털 경제에 적용했던 세 모델은 대표적인 세 국가의 경제철학과 경제기조를 반영한 것이기 때문에 당연히 디지털 분야에 국한되지 않는다. 미국은 전통적으로 자유시장경제를 추종했으며 1980년대 신자유주의 조류 아래에서 그 경향이 극단(경제학자 블랑코 밀라노비치 표현으로 '자유성과주의 자본주의')으로까지 치달았다. 한편 유럽은 국가별 차이에도 불구하고 '조정시장경제' 또는 '사회적 시장경제'로 수렴되는 경향을 띠었다. 중국의 경우 개혁개방 이후 자본주의 시장경제를 빠르게 수용했지만, 여전히 국가의 경제 통제와 공공부문이 경제의 큰 비중을 차지(국가의 투자 비중은 30% 내외, 국영기업 부가가치 비중은 20% 내외)하는 국가 자본주의로 굳어져 갔다.[275]

브래드포드가 유형화한 세 모델은 어떤 측면에서는 세 국가 경제기조를 디지털 분야에서 구체화한 것이다. 당연히 녹색 분야에서도 동일한 경제기조가 투영될 수밖에 없다. 그렇다고 해서 녹색 분야에서의 전개 양상이나 성과가 디지털 분야와 같을 것이라고 예단하면 안 된다. 예를 들어 미국의 시장주도 모델은 디지털 분야에서 최고의 성과를 냈지만 녹색 분야에서는 전혀 그렇지 못했다. 반면 국가주도 모델을 취한 중국은 디지털 분야 이상으로 녹색산업정책에서 산업적으로 큰 성공을 거두게 된다. 한편 권리주도 모델을 이끌어온 유럽은 디지털 분야만큼이나 녹색 분야에서 글로벌 표준을 선도하면서도 디지털 분야와 달리 풍력 등 일부 녹색제조에서 최근까지 상당히 선도적 역할을 동시에 할 수 있었다(다만 최근 중국의 추격으로 고전하기 시작했다). 구체적인 내용은 뒤에 다시 상세히 살펴볼 것이다.

셋째, 디지털전환의 세 모델은 최근 글로벌 경제의 분열과 디커플링 경향 등 새로운 환경 변화에 대응하는 '수평적 싸움' 과정에서 더 역동적인 변화의 계기를 맞고 있다. 이는 미-중 반도체 갈등에서 가장 대표적으로 드러나지만 최근 전기자동차 관세장벽 등 녹색무역에서도 유사한 현상이 나타나고 있다. 다만 디지털전환과 달리 생태전환의 글로벌 역학은 싸움보다는 협력의 가능성이 더 클 수 있다는 분석도 있어, 디지털 분야의 국가간 경쟁구도와 녹색 분야의 경쟁구도가 어떻게 달라지게 될지는 앞으로 주의 깊게 봐야 할 대목이다.

조금 더 구체적으로 이 문제를 확인해보자. 경제학자 스티븐 로치(Steven Roach)는 기후변화 문제가 반도체와 달리 글로벌 갈등이 아니라 협력의 주요 계기 가운데 하나가 될 수 있다면서 이렇게 주장했다. 미-중 갈등 같은 글로벌 갈등은 "쉽게 해결할 수 있는 문제부터 해결하는 것이 가장 좋은 방법이다. 이런 접근법이 가능하도록 분위기가 무르익은 분야는 세 가지라고 생각한다. 기후변화와 세계 보건과 사이버 보안이 바로 그것이다. 이 분야들은 두 나라(미국과 중국-인용자)가 공동의 이해관계를 가지고서 공동의 리더십을 발휘할 수 있는 세계적인 쟁점이다."[276]

정치학자 헨리 파렐(Henry Farrell)과 아브라함 뉴먼(Abraham Newman) 역시 미국 등 강대국들이 국가적 힘과 규제력을 상대 국가를 압박하기 위해 사용하기보다는 함께 '탈-탄소 경제'를 지향하는 곳에 쓰자고 제안한다. 예를 들어, 화석연료 다국적 기업들을 공동으로 압박하여 탈-탄소화 방향으로 유도하고, 탈-탄소 경제를 향한 건전한 글로벌 경쟁 구도를 만들며, 탄소 집약 산업에 집착하는 국가들에게 탄소국경조정제도 등 녹색관세를 부과하여 패널티를 주는 등 유럽에서 시작한 제도를 글로벌 차원으로 확대하자는 것이다.[277] 이런 방식으로 녹색 분야의 글로벌 관계를 전망하면 기본적으로 디지털 분야와의 차별성이 커진다.

하지만 스티븐 로치나 파렐과 뉴먼의 기대와 달리 기후 대응이 글로벌 협력의 계기가 되기보다는 디지털전환과 마찬가지로 글로벌 갈등의 희생양이 될 수도 있다는 비관적 분석도 있다. 예를 들어 마크 레오나드는 "기후변화가 각국 지도자들로 하여금 서로 경쟁하는 국면에서 빠져나와 지구의 미래를 보호하기 위한 마인드에 초점을 두도록 만들 것"
이라는 사람들의 기대는 실현되기 어렵다고 평가한다. 글로벌 규칙보
다 국가 간 권력 게임이 우세하고 기후과학보다 정치적 이해관계가 압
도하며 국제주의보다 국가주의가 지배하고 있는 현재 상황에서 기후위
기만 예외적으로 글로벌 협력이 일어나리라고 기대할 수는 없기 때문
이다.[278] 불행하게도 현실은 점점 더 레오나드의 비관론에 무게를 실어
주고 있다.

국제통화기금(IMF) 연구진 역시 레오나드와 유사한 관점에 서 있
다. 국제통화기금 온라인 잡지 〈금융 및 개발(Finance & Development)〉
2023년 6월호는 "녹색무역 긴장"이라는 제목의 에세이를 통해, "녹색
보조금과 탄소 관세에 대한 논란은 향후 10년 동안 기후, 무역, 산업정
책의 교차점에서 더욱 복잡한 갈등을 일으킬 수 있다"고 진단하면서 다
음과 같이 덧붙였다. "보호무역주의 기조가 계속된다면 미국, 유럽연합
등에서 저비용 청정기술은 국경을 넘어 쉽게 확산할 수 없는 벽으로 둘
러싸인 시장에 갇혀 전 세계적인 탈탄소화를 더욱 어렵게 만들 수" 있
으며, "최악의 시나리오는 세계무역기구(WTO)에서의 제소와 보복 관세
의 홍수로 인해 글로벌 청정기술 시장이 분열되고 기후행동이 둔화되
는 것이다."[279] 이처럼 녹색 분야에서의 글로벌 경쟁 구도가 디지털 분
야에서의 경쟁 양상과 유사한 형태로 전개될 가능성은 점점 더 높아지
고 있다. 다만 디지털 분야와 달리 녹색 분야에서는 미국과 유럽 등 서
구 연합이 통상적 '관세' 외에 중국의 급소를 압박할 수단이 얼마 없어
세부적 전개 양상은 반도체 분야와 다르게 흐를 개연성이 높다.

2) 뒤처진 미국, 다시 생태전환 선도국 될까?

이제 구체적으로 생태전환에서 세 국가 모델이 걸어온 경로와 달성한 성과들을 차례로 살펴보자. 먼저 미국의 시장주도 모델은 초기의 정부 간섭에서 자유로운 해커문화(그리고 국방성의 지원)를 배경으로 디지털 전환에서 강력한 실리콘밸리를 구축하도록 했지만, 1990년대 이후 시장근본주의 사조와 결합되면서 실리콘밸리의 빅테크 시장 지배력 남용이라는 부정적인 결과를 낳게 되었다고 앞서 확인했다. 그런데 미국 모델은 생태전환에서는 다른 요인들과 맞물리면서 디지털 분야와 차별화된 결과를 낳게 된다.

우선 1950년대 태양광 기술, 1960년대 리튬이온 배터리 기술을 처음 개발했던 미국은, 1970년 '청정대기법(Clean Air Act)'을 발표하는가 하면 1977년 에너지부(DoE)를 신설하는 등 초기에는 디지털 분야와 마찬가지로 글로벌 환경정책과 녹색기술을 선도했다.[280] 하지만 1980년대 이후 확산된 미국의 시장근본주의는 녹색 분야에 우호적으로 작용하지 않았다. 이미 시장이 성숙된 디지털전환 분야에서는 사기업들이 단기적 수익을 올릴 기회가 많다. 그러다 보니 기업들은 디지털이 사회와 환경에 미칠 수 있는 고통과 피해를 방치하면서까지 빠른 전환을 서두를 유인이 생기게 된다. 하지만 생태전환 분야는 아직 시장이 성숙하지 않은 영역인 탓에 기존 화석연료 산업에 비해 수익이 형편없이 낮다. "태양광 및 풍력 발전소를 개발하고 운영하며 여기서 생산된 전기를 판매하는 수익률이 일반적으로 5~8% 수준이므로 솔직히 말해 그다지 매력적인 사업은 아니다. 일반적으로 수익률이 15%를 넘는 석유 및

가스기업 주가가 상승하는 동안 재생에너지 주식이 하락하는 것은 당
연한 결과"라고 경제학자 브렛 크리스토퍼스는 지적한다.[281]

　아울러 디지털 분야와 달리 생태와 기후 분야에서는 정치적 갈등이
중요하게 작용하면서, 공화당 주도의 의회나 행정부의 반대로 주요 기
후·생태정책들이 좌초하는 결과를 빚게 되는데, 대표적 사례가 미국
이 1997년 체결된 교토의정서에 참여하지 않은 것이다. 미국에서 시
장주도 모델과 정치 갈등이 결합하여 지체되었던 생태전환 추세를 겨
우 바꾼 시점은 오바마 정부(2009~2016)가 들어서면서부터다. 2008년
글로벌 금융위기로 인해 미국에서도 정부 개입의 명분이 생기자 2009
년 7,870억 달러 규모의 미국회복과 재투자법 지원 중 일부를 받아 재
생에너지 투자가 재개되었고 2005년 0.4%에 불과하던 풍력 비중이
2015년이면 4.6%까지 늘어났다. 정책적으로도 2015년 오바마 정부는
중국을 끌어들여 역사적인 파리협약에 적극 참여하고 온실가스 감축
목표도 상향시켰다.[282]
　하지만 시장에서는 디지털 분야와 달리 오바마 정부 시절에도 여전
히 민간 녹색기업들의 성적이 글로벌 수준으로 성장하지 못하고 부진
하거나 몰락한 경우가 꽤 발생했다.[283] 특히 오바마 정부가 지원금까지
투입하며 기대를 모았던 미국 태양광기업 솔린드라(Solyndra)가 2011년
파산한 사건은 미국 녹색산업의 운명을 예고하는 전조였다. 왜 디지털
분야와 달리 2000년대부터 본격적으로 수요가 형성된 녹색산업 분야
에서 미국이 성과를 거두지 못했을까? 한 가지 원인은 제조역량의 취약
성에서 찾을 수 있다. 미국의 시장주도형 모델은 태양광과 풍력 등 녹

색산업에서도 주로 혁신 기술을 보유한 스타트업들이 주요 플레이어로 나섰는데 이들은 기본적으로 제조역량이 취약했다. 특히 "8,000개 이상의 개별 부품으로 조립된 구성품으로 이루어져 있으며, 1,000개 이상의 서로 다른 공급업체에서 생산"되는 풍력의 경우, GE를 제외하고는 미국 안에 제조업체나 부품업체가 거의 존재하지 않는 상황이었기 때문이다.[284] 이런 상황에서도 녹색산업의 성장을 시장에 맡긴 미국과 달리, 적극적 녹색산업정책을 통해 기업 성장을 지원한 중국이 점점 더 유리해지는 것은 자연스러울 수 있다.

오바마 정부에서조차 생태전환이 기대만큼 성과를 내지 못한 또 다른 이유는 2000년대 말부터 폭발한 미국의 셰일가스 붐이었다. 미국은 2024년 현재 하루 약 1,300만 배럴의 원유와 30억 제곱미터의 천연가스를 생산하여 세계 최대 화석연료 생산국이자 수출국이 되었다. 셰일 혁명 직전인 2008년까지만 해도 미국의 가스 생산량은 러시아와 비슷한 수준이었지만, 2023년에 이르면 러시아의 두 배에 이르는 최대의 가스 생산국이 된 것이다. 그 결과 미국 셰일 혁명의 "경제적 효과는 광범위하게 나타나고 있다. 가장 분명한 것은 미국의 세계 무역 관계에 변화를 가져왔다는 점이다. 오랫동안 주요 원유 수입국이었던 미국의 해외 원유 수요는 2008년부터 감소하기 시작했는데, 이는 셰일 오일 유전이 본격적으로 개발되기 시작한 바로 그 시점이다. 2019년에는 반세기 만에 처음으로 수입보다 더 많은 에너지를 수출하게 되었다."[285]

사실 미국의 최근 온실가스 감축 성과 역시 셰일 혁명에 힘입었다고 볼 수 있는데, 지난 20년 동안 미국 전력 생산에서 탄소 배출량 감소의

발전원별 미국 전력 생산 비중 변화 추이

출처 : OurWorldData.org/energy | CC BY

그림 3-4 2010년대 미국 셰일가스 붐과 에너지믹스 변화 추이

대부분은 석탄에서 가스로의 전환에서 비롯되었기 때문이다(그림 3-4 참조). 하지만 미국의 가스 의존은 결정적으로 재생에너지로의 전환을 지체시킴과 동시에, 앞으로 온실가스 배출제로까지 도달하려면 오히려 신설한 가스 발전소가 좌초자산이 되는 부작용이 발생한다. 그래서 영국 경제지 이코노미스트는 "미국이 셰일가스로 이룬 부(wealth)는 청정에너지에 대한 혁신과 투자를 저해하여 '화석연료의 함정'에 빠지게 할 수도 있다는 의문이 제기되고 있다"고 적절히 지적한다.[286]

오바마 정부에 이어 2017년 트럼프 정부 1기가 시작되면 미국의 생태전환은 다시 후퇴한다. 물론 2017~2020년 사이에도 미국 태양광 전력 생산은 무려 69%나 증가했고 풍력도 33% 증가하는 등, 트럼프 대

통령의 의지와 무관하게 민간 부문이나 주 정부의 노력이 작용하여 생태전환 자체가 멈추지는 않았는데 이는 트럼프 정부 2기에도 유사하리라 전망된다. 트럼프 정부의 퇴행을 되돌린 바이든 정부의 생태전환 노력 가운데 정점은 인플레이션 감축법(IRA)이었다. 이 법의 지원으로 뒤처진 미국의 녹색산업과 녹색기술이 얼마나 회복될지는 아직 장담하기 어렵다. 바이든 대통령 임기는 4년으로 끝난 데다 두 번째 당선된 트럼프 대통령은 이미 화석연료 시추나 개발 붐을 다시 일으키겠다고 공언했고 취임 후 실제로 그렇게 하고 있기 때문이다. 하지만 미국조차 태양광이 신규 발전 용량의 절반 이상을 차지할 정도로 중요해졌고 연간 태양광 설치량이 무려 40기가와트(2024년)에 이르렀으며, 태양광 확대로 인한 일자리가 26만 개를 넘는 상황이다. 이런 탓에 장사꾼 기질의 트럼프 대통령은 후보 시절부터 '태양광은 멋진 산업'이라며 태양광 확대를 멈추지 않을 것이라고 장담해왔다. 미국의 에너지전환 추세가 얼마간은 이어질 것임을 시사한다.

3) 녹색산업 굴기를 이끌어낸 중국

디지털산업과 기업의 성장에 국가가 적극적으로 개입했던 것 이상으로 중국은 녹색산업과 녹색기업의 성장에도 강력히 개입했던 점에서 확실이 미국과 반대쪽에 서 있다. 대표적으로 전기자동차를 보면, 중국은 테슬라가 세워지기 3년 전인 2000년에 이미 독일에서 자동차 전문가로 경력을 쌓은 완강(万钢, Wan Gang)을 영입해 국가 주도로 전기자동차 프로젝트를 시작했는데, 2009년에서 2017년까지 여기에 쏟아부은 공적 자금이 약 600억 달러에 이르렀다. 그 결과 2011년 전기자동차 (이른바 신에너지차라고 불리는 순수전기차, 하이브리드카, 연료전지차) 판매량이 고작 1천 대에 불과했지만 2023년에는 무려 950만 대를 돌파해 중국은 이제 부동의 세계 최대 전기자동차 판매 국가가 되었다. 2024년에는 전기자동차가 전체 자동차 판매의 절반을 돌파했고, 글로벌 광물자원 확보부터 배터리 생산, 전기자동차에 탑재되는 복잡한 소프트웨어에 이르기까지 전체 공급망을 완결적으로 갖추게 되었다.[287] 이제 중국은 "2010년부터 13년 동안 조금씩 변경되던 신에너지 차량 구매시 지급하던 국가 보조금을 2022년 12월 31일을 마지막으로 종결"할 정도로 자생력에 대해 확신을 갖는 듯하다.[288]

재생에너지 산업은 더 놀랍다. 중국은 재생에너지법 제정(2006년), 재생에너지 발전차액 지원제도(2009년), 골든루프 이니셔티브(2009년, 소규모 태양광 설치시 와트당 2.63달러의 보조금 제공), 골든선 이니셔티브(2009년, 유틸리티 규모 태양광 설치시 비용의 최대 70% 환급)를 도입하고, 재생에너지를 전략적 신흥산업에 포함(2010년, 여기에 포함되면 저금리 대출, 세금 감면, R&D 지원 등 다양한 우대 정책 혜택을 받게 됨)하는 등 이미 2010년대쯤에 재생에너지 지원체계를 거의 마련했다.[289] 그 결과 2012년부터 중국 재생에너지 기업들은 이미 전 세계 태양광 모듈 생산량의 60% 이상, 풍력터빈 생산량의 거의 절반을 차지했다.[290] 지난 20여 년 동안 글로벌 재생에너지 시장에서 태양광 패널과 리튬이온 배터리 가격이 1/10수준으로 떨어질 수 있었던 것은 해당 산업에 대한 중국 정부의 막대한 지원에 힘입은 바 크다.

심지어 중국은 국가 풍력 및 태양광 발전 설치 2030년 목표(1,200기가와트)를 예정보다 6년 앞당겨 2024년에 달성했고,[291] 2023년부터 2028년까지 유럽연합보다 약 4배, 미국보다 5배 더 많은 재생에너지 설비를 신설할 것이라고 국제에너지기구는 진단한다.[292, 293] 중국의 생태전환 추진 속도를 보면서 존스홉킨스 국제대학원(SAIS) 부교수이자 백악관 경제자문위원회 선임 이코노미스트인 조나스 남(Jonas Nahm)은, "중국이 세계 최대 오염원 중 하나라는 기존의 서술은 지난 20년간 중국 청정에너지 산업의 극적인 발전을 고려하지 않은" 잘못된 것이라며 최근의 놀라운 변화를 압축해서 설명한다.[294]

중국은 전기자동차와 태양광, 그리고 풍력의 제조-설치-수출에 이르기까지 글로벌 시장을 장악하고 있음은 물론, 여기에 더해 배터리와 녹색수소, 히트펌프까지 점차 우위를 보이고 있는데 이는 그동안 투자 규모가 그만큼 컸기 때문이다. 주요 녹색제조에 대한 중국의 투자를 보면 2022년 1,150억 달러에서 2023년에는 무려 70%가 증가하여 2천억 달러까지 올라왔는데 이는 글로벌 투자의 3/4을 차지할 정도로 압도적이다. 그 효과는 중국의 가격 경쟁력에서 확실히 나타난다. 예를 들어 중국의 태양광 모듈 제조 단가는 자본과 에너지, 노동비용 등을 감안할 때 미국과 유럽보다 35~65% 정도 낮다. 그리고 블레이드, 발전기, 타워 등 육상풍력 모듈 생산비는 미국과 유럽보다 약 20% 저렴하다. 배터리 역시 미국과 유럽보다 중국이 20~35% 정도 더 낮게 생산할 수 있다.[295] 현재 글로벌 전기자동차, 태양광, 풍력터빈, 그리고 배터리 상위 10대 기업 가운데 대부분을 중국 기업이 차지하고 있는 것은 절대 우연이 아니다(그림 3-5 참조).

물론 녹색제조에서 선두를 달린다고 해서 생태전환이 성숙해진다고

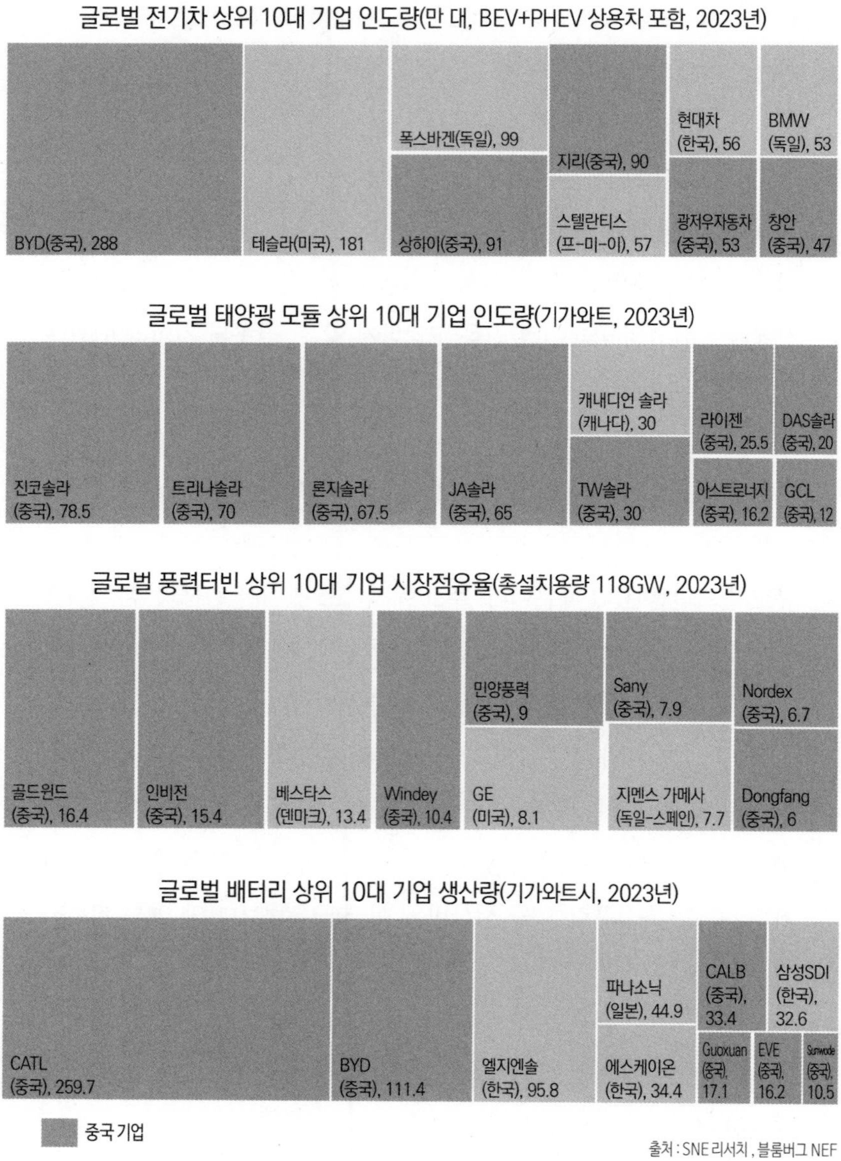

글로벌 전기차 상위 10대 기업 인도량(만 대, BEV+PHEV 상용차 포함, 2023년)

BYD(중국), 288

테슬라(미국), 181

폭스바겐(독일), 99

상하이(중국), 91

지리(중국), 90

스텔란티스
(프-미-이), 57

현대차
(한국), 56

광저우자동차
(중국), 53

BMW
(독일), 53

창안
(중국), 47

글로벌 태양광 모듈 상위 10대 기업 인도량(기가와트, 2023년)

진코솔라
(중국), 78.5

트리나솔라
(중국), 70

론지솔라
(중국), 67.5

JA솔라
(중국), 65

캐내디언 솔라
(캐나다), 30

TW솔라
(중국), 30

라이젠
(중국), 25.5

아스트로너지
(중국), 16.2

DAS솔라
(중국), 20

GCL
(중국), 12

글로벌 풍력터빈 상위 10대 기업 시장점유율(총설치용량 118GW, 2023년)

골드윈드
(중국), 16.4

인비전
(중국), 15.4

베스타스
(덴마크), 13.4

Windey
(중국), 10.4

GE
(미국), 8.1

민양풍력
(중국), 9

Sany
(중국), 7.9

지멘스 가메사
(독일-스페인), 7.7

Nordex
(중국), 6.7

Dongfang
(중국), 6

글로벌 배터리 상위 10대 기업 생산량(기가와트시, 2023년)

CATL
(중국), 259.7

BYD
(중국), 111.4

엘지엔솔
(한국), 95.8

에스케이온
(한국), 34.4

파나소닉
(일본), 44.9

Guoxuan
(중국),
17.1

CALB
(중국),
33.4

EVE
(중국),
16.2

삼성SDI
(한국),
32.6

Sunwode
(중국),
10.5

중국 기업

출처 : SNE 리서치 , 블룸버그 NEF

그림 3-5 녹색산업에서 압도적인 중국 기업 비중

평가하기는 어렵다. 그런데 이미 2024년에 온실가스 배출 정점에 도달했을 가능성이 높은 중국은, 미래에도 녹색경로로 전진하는 데서 미국과 유럽에 비해 불확실성이 가장 적다고 프론테라는 평가한다. 왜냐하면 중국은 이미 녹색기술과 재생에너지가 국가의 발전전략 안에 깊이 고정되어 있고, 경제와 안보 차원에서도 재생에너지로의 전환이 중국의 이익과 부합하기 때문이다.[296] 따라서 2025년 이후 미국의 트럼프 정부가 생태전환에서 머뭇거리는 사이에, 그리고 유럽이 생태전환보다 디지털 산업 경쟁력에 더 힘을 기울이는 사이에 프론테라의 표현대로 '예상치 못했던, 그리고 논쟁적인 녹색 거인'으로 변신한 중국이 과연 생태전환의 글로벌 리더 역할을 자임하게 될지 앞으로 주목해봐야 한다.

4) 생태전환의 리더 유럽연합의 성과와 고민

지난 반세기 산업과 기술, 규제표준 모두에서 글로벌 생태전환을 선도해온 유럽은 최초의 '탄소중립 대륙'이 되겠다는 야심 찬 목표 아래 디지털전환의 경우보다 훨씬 더 이 분야에서 두드러진 역할을 하고 있다. 물론 유럽에서도 환경과 기후 의제는 적지 않게 정치적 갈등의 요인으로 작용했으나 미국만큼 부침이 크지는 않았고 유럽연합 차원에서 비교적 지속적이고 안정적으로 생태전환을 주도했다.

무엇보다 기후변화 대응에서 유럽의 역할은 독보적이었다. 세계에서 처음으로 2005년에 배출권거래제(Emissions Trading System)를 선도적으로 도입한 유럽연합은, 이미 2014년에 온실가스 감축 2030년 목표를

1990년 대비 40%로 끌어올렸고 2023년에는 1990년 대비 55%로 상향시킬 만큼 압도적이었다. 관련 제도 역시 2008년 영국의 기후법 제정 등 개별 국가들의 움직임이 활발한 가운데 2021년에는 유럽연합 차원의 기후법을 마련하는 등 온실가스 감축을 위한 활발한 법과 제도 정비를 선도했다.[297]

유럽은 디지털 분야와 달리 단지 규제표준을 세우는 한계에 갇히지 않고 녹색산업에서도 상당한 초기 성과를 내는데, 대표적인 영역이 재생에너지다. 유럽연합 차원의 재생에너지 발전 비중은 2005년까지만 해도 풍력이 2.3%, 태양광이 0.05%에 불과하여 다른 나라들과 큰 차이가 없었다. 하지만 2015년이 되면 풍력이 9.1%, 태양광이 3.5%로 늘어나고 2022년에는 풍력이 15%, 태양광이 7.2%까지 증가할 정도로 재생에너지 확대를 유럽이 주도했다(다만 2020년대 들어오면서 주도권을 중국에 넘겨준다).[298] 그에 따라 유럽연합은 2014년에 최종에너지 소비에서 재생에너지 비중 2030년 목표를 32%로 잡았다가 2023년에 다시 45%까지 끌어올렸다. 한편 개별 국가 차원에서는 2024년 현재 독일과 영국, 스페인 등에서 재생에너지 비중이 전력 생산의 50%를 넘었거나 넘어가고 있으며 2030년까지 80% 달성을 향해 가고 있다.

당연히 재생에너지 확대의 놀라운 성과는 단지 시장 메커니즘에 의존한 결과는 아니다. 독일을 포함하여 덴마크, 포르투갈, 스페인, 그리스, 이탈리아 등에서 재생에너지 확대를 지원할 발전차액 지원제도 (FIT)*를 도입했기 때문이다. 또한 재생에너지로의 전환과 함께 에너지

---

* 발전차액 지원제도(Feed-In Tariff; 일명 FIT)란 재생에너지로 생산한 전기의 거래 가격이 '기준가격'보다 낮은 경우 그 차액을 정부가 지원함으로써 재생에너지 설치를 확대하도록 돕는 제도다.

효율화, 유럽 차원의 전력 그리드 통합, 에너지 시장 및 탄소시장 통합, 그리고 정의로운 전환 계획에 이르기까지 유럽은 생태전환의 범위와 영역을 확대한다.

하지만 유럽의 생태전환이 모두 성공적이기만 한 건 아니었다. 대표적으로 미국의 태양광 산업 붕괴와 유사하게 일부 재생에너지 제조에서 실패를 경험하기도 했다. 예를 들어 2000년 재생에너지법(EEG) 시행 이후 독일 태양광 패널 생산업체들은 10년이라는 짧은 기간 글로벌 리더가 되었다. 하지만 2010년대에 접어들면서 미국의 솔린드라와 마찬가지로 중국 경쟁업체의 압력을 받아 "독일 태양광 산업은 심각한 붕괴를 겪었고, 솔라월드(SolarWorld)와 같은 주요 기업이 파산신청을 하면서 8만 개의 일자리가 사라"지는 경험을 하기도 했다.[299]

이에 대응하고자 유럽에서 도입한 제도가 바로 '탄소국경조정제도 (Carbon Border Adjustment Mechanism;CBAM)'이다. 탄소국경조정제도는 유럽의 수입업자가 탄소배출 비용이 유럽보다 낮은 국가에서 상품을 수입할 경우, 해당 상품에 유럽의 탄소배출 비용에 상응하는 규모의 탄소국경조정 인증서(CBAM certificate)를 구매하도록 함으로써, 공정한 경쟁 여건을 조성하고 산업 경쟁력을 보호하며 '탄소누출(carbon leakage)'*을 방지하자는 것이다. 탄소국경조정제도는 원래 2000년대 중반부터 유럽연합 안에서 꾸준히 논의되어왔지만, 기존 WTO 체제와의 충돌 가능성, 개발도상국으로부터의 반발 등으로 인해 논의에 진전

---

* '탄소누출'이란 탄소 규제가 강한 나라의 기업이 규제 부담을 피하기 위해 탄소 비용이 낮은 국가로 생산기지를 이전하려는 유인을 갖게 되는 현상이다. 탄소국경조정제도는 바로 이같은 탄소누출을 방지하기 위한 정책의 하나다.

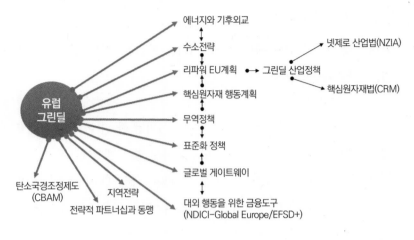

에너지와 기후외교

수소전략

리파워 EU계획 ←→ 그린딜 산업정책 → 넷제로 산업법(NZIA)

핵심원자재 행동계획 → 핵심원자재법(CRM)

유럽 그린딜

무역정책

표준화 정책

글로벌 게이트웨이

탄소국경조정제도 (CBAM)

지역전략

전략적 파트너십과 동맹

대외 행동을 위한 금융도구
(NDICI-Global Europe/EFSD+)

출처 : Prontera 2024

그림 3-6 유럽연합의 다양한 녹색 정책과 전략들

이 없다가 2019년 유럽 그린딜 이후 본격적으로 탄력이 붙기 시작했다. 결국 2023년부터 탄소국경조정제도를 도입하는 안이 444표 대 70표로 2021년에 공식 채택되었는데, 2026년부터 철강, 알루미늄, 시멘트, 전기, 비료, 수소 등 6대 품목에 우선 적용되다가 2030년까지 전 분야로 확대될 예정이다.[300]

유럽 차원에서 생태전환의 분수령이 된 것은 2019년 말 '유럽 그린딜(European Green Deal)'이라는 이름으로 국가 이상 단위에서 최초로 그린뉴딜을 채택한 것이다. '하나의 통화, 하나의 시장'으로 단일 유럽을 지향하고는 있지만 중국이나 미국과 같은 완전한 연방국가가 아닌 유럽연합은, 그동안 유럽 전체 범위에 걸쳐 강력한 녹색산업전환을 주도하지 못했고 그 때문에 주로 비용이 적게 드는 규제권력을 사용해왔다. 하지만 그린딜 이후 제한된 범위에서나마 방향을 바꾸게 되었고, 2021

년에는 탄소중립 목표를 상향하는 '핏포55(Fit for 55)', 2022년에는 러시아산 화석에너지 의존에서 빠르게 탈피하겠다는 '리파워 유럽계획(REPowerEU Plan)'을 연이어 내놓았다.

그리고 결정적으로 2023년 2월 '유럽 녹색산업계획(European Green Industrial Plan)'과 이를 입법화한 '넷제로산업법'과 '핵심원자재법'을 발표함으로써 재생에너지를 핵심으로 하는 녹색 핵심기술 확보와 탄소중립 전략산업 제조역량을 유럽연합 연간 수요의 40% 수준까지 끌어올리는 계획에 착수한 것이다.[301] 여기에 탄소국경조정제도와 ESG 의무공시제도 확립까지 덧붙여진다.[302] 이처럼 유럽은 생태전환을 위한 규제와 제도표준을 계속 선도하고 에너지전환 역시 가장 앞서 나가면서도, 최근 중국에 주도권을 위협받고 있는 녹색제조 역량을 회복하기 위해 추가적인 노력을 기울일 정도로 분투하는 중이다.

다만 2024년 12월 임기를 시작한 폰 데어 라이언 집행위원회 2기를 앞두고 나온 〈유럽 경쟁력 보고서〉에 따르면, 최근 '디지털에서는 미국에 밀리고 녹색에서는 중국의 공세로 위협받는' 유럽의 딜레마가 생각보다 간단하지 않다는 사실을 주목해봐야 한다. 예를 들어 최근 세계화된 단일시장과 단일 글로벌 공급망이 서서히 무너져내리면서 경제적 '상호의존' 파괴의 최대 피해자가 유럽연합이 되고 있다. 지금까지 유럽연합은 '미국에는 안보를, 러시아에는 에너지를, 그리고 중국에는 무역을' 의존해왔는데, 글로벌 공급망의 와해는 이런 구조를 뿌리부터 흔들기 때문이다.[303] 특히 우크라이나 전쟁으로 가장 심각하게 에너지 위기의 타격을 입은 유럽은 '리파워 유럽계획'을 통해 오히려 에너지전환을 한층 강화할 계기로 삼고 있지만, 다른 면에서는 엄청난 에너지 비용 상승으로 제조업 경쟁력이 위협받은 것도 사실이다.

또한 디지털 분야와 달리 최근까지 녹색산업에서는 상당한 경쟁력을 보유해왔지만 급부상한 중국으로부터 받는 위협이 예상보다 심각하다는 점도 유럽의 고민이다. 예를 들어 녹색기술과 제조에서는 얼마 전까지 전 세계 녹색기술의 1/5 이상이 유럽에서 개발될 정도로 앞서 있었다. 그런데 현재 이 분야에서도 중국에 급격히 추월당하고 있는데, "태양광 발전과 같은 특정 부문에서 유럽은 이미 제조역량을 상실하여 현재 중국이 생산을 주도하고 있고, 풍력발전 장비와 같은 다른 분야에서는 유럽이 확고한 위치를 차지하고 있지만 점점 더 많은 도전에 직면"하게 되었다.[304]

물론 유럽 경쟁력 보고서도 인정하는 것처럼, 유럽은 미국이나 중국보다 약 10% 포인트 낮은 소득 불평등을 확고히 유지하고 있고, 거버넌스와 보건, 교육과 환경 보호 측면에서도 상대적으로 뛰어난 성과를 보이고 있으며, 높은 기대수명과 낮은 영아 사망률 측면에서 미국과 중국을 앞서고 있는, 여전한 생태-복지의 선도 대륙이다.[305] 또한 지속가능성 및 환경 표준과 순환 경제를 향한 진전, 탈탄소화를 위한 가장 진전된 성과와 미래 목표를 가지고 있다. 아직은 가장 모범적인 녹색 슈퍼파워 유럽이 과연 분열되는 글로벌 상호의존성과 중국의 녹색기술 추격에 어떻게 대응할지, 폰 데어 라이언 2기 집행위원회의 정책 변화 가능성을 주목해봐야 한다.

4
세 국가 경로의
유동성과 수렴현상

쌍둥이전환이라는 글로벌 공통과제를 수용하고 추진하는 과정에서
세 국가 모델로 현실적인 유형화가 이뤄질 수 있다고 말했지만, 사실
서로 다른 세 유형으로 나눠진 이상으로 중요한 대목은, 이들 유형이
점점 고착되기보다는 오히려 유동화되고 심지어 부분적으로 수렴되는
현상이 발생한다는 사실이다. 특히 브래드포드는 시장주도 모델을 이
끈 미국과 국가주도 모델의 새로운 전형을 만들어온 중국이 유럽식 권
리주도 모델을 상당히 수용하는 경향을 보인다는 사실에 주목하는데
이는 디지털전환 영역에서 두드러진다.

우선 사기업의 제한 없는 혁신 욕구를 극대화하기 위해 정부는 한쪽으
로 비켜나 있어야 한다고 믿었던 미국의 정치적 풍향이 2020년대 들어와
서 바뀌고 있다. 시장주도 모델이 낳은 부정적 측면이 확연해지자 미국 의
회와 반독점 당국은 경쟁을 회복하고 혁신을 장려하며 민주주의를 보호하

기 위한 정부 개입 필요성을 점점 수용해온 것이다. 1년이 넘는 광범위한 조사 끝에 2020년 미국 하원이 발표한 반독점 보고서는[306] 아마존, 애플, 구글, 메타 모두 독점을 행사했다고 확인하는가 하면, 2021년에 임기를 시작한 바이든 정부가 독점규제에 적극적인 팀 우(Tim Wu), 리나 칸 (Lina Khan), 조나단 캔터(Jonathan Kanter) 등을 규제기관의 요직에 임명하는 등* 디지털 시장에 대한 국가 개입을 강화하기 시작했다. 한편 격화되는 미-중 기술 경쟁 국면에서 미국 정부는 국가의 강력한 역할을 요구하는 산업정책으로 다시 돌아서고 있는데 2021년 채택된 기반시설투자 및 일자리법(Infrastructure Investment and Jobs Act), 그리고 2022년 한꺼번에 도입된 칩스법(CHIPS and Science Act), 인플레이션 감축법(Inflation Reduction Act) 등이 대표적이다. 이에 대해 브래드포드는 "미국 규제 당국은 자신들의 시장주도 모델을 다시 생각해야 할 때가 왔다"고 결론 내린다.[307] 물론 이 경향이 트럼프 정부 2기에서 어떻게 역전될지는 아직 미지수다.

한편 느슨한 규제와 적극적 산업정책의 조합으로 세계적 기술기업을 적극 키웠던 중국도 2021년부터 경제의 공정성과 분배를 강조하면서 갑작스럽고 극적으로 변하고 있다고 브래드포드는 지적한다. 물론 중국은 이전부터 유럽의 GDPR을 모방하여 새로운 '프라이버시 보호법 (the Personal Information Protection Law)'을 도입하는가 하면, 2019년에는 인공지능이 보다 공정하고 정의롭고 편향을 피하도록 하는 내용이

---

* 모두 반독점 전문가인 세 사람은 2021년 바이든 행정부에 합류하는데, 독점금지법 전문인 컬럼비아대학 법학교수 팀 우는 2021년부터 2023년 1월까지 미국 대통령 기술 및 경쟁정책 특별 보좌관을 했다. '아마존의 반독점 역설' 논문으로 유명한 리나 칸은 2021년 최연소 연방거래위원회 위원장에 임명된 후 2024년 말까지 임기를 유지했으며, 반독점 전문 변호사 조나단 캔터 역시 2021년에 바이든 정부에 의해 법무부(DOJ) 반독점 부서 차관보로 임명된 후 2024년까지 업무를 이어갔다.

포함된 '새로운 인공지능세대를 위한 거버넌스 원리'를 발표하기도 했다. 또한 2022년에는 시민 기본권과 신뢰를 훼손할 위험이 있는 딥페이크 기술 및 추천 알고리즘을 겨냥한 획기적인 규제도 도입했다.[308] 그런데 여기에 더해 거대 기술기업의 과도한 영향력을 억제하겠다며 앤트그룹에 대해서 28억 달러의 반독점 벌금 부과(2021년), 디디추싱(DiDi Chuxing)에는 12억 달러 벌금 부과(2022년), 그리고 텐센트가 추진하던 53억 달러짜리 인수합병 금지(2021년) 등 상장된 238개 기술기업 가운데 무려 62개 기업에 대해 벌금과 금지, 재구조화와 규제준수 등을 요구하는 강력한 조치를 연달아 취했다.*

여기에는 국가권력을 위협할 정도로 성장한 거대 기술기업을 통제하겠다는 의도도 있지만, 인터넷 사용자와 디지털 소비자에게도 기술혁신의 혜택이 가도록 하여 심각해진 중국 사회의 불평등을 완화하려는 목적도 있다는 것이 브래드포드의 진단이다.[309] 그런데 "미국과 유럽에서 미국 기술기업들이 정부 규제에 도전했던 것과는 달리, 중국 기술기업들은 정부의 독점 단속에 대해 반발하기보다는 인정하는 쪽으로 받아들였다."[310] 이 같은 중국의 변화에 대해 브래드포드는 "중국의 규제 모델이 공정성과 재분배를 강조해온 유럽 모델에 조금 더 가까이 접근하는 것처럼 보인다"고 평가했다.[311]

물론 미국에서 언제나 시장이 이기는 것은 아니고, 중국에서도 국가가 모든 것을 통제하는 것은 아니며, 유럽에서 인터넷 사용자 권리가 다른 정책적 긴급성을 압도하는 것도 아니라는 점은 분명하다.[312] 하지

---

* 2020년부터 빅테크 규제를 강화했던 중국이 2025년 1월 딥시크 충격을 계기로 다시금 빅테크의 지원과 활성화를 유도하는 방향으로 전환하기 시작했다.

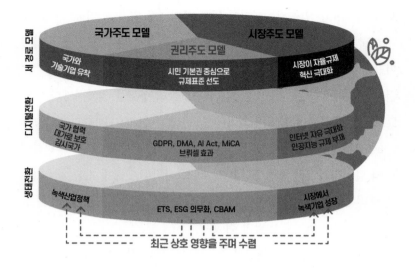

그림 3-7 세 경로 모델의 특징과 수렴현상

만 "미국 기술기업에 대한 규제의 부재가 대가를 치르고 있다는 사실이 점점 더 분명"해지면서 시장주도 모델이 세계적 우려의 진원지가 되자, 민주주의 국가들에서는 미국의 시장주도 모델의 약화에 대한 가장 바람직한 대안으로서 유럽의 권리기반 규제모델을 적극적으로 고려하고 있다는 것이 브래드포드의 진단이다.[313]

특히 유럽 모델은 '브뤼셀 효과(Brussels effect)'를 가져올 수 있는데, 이는 '바닥을 향한 경주'*와 반대로 "기술기업들이 전 세계적으로 제품

---

* '바닥을 향한 경주(race to the bottom)'란, 글로벌 경쟁환경에서 각 국가가 외국 기업의 유치나 산업육성을 목적으로 경쟁적으로 감세, 노동기준·환경기준의 완화에 돌입하는 것이다. 그 결과 노동환경이나 자연환경, 사회복지 등이 최저 수준으로 떨어지게 되는데, 신자유주의 자유무역이 발생시킨 대표적인 문제점으로 지적되어 왔다. '브뤼셀 효과'는 정반대로 어떤 국가가 높은 노동, 환경표준을 세우면 기업들은 이를 지키는 방식으로 사업 관행을 바꾸어 해당 국가의 시장에서 인정을 얻으려는 경쟁을 한다는 것이다.

과 서비스를 표준화하기 위해 유럽연합의 엄격한 규제를 글로벌 비즈니스 운영 전반에 확대 적용하는" 효과다.[314] 예를 들어 특정 독점기업이 경쟁을 약화시킬 인수합병을 추진해서 승인을 얻어도 유럽이 반독점법으로 거부하면, 이 기업은 유럽 시장 포기를 감수하지 않는 한 인수합병 추진을 멈추게 된다. 또한 유럽 데이터를 사용하여 알고리즘을 학습시키려는 인공지능 기업은 어차피 유럽 국경을 넘어서도 유럽의 '인공지능법'에 구속되므로 아예 유럽의 규칙을 수용하는 쪽으로 비즈니스 관행을 바꾸게 된다.*

처음에는 개인정보 보호에 인색했던 미국의 페이스북 등 플랫폼기업들이 유럽의 GDPR 규정을 따르겠다면서 개인정보 보호를 강화한 사례나, 유럽이 스마트폰 표준 충전 포트를 USB-C 타입으로 확정하면서 이를 오랫동안 거부했던 애플의 수용을 강제했던 것도 마찬가지다.[315] 확실히 유럽이 더 많은 데이터 보호, 더 많은 경쟁, 덜 해로운 콘텐츠를 점점 강도 높게 요구하면서 거대 기술기업들의 글로벌 비즈니스 방식

---

* 유럽 모델의 확산을 회의적으로 보는 대표적인 문제제기는 유럽의 규제모델은 기업들의 '혁신'을 방해하며, 바로 이 때문에 유럽이 글로벌 디지털 기업들을 보유하지 못하고 있다는 비판이다. 이에 대해 브래드포드는 유럽에서 글로벌 디지털 기업이 성장하지 못한 건 규제 때문이 아니라 다른 이유가 있다면서 네 가지를 사례로 들고 있다. 첫째, 유럽은 언어, 문화, 법제도 등이 국가마다 다른 관계로 내부 온라인 시장이 균질하지 못해서 아마존과 같은 온라인 서점 등이 급격히 팽창하기가 쉽지 않다는 것이다. 둘째, 유럽은 미국과 달리 강력한 자본시장이 발달하지 못한 까닭에 특히 벤처기업이 D, E 단계의 펀딩을 받아 도약하는 데 상대적으로 어려움이 많다는 것이다. 셋째, 유럽은 혁신적 기업 창업을 위해 위험을 무릅쓸 수 있는 파산제도도 부재하고, 위험을 감당하는 문화도 아니어서 어려움이 있다는 것이다. 그리고 넷째, 유럽은 미국보다 전 세계적으로 고급 인재를 끌어올 수 있는 이민정책 환경이 아니라는 것이다. 이처럼 규제 때문이 아니라 최소 네 가지 다른 이유가 작용하여 글로벌 디지털 기업이 크지 못했다는 것이다(Bradford 2023a:371-376). 나아가 그는 미국과 EU 간의 현존하는 기술 격차를 미국 법률의 느슨함과 유럽 디지털 규제의 엄격함 때문이라고 생각해서는 안 된다는 논지를 별도로 자세히 분석하기도 했다(Bradford 2024). 한편 독일 경제 저널리스트 볼프강 뮌하우(Wolkgang Münchau)는 독일을 사례로 들며 벤처캐피털 대신 은행에 의존한 금융 시스템, 자동차와 기계 등 전통산업의 변화를 거부하는 강한 관성, 전통산업과 이해관계가 얽힌 정치권의 소극성이 독일의 디지털 전환을 지체시켰다고 비판한다. 물론 그는 디지털 혁신의 장점보다 위험성을 더 크게 고려하는 경향도 문제라고 덧붙였다(Münchau 2024).

을 규정하게 되었고, 이는 다시 세계 디지털 시민들에게 긍정적인 영향을 미치고 있다.[316] 한국에서 디지털 독점규제를 비판하면서 자주 거론하는 논리, "우리만 규제하면 글로벌 기업들이 빠져나가고 결국 손해"라는 논리는 '브뤼셀 효과' 때문에 이제 통하지 않게 된 것이다.

이처럼 글로벌 디지털 기술기업들의 과도한 시장 지배력이 경제적 불평등은 물론 시민 권리의 침해, 민주주의에 대한 위협으로 발전하자 시장주도 모델의 장점이 의심받게 되었다. 이에 대처하고자 미국과 중국이 유럽의 규제모델을 부분적으로 수용하고 그 결과 권리주도 모델은 점차 보편 모델로 확장, 발전했다. 한편 빠르게 악화되는 기후 대응을 위해 국가의 역할이 중요해지면서 권리주도 모델과 함께 중국 패턴의 산업정책이 주목받는 경향도 보태졌고, 중국은 한발 더 나아가 권위주의적 이탈로 빠지는 경향까지 보인다. 미국을 포함하여 "다수의 민주국가들은 미국식 시장주도 모델을 포기하고 유럽식 권리주도 모델로 전환하고 있다. 동시에 몇몇 권위주의 국가에서 정부는 중국식 국가주도 모델 방향으로 향하고 있다"고 브래드포드는 이 추세를 압축했다.[317]

지금까지는 주로 디지털전환을 사례로 수렴현상을 살펴봤지만 유사한 경향은 생태전환에서도 발견할 수 있다. 2015년 파리협약 이후 탄소중립을 향한 화석연료 이용 규제나 온실가스 감축 규제에 대해 비록 더디지만 유럽을 넘어 미국과 심지어 중국에서도 점점 더 수용적으로 변해가고 있다. 또한 생태전환에서는 중국이 주도해온 녹색산업정책을 미국과 유럽 등에서 각자의 방식으로 빠르게 수용하는 경향이 돋보인다. 이처럼 생태전환에서도 디지털전환과 다소 차이가 있는 방식으로 수렴현상이 나타나는 것이다. 2025년 1월 현재 유동화되는 세 국가 모델이 향후 어떤 방향으로 수렴하고 분기할지 확정하기는 매우 어렵다. 미래의 불확실성은 '다중위기(polycrisis)'라는 현재의 복잡한 상황진단과도 연결되는데, 각국 정부가 얼마나 통일되게 시장 규칙을 만들고, 기업들을 규제하며 재정을 동원하여 두 전환을 촉진할 의지가 있는지에 따라 결과가 달라질 것이다.[318]

5
유럽의 길 위에 놓인
세 가지 한계

세 국가 모델 가운데 유럽 모델이 디지털전환과 생태전환을 비교적 균형감 있게 추진하고 있다는 것은 두 전환의 성숙도가 공통적으로 높은 덴마크, 핀란드, 스웨덴, 스위스 등이 모두 유럽 국가들이라는 사실에서 간접적으로 확인할 수 있다. 그렇다면 적어도 '현실'에서 유럽 모델이 두 전환을 추진하는 가장 적합한 모델일까? 한국도 유럽을 표준으로 기존의 경로를 변경하는 것이 최우선 과제일까? 사실 세 모델은 이념형이 아니라 현실로 존재하는 국가들의 일반적인 정책 유형화다. 당연히 한계가 있다. 물론 한국이 일차적인 방향전환의 출발점으로서 유럽의 권리주도 모델을 참조하면 도움이 될 수 있다. 하지만 유럽 모델 역시 절대 이상적이지 않으며 심지어 상당히 치명적인 약점도 현실적으로 존재한다는 점을 반드시 전제할 필요가 있다. 적어도 다음과 같은 세 가지 약점에 대한 극복은 중요한 과제가 되고 있다.

첫째로, 유럽 모델 역시 거대 사적 독점기업들의 과도한 시장 지배력을 제어하기에는 역부족이라는 점이다. 브래드포드도 이를 인정하고 있는데, 유럽이 '시장을 교정하는 정책(market-correcting policies)'들을 좀 더 많이 도입했다는 점에서 분명한 차이를 보이고 있지만, "수많은 정책 영역에서 채택한 규제들이 전형적으로 경쟁을 촉진하고 시장 창출을 돕는" 시장주의 기초를 공유한다는 것이다.[319] 현재 글로벌 시장에서 특히 디지털 거대기업들 지배력의 과도함은 19세기 말 강도귀족(robber barons)의 시대를 뛰어넘을 정도로 '신도금시대(new gilded age)' 수준에 와 있다.[320] 버락 오바마 대통령 시절 연방통신위원회(FCC) 위원장을 역임하면서 망중립성을 도입했던 톰 휠러(Tom Wheeler)도 19세기 말 '산업적 도금시대'와 비견되는 '디지털 도금시대(the digital gilded age)'가 바로 지금의 경제 시스템이라고 지적하면서 거대 테크기업들이 경제의 규칙을 자신들이 원하는 방식대로 만들고 있다고 비판했다.[321] 바이든 대통령은 이를 '기술산업복합체'라고 우려했다. 비록 유럽연합이 개인정보 보호와 디지털 콘텐츠 규제 장치들, 플랫폼노동 규제들, 거대 기술기업의 과도한 지배력 남용행위를 좀 더 나은 방식으로 견제하고 있더라도 국가와 시장, 시민사회의 재균형을 이룰 정도에는 미치지 못한다는 것이다. 더욱이 2024년 12월부터 임기가 시작된 폰 데어라이언 2기 집행위원회는 '유럽 기업 경쟁력 강화'를 명분으로 디지털 규제와 기후 대응 규제에서 다소 물러설 여지도 있다.

둘째로, 유럽의 디지털 규제가 필요한 만큼 충분히 강력하지 않을 뿐아니라, 녹색 부문의 규제 역시 마찬가지다.[322] 더욱이 유럽 그린딜에서 나타난 것처럼 유럽의 생태전환은 여전히 성장에 의존하는 과거의 관성에서 크게 벗어나 있지는 않다. 심지어 생태전환의 가속화를 위해 적극적으로 녹색산업정책을 추진해야 하는 대목에서도, 재정 동원 능력이 약한 유럽은 중국보다 훨씬 뒤처지는 모습을 보이기도 했다. 실제로 유럽연합 차원의 공식적인 녹색산업정책인 '넷제로산업법'은 2023년에서야 처음으로 제안될 만큼 시점이 뒤늦은 것이었다.

그 결과 두 전환에서 가장 앞서 있는 덴마크, 핀란드, 스웨덴, 스위스조차도 지난 10년간 연간 평균 온실가스 감축 비율이 1.4%~2.5까지 분포하는데, 물론 이는 0.3%에 불과한 한국이나 0.2%에도 미치지 않는 미국보다는 상당히 높은 것이다. 하지만 1.5℃ 한계를 지키기 위해 유엔환경계획(UNEP) 등이 요구한 연간 7~10% 감축과는 한참 거리가 있는 성과다.

또한 디지털전환과 생태전환의 균형을 맞추는 과제 역시 매우 허점이 많은데, 뒤에 살펴보겠지만 유럽의 디지털 규제안에 생태와 환경에 미치는 악영향을 막는 고려나 조치가 특히 불충분하다. 인공지능이나 가상코인 규제와 관련한 '사회적 피해' 분야 대응에 비해서 '생태적 피해' 대응 방안에 허점이 많다는 것이다.

셋째로, 유럽 권리주도 모델은 시민의 권리를 말하고 있음에도 막상 시민이 권리 구축의 적극적인 플레이어로 등장하는 것은 아니라는 점을 유의해야 한다. 시민 대신 정부가 강력하게 시민 권리를 보호하는 제도를 구축하고 시민을 대변하여 기업을 모니터링하는 모델이다. 물론 정부가 인간의 존엄과 시민의 권리, 민주주의 증진을 옹호하는 쪽에서도록 만든 시민의 압력을 전제하고 있겠지만, 명시적으로 전환과정에 시민이 어떻게 참여하는가에 대한 정형화된 틀은 없다. 다만 프랑스 등 일부에서 시민의회 실험 등이 눈에 띄고, 탈석탄이나 탈원전 과정에서 조직된 독일의 거버넌스 사례가 있는 정도다.

당연하게도 두 전환을 추동하고 그 방향을 결정하는 데 큰 영향을 줄 수 있는 행위자 가운데 정부나 기업 외에 커뮤니티나 시민사회를 명시적으로 포함하는 것은 중요하다. 두 전환의 추진 동력을 현실적으로 형성하려면 권리 당사자들이 스스로 조직한 시민사회나 커뮤니티를 포함하는 것이 정당하기 때문이다. 보수적인 경제학자 클라우스 슈밥조차 생태전환을 감안하여 구성한 '글로벌 이해관계자 모델'에서 기업, 국가, 국제사회에 더하여 '시민사회'를 명시적으로 포함[323]하고 있고,* 인도 중앙은행 총재 출신 경제학자 라구람 라잔(Raghuram Rajan)도 최근 "건강한 커뮤니티들은 활기찬 시장 민주주의를 지속하기 위해 필수적"이라며 사회가 잘 작동하기 위한 세 번째 기둥으로 강조하는 추세를 고려해야 한다.[324] 특히 두 전환에서 기업과 정부 외에 (노동조합을 포함한) 시민사회를 적극 고려해야 하는 중요한 이유는 디지털전환과 생태전환을 모두 '정의롭게' 추진하기 위해서다. 원래 생태전환 영역에서 사용되어온 '정의로운 전환' 개념은 이제 디지털전환에도 확대 적용할 수 있는데, '정의로운 쌍둥이전환'이 담보되는 가장 중요한 요건은 전환의 당사자들이 적극적으로 전환과정에 개입하는 것이다.**

---

* 물론 뉴욕타임스 기자 피터 굿맨은 슈밥을 포함한 다보스포럼의 주요 참석자들이 내세우는 '이해관계자 자본주의'가 거의 '우주적 거짓말(cosmic lie)' 수준의 허구라고 신랄하게 비판한다(굿맨 2025a : 44-62).

** 지금까지 디지털전환 과정에는 '정의로운 전환'이라는 개념을 사용하지 않았지만, 사실 디지털전환 과정에서 대규모로 양산되는 불안정한 플랫폼노동 보호를 고려하려는 노력 등은 모두 정의로운 전환의 의미가 반영된 것이다.

이처럼 두 전환에 가장 긍정적인 성과를 낸 유럽연합의 모델조차, 디지털 거대 독점기업들의 과도한 지배력을 억제하기에 부족하고, 필요한 만큼 빠르게 온실가스를 감축시키지도 못하고 있으며, 시민들의 이니셔티브를 보장하여 정의로운 전환을 추진하는 측면에서도 지속적으로 취약성을 드러내고 있다. 한국이 비록 유럽 모델의 장점을 수용하려는 노력을 통해 현재의 과도한 '디지털 편향'에서 벗어난다 해도 이는 어디까지나 단기적 조치에 불과할 뿐 유럽 모델을 넘어서는 더 장기적인 전략이 동시에 기획되어야 함을 시사한다.

6
쌍둥이전환에서
예외적인 한국의 경로

1) 글로벌 표준 경로에서 이탈한 한국

본격적으로 한국과, 다른 글로벌 세 국가 모델의 비교로 넘어가 보자. 글로벌 차원에서 디지털전환과 생태전환을 추진하는 세 가지 국가 모델이 있다면 한국은 어디에 포함될 수 있을까? 디지털전환 측면을 보면 한국은 사실 미국 이상으로 규제 완화에 의존한 디지털 자유시장의 옹호자였다. "유럽은 기술기업을 신뢰하지 않고, 미국은 규제기관을 신뢰하지 않는다"는 특징에 비추어보면 한국은 확실히 후자라는 것이다. 이는 한국판 뉴딜을 처음 기획한 중대본 1차 회의의 내용을 보면 명확히 드러난다.[325] 디지털 산업 중심으로 편성된 초기 한국판 뉴딜의 핵심은 '민간주도로 선정된 10대 산업 분야의 규제혁신'인데, 여기서 규제혁신이란 '핵심 규제 혁파' 또는 '선허용-후규제'와 동의어이다. 이후에도 이 기조는 변함없이 지속된다.

2020년 9월에 발표된 뉴딜펀드 역시 '국민참여형'이라고 이름 붙였지만, 기본적으로 사적 금융시장에서 동원된 투자펀드에 의존해 한국판 뉴딜을 추진하고 정부는 정책자금 지원과 보증 등으로 뒷받침하겠다는 것이었다.[326] 최근까지 가상자산이나 인공지능 관련 규제가 대단히 느슨한 입법으로 귀결된 상황도 한국의 디지털전환이 규제 완화를 배경으로 사적 기업들의 주도권을 보장해주는 방향으로 간 결과다. 심지어 디지털 경쟁력을 높인다는 명목으로 도입된 '디지털 3법'은 개인정보 보호를 역전시킨 측면마저 있다. 코로나19 이후 '비대면' 확대로 배달앱와 온라인 쇼핑 등 디지털 플랫폼기업들이 급격히 팽창하고, 이들의 과도한 시장 지배력 남용행위나 부당 노동행위가 확산되었지만 플랫폼 독점규제나 플랫폼노동 보호에 대한 정부의 적극적 조치는 여전히 부재하다.[327] 한국의 디지털전환이 사회적, 생태적으로 바람직하지 못한 과도한 '디지털 편향'으로 귀결된 것은 어쩌면 당연하다.

다음으로 생태전환 측면을 살펴보자. 2020년 추진된 그린뉴딜 정책의 후속 조치로 그나마 '2050년 탄소중립'이 정부에 의해 공식 선언되고, 2021년 통과된 탄소중립 녹색성장 기본법과 2023년 확정된 국가탄소중립 기본계획이 비록 많은 비판을 받긴 했지만 과거에 비해 정부가 새롭게 도입한 조치들이다. 하지만 문재인 정부에서 윤석열 정부로 바뀌면서 '탈원전' 정책이 전면적으로 뒤집히는가 하면, 문재인 정부가 30.2%까지 높이려 한 재생에너지 2030년 목표도 윤석열 정부 들어서 다시 21.6%까지 낮춰서 목표가 수정되었다.[328] 그 결과 2023년 현재 전력생산에서 재생에너지 비중은 9.2%로서, 유럽 평균 33%는 물론 세계 평균 30%, 아시아 평균 25%와 비교해도 형편없이 낮은 수준에 머물러 있다.

또한 원래 2025년부터 금융위원회가 자산 규모 2조 원 이상인 기업들에 대해 ESG 의무공시를 시범적 수준에서 실시하려던 것도 기업들의 요구를 수용하여 2026년 이후로 미뤘다.[329] 심지어 최근에는 시장주도 모델의 종주국인 미국조차 인플레이션 감축법 입법화를 계기로 적극적으로 자국 안에 녹색산업을 육성하려는 조치를 취하고 있지만, 한국은 2024년까지 정부 차원에서 어떤 새로운 녹색산업정책도 내놓지 않고 있다(이는 뒤에 자세히 살펴볼 것이다). 이 같은 상황은 그렇지 않아도 유럽 등 선진국에 비해 뒤늦게 시작한 생태전환을 더욱 지체시키는 결과를 낳게 될 것이다(표 3-3 참조).

유형	분야	특징
시장주도 모델	디지털	• 언론자유, 인터넷 자유 극대화, 혁신 유인 극대화 • 시장에서 자율규제 중심 • 국가 차원의 개인정보 보호, 인공지능 규제 없음 * 최근 디지털 독과점 규제 움직임 등 변화 조짐
	생태	• 시장에서 녹색기업 성장에 의존 • 다만 주 정부 차원의 탄소세 등 시장가격 정책 도입 * 최근 IRA로 녹색산업정책 추진 시작
국가주도 모델	디지털	• 느슨한 규제와 보조금, 보호무역으로 기술기업 육성 • 기술기업과 정부의 밀착으로 감시국가 구성 * 최근 디지털 기업에 대한 강력한 규제 시작
	생태	• 전략적으로 전기자동차, 배터리, 태양광 등 녹색산업 육성 * 2030년 재생에너지 목표 1,200GW 6년 앞서 2024년 달성

권리주도 모델	디지털	• GDPR, DMA, DSA, 인공지능법, MiCA법 등 시민의 기본권을 기반으로 규제표준 선도. • 글로벌 디지털 기업이 상대적으로 적음
	생태	• 유럽 그린딜, Fitfor55, REPowerEU Plan 등 최초의 탄소중립 대륙을 향한 적극적 행보 • 유럽 탄소배출권거래제(ETS), 그린택소노미*, ESG의 무공시제도, 탄소국경조정제도(CBAM), 기업의 지속가능한 공급망 실사 지침(CSDDD) 등 녹색표준 선도 * 최근 유럽 차원의 녹색산업정책 기획과 추진 (핵심 원자재법, 넷제로산업법 시행)
한국 사례	디지털	• 규제완화, 민간자본 중심으로 디지털전환 지원 • '데이터 3법'으로 개인정보 보호 역진 • 느슨한 가상자산법과 인공지능법 * 2025년 1월까지 디지털 플랫폼 독점규제 부재
	생태	• 한국형 뉴딜의 하위과제로 그린뉴딜(2020~2022) • 2023년 미진한 탄소중립 기본계획 확정 • 2026년 이후로 미뤄진 ESG 의무공시제도 시범실시 • OECD 최하위 재생에너지 비중

출처 : Bradford 2023a; Nahm 2021; 김병권 2023c 등 종합

표 3-3 세 국가 모델의 주요 특징과 한국의 비교

그 결과 한국은 현재 글로벌 차원에서 유형화할 수 있는 기존의 세 국가 모델의 어디에도 포함된다고 말하기 어려울 정도로 글로벌 흐름에

---

* 그린택소노미(green taxonomy) 또는 녹색분류체계란 지속 가능한 투자를 식별하고 순위를 매기는 분류체계인데, 이를 통해 투자자와 기업이 환경과 같은 비재무 정보에 입각한 경제적 결정을 내리는 데 도움을 주도록 한다. 2020년 6월 유럽연합이 최초로 그린택소노미를 발표했고, 한국도 2021년 12월 '한국형 녹색분류체계'를 발표했다.

서 이탈되어 있다. 한국은 일찍이 1997년 외환위기 이후 산업정책도 포기하고 주요 공기업을 민영화하는 한편, 금융시장을 개방하면서 미국식 시장주도 모델로 전환했다. 그런데 미국조차 디지털 규제로 방향을 다시 선회하고 녹색산업정책을 도입하면서 기존 패턴을 수정하는 것과 달리, 여전히 기존 관성을 유지하는 상황이다.

2) 한국이 방향을 돌릴 기회는 어디에 있나?

한국이 지금까지의 관성에서 벗어나기 어려운 그 어떤 특별한 제약이 있는 것은 사실 아니다. 오히려 정부가 두 전환의 균형을 위해 적극적으로 방향을 전환할 수 있는 적어도 두 가지 정도의 유리한 여건이 있다.

첫째로, 앞서 지적한 것처럼 글로벌 차원에서 세 국가 모델이 서로 경합하면서도 수렴하는 경향이 발견되는 가운데 유럽의 '권리주도 모델'의 강점이 점점 글로벌 차원에서 인정되고 있다는 사실이다. 뒤에 훨씬 상세히 다루겠지만 디지털전환에서는 개인정보보호(GDPR), 디지털 유해 콘텐츠 규제(DSA), 거대 디지털 독점규제(DMA), 인공지능 안전규제(AI Act), 가상자산 규제(MiCA) 등 유럽이 선도적으로 제정하여 적용해온 '규칙'들을 중국과 미국도 상당한 정도로 차용하면서 비록 속도 차이는 있지만 글로벌 표준이 되고 있다. 녹색 분야에서도 유럽의 표준이 서서히 확대되고 있는데, 탄소국경조정제도, 그린택소노미, ESG 의무공시제도의 확대가 그것이다.

글로벌 흐름이 이렇게 변화되고 있는 상황에서, 한국만 디지털 규제를 하면 국내기업이 손해를 보고 경쟁력을 잃는다거나 외국기업들이 한국 투자를 기피할 것이라는 기존 비판은 설득력이 떨어진다. 마찬가지로 탄소세를 새롭게 신설하거나 지속가능경영을 강제하는 제도와 법을 도입하면 기업의 비용이 상승해서 국제 경쟁력을 상실할 수 있다는 우려도 갈수록 정당화되기 어렵다. 오히려 정부나 기업이 기후와 생태 위기 대응에서 선도적인 태도를 보이는 쪽이 장기적인 국가 이미지나 기업 브랜딩에 유리할 수도 있다.

둘째로, 한국의 시민들이 이미 상당히 폭넓게 한국 사회의 '디지털 편향'을 인식하고 있고 두 전환의 균형이 필요하다고 판단한다는 점이다. 2부에서 2024년 5월 설문조사 수행 결과를 확인했지만, 현재 한국 사회에서 두 전환이 '균형 있게 추진되고 있다'고 응답한 경우는 고작 21.7%에 불과했고, 절반에 가까운 48%가 '디지털전환에 치우쳐 있다'고 답변했다. 그리고 무려 65.7%가 디지털전환과 생태전환 '둘다 균형 감 있게' 추진해야 한다고 응답했으며, 심지어 20%는 '생태전환'에 우선순위를 두어야 한다고 답변했다('디지털전환'에 우선순위를 두자는 답변은 절반 수준인 12.3%).

3) 왜 한국은 전환의 경로를 바꾸지 못할까?

이처럼 현재 한국 정부의 정책 변경이 힘들 정도로 글로벌 여건이 경색된 것도 아니고, 국내적으로도 시민들이 기존의 디지털 편향을 지지하는 것도 아닌데 왜 정부의 정책변화가 없거나 더딘 걸까? 이는 별도의 연구가 필요한 과제다. 다만 브래드포드가 세 국가 모델을 유형화하면서 서로 다른 모델로 분기하는 동인이라고 지목했던 두 가지 권력 싸움, 즉 '정부와 거대 기업 사이의 수직적 싸움'과 '정부와 정부 사이의 수평적 싸움'의 관점에서 다소의 시사를 얻을 수는 있다.[330] 우선 한국 정부는 현재 기업과의 수직적 싸움에서 우위에 서지 못하고 기업의 시장 지배력 남용, 불공정 행위와 부당노동행위, 환경파괴 행위 등을 적절하게 규제하는 능력과 의지를 상실했기 때문일 수 있다. 최근 '경제 민주화' 담론이 완전히 실종된 한국의 현실이 이를 간접적으로 입증해 주기도 하지만, 한국의 경제권력 강화 과정에 관해 더 섬세하고 역사적인 추적이 필요하다.[331]

수평적 싸움의 경우는 어떤 문제가 있을까? 미-중 사이의 디지털 경제 전쟁과 녹색산업 경쟁 반경 안에 그 어느 나라보다 가까이 있는 한국은, 현재 독자적인 산업정책을 도입한다든지 사회·생태적으로 진전된 무역협상안을 주도적으로 제안하기보다는, 여전히 과거처럼 단순한 이데올로기적 기준으로 '민주주의 동맹'에 서는 전략적 빈곤을 드러내고 있다. 또는 미국 인플레이션 감축법의 혜택을 더 받기 위해 통상협상에 몰입하거나, 또는 유럽의 탄소국경조정제도의 예외를 인정받기 위해 분주하다.

레오나드의 지적대로, 과거와 달리 최근 지정학적으로 더 많은 선택권을 가진 중간 정도의 권력을 보유한 국가들의 부상이 두드러졌다. 그 결과 미국, 중국, 유럽 말고도 러시아, 터키, 사우디 등이 제4세계의 권력으로 독자적인 목소리를 내는 상황이다. 따라서 세계 GDP 13위 선진국인 한국이 두 전환을 자국에 유리하게 선택지를 가지고 움직일 여지는 (여전히 제한적임에도 불구하고) 분명 과거보다 더 커졌다.[332] 하지만 국가 사이의 횡적 싸움에서 현재 한국이 자율적인 목소리를 내고 있다고 보기는 어렵다. 따라서 한국 정부가 수직적 싸움뿐 아니라 수평적 싸움에서도 실패했던 탓에 두 전환에서 글로벌 추세에 맞추는 것조차 어렵게 되었다고 판단할 수 있는 것이다.[333]

* * *

3부의 내용을 요약해보자. 현실세계에서 디지털전환과 생태전환은 수직적 싸움과 수평적 싸움의 양상에 따라 달라지는 세 가지 경로, 미국과 중국, 그리고 유럽에서 전형적으로 나타나는 세 가지 유형이 있음을 확인했다. 현재는 미국의 시장주도 모델이 점차 약화되고 중국의 국가주도 모델과 유럽의 권리주도 모델의 장점이 인정받으면서 일정하게 수렴되는 추세다. 그러나 한국은 세 국가 모델의 어떤 유형에도 속하지 못할 정도로 추세에서 이탈하고 있다. 최근의 글로벌 환경은 오히려 정책 변경에 우호적으로 움직이고 있고, 심지어 시민들조차 현재의 전환 패턴이 바람직하지 않다고 인식하고 있는 상황임에도 눈에 띄는 정부의 정책변화는 없다. 이렇게 된 이유는 한국 정부와 대기업, 한국 정부와 외국 정부들과의 수직적, 수평적 싸움에서 한국 정부가 능동적인 역할을 하지 못하고 있고, 이를 바꾸려는 시민사회의 의미 있는 실제적 압력도 부재하기 때문이라고 판단할 수 있다. 물론 한국이 경로를 변경하여 세 국가 모델 중 그나마 진전 수준이 높은 유럽 모델을 지향한다고 해도 두 전환을 위해 이상적으로 필요한 수준보다 훨씬 미치지 못한다. 하지만 당장 급한 것은 현재의 관성적 경로를 바꾸는 것이다.

어디서부터 변화의 시작을 열 수 있을까? 우선 정책적으로 분명한 몇 가지 우선적인 개혁과제에 사회적 역량을 집중하는 것도 하나의 전략이 될 수 있다. 여기서는 두 전환과 연계되어 글로벌 차원에서 공통으로 제기되는 개혁과제들로서 거대 기술기업의 시장 지배 권력에 대한 규제, 디지털전환에서 생태적 파괴 잠재력이 가장 큰 인공지능과 가상자산 규제, 그리고 생태전환을 가속하기 위한 정책 선택으로서 녹색산업정책 도입 등 네 가지에 주목할 것이다.

이들 개혁과제는 모두 글로벌 차원에서 인지도와 공감대가 높고, 제도설계의 윤곽도 분명하며, 두 전환의 균형 회복에 중대한 영향을 줄수 있지만 현재 한국 사회에서 활발한 문제제기가 적은 영역이다. 따라서 한국 사회가 '디지털 편향'과 '생태적 지체' 현실을 바로잡고 두 전환의 방향을 바꾸는 계기로서 이들 개혁이 역할을 할 수 있다고 판단한다. 그러면 4부에서 이 정책과제들을 구체적으로 살펴보도록 하자.

4부

한국의 전환경로를 바꿀 정책들

1
전환의 방향을 바꿀
디지털 독점규제

1) 전환을 결정하는 '기술산업복합체'

이제부터 한국의 '디지털 편향'과 '생태적 지체' 현실을 바꾸고, 생태적 한계 안에서 기후에 도움이 되게 할 디지털과 인공지능 정책을 하나씩 살펴보자. 다른 사회 변화에서와 마찬가지로 두 전환의 방향을 결정하는 요인에서 권력관계는 매우 중요하다. 화석연료 기득권이 기후변화 대응 등 생태전환을 어떻게 장기간 지체시켜 왔는지는 이미 많이 알려졌다.[334] 그런데 디지털전환이 일자리나 사회지형에 주는 영향의 상당 부분은 특정 디지털 기술을 선택하고 사회적 활용방식을 결정하는 권력의 소재에 의존하고 있다는 사실도 최근 분명해지고 있다.[335]

일단 화석연료 기득권이 생태전환을 방해했던 사례는 이미 상당히 밝혀졌으므로[336], 여기서는 디지털 권력에 초점을 맞춰 소수 거대 디지털 기업이 어떻게 디지털의 사회적 악영향을 방치하고 생태파괴에 눈감았는지에 대해 집중적으로 살펴보겠다. 이어서 두 전환에 강력히 영향을 미치면서도 글로벌 차원에서 주목받는 두 가지 정책으로서, 디지털전환의 첨단에 있는 인공지능의 생태파괴 위험에 대한 규제와, 생태전환을 사회경제적으로 촉진할 강력한 정책 수단인 녹색산업정책을 차례로 살펴보자.

우선 디지털 권력 문제를 포괄적으로 들여다보자. 주목해야 할 사실은 21세기 현대 사회에서 권력 불균형이 가장 두드러진 영역은 거대 디지털 기업이 행사하는 전례 없이 막강한 경제권력이라는 점이다. 바이든 대통령은 2025년 1월 고별연설에서 이를 매우 극적으로 표현했다. 그는 일찍이 '군산복합체(military-industrial complex)'의 위험을 경고했던 1961년 아이젠하워 대통령 고별연설을 상기시키면서, "실질적인 위험을 초래할 수 있는 기술산업복합체(tech-industrial complex)의 잠재적 부상에 대해서도 똑같이 우려"된다고 목소리를 높였다.[337] 막 시작된 트럼프 2기 정부가 빅테크 오너들인 일론 머스크, 마크 저커버거, 제프 베이조스, 샘 알트먼 등 한 줌의 디지털 초부유층과 결탁하여 통제받지 않는 과두제 권력을 휘두를 수 있다는 현실적인 상황을 염두해 둔 경고였다. 앞으로 '기술산업복합체'라는 용어는 2020년대의 권력을 상징하는 용어로 널리 확산될 가능성이 높다.

그에 앞서 경제학자 조지프 스티글리츠는 "늑대의 자유는 종종 양들의 죽음을 의미했다(Freedom for the wolves has often meant death to the sheep)"는 이사야 벌린(Isaiah Berlin)의 말을 인용하면서, 현대 거대 기술기업들의 자유가 다수 시민의 삶에 위협이 될 수 있음을 예시하기도 했다.[338] 경제학자 애쓰모글루 역시 마이크로소프트, 구글, 페이스북, 애플, 아마존 등 5대 플랫폼기업의 "기업가치 총합은 미국 GDP의 1/5에 달한다. 20세기 초에 대중과 개혁가들이 독점기업 문제에 팔을 걷어붙이고 나섰을 때, 가장 큰 다섯 개 기업의 시장가치는 GDP의 1/10을 넘지 않았다"며 현재 거대 디지털 기업의 과도한 권력 집중을 지적했다.[339]

경제권력의 집중으로 위험에 빠질 수 있는 것은 사회만이 아니라 지구생태계도 마찬가지다. 시사 주간지 타임은 2024년을 결산하면서 빅테크가 '시장경제와 전쟁, 선거, 기후, 그리고 일상생활'까지 명백하게 영향력을 미치고 있다고 요약하고, 특히 군비 경쟁식의 인공지능 인프라 확대가 에너지 소비를 폭증시켜 환경운동으로부터 비판받고 있다고 지적했다.[340] 흥미 있는 점은 이들 실리콘밸리 거대 기술기업들이 말로는 탈집중하자고 주장하지만 실제로는 말과 완전히 반대로 행동한다는 것이다. 따라서 "그들은 권력을 집중한다. 돈도 집중한다. 의사결정도 집중한다. 그들이 오직 탈집중하는 것이라고는 노동과 위험이다. 단 그것마저 상시적이고 일방적인 감시망 아래서"라는 주장은 소수 거대 기술기업의 위선을 정확히 짚은 것이다.[341]

오늘날 빅테크들의 경제력 집중의 피해는 단지 시장에서의 경쟁 소멸에 국한되지 않는다. 애쓰모글루에 따르면 디지털 경제에서 경제력 집중과 독점은 ①경제적 부가 소수 디지털 기술기업들에게 심각하게 집중될 뿐만 아니라, ②그들이 경제적 부를 기반으로 정치적 영향력을 확대하여 민주주의를 위협하고, ③미디어에 영향을 주어 '공적 담론을 지배'하며, ④개인들의 데이터를 지배하여 시민의 권리와 안전을 위협하게 된다. 이 네 가지가 합쳐지면 몇몇 거대 디지털 플랫폼기업들이 현대 경제와 정치, 사회적 삶을 통제할 수 있는 권력 집단으로 군림하게 된다. 브래드포드 역시 "디지털전환은 소수의 강력한 기업들이 경제적 부와 정치권력을 통제하는 과도한 경제력 집중을 초래하도록 했고, 그 결과 불평등이 가속화되고 승자와 패자 사이의 격차가 벌어졌다"고 지적했다. 이 추세는 시장주도 모델뿐 아니라 중국의 국가주도 모델이나 유럽의 권리주도 모델도 크게 봐서 예외가 아니다.[342]

시민들은 어째서 기업의 사적 수익과 사회의 공통 이익을 함께 고려하는 방식으로 빅테크들이 디지털 기술의 잠재력을 활용하지 않는지, 기왕이면 기후와 자연에 해를 끼치지 않으면서 기술변화를 추구할 수는 없는 것인지 의문을 가질 수 있다. 또는 현재의 디지털 경제 현실이 과연 인간과 자연을 위해 디지털이 할 수 있는 최선인지 궁금해할 수 있다. 하지만 지금처럼 권력이 불균형적으로 기울어진 디지털 경제 전개 방향은 어쩔 수 없이 받아들여야 하는 불가항력적인 것이 전혀 아니고, 다른 방향으로의 디지털 기술, 인공지능 기술의 진화도 있을 수 있다.

다만 디지털과 인공지능 이용에 관한 의사결정을 누가 하는가에 따라 그 방향이 완전히 달라진다. 애쓰모글루에 따르면 "정치적, 경제적 권력은 누가 목소리를 갖고, 누가 의제를 설정할 수 있는지, 그리고 서로 다른 비전을 가진 다양한 사람들 가운데 의사결정 테이블에 누가 올라올지를 결정"한다.[343] 그는 특히 '인공지능을 의인화'하여 비난의 화살을 퍼부을 것이 아니라, '비지능적인 인공지능을 인간이 오용'하는 문제에 주목할 것을 요청했는데, 그 오용은 주로 소수의 빅테크에게 책임이 있다고 지적했다.[344] 런던 비즈니스스쿨의 줄리안 버킨쇼(Julian Birkinshaw) 역시 "인공지능의 진정한 위협은 무소불위의 기업권력"이라고 분명히 지적했다.[345]

역사적으로도 지난 100년의 글로벌 경제사 가운데 지금이 가장 과도하게 빅테크들에게 경제력이 집중된 탓에 현재 인공지능과 디지털전환 방향이 그들의 비전에 따라 주조되고 있다. "우리가 오늘날 목도하고 있는 것은 공공선을 향해 멈추지 않고 전개되는 진보가 아니라, 강력한 테크놀로지 리더들이 공유하는 비전이 발휘하는 영향력이다. 그들의 비전은 자동화, 감시, 대규모 데이터 수집에 초점을 맞추고 있으며, 공유된 번영을 훼손하고 민주주의를 약화시키고 있다. 또한 그들의 비전은 소수 지배층의 부와 권력을 증폭시키는 동시에 대부분의 평범한 사람들을 희생시키는데, 이것은 우연이 아니다."[346]

2023년 11월 인공지능 선두기업 오픈AI의 CEO 샘 알트먼이 잠시 해고되었다가 복귀한 사건이 큰 뉴스가 되었다. 일부에서는 이 사건이 이사회 안의 두머(doomer)와 부머(boomer) 집단 사이에서 회사의 미래 비전을 놓고 갈등한 결과라고 진단했다. 인공지능 개발의 신중론자들인 두머 집단이, 인공지능 개발의 가속화에 집착하는 부머 집단의 일원이자 CEO인 샘 알트먼을 해고하려다 결국 실패한 사건이라는 것이다.*

_____

* Walker 2023. 2023년 11월 투자자 출신 경영자인 오픈AI의 샘 알트먼이 이사회에서 해고되었다가 복귀한 사건이 일어났다. 당시 미디어에서는 이 경영권 분쟁이 '두머'가 다수인 이사회가 '부머' 쪽으로 기울었던 알트먼을 해고하려 했다는 것으로 해석되었다. 여기서 '두머(파멸론자)' 집단이란 AI를 통제하지 않으면 인류에게 실존적 위험이 될 수 있다고 믿고 엄격한 규제를 주장하는 이들이고, 반면 '부머(개발론자)' 집단이란 AI 개발이 방해받지 않고 진행되어야 할 뿐만 아니라 가속화되어야 한다고 주장하는 이들을 말한다.

뉴욕타임스는 이 사건 이후로 "인공지능을 경이로움과 공포로 바라보고 조직적인 거버넌스를 통해 인공지능의 힘을 억제하려 했던 구시대 인공지능의 마지막 흔적"이 사라지고, 이제부터는 기술 낙관주의자들이 인공지능 운전대를 쥐고 전속력으로 개발을 가속할 일만 남았다고 평가하기도 했다.[347]

하지만 이 사건은 사실 일반 시민들과는 관계가 없는 실리콘밸리 투자자와 전문가들 내부의 갈등에 불과했다. 두머나 부머 모두 시민의 프라이버시나 인공지능의 사회적 안전성, 기후한계 안에서의 인공지능 개발 등이 진지한 고려 대상은 아니었다. 또한 그들 모두는 "인공지능으로 막강해진 기술 지배층은 나머지 사람들의 의견을 들어야 할 필요성을 훨씬 덜 느낀다. 기술 지배층 상당수가 나머지 사람들은 그리 현명하지 못해서 자신에게 좋은 것이 무엇인지 잘 모른다고 생각한다."[348] 그래서 거대 기술기업은 두머가 주도하든 부머가 주도하든 "자동화를 통한 일자리 파괴와 노동자 감시에 주로 초점을 두는 방향을 선택"한 것이다.[349] 나아가 소수 빅테크가 이제는 경제권력을 넘어 공공연하게 정치권력과 유착하여 극소수의 이익을 위한 의사결정 독점으로 가고 있는데, 가장 상징적 사건은 미국의 기업가 일론 머스크가 극우 정치인 트럼프 선거운동에 전격 참여한 것이다. 트럼프 집권 2기에 트럼프-머스크 권력이 미국의 디지털전환과 생태전환에 어떤 영향을 줄지 주목해봐야 할 대목이다.

결국 두 전환의 방향을 조금이라도 사회와 생태에 친화적인 방향으로 돌리려면, 전환 방향을 결정할 권력관계가 민주적 기반 위에 있는지, 아니면 극소수의 경제권력이 자신들의 이익과 비전에 따라 결정하고 있는지 반드시 확인해야 한다. 애쓰모글루는 "거대 프로젝트에 대한 선호, 기술 낙관주의, 민간투자의 힘에 대한 믿음, 목소리를 내지 못하는 사람들이 처하게 될 운명에 대한 무시"가 나타나게 된다면 이는 거대 권력의 비전이 관철되고 있는 증거라고 지적했는데, 2부에서 살펴봤던 2020~2022년 한국판 뉴딜 시기의 상황도 대체로 유사했다.[350]

우리 사회에서 앞으로 더 포용적이고 더 생태 친화적인 디지털전환의 새 비전이 생겨날 수 있으려면 사회의 권력 기반이 달라져야 한다. 빅테크 독점규제가 이를 위한 핵심 조치다. 그래서인지 최근 글로벌 차원의 세 모델 모두 거대 기업들의 과도한 권력에 경계심을 갖고 독점을 규제하려는 공통적인 움직임을 보이고 있다. "기업권력이 정점에 올랐다는 측면에서나 기업권력에 대처하라는 대중적 공감대 측면에서 지금이 세기적인 변곡점"이라는 진단을 미국이나 중국, 유럽이 모두 공유하고 있는 이유가 여기에 있다.[351]

2) 사회와 기후 모두를 위한 빅테크 규제

2024년 3월, "자율규제는 끝났다(self-regulation is over)"고 선언하며 글로벌 거대 기술기업에 대한 규제가 전환점에 서 있음을 강조한 이는, 지난 10여 년 동안(2014~2024) 가장 치열하게 선두에서 거대 테크기업들과 싸워왔던 유럽연합 경쟁 촉진 책임자 마르그레테 베스타게르였다.* 유럽연합에서 거대 기술 독과점 기업들을 사전 규제할 '디지털시장법(DMA)'이 2024년 8월부터 본격적인 시행에 들어갔기 때문이다. 뉴욕타임스는 이 법만큼 기술기업들에게 많은 압박을 가할 장치는 거의 없었다고 설명했다. 온라인 광고부터 메시징 앱, 앱 결제 방식에 이르기까지 기존 디지털 기업들의 모든 관행에 영향을 미칠 뿐만 아니라 위반하면 전 세계 매출의 최대 20%에 달하는 벌금을 내야 하기 때문이다. 결국 구글이 검색 결과 표시 방식을 변경하고, 마이크로소프트가 인터넷 검색 도구 '빙(Bing)'을 기본 설정에서 빼며, 애플이 자사 결제 시스템에 대한 외부 접근권한을 허용하는 등 변화가 시작되었다.[352]

이처럼 유럽은 확실히 2010년대 초부터 애플과 구글, 페이스북 등 거대 플랫폼기업에게 파격적인 벌금을 부과하며 그들의 시장 지배력 남용행위 등을 견제하는 반독점의 선두에 섰다. 이를 총지휘한 이가 베스타게르였다. 그는 지난 2018년 구글이 반독점법을 위반했다며 당시 반독점법 위반 기업에 대한 사상 최대 과징금인 50억 달러를 부과했다. 또한 2018년 초 퀄컴에도 12억 달러 벌금을 부과했으며 2017년에는 페이스북이 '왓츠앱'을 인수하면서 소비자에게 잘못된 정보를 제공했다며 과징금 1억 3,100만 달러를 매겼다. 그리고 아마존에 대해서도 같

---

* 2014년부터 2024년 11월 말(유럽연합 폰 데이어 라이언 집행위원회 1기)까지 10여 년 동안 유럽연합의 '반독점 집행관(antitrust enforcer) 역할을 맡아 전 세계적으로 유명해진 덴마크 출신 정치인 베스타게르의 10년 활동에 대해서 뉴욕타임스는 "베스타게르가 브뤼셀에서 자신의 시대를 마감하면서 이제 기술산업에 대한 규제는 전 세계적으로 더욱 주류가 되었다. 그녀 덕분에 유럽은 기술에 대한 가장 엄격한 법률의 선구자로 널리 알려지게 되었다"고 평가해주었다. 하지만 그의 활동 기간 내내 일부에서 그의 강경한 접근 방식이 유럽의 기술산업에 해를 끼치고 관료적으로 규제를 한다는 비판에 시달려야 했다. 그런데 베스타게르가 자신의 활동이 '부분적으로만 성공적'이라고 종합 평가할 만큼 사실 그의 규제가 빅테크의 행동을 크게 바꾸지는 못한 것도 사실이다. (Satariano 2024)

은 해 10월 2억 5,000만 유로 벌금을 부과했다. 물론 강력한 벌금 부과를 통한 유럽식 독점규제가 실효성이 있는지에 대한 논란도 있다. 빅테크가 벌금을 비즈니스 비용의 일부라고 간주하고 이를 감수하면서라도 독점을 유지하려 한다면서, '21세기 기업분할'과 같은 더욱 강력한 규제 방식을 도입해야 한다는 주장이 나오는 이유다.[353] 베스타게르도 자신의 10년 반독점 규제를 '부분적 성공'으로 평가했으니 이를 어느 정도 인정했다고도 할 수 있다.

유럽연합을 탈퇴했던 영국은 유럽과 별도로 2024년 '디지털 시장, 경쟁 및 소비자법(The Digital Markets, Competition and Consumers Act; 일명 DMCC)'을 제정하고, 독점 규제기관인 경쟁시장청(Competition and Markets Authority; CMA) 인원을 60명 수준에서 200여 명으로 대폭 증원하여 광범위한 디지털 독점 감독 권한을 부여했다. 특히 DMCC법은 유럽의 DMA와 유사하게 글로벌 매출액이 250억 파운드를 초과하거나 영국 매출액이 10억 파운드를 초과할 정도로 전략적 지위를 가진 기업들을 감독하고 규율하게 되는데, 위반하면 글로벌 매출의 최대 10% 벌금을 부과할 수 있다.[354] 실제로 영국 경쟁시장청은 2025년 들어서자마자 애플과 구글의 영국 스마트폰 웹브라우저 시장 지배력에 대해 공식 조사를 시작했다. 참고로 일본도 2024년 '스마트폰 소프트웨어 경쟁 촉진법'을 제정하고 빅테크 독과점에 대한 감시를 강화하고 있다.[355]

이제 빅테크 본고장 미국으로 시야를 돌려보자. 21세기 20여 년 동안 독점규제의 사각지대이자 마구잡이 인수합병의 전성시대를 열었던 미국도, 2020년대 접어들면서 기존의 규제 완화 시대를 뒤늦게 종결짓는 움직임을 시작했다. 여기에 결정적으로 공헌한 이는 반독점법 전문가이자 2021년에 바이든 정부가 연방거래위원회(FTC) 위원장으로 임명한 리나 칸이었다. 2025년 1월 현재 이미 2,490회 이상 인용된 그의 2017년 논문 '아마존의 반독점 역설(Amazon's Antitrust Paradox)'에서, 그는 반독점에 대한 존 셔먼(John Sherman) 상원의원과 브랜다이즈 대법관의 전통을 다시 살려냄은 물론 아마존이라는 디지털 플랫폼기업을 정조준했다.[356] 이 논문은 디지털전환을 주도하고 있는 거대 플랫폼기업들의 독과점 행위를 새롭게 재규정하여 규제의 원칙을 제시하고 있으므로 좀 더 자세히 살펴볼 필요가 있다.

칸이 아마존의 반독점 역설을 써서 디지털 경제 시대의 독점규제 근거를 확보하려 시도한 데는 일정한 배경이 있다. 유명한 1978년 논문 '반독점 역설'을 통해, 오직 "가격 인상과 생산량 제한의 형태로 소비자 후생에 악영향"을 미치는 것을 증명할 때에만 반독점법에 위반된다며, 독점 문제를 경제력 집중이라는 권력과 시장구조의 문제가 아니라 단순한 소비자 후생 문제로 좁혀버린 보수적 법학자 로버트 보크(Robert Bork)를 반박할 목적이 있었기 때문이다.[357] 보크의 논리는 보수적인 시카고학파의 반독점 학설이기도 했는데, 1970년대 이후부터 확산되기 시작한 이 논리는 최근까지 미국 규제 당국과 사법부가 독점규제에 소극적인 태도를 보이는 데 중요한 역할을 했다.[358]

칸은 바로 보크와 시카고학파의 소극적 독점규제 논리를 40년 만에 역전시키고자 했을 뿐만 아니라, 더 나아가 새롭게 부상한 디지털 플랫폼기업에 대해서도 어떻게 그들의 고유한 독점 행위를 판별할 수 있는지 다시 증명하려 했다.[359] 우선 보크의 논리를 정면으로 반박하면서 칸은, 독점 여부를 '단기적 소비자 후생'이 아니라 "한 기업의 구조와 해당 기업이 시장에서 수행하는 구조적 역할"로 판단해야 한다고 구조적 접근법을 부활시켰다. "기업의 구조가 특정한 반경쟁적 이해충돌 상황을 초래하는지, 기업이 시장 우위를 활용해 각기 다른 사업 부문에 걸쳐 지렛대 효과를 낼 수 있는지, 그리고 시장의 구조가 약탈적 행위를 장려하고 허용하는지를 평가"하자는 것이다. 특히 '약탈적 가격정책(predatory pricing)'과 '수직적 통합(vertical integration)', '끼워팔기(tying arrangements)' 등에 대해 보크는 소비자 후생을 감소시키지 않는다고 보고 반독점 행위에서 제외했지만, 칸은 이 지점이 아마존과 같은 디지털 플랫폼 거대 기업 독점 횡포의 핵심이라고 지적했다.[360]

구체적으로 살펴보자. 칸은 가격뿐만 아니라 제품의 품질이나 다양성, 그리고 혁신성 등을 모두 소비자 이익이라는 관점에서 폭넓게 포함해야 하며, 이 요소들은 "강력한 경쟁 과정과 공개적인 시장을 통해 가장 잘 촉진"된다고 독점과 소비자 후생을 재해석한다. 또한 단지 물질적인 소비자 후생 증진을 넘어 다양한 경제적, 정치적, 사회적 차원을 봐야 한다고 강조한다.

특히 소수 민간 기업에게 시장 지배력이 과도하게 집중되면 이들이 '산업 군주(industrial monarchy)'가 되어 경제, 정치, 미디어 지배력을 행사할 것을 우려했던 '신브랜다이즈주의' 전통을 복원한다.[361] 그래서 반독점법은 "공개시장의 보전, 독점적 지위 남용으로부터 생산자와 소비자 보호, 정치적·경제적 통제 분산을 비롯한 다양한 목적을 촉진"하는 내용을 포괄해야 한다는 것이다. 특히 디지털 플랫폼기업의 경우 "진입장벽, 이해충돌, 정보통제와 병목현상, 데이터 사용과 제어, 협상력의

역학관계"를 모두 감안하여 반경쟁 여부를 판단해야 한다고 칸은 주장했다.[362]

칸은 아마존의 비즈니스에서 발견되는 독특한 반경쟁 행위를 예시했는데, '약탈적 가격전략'과 '수직적 통합을 통한 아마존의 시장 지배력 확대'가 대표적이다. 먼저 아마존은 전자상거래 시장에서 지배력 확립을 위해 '기꺼이 손실을 감수하는' 약탈적 가격정책을 구사했다. 구체적으로 "아마존은 몇몇 핵심사업 방식에서 이윤을 희생하여 가격을 대폭 인하하고 사업확장을 위해 대규모 투자를 이어가며 지금의 지위를 달성"했다는 것이 칸의 진단이었다. 실제로 아마존은 1994년 창립 이후 20년이 넘게 거의 이익을 내지 않고 공격적으로 매출을 늘리면서 시장 지배력을 확대해왔고, 그 결과 전자상거래 시장에서 절반에 가까운 독보적인 지배력을 구축하게 되었다.[363]

또한 소매업체에서 확립한 지배적 지위를 지렛대로 아마존은 배송 서비스와 '아마존 웹서비스'라는 클라우드 인프라 서비스로 수직적 통합을 확장해갔다. 칸에 따르면 "아마존은 온라인 소매산업에서 확립한 지배력을 배송 부문에 대한 강력한 협상력으로 전환했으며" 유피에스(UPS)나 페덱스(FedEx) 같은 전문 배송업체로부터 70%의 할인 혜택을 받는 등 우대를 받았다.

한편 배송업체는 아마존에서 본 손실을 다른 업체들에 대한 배송비 인상을 통해 만회하려고 시도했다. 나아가 아마존은 대형창고와 분류센터, 배송센터, 허브 등을 직접 구축하고 주문 처리 서비스로 사업 영역을 확장했다. 또한 트럭, 컨테이너선, 항공기, 드론 등을 직접 구매하면서 배송 서비스에 진출했다. 소매업체에서 주문처리업체, 나아가 배송업체로 수직적인 통합을 이룬 것이다. 이로부터 각종 경쟁 배제적인 행태가 이루어졌다. 예를 들어 "아마존은 자사 소매 플랫폼을 사용하는 판매업체에 대한 검색 결과를 아마존 배송사업 이용과 연계"시켰다. 이 대목에서 또 이해충돌이 발생했다.[364]

칸은 시카고학파 반독점 프레임의 이론적 논파를 넘어 직접 반독점 행위 의회 조사에 참여했다. 2019년부터 미국 의회 법사위원회 산하 반독점, 상업, 행정법 소위원회에 참여하여 디지털 시장에서 지배적 사업자들(아마존, 애플, 페이스북, 구글)의 영업행태와 이들이 경쟁에 미치는 영향 등을 광범위하게 조사했다. 그 결과 〈디지털 시장의 경쟁 상황 조사보고서〉라는 460쪽짜리 방대한 보고서가 제출되었는데, 여기에는 페이스북, 구글, 아마존, 애플 등 주요 플랫폼기업들의 이해충돌과 반경쟁 행위 사례가 자세히 적시되어 있다.

2021년 3월에 칸은 연방거래위원회 위원으로, 이어서 6월에 최연소 위원장으로 지명되었다. 반독점 규제 최고 책임자가 된 칸은 2025년 1월 초 바이든 정부 임기가 종료되는 마지막 순간까지, 빅테크 규제는 물론 제약회사 등을 포함한 경제 전반의 각종 반경쟁적 행위에 대해 엄격한 잣대를 세우기 위해 총력을 기울였다. 그 사이 시장주의 국가 미국 시민들의 여론도, 거대 기술기업이 너무 많은 경제력과 영향력을 가지고 있으며 따라서 "약 56%는 주요 기술기업이 지금보다 더 많은 규제를 받아야 한다고 생각"하는 등 독점규제에 찬성하는 쪽으로 기울게 되었다.[365]

바이든 정부는 2021년 임기를 시작하면서 리나 칸을 연방거래위원회 위원장으로 임명했을 뿐 아니라, 반독점을 전공한 학자 팀 우를 백악관 국가경제위원회 경쟁 부문 특별고문에 지명했고, 반독점 소송 전문 변호사로 구글의 저격수라는 별칭을 가지고 있는 조나단 캔터를 법무부 반독점국장에 임명하는 등 가장 철저한 반독점 규제를 주장했던 세 사람을 요직에 전면 배치했다. 또한 의회에서도 '플랫폼 독점 종식법(Ending Platform Monopolies Act)'이라는 강력한 사전 규제법을 발의하는 한편, 그 통과를 기다리지 않고 바이든 대통령은 2021년 7월, '미국 경제에서의 경쟁 촉진에 관한 행정명령'을 발표하는 동시에 '백악관경쟁위원회'를 신설했다(플랫폼 독점 종식법안은 결국 의회에서 통과되지 못했다).

이후 법무부와 연방거래위원회 그리고 법원이 동시다발적으로 독과점 행위에 대한 조사와 기소를 진행해갔다. 그 정점은 구글이 반독점 기업으로 인정된 것이다. 2024년 8월 미국 컬럼비아 특별구 지방법원 판사는 277쪽 분량의 판결문에서 구글이 검색 사업에서 독점권을 남용했다고 (마이크로소프트 반독점 판결 이후) 20여 년 만에 역사적인 판결을 했다.[366] 특히 애플 등 스마트폰 제조업체에 구글 검색엔진을 기본값으로 설정하게 만들려고 260억 달러 상당의 막대한 자금을 지급해왔던 사실이 '시장 지배력을 불법적으로 남용하고 경쟁을 제한'한 것으로 인정되었다.

그 결과 판사는 "구글은 독점기업이며, 그 독점을 유지하기 위해 독점기업처럼 행동(Google is a monopolist, and it has acted as one to maintain its monopoly)"했다고 명시적으로 선언했다. 엘리자베스 워런 상원의원과 로버트 라이시 미국 전 노동부 장관 등은 이 판결을 '획기적인 사건'으로 평가했으며, 밴더빌트 대학교 로스쿨 교수 레베카 앨런 스워스(Rebecca Allensworth)도 "이번 소송은 금세기 가장 중요한 반독점 소송"이라고 평가했다.[367] 법무부 반독점 책임자 조나단 캔터는 이 판결로 다음 세대를 위한 혁신의 길을 열어주게 되었다고 환영했다.*

한편 최근까지 비교적 느슨한 규제를 대가로 정부와 밀착하여 급팽창한 중국의 거대 디지털 기업들도 중국 정부가 2021년부터 경제의 공정성과 분배를 강조하면서 갑작스럽게 방향을 선회하자 상황이 달라졌다. 중국 정부는 '플랫폼 경제 반독점 가이드라인'을 발표하고 직접적인 규제를 강화하기 시작했을 뿐 아니라 앤트그룹, 디디추싱 등 유력 디지털 기업에 대해 막대한 벌금을 부과하는 등 규제 조치를 이어갔다. 그 결과 뉴욕타임스는 2024년 3월, "전 세계적으로 거대 기술기업을 통제하기 위한 티핑포인트가 마침내 기울었다"고 진단했다.[368]

세 나라의 빅테크 규제 수렴현상은, 디지털전환 과정에서 통제받지 않은 거대 디지털 경제권력이 사회적·환경적으로 유해한 문제를 증대시킬 위험이 크고, 이를 해결하는 데 상대적으로 유럽의 권리주도 모델이 유리하다는 공감대가 있었기 때문이다. 물론 이들 규제로 인해 글로벌 디지털 기업의 경제권력이 크게 손상되었다는 증거는 여전히 없지만, 변화된 정부의 규제 의지는 향후 글로벌 디지털전환의 방향이 지금까지와는 다른 길로 갈 수 있다는 신호가 될 수도 있다. 또한 그 영향은 디지털전환에 그치지 않고 생태전환 분야에도 미칠 가능성까지 있다.

---

* 2025년 1월 현재 미국 법무부는 구글의 웹브라우저 크롬의 매각을 요구한 상태이고, 법원은 2025년 8월까지 구글이 독점 해소를 위해 무엇을 해야 할지 결정하게 된다.

점점 더 디지털 경제의 비중이 커지면서 디지털 기업들이 에너지와 생태에 미치는 유해한 충격이 커지고 있기 때문이다.

물론 이런 추이는 언제든 재역전될 우려 역시 존재한다. 유럽의 반독점 책임자 베스타게르가 2024년 11월로 임기를 마쳤고, 12월부터 시작된 폰 데어 라이언 2기 집행위원회는 과거와 달리 디지털 규제보다 혁신 지원에 무게를 둘 것이라는 전망이 나오고 있다. 또한 미국의 반독점 규제를 선도해온 리나 칸 역시 2025년 1월 트럼프 임기 시작 직전 사임했고, 트럼프 2기 정부는 거대 기술기업에 대한 규제 완화를 약속하고 있다. 하지만 기존의 규제 흐름이 일거에 뒤집히기도 쉽지 않을 것이다. 유럽은 물론이고 미국에서도 구글의 반독점 판결에 이어 마이크로소프트 반독점 조사도 상당히 진행된 것으로 알려졌고 인공지능 스타트업에 대한 무분별한 인수합병과 인공지능 서비스 과대 광고에 대해서도 이미 어느 정도 조사가 이뤄졌다. 리나 칸은 재임 마지막 날인 2025년 1월 8일 브루킹스 연구소의 연설에서, 일부 빅테크들이 인공지능을 마케팅하면서 소비자들에게 실제 지키지 못할 약속으로 과대 광고를 한다고 지적하기도 했다. 2025년 이후 전개되고 있는 사회정치적 여건이 불확실함에도 불구하고 과도한 빅테크 시장 지배력의 부작용이 점점 커지는 한 글로벌 차원에서 규제의 큰 흐름이 꺾이지는 않을 전망이다.

3) 디지털 독점규제의 사각지대 한국

그러면 한국의 디지털 독점규제는 어떨까? 하드웨어와 소프트웨어 모두에 걸쳐 최첨단의 디지털전환을 향해 가고 있는 한국은 독점규제라는 글로벌 추세에 얼마나 발을 맞추고 있는 걸까? 2024년 기준 대기업집단 1, 2위 삼성과 SK의 주력 분야는 반도체다. 소프트웨어 분야 최대 플랫폼기업인 카카오는 대기업집단 순위 15위이고 계열사는 무려 128개로 SK 다음으로 가장 많으며 자산 총액은 86조 원이다. 네이버는 대기업집단 순위 23위로서 계열사 수 54개, 자산 총액 25조다.[369] 쿠팡도 27위에 들어있다. 모두 공정거래위원회의 대규모 기업집단 규제를 받는 '상호출자제한 기업집단'에 속한다.*

이들 한국 디지털 플랫폼기업들의 경제력 남용과 독과점 횡포 행위는 공정거래위원회에서 여러 차례 적발되고 과징금도 부과될 정도로 늘어나는 중이다. 예를 들어 "네이버는 이미 자사 쇼핑 검색이라는 중개 서비스를 제공하는 동시에 중개 서비스에 포괄된 11번가, G마켓, 옥션, 인터파크 등 다양한 오픈마켓 업체들과 경쟁하는 자사 온라인 오픈마켓 서비스인 '네이버 스토어'를 수직통합하고 있다. 특히 [표 4-1]의 사례처럼 네이버 쇼핑 검색과 네이버 스토어의 이해충돌 구조에서 네이버가 자사 기업을 우대하고 경쟁사를 차별했다는 혐의"로 일찍이 2020년 10월 공정위의 과징금을 부과받았다.[370]

---

* 상호출자제한 기업집단이란 원래 자산총액 10조 원 이상의 대규모 기업집단에 해당할 경우 공정거래위원회가 지정한 기업집단으로서, 동일 기업집단 소속기업 사이의 채무보증을 할 수 없는 등 공정거래위원회의 규제대상이 된다. 2020년부터는 대상 기준을 국내총생산의 1천분의 5에 해당하는 금액으로 변경했다(새로운 기준에 따르면 2024년에는 자산 규모 10.4조 원 이상의 48개 기업집단이 여기에 해당했다).

행위 사실	주요 내용
• 경쟁 오픈마켓 랭킹 가중치 하향 조정(2012년 2월 등)	• 경쟁 오픈마켓 상품에 대해 1 미만의 가중치 (0.975 등)를 부여하여 노출 순위 하락
• 자사 오픈마켓 노출 비중 보장 및 확대(2012년 7월, 12월)	• 쪽당 자사 오픈마켓 상품 노출 비율을 인위적으로 보장하는 방식 도입(15%→20%)
• 자사 오픈마켓 판매지수 가중치 부여(2013년 1월)	• 자사 오픈마켓 상품에 적용되는 판매지수에 추가 가중치(1.5배)를 부여하여 노출 비중 상승
• 동일몰 논리 도입(2013년 9월)	• 경쟁 오픈마켓 상품에 대해서만 불리한 기준을 적용하여 자사 오픈마켓 상품을 우대
• 자사 오픈마켓 노출 제한 (cut-off) 완화(2015년 4월)	• 네이버페이와 연동되는 자사 오픈마켓 상품 노출 제한 개수를 완화(8→10개)

표 4-1 '네이버 쇼핑 검색' 플랫폼이 자사 소매점 '네이버 스토어'를 우대

카카오의 경우에는 〈카카오T〉라고 하는 앱기반 택시호출 중개 서비스를 무료로 운영해온 결과 과거 전화로 부르는 콜택시 시장은 전멸했고, 지금은 거의 90%에 가까운 시장 점유율로 지배사업자가 되었다. 이렇게 '수수료 없애기'라는 약탈적 가격정책을 구사하여 경쟁자가 사라지게 한 후 예상했던 대로 각종 반경쟁 행위를 일으켰다. 예를 들어 〈카카오T〉앱의 중형택시 배차 알고리즘을 은밀히 조작하여 자회사 등이 운영하는 '카카오T블루'를 우대한 행위로 2023년 시정명령과 과징금 257억 원을 부과받았다. 또한 2024년 10월에는 4개 경쟁 가맹택시 사업자(우티·타다·반반·마카롱택시)에게 영업상 비밀을 실시간 제공하도록 하는 제휴계약 체결을 요구하는 등의 권한을 남용하여 시정명령과 함께

과징금 724억 원을 부과받았다. 심지어 카카오의 불공정 행위는 모빌리티에 국한되지 않았다. ㈜카카오엔터테인먼트는 웹소설 공모전을 진행하면서 거래상 우월적 지위를 이용하여 공모전 당선작가들과 2차 저작물 작성권을 제한하는 불공정한 계약을 체결한 행위로 2023년 9월 역시 시정명령과 함께 5억 4천만 원의 과징금을 부과받았다.

한편 쿠팡은 미국의 전자상거래 디지털 기업 아마존과 유사하게 이해충돌 행위를 일으키는 연계사업을 수직적으로 통합했다. 특히 "이미 오프라인 할인점에서 국지적으로 구사해왔던, 자사 마켓플레이스에 자체 브랜드(PB) 상품을 다른 납품업체 상품보다 우선 노출하도록 한 검색 알고리즘 조작 혐의" 등이 공정거래위원회의 조사 대상이 되어왔다.[371] 또한 쿠팡은 상당히 전통적인 방식의 불공정 행위도 일삼았다. 예를들어, 2017년부터 2020년 9월까지 ①납품업자에게 경쟁온라인몰의 판매가격 인상을 요구하는 등 납품업자의 경영 활동에 부당하게 관여하고, ②자신의 마진 손실을 보전받기 위해 납품업자에게 광고를 요구하며, ③판촉행사를 하면서 판촉비 전액을 납품업자에게 전가하고, ④연간거래 기본계약에 약정 없는 판매장려금을 수취하는 불공정 행위로 공정거래위원회는 쿠팡에 대해 2021년 총 32억 9천7백만 원의 과징금을 부과했다.

이처럼 한국 역시 디지털 독점의 폐해가 이미 곳곳에서 발견되는 국면에 이르렀지만, 불행하게도 2024년 말까지 독점규제에 대한 어떤 새로운 제도도 도입하지 못했다. 21대 국회에서 일부 관련 법안 발의가 있었지만 제대로 논의되지 못한 채 모두 폐기되었으며, 2024년 시작된 22대 국회에서도 온라인 플랫폼 공정화 또는 독점규제 법안 17개가 발의되어 있지만 대부분은 소관위원회에 접수 정도만 되어 있는 상태다.[372] 한편 국회가 아닌 행정부 쪽에서는 의외로 공정거래위원회가 2023년 말부터 유럽 '디지털시장법' 등을 참조해서 소수 독과점 플랫폼기업을 사전 규율하기 위한 '(가칭)플랫폼 공정경쟁 촉진법'을 의욕적으로 추진하기 시작했다.[373] 플랫폼 공정경쟁 촉진법은 플랫폼 시장을 좌우할 정도로 큰 힘을 가진 소수의 핵심 플랫폼 사업자를 미리 '지배적사업자'로 지정하겠다는 것이었는데, 매출액, 이용자 수, 시장 점유율 등을 근거로 시장 지배 사업자를 지정하는 사전 규제의 성격을 가진 법안이었다. 하지만 업계의 반발과 국회와 행정부 모두의 소극적 태도로 인해 결국 애초의 법안은 폐기되었고, '사전 지정제'가 아니라 '사후 추정제' 등 후퇴된 내용으로 기존의 공정거래법 개정을 추진하는 것으로 전환했다. 하지만 이 역시 2025년 1월 현재 입법 전망이 불확실한 상황이다. 한국의 디지털 독점규제가 얼마나 시대의 추세에 뒤져 있는지 알 수 있다.

결국 한국은 하드웨어와 소프트웨어 모두 강력한 시장 지배력을 가진 기업들이 이미 형성되어 있고 이들의 독과점 행위 등이 표면에 드러나고 있음에도 불구하고, 다른 나라와 달리 기업들의 반발과 정치권의 의지 부족으로 여전히 제도적인 독과점 규제를 도입하지 못한 상태다. 만약 이대로라면 당분간은 기존의 디지털전환의 방향이 독점규제 쪽으로 방향을 틀 가능성은 아주 낮다.

이 대목에서 한국 사회에 만연한, 디지털 독점규제에 대한 잘못된 시각 몇 가지를 짚어보자. 잘못된 시각 중에 첫 번째는, 독점규제가 국내 플랫폼기업의 경쟁력을 약화시킨다는 오랜 주장인데 이것은 이제 더 이상 설득력이 없다. 왜냐하면 '브뤼셀 효과'가 퍼지면서 독점규제는 이미 세계적인 대세가 되어가고 있으므로 한국 기업이 특별히 국내의 규제로 더 불리한 위치에 놓일 이유가 없다. 둘째로, 디지털 독점규제가 혁신을 죽일 것이라는 전통적인 주장 역시 과거 미국에서 IBM, AT&T, 그리고 마이크로소프트 독점을 규제했던 경험이 오히려 디지털 혁신을 촉진한 측면도 있다는 평가를 기억할 필요가 있다.[374] 뒤에 설명하겠지만 오히려 과도한 독점기업의 시장 지배력이 새로운 혁신을 방해할 수도 있다.

셋째로, 이제는 디지털 독점규제를 두 전환의 균형 회복과 선순환이라는 관점에서 재평가할 필요가 있다. 한국에서 뚜렷한 '디지털 편향'은 과도한 디지털 기업들의 몸집 불리기와 무관하다고 볼 수 없다. 견제받지 않는 거대 디지털 기업 규제는 디지털전환이 초래할 사회적, 생태적으로 유해한 영향을 막고, 생태전환과 상호 선순환시키려는 방향에서 적극적으로 재평가되어야 한다.

이제 한국에서도 국내외 기업을 막론하고 소수 빅테크의 과도한 시장 지배력을 막는 규제를 도입함으로써 디지털전환은 물론 생태전환이 올바른 방향으로 진전되도록 보장해줘야 한다. 이미 한국은 디지털 독점으로 인한 이해충돌 행위는 물론이고, 노동시장에서 수요독점으로 인한 노동자들의 협상력 약화 문제, 주문앱들의 골목상권 잠식과 과도한 수수료 책정 문제, 그리고 인공지능 알고리즘의 남용으로 인한 차별과 부당한 노무관리 문제 등 실로 광범위한 문제를 초래하고 있다. 여기에 더해 플랫폼기업들의 조세회피 경향, 초법적인 데이터 수집과 활용도 포함된다. 심지어 한국의 경우 인터넷 전문은행들의 규모가 팽창하면서 금산분리가 무력화되는 것 아닌가 하는 우려도 추가된다.

지금까지처럼 사후적인 과징금 부과나 기존 공정거래법 개정 수준에서 머무르지 말고, 유럽에서 시행되고 있는 디지털시장법, 미국 바이든 정부 초기에 시도되었던 '플랫폼독점 종식법안', 아니면 최소한 2023년 말 공정거래위원회 '플랫폼 공정경쟁 촉진법'에서 공통적으로 담고 있는 거대 빅테크의 '사전규제'를 수용하는 규제법이 제정되어야 한다. 특히 리나 칸이 지적한 대로, 거대 플랫폼기업들이 너무 커지고 규제기관들이 이들에게 포획되어 기존 규제마저 무력화되기 이전에 제대로 된 시장 규칙을 만들 필요가 있다. 일부의 기대와 달리 기업가의 선의와 자율에 맡기는 것은 독점화를 재촉하는 길에 불과하다. 그런 의미에서 페이스북 내부고발자 프랜시스 하우건(Frances Haugen)이 지난 2021년 10월 5일 미국 의회 청문회에서 발언한 다음과 같은 이야기를 새겨들을 필요가 있다.

"우리 모두 노력하면 페이스북을 바꿀 수 있지만, 페이스북이 스스로 바뀌도록 기다려주는 건 소용없는 일입니다. 페이스북은 스스로 변화할 수 없는 지경에 이르렀고, 지금 행동에 나서지 않으면 페이스북은 갈수록 점점 더 극단적인 메시지만 난무하는 분열과 폭력의 플랫폼이 되고 말 겁니다." "담배회사들이 모두의 건강에 끼치는 해악을 숨기고 있다는 걸 알았을 때 정부는 나서서 제재를 가했습니다. 안전벨트만 잘 매면 치명적인 교통사고를 많이 줄일 수 있다는 걸 알았을 때도 정부는 나서서 법을 고쳤습니다. 아편 성분의 진통제(opioid) 중독 문제가 사람들의 목숨을 앗아간다는 데이터가 쌓였을 때도 정부는 조치를 취했습니다. 지금 페이스북의 상황도 정부와 규제 당국, 의회가 나서야 할 때입니다."

디지털 독점규제에서 아직 검토해야 할 요소가 더 남아있다. 독점규제는 통상적으로 '경쟁의 촉진'을 목표로 하고, '자유로운 시장경쟁'을 회복시켜주면 소비자 후생도 최대화되고 새로운 혁신기업들의 진입을 쉽게 하며 경제를 활성화시킬 것으로 기대한다. 브래드포드 등이 유럽의 권리주도 모델을 지지하면서 고려한 것도 그 이상은 아니다. 하지만 디지털전환과 생태전환에서 독점규제를 통한 경쟁 회복 정도로 목표를 한정하는 것이 바람직한지는 생각해볼 필요가 있다.

기존의 화석연료는 물론이고 태양광과 풍력 등 녹색 에너지들은 대체로 공유자원의 성격을 가진다. 온라인 중개 플랫폼이나 데이터, 지식과 정보도 마찬가지이며 더불어 자연독점 성격도 강하다. 이 때문에 스웨덴 경제학자 브렛 크리스토퍼스(Brett Christophers)는 기존 '불로소득 자본주의(rentier capitalism)' 개념을 확장하여, 불로소득 대상을 전통적인 토지와 금융을 넘어서 지적 재산, 사회간접자본, 서비스 계약 그리고 특히 자연자원과 디지털 플랫폼까지 포함시켰다. 여기서 그는 불로소득의 정의를 "경쟁이 제한적이거나 부재한 조건에서 희소자산의 소유 또는 통제에서 발생하는 소득"이라고 재정의함으로써, 자연과 온라인 플랫폼 같은 공유자원적 자산과 '독점'의 결합에서 불로소득이 발생한다고 주장했다.[375]

그렇다면 디지털전환과 생태전환 과정에서 두 영역의 지배적인 독점 권력을 규제하여 사회 친화적이고 생태 친화적인 방향으로 전환을 진전시키는 과제가, 과도한 경제력 집중을 견제하고 다시 시장경쟁을 촉진하는 데 국한될 수는 없다. 두 전환의 기초가 되는 자산들을 누가 소유하고 어떻게 적절히 관리하여 사회와 생태에 유익하게 작용하도록 만들지까지 고민을 확장해야 한다는 말이다. 이 대목에서 크리스토퍼스 역시 "향후 인클로저와 독점적 지대 추출을 피하려면 공공부문이 집단적, 사회적 삶을 뒷받침하는 자산, 즉 교통 인프라, 병원, 실질적으로 저렴한 주택과 같은 자산을 건설하고 소유하고 운영하는 방식으로 돌아가는 것이 필수적"이라면서 공적 소유로의 전환을 제안한다.[376] 하지만 그는 이를 국유화로 한정하지는 않고 혼합적 소유에 의한 다원적인 생태계를 구성하자며, 그렇게 하는 것이 "확실히 정치적으로나 경제적으로 가장 실행이 가능한 결과"를 낳을 것이라고 강조한다.[377] 그는 녹색 부문에서 독일 볼프하겐(Wolkhagen) 지역 전기 공급의 1/4을 지역 시민협동조합이 소유하고 있는 사례를 든다. 그의 지적은 한국의 디지털 독점규제의 대안을 모색할 때 반드시 고려해야 할 중요 요소다.

이는 일찍이 "공유수면인 바다라는 공간과 그곳에서 불고 있는 바람이라는 자연에너지"를 사적인 이윤 획득을 위한 사유화와 상품화 대상으로 삼는 것이 바람직하지 않다는 문제의식 아래, 제주도가 2015년 '공공주도의 풍력개발과 투자활성화 계획'을 세우고 '제주특별자치도 풍력자원 공유화 기금 조례'에 기반하여 풍력자원 공유화를 추진했던 것과 맥락을 함께 한다.[378] 최근 '공공재생에너지'를 요구하는 목소리가 커지는 것도 마찬가지다.[379] 이 사례들은 생태전환 과정에서 점점 더 많이 관계 맺어야 할 태양과 바람, 물, 토지 등 자연을 누가 어떻게 소유하고 관리할 것인지, 그리고 디지털전환 과정에서 점점 더 비중이 커지고 있는 데이터와 정보는 물론 온오프라인 디지털 인프라를 어떻게 관리할 것인지에 대한 더 진전된 문제의식을 요구한다. 유사한 문제의식은 현대 디지털 경제를 감시자본주의로 규정하고 현재의 디지털전환이 심각하게 잘못된 방향으로 흐르고 있음을 강력히 비판한 쇼샤나 주보프의 다음과 같은 질문에서도 찾을 수 있다.

> "우리가 항로를 바꾸지 않는다면 다음 세대에게 엄청난 과업을 남기게 되는 셈이다. 산업 자본주의는 자연을 착취함으로써 다음 세대에게 폭염으로 신음하는 지구라는 짐을 지웠다. 여기에 인간 본성에 대한 감시 자본주의의 침략과 정복이라는 짐을 더 얹을 것인가?".[380]

4) 규제와 혁신은 함께 갈 수 있다

한 가지 생각해볼 이슈가 더 있다. 통상적으로 디지털 산업에 대한 규제에 대해 시민들이 거부감을 느끼는 이유는 '혁신을 방해'할 수 있다는 우려 때문이다. 하지만 역사를 되돌아보면 디지털 분야에서의 적절한 규제가 오히려 새로운 혁신의 기회를 열어주기도 했음을 알 수 있다. 이는 특히 미국의 오랜 반독점 규제 역사에서 잘 드러난다. "우리가 정치에서 왕을 허용하지 않기로 했다면 경제에서도 그래야 한다. 우리가 정치에서 제국을 인정하지 않기로 했다면 경제에서도 인정하지 말아야 한다"면서, 유명한 1890년 반독점법을 발의했던 존 셔먼 상원의

원 시대로 거슬러 올라가는 미국의 반독점의 규제 역사는 20세기 미국 자본주의를 가장 혁신적으로 만든 기초의 하나였다. 리나 칸이 부활시킨 미국 반독점 전통은 사실 20세기까지 미국 경제에서 오랫동안 강력한 영향력을 발휘했고 디지털 기업들에 대해서도 예외가 아니었다. 여기서는 2차 대전 이후 미국 정부가 특히 ICT 기업을 대상으로 반독점 규제를 적용한 세 번의 계기를 조사함으로써 이를 확인해보자.

우선 1960~70년대의 IBM 반독점 규제 사례부터 시작해보자. 이 시기는 독일과 일본이 무섭게 부흥하며 미국의 주요 기업들을 추격하기 시작했던 치열한 경쟁의 시대여서, 미국도 자국의 국가대표급 기업들이 국제 경제 전쟁에서 이길 수 있도록 모든 지원을 해야 할 상황이었다. 하지만 미국 정부는 1969년, 당시 25만 명이 넘는 직원을 고용한 세계 최대 컴퓨터 회사인 IBM을 반독점법에 걸어서 소송을 진행하는 결정을 내렸다.[381] 그 이유는 IBM이 "일반용 디지털 컴퓨터 업계에서 지배적 위치를 유지하기 위해 배타적이고 약탈적인 행위를 지속"했다는 것이다. 비록 6년 동안의 지루한 공방 끝에 소송이 취하되는 것으로 결론 났지만, "이 사건 때문에 IBM은 비즈니스 전략을 짤 때 변호사의 역할을 강화하게 되었고, 경쟁력을 행사할 때도 좀 더 조심스럽게 움직이게" 되었다.[382]

그런데 그 결과 IBM이 주도했던 ICT 분야의 기술혁신은 죽은 것이 아니라 거꾸로 두 가지 중요한 '혁신 효과'를 불러왔다는 것이 팀 우의 설명이다. 첫째는, 이때부터 비로소 하드웨어와 분리 독립된 진정한 '소프트웨어 산업'이 서서히 성장하기 시작했다는 것이다. 당시까지만 해도 IBM은 소프트웨어를 별도 가격을 매겨 팔지 않고 그냥 하드웨어를 구매하면 공짜로 끼워주는 식으로 영업했다. 하지만 반독점 제소 이후 IBM 법무팀은 소프트웨어를 하드웨어에 끼워서 번들로 파는 것이 '변호하기 힘든 법적 문제'를 발생시킬 것으로 우려했고, 1969년 6월 23일, "처음으로 열일곱 개의 응용프로그램을 (아직 판매는 아니고) 대여용으로 분리하여" 내놓았다. 그래서 이날을 일부에서는 소프트웨어 산업계의 독립 기념일이라고 부른다.[383]

둘째로, IBM의 반독점 소송이 'PC 산업'의 새로운 등장을 일궈냈다고 팀 우는 주장한다. IBM이 당초에 PC를 만들 때 하드디스크는 시게이트, CPU는 인텔, 그리고 운영체제는 마이크로소프트에게 맡기고 자기는 조립만 해서 팔기로 했던 결정이 IBM의 엄청난 실수라고 알려졌다. 하지만 얘기가 그렇게 간단치 않다. 사실 마이크로소프트는 처음에 MS-DOS 운영체제를 아예 IBM에게 팔겠다고 제안했다. 그러나 IBM은 그럴 수가 없었다고 한다. 왜냐하면, "여전히 계류 중인 반독점법 소송 때문에 IBM은 소프트웨어 업체들이 거는 소송에, 그리고 소규모 공급자에게서 부당한 이득을 취하는 것으로 보이는 데 극도로 민감했고, 그래서 운영체제 소프트웨어를 소유하는 걸 경계"했기 때문이다. 그로 인해 마이크로소프트는 자신의 운영체제를 IBM에 넘기지 않고 계속 소유하면서 이후 거대 기술기업으로 성장할 수 있었다.[384]

IBM 다음으로 반독점 규제 대상에 오른 기업은 1974년 당시 글로벌 최대기업으로 100만 명 이상을 고용하고 있었던 거인 기업인 AT&T다. AT&T는 지역 전화, 장거리 전화, 송수화기 산업, 연관 부가장치, 비즈니스 전화, 그리고 '온라인' 서비스를 포함해서 기존과 신규 가릴 것 없이 '통신' 관련 서비스를 모조리 독점했던 거대 공룡이었다. 어떤 경쟁도 허용하지 않으려는 "AT&T는 통신 분야의 질투 많은 신이었다. 경쟁자를 절대 용납하지 않았고, 공유하지도 않았다. 권좌에서 내쫓길 수 있는 아주 미약한 기회라도 비칠라치면 두려움에 자식들을 집어삼키는 크로노스"였다. AT&T의 거대한 영향력이 도를 넘어서 "이 독점기업이 스스로 정부의 규제를 초월한다고 여기"는 수준에 이르자 미국 법무부는 반독점 소송을 단행했다. 그리고 이후 10년 동안 장기적 소송이 이어진 끝에 AT&T를 8개의 기업으로 쪼개는 분할 명령이 내려졌다(지금의 AT&T는 분할된 조각 중 하나다).[385]

그런데 팀 우의 설명에 따르면 기업이 분할된 이후에 "AT&T가 지배하는 동안에는 상상할 수 없었고, 아무도 상상하지 않은 완전히 새로운 형태의 산업이 AT&T의 사체를 딛고" 일어났다. 바로 인터넷 시대가 활짝 열린 것이다. "전화 자동응답기뿐만 아니라 가정용 컴퓨터와 네트워크를 연결시키는 모뎀 등 소비자에게 새로운 제품을 팔 수 있는 자유가 주어졌다. 이로 인해 AOL이나 컴퓨서브 같은 온라인 서비스 산업이 가능해졌다. 이런 기업들은 집에서 접속할 수 있는 인터넷 서비스 제공자를 양산해냈고, 이는 다시 실리콘밸리 창업 호황으로 이어진다."[386]

2024년 구글의 독점 판정 이전까지 미국이 디지털 기업을 상대로 강력한 독점규제를 시행한 가장 최근 버전은 마이크로소프트에 대한 반독점 소송이다. 윈도우와 오피스는 물론 익스플로러, MS-메신저, 핫메일 등을 동원하면서 인터넷이 만들 새로운 미래까지 싹쓸이할 태세를 갖춘 마이크로소프트에 대해 미국 법무부는 1998년에, 유럽연합은

2004년에 반독점법으로 걸어 기업 쪼개기에 나섰다. 사람들은 처음에 "정부가 기술산업을 이해하지 못해서 황금알을 낳는 거위를 죽인다"고 비판했다. 하지만 재판 결과 빌 게이츠가 매우 치졸하고 비열한 책략을 써서 독점 지배를 유지하려 했다는 것이 드러났다.

미국 법무부는 "지방법원과 항소법원에서 잇달아 승소"하여 마이크로소프트 해체의 길로 순항했다. 비록 부시 대통령이 당선되면서 "마이크로소프트를 해체하지 않고 합의를 통해 소송을 봉합해버리는" 식으로 끝났지만, 이 일로 마이크로소프트는 무자비한 사업 확장을 조심하게 되었고, 그 결과 구글, 애플, 페이스북 등 디지털 플랫폼기업들이 새롭게 자라나 2024년 현재까지 그들의 전성시대가 열렸다.[387] 만약 반독점 소송이 없었다면 "마이크로소프트가 현재 구글과 애플이 장악하고 있는 모바일 운영체제를 통제하는 완벽한 위치를 차지하게 되었을" 것이다.

이처럼 1960~2000년대까지 50여 년 동안 당대의 최첨단 거대 디지털 기업에 대해 미국 규제 당국은 과감히 반독점 규제를 강행했고, 그 결과 미국 정보통신 산업을 붕괴시키기는커녕 더 풍부한 기업생태계를 여는 데 기여했다는 것이 팀 우의 총괄 평가다. 하지만 마이크로소프트 반독점 소송을 끝으로 미국의 규제 당국은 손을 놓아버렸고, 21세기 20년 동안 정치로부터도, 노동조합이나 시민사회로부터도 통제받지 않게 된 디지털 기업들은 엄청난 인수합병과 몸집 불리기로 거대해졌다. '인수합병 자유의 시대'가 찾아온 것이다. 문자 그대로 21세기에 접어들면서 "미국 반독점 규제 당국은 거대 디지털 기업들의 독점 행위를 통제하기 위해 자신들의 권력을 행사하지 않았으며, 미국 법무부는

1998년 마이크로소프트 기소 이후 (2020년 이전까지 −인용자) 아무도 기소하지 않았다."[388]

그 결과 구글, 애플, 페이스북, 아마존으로 대표되는 실리콘밸리 공룡들이 19세기 말 록펠러의 스탠다드오일 독점시대를 뛰어넘는 전무후무한 지배력을 누리게 되었다. 구글은 검색광고 시장의 90%를 장악하고, 페이스북은 모바일 소셜 트래픽의 80%를 점유했다. 두 회사는 2017년 온라인 광고 성장률의 90%를 차지했다. 아마존은 e-book 시장의 75%, 전체 e-commerce 시장의 43%를 독식했다.[389] 미국 독과점에 정통한 경제전문가 조나단 테퍼(Jopnathan Tepper)는 이들이 이제 자신들의 플랫폼에 들어오는 기업들과 소비자, 사용자들을 통제하고 배척하는 '사적 정부(private government)'가 되었다고 개탄했다.

그런데 최근 디지털 독점과 인공지능 규제 이슈가 부상하면서 또다시 규제와 혁신의 갈등 여부가 뜨거운 쟁점으로 떠올랐다. 예를 들어 2020년 코로나19 이후 경제와 생산성 성장이 상대적으로 부진했던 유럽은 그 원인이 '과도한 디지털 규제'와 '과도한 녹색전환 속도' 때문일수 있다는 비판이 제기되었고, 2024년 9월 공개된 〈유럽 경쟁력 보고서〉에도 이를 일부 인정하고 있다.[390] 미국에서는 디지털과 생태 분야의 규제가 강화되면 중국과의 기술경쟁에서 패권을 넘겨줄 수 있다는 우려가 나타나기도 했다.[391]

하지만 브래드포드는 규제와 혁신의 관계가 그렇게 단순하지는 않으며, 어떤 규제는 '종종 기술을 업그레이드하거나 재설계하도록 자극'함으로써 혁신을 유도할 수 있다고 힘주어 강조한다. 예를 들어 디지털 반독점 규제는 다양한 잠재력을 가진 스타트업들에게 진입과 경쟁을 장려하는 가운데, 비용 절감이나 품질 개선, 신제품 개발로 경쟁사를 앞서나가려는 유인을 줄 수 있다는 것이다. 인공지능 규제 역시, "보다 윤리적이고 정확하며 안전한 인공지능 시스템 개발을 유도함으로써 더 큰 사회혁신에 기여"할 수 있도록 자극하게 될 수 있다고 지적한다.[392]

2025년 1월 중국 딥시크 혁신의 충격도 독점규제 측면에서 분석해 볼 여지가 있다. 통상적으로라면 국가적 감시와 규제가 강한 중국에서가 아니라 규제가 거의 없는 미국에서 딥시크 사례가 나올 거라고 예상하는 것이 자연스럽다. 하지만 문제의 핵심은 '국가의 규제'가 아니라 '시장의 독점'이었다. 지금까지 미국의 빅테크들은 매개변수, 데이터, GPU 등의 규모 확대만이 인공지능 성능 개선을 약속할 수 있다는 '규모의 법칙(scaling law)'에 집착했고, 그 결과 소수 거대 기업만이 대규모 지분과 자원을 투입해 인공지능을 선도할 수 있다고 믿었다.[393] 그에 따라 오픈AI나 구글, 메타, 마이크로소프트 같은 거대한 소수 빅테크는 압도적인 자본력과 시장 지배력을 배경으로 자유로운 경쟁시장을 억압했다.* 반면 정부의 권위에 도전할 수 없도록 중국은 알리바바 같은 거대 디지털 기업을 규제함으로써 아이러니하게도 시장에서도 좀 더 경쟁적 환경을 만들 수 있게 된 것이다.[394]

---

* 클린턴 정부 시절 노동부 장관을 지낸 경제학자 로버트 라이시는 자신의 블로그에서 딥시크 충격과 관련해 미국 디지털 시장의 독점을 강력히 비판했다. 그는 "여기서 얻을 수 있는 교훈은 마이크로소프트, 아마존, 메타, 구글이 너무 크고 똥똥해져서 충분한 혁신을 유지하기 어렵게 되었다는 것이다. 이들은 획기적인 발명 대신 미미한 개선에 특화했다. 반면 중국 기술기업들은 서로 치열하게 경쟁하고 있다. 이러한 경쟁을 통해 중국은 최첨단을 달릴 수 있었고, 그 결과 AI뿐만 아니라 전기자동차, 배터리, 심지어 틱톡 등 놀라운 혁신을 이뤄낼 수 있었다"고 지적했다(Reich 2025b).

연방거래위원장 임기를 막 끝내고 자유인이 된 리나 칸은 딥시크 충격이 미국의 디지털 독점 시장에 보내는 일종의 '탄광의 카나리아'라면서 이렇게 덧붙였다. "경쟁이 충분하지 않으면 미국의 기술 산업이 중국 경쟁자들에게 취약해져 21세기 미국의 지정학적 힘을 위협"하게 될 것이라고 말이다.[395]

2
생태 친화적인 인공지능을
위한 규제

1) 생태적 피해 앞에서 멈춘 유럽 '인공지능법'

거대 디지털 기업들의 경제력 집중과 지배력 남용은 디지털전환을 사회 전체의 이익과는 다른 방향으로 움직이게 할 뿐 아니라 생태적으로도 바람직하지 않은 결과를 낳을 수 있으므로 강력한 독점규제가 필요하며, 실제로 유럽을 선두로 글로벌 추세가 이 방향으로 움직이고 있다고 앞서 분석했다. 그런데 독점규제와 관련이 있지만 별도로 검토해야 할 주제가 바로 '인공지능'과 '가상코인' 확대다. 디지털전환의 첨단에 서 있는 두 요인은 최근 전력 사용량 폭증의 가장 두드러진 원인이기도 하며, 사회적 영향과 함께 수많은 생태적 충격을 줄 가능성이 많기 때문이다. 특히 인공지능은 최근 디지털전환의 중심에 있고 미래의 전개 방향이 상당히 불확실하므로 사회-생태적으로 미칠 결과를 가늠하기 쉽지 않다.

이 분야도 독점규제와 유사하게 유럽의 '권리주도 모델'이 글로벌 표준을 선도하고 있는데, 그 내용이 구체적으로 어디까지를 포괄하고 어떤 한계가 있는지를 살펴보면 현재 세계적인 인공지능 규제의 수준을 확인할 수 있다. 또한 쌍둥이전환에 막대한 영향을 미칠 인공지능을 어떻게 제어해야만 두 전환의 균형성과 상호 선순환을 확보할 수 있는지도 알 수 있다. 그러면 유럽과 미국을 비롯하여 유럽 외의 다른 지역의 대응을 서로 비교해보고, 한국은 어느 수준에서 이 문제에 대처하고 있는지 자세히 살펴보자.

우선 하드웨어 면에서나 소프트웨어 면에서 모두 미래의 디지털전환은 인공지능 확산이 주도할 것이 거의 확실하다. 다만 비즈니스나 일상생활의 어느 영역까지 얼마나 빠르게 인공지능이 응용되고 그 영향을 받을지에 대해서는 지금도 치열한 논쟁이 일어나고 있고, 사회적 위험과 기후 및 생태에 미칠 위험에 대한 경고도 속속 나오고 있다. 특히 예상되는 위험에 어떻게 대비할지에 대한 논의는 이제 시작 단계다. 이 분야 역시 유럽이 가장 앞서가면서 표준을 만드는 중인데, 대표적 사례가 유럽의 '인공지능법(AI Act)'이다.[396]

이 법에 따르면 AI 기업들이 서비스를 내놓을 때 사용된 데이터는 반드시 공개해야 하고, 딥페이크 사진이나 동영상 등에 대해서는 인공지능이 생성한 조작된 콘텐츠임을 표기해야 한다. 또한 법에서 금지된 행위를 하였을 경우 3,500만 유로 또는 연간 매출액의 7%를 과징금으로 내야 하는 등 이 법은 세계 최초로 강제 규정을 담은 인공지능법이다.[397]

유럽 인공지능법의 가장 큰 특징은 [그림 4-1]처럼 이른바 위험도 평가를 기반으로 ①수용할 수 없는 위험(unacceptable risk), ②고위험(high risk), ③제한된 위험(limited risk), ④최소위험(minimal risk)으로 AI를 분류하고 특히 '수용할 수 없는 위험'으로 평가받는 AI는 금지를 원칙으로 한다는 점이다. 여기에 해당하는 사례는 "연령, 장애 또는 사회경제적 상황과 관련된 취약점을 악용하여 심각한 피해를 주는 경우"나, "민감한 속성(인종, 정치적 의견, 노동조합 가입 여부, 종교적 또는 철학적 신념, 성생활 또는 성적 취향)을 추론하는 생체 인식 분류 시스템", 그리고 "사회적 행동이나 개인적 특성을 기준으로 개인이나 집단을 평가하거나 분류하여 해당 사람들에게 해롭거나 불리하게 대우하는 행위" 등이다.

그러면 유럽 인공지능법은 인공지능이 초래할 수 있는 기후와 생태 위험에 대해서는 얼마나 구체적으로 명시하고 어떻게 대응하고 있을까? 또는 인공지능으로 가속이 붙은 디지털전환의 생태적 안전성을 인

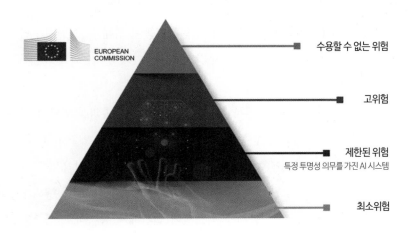

출처 : EU 2024

그림 4-1 위험 기반으로 구축된 유럽의 인공지능법

공지능법으로 얼마나 방어하고 있을까? 우선 유럽 인공지능법은 "유럽 연합 안의 인공지능 시스템이 가져올 해로운 영향으로부터 건강, 안전, 민주주의와 법치 및 환경 보호를 포함하여 헌장에 명시된 기본권을 높은 수준으로 보호하면서 인간 중심적이고 신뢰할 수 있는 인공지능의 활용을 촉진하고 혁신을 지원"한다고 법의 목적을 정의함으로써 목적 안에 환경 보호를 명시적으로 포함하고는 있다.[398]

하지만 인공지능 확대가 미칠 수 있는 환경적 유해성을 엄격하게 규정하고 있다고 볼 수는 없다. 오히려 인공지능이 환경이나 생태 보존에 유익하게 쓰일 가능성을 먼저 언급한다. 예를 들어, 법안은 "인공지능이 기업에 주요 경쟁 우위를 제공하고 의료, 농업, 식품 안전, 교육 및 훈련, 미디어, 스포츠, 문화, 인프라 관리, 에너지, 운송 및 물류, 공공 서비스, 보안, 사법, 자원 및 에너지 효율, 환경 모니터링, 생물다양성 및 생태 보존과 복원, 기후변화 완화 및 적응 등 사회 및 환경 면에서 유익한 결과"를 얻게 만들 수 있다면서, 인공지능이 생태 보호와 기후위기 대응에 우호적일 수 있음을 먼저 강조했다.[399]

반면 인공지능 개발과정에서 발생할 수 있는 생태 파괴적 위험에 대한 대응은 7가지 '구속성 없는 윤리 원칙(non-binding ethical principles)' 가운데 하나로서 여섯째 항목에 포함하는 수준으로 제한되어 있다.

참고로 인공지능의 7가지 윤리 원칙은 다음과 같다. ①'인간 행위자와 감독'의 원칙으로, "인공지능 시스템이 인간에게 봉사하고 인간의 존엄성과 개인의 자율성을 존중하며 인간이 적절히 통제하고 감독할 수 있는 방식으로 작동하는 도구로 개발되고 사용"되어야 한다. ②'기술적 견고성 및 안전성' 원칙이란 "문제가 발생했을 때 견고하게 대응할 수 있는 방식으로 개발되고 사용되며, 제삼자의 불법적인 사용을 허용하지 않고 의도하지 않은 피해를 최소화할 수" 있어야 한다. ③'프라이버시 및 데이터 거버넌스'는 "인공지능 시스템이 기존의 개인정보 및 데이터 보호 규칙을 준수하여 개발되고 사용되는 동시에 품질과 무결성 측면에서 높은 기준을 충족하도록 데이터를 처리"해야 한다. ④'투명성' 원칙이란 "인공지능 시스템이 적절히 추적하고 설명할 수 있는 방식으로 개발되고 사용되며, 인간이 인공지능 시스템과 소통하거나 상호작용한다는 사실을 인지하도록 하는 것" 등을 의미한다. ⑤'다양성, 비차별성, 공정성'은 "다양한 행위자를 포함하고 평등한 접근, 성평등 및 문화적 다양성을 촉진하는 방식으로 인공지능 시스템을 개발 및 사용하는 동시에 유럽연합 또는 국내법에서 금지하는 차별적 영향과 불공정한 편견을 피하는 것"이다. ⑥'사회적, 환경적 웰빙' 원칙이란 "시스템이 지속 가능하고 친환경적으로 개발되고 사용되며 모든 인류에게 이익이 되는 방식으로 개발되고 사용되는" 것이다. 마지막으로 ⑦'책임성'이란 "개인과 사회 및 민주주의에 미치는 장기적인 영향을 모니터링하고 평가하는 것"이다.[400]

이외에도 "사회적, 환경적으로 유익한 결과를 지원하는 인공지능 솔루션의 연구 및 개발을 지원하고 촉진하기 위해 공공 및 연합의 자금을 포함한 충분한 자원을 할당"하자거나, "포용적이고 다양한 인공지능 시스템 설계 및 개발과 관련된 유럽 윤리 지침 같은 추가 요건을 자발적으로 적용하도록 권장"한다는 매우 약한 자발적 규정을 포함하는 내용들이 부가적으로 추가되어 있을 뿐이다.[401] 이 내용들을 종합해보면, 시민의 안전이나 개인정보 보호 등에서 갖는 강력한 규정에 비하면, 인공지능법이 환경과 생태 분야에 미칠 위험성을 정확히 평가하여 규제를 세분화하는 단계에까지 이르지는 못하고 있다. 그런 면에서 유럽 인공지능법은 상당히 많은 개선과제를 남겨놓고 있다고 평가할 수밖에 없다.

사실 유럽 인공지능법을 제정하는 과정에서 환경운동의 문제제기를 받은 까닭에 입법자들도 일부 이 결함을 인식하고 있었던 것으로 보인다. 유럽의회가 낸 중간 브리핑 자료에 따르면, 환경운동이 유럽연합의 법안 "제안을 대체로 지지하면서도 '인공지능 시스템'의 정의 수정, 책임 배분 개선, 집행 메커니즘 강화, 민주적 참여 촉진 등에서 수정을 요구"하고 있다고 인정한다. 그리고 "법안 초안이 특히 기후 및 환경 보호 분야에서 인공지능으로 인해 발생하는 체계적인 지속 가능성 위험을 다루지 않았다"는 점 역시 시인하고 있다.[402] 이 대목은 학계에서도 지적되고 있는데, 스웨덴 스톡홀름복원력센터 연구원 빅터 갈라츠(Victor Galaz) 등은 유럽의 인공지능법이 "인공지능 기반 기술과 환경적 지속 가능성 간의 구체적인 역학관계에 대응하기보다는 차별 금지, 다양성, 포용성의 원칙"에 주로 초점을 맞추었다고 지적했다. 동시에 "기후변화와 지속가능성은 법안 통과 과정에서 언급될 뿐이며, '환경적 지속가능성'은 인공지능 시스템을 개발하는 사람들의 자발적 '추가 요건' 중 하나로 제안"하는 정도라고 비판했다.[403]

다만 유럽은 인공지능법 말고도 인공지능의 환경적 유해성에 대한 다른 규제 장치가 있는데, 에너지 과다 사용을 통제하는 지침이 그것이다. 유럽연합은 2030년까지의 국가 에너지 효율성 기여도를 설정하기 위해 '에너지 효율 지침'을 계속 갱신해왔다. 여기에는 모든 부문에서 에너지 효율을 우선순위로 삼고 에너지의 공급, 전송, 저장 및 사용의 효율성을 저해하는 시장실패를 극복하기 위한 규칙을 좀 더 자세히 규정하고 있다.[404] 이 지침에 따르면, 2024년부터 운영자는 데이터센터의 에너지 사용량과 배출량에 대해 의무적으로 보고해야 하며, 대규모 데이터센터는 2030년까지 기후 중립성을 충족하면서 기술적으로나 경제적으로 가능한 경우 폐열 회수장치를 설치해야 한다.[405] 그렇더라도 인공지능 확산의 환경적 악영향을 에너지 효율로 좁히는 분명한 한계는 있다.

미국의 사례로 넘어가기 전에 유럽에서 탈퇴한 영국 상황을 짚고 넘어가자. 독특하게도 영국은 생성형 인공지능의 부상을 빅테크 독점과 연계시켜 접근해왔다. 2023년부터 인공지능 서비스에 대한 빅테크의 시장 지배력을 조사해온 영국 시장경쟁청(CMA)은, 생성형 인공지능 서비스의 핵심인 '파운데이션 모델(Foundation Model)'*을 중심으로 하드웨어 인프라, 학습 데이터, 그리고 사용자 앱에 이르기까지 연결망 전체를 소수 빅테크가 장악하고 있는 실정에 주목했다. 시장경쟁청의 최고집행책임자 사라 카델(Sarah Cardell)은 인공지능 서비스 시장에서 강력한 영향력을 행사하고 있는 빅테크들이 생성형 인공지능의 파운데이션 모델을 지배하고 있고 이는 진정한 우려 사항(real concerns)이라고 경고

---

* 파운데이션 모델은 산더미 같은 원시 데이터에서 대개 비지도 학습(unsupervised learning)을 통해 훈련된 AI 신경망 모델로, 광범위한 작업에 응용이 가능한 모델이라고 할 수 있다. 스탠퍼드 인간중심인공지능연구소(HAI)에서 용어를 만들었으며, 챗GPT 같은 대규모 언어모델이 대표적인 사례다.

했다.[406] 이어서 방대한 조사를 담은 보고서를 발표했는데 여기서, "오늘날 가장 중요한 디지털 시장에서 이미 시장 지배적 위치를 점하고 있는 소수의 기존 빅테크가 파운데이션 모델 가치 사슬 전반에 걸쳐 입지를 강화하면, 공정하고 개방적이며 효과적인 경쟁을 저해하고 궁극적으로 선택권과 품질 저하, 가격 인상 등 기업과 소비자에게 피해"를 주리라고 지적했다.[407] 비록 기후와 생태 피해에 대한 지적은 없지만, 인공지능의 위험을 빅테크의 과도한 시장 지배력에서 찾는 영국의 움직임은 중요한 시사를 줄 수 있다.

2) 뒤처진 미국과 중국의 인공지능 규제 현실

유럽과 달리 '시장주도 모델'을 선택한 미국의 경우, 초기에는 인공지능에 대해 관대한 접근을 취하다가 2022년부터 규제의 강도를 조금씩 높이기 시작했다. 2022년 발표된 '인공지능 권리장전 청사진 (Blueprint for an AI Bill of Rights)'을 보면, "오늘날 민주주의가 직면한 가장 큰 도전 가운데 하나는 미국 국민의 권리를 위협하는 방식으로 기술, 데이터, 자동화된 시스템을 사용하는 것"이라고 명시하면서, 여기에 대응하기 위한 다섯 가지 원칙으로서 '안전하고 효과적인 시스템', '알고리즘에 의한 차별로부터 보호', '데이터 프라이버시', '고지 및 설명(인공지능이 사용되고 있음을 사용자가 알게 하는 것)', '자동화된 시스템을 거부할 권리부여' 등을 정했다. 하지만 이 청사진에는 원칙만 나열되었을 뿐 어떻게 해로움을 방지하겠다는 내용이 없을 뿐 아니라 환경적 유해성은 전혀 명시적으로 언급되지 않았다. 다만 "의도하지 않았어도 예측

할 수 있는 자동화 시스템의 사용 또는 영향으로 인한 피해로부터 사용자를 적극적으로 보호하도록 설계"되어야 한다고 언급함으로써 간접적으로만 환경적 악영향을 포함하고 있는 정도다.[408]

이후 미국은 의회가 제대로 기능하지 못하는 탓에 의원 입법이 아니라 행정명령의 형태로 2023년 10월에 인공지능 관련 규제를 공식화했다. 뉴욕타임스는 이 행정명령에 대해 "빠르게 발전하는 인공지능 기술의 선두 주자로 꼽히는 미국이 규제에도 앞장설 것임을 보여주기 위한 대통령의 노력"이라고 평가했다.[409] 하지만 이 행정명령 역시 인공지능이 대량살상무기 제조를 지원할 수 있는 위험에 대해 연방정부 보고를 의무화한다든지, 선거를 흔들거나 소비자를 속일 수 있는 '딥 페이크'의 위험에 대처하는 것 외에 생태파괴의 위험성 등을 명시하는 내용은 없다. 더욱이 실효적으로 사기업들을 규제할 수 있는지에 대해서 회의적인 의견마저 있다.[410, 411]

다만 바이든 정부가 임기종료 일주일을 남겨두고 공개한 인공지능 인프라 관련 행정명령에서 인공지능 지원을 위한 청정에너지 공급을 강조했던 대목은 주목해볼 만하다.[412] 이 행정명령은 "경제에서의 경쟁력 강화, 국가 안보, AI 안전, 청정에너지를 강화하는 방식으로 미국의 차세대 AI 인프라 구축 속도를 가속화"하겠다는 의지를 담고 있기 때문이다. 하지만 트럼프 대통령은 내용이 모호한 바이든 정부 행정명령조차 규제가 강하다고 반발하고 취임하자마자 폐기해버려서, 2025년 1월 시점에서 미국이 어떻게 사회·생태적으로 안전하게 인공지능을 통제할지에 대해서는 열린 결론으로 남아있다.

한 가지 기억할 대목은, 주 차원에서 제정되고 있는 인공지능법 가운데 영향력 면에서 압도적인 캘리포니아 사례다. 법안 발의자인 민주당 스콧 위너(Scott Wiener) 상원의원 주장대로 '혁신과 안전은 함께' 갈 수 있다는 철학 아래 제안되었던 캘리포니아 '인공지능법(Safe and Secure Innovation for Frontier Artificial Intelligence Models Act)'은, 1억 달러 이상의 훈련비용이 들어가는 대규모 첨단 인공지능에 대해서, 모델을 출시하기 전에 미리 정부 기관 감독 아래 위험 평가를 수행하도록 했다. 아울러 킬 스위치를 비롯한 안전장치를 요구하는 등 다른 사례보다 엄격한 규제와 감독 내용을 포함했다.[413] 이는 법안 규정으로 위험도를 사전에 명시한 유럽법과는 다른 접근 방안이다.

이 법안은 2024년 8월 29일 주의회에서 무난히 통과되었는데, 'AI 대부' 제프리 힌튼 등 전문가들은 "재난을 예방하고 이윤에 지나치게 집중하는 기업 비즈니스에 가드레일을 설치하는 데 도움이 될 것"이라며 지지했다.[414] 하지만 메타의 수석 인공지능 과학자 얀 르쿤(Yann Le Cun), 전 구글 임원이자 스탠퍼드 교수인 앤드류 응(Andrew Ng) 등 일부 전문가, 메타와 구글 등 업계의 강력한 반발 속에 그해 9월 30일 주지사의 거부권 행사로 결국 폐기되었다. 다만 이 법안 외에 함께 의회를 통과했던 딥페이크 성범죄와 가짜뉴스 대응, 개인정보 보호 등 18개 인공지능 관련 법안은 최종 수용되었다. 무산된 캘리포니아 인공지능법의 '사전 안전성 테스트' 방식이 향후 어디서 어떻게 인공지능 규제에 적용되는 사례로 만들어질지 지켜볼 필요가 있다.

늦었지만 중국도 2022년 3월에 '인터넷 정보 서비스 알고리즘 추천 관리 규정(Internet Information Service Algorithmic Recommendation Management Provisions)'을 도입했고, 2023년 1월에는 '인터넷 서비스 심층 합성 관리 규정(Internet Service Deep Synthesis Management Provision)'을 제정해서 생성형 인공지능에 대한 일련의 제도를 마련하기 시작했다. 동시에 새롭게 미래 기술과 인공지능을 지휘할 조직을 신설했는데, 2023년 초 과학·기술 전략을 총괄하는 최고 의사결정기구인 '중앙과학기술위원회(Central Science and Technology Commission)' 신설과, 디지털 규제와 국가 빅데이터 전략 실행을 담당하는 '데이터관리국(National Data Administration)' 신설이 대표적이다.[415]

또한 중국은 기술기업과 플랫폼기업, 모델 개발자와 대중 등 인공지능을 사용하려는 모든 사람에게 모호하면서도 광범위하게 중국 공산당 서사를 준수하도록 요구사항을 부과하고 있다. 이런 가운데, 2023년 8월, '생성형 인공지능 서비스 관리 임시 조치(China's Interim Measures for Generative AI)'의 시행에 들어갔다.[416] "이 조치는 사회적 도덕성, 비차별성, 지적 재산권 준수, 투명성 준수를 강조하면서 서비스 제공업체에 대한 일반적인 요구사항과 금지사항 등에 대한 개괄적 내용"을 담고 있는데, 위반시 개인정보보호법, 데이터보안법, 사이버보안법 등 기존 법률에 따라 처벌을 받을 수도 있다. 다만 이 조치에도 명시적으로 인공지능 확산의 환경적 위험이 지목되지는 않고 있다.

다음으로 디지털전환과 생태전환의 균형과 상호 선순환이라는 관점에서 세 국가의 인공지능 규제를 비교해보자. 아누 브래드포드는 2023년 6월, 잡지 〈포린 어페어스(Foreign Affairs)〉에 기고한 글을 통해 그의 세 가지 디지털 경로 모델을 인공지능에 투영한다. "언론의 자유, 자유로운 인터넷, 혁신에 대한 유인을 촉진하는 데 중점"을 둔 미국 모델은 인공지능에 대한 제약을 꺼리는 태도로 나타났다고 그는 지적했다. 특히 2020년대 이후 미-중 경쟁과 같은 "경제 및 지정학적 우위 확보에만 집중하다 보니 규제가 뒷전으로 밀려난 결과, 미국은 실질적인 연방 인공지능 법안을 만들지 않고 기술기업이 채택해도 그만 무시해도 그만인 자발적 표준을 제안했을 뿐"이라고 비판했다. 이어서 브래드포드는 연방거래위원회 위원장 리나 칸 등이 "인공지능 규제를 기업에 맡기면 엄청난 대가를 치를 수 있다고 경고하며, 인공지능 기술이 모두에게 혜택을 주기 위해서는 정부의 규제가 중요하다고 주장"해왔지만 의회와 행정부가 이를 수용하지 않았고, 결국 2023년 10월에 고작 행정명령 정도로 땜질이 되고 말았다고 평가했다.[417]

한편 "세계 최고의 기술 강국을 만들기 위한 야심 찬 노력의 일환으로 디지털 규제에 대해 국가 주도의 접근 방식을 채택"한 중국의 인공지능 대응을 평가한 브래드포드는, "디지털 경제에 대한 중국의 실질적인 접근 방식은 디지털 기술을 검열, 감시, 선전의 도구로 활용함으로써 중국 공산당의 정치적 장악력을 강화하려는 목적"도 있다고 단서를 달았다. 특히 "최근 몇 년 동안 중국은 '공동 번영'이라는 명분으로, 그리고 거대 기술기업 권력이 국가권력을 압도하지 못하도록 기술 부문에 대한 가혹하고 적극적인 단속"에 착수했다면서 규제 목적이 여느 서방 국가와 달랐던 점을 강조했다. 그 결과 "중국 정부는 인공지능이 사회 안정과 중국 공산당의 정치적 통제를 훼손하지 않도록 보장하는 한계 안에서만 기술 발전을 장려"하게 되었고, 적어도 현재 시점에서 기

후와 생태에 대한 적극적 고려는 주요한 관심 대상이 아니게 되었다.[418]

한편 '사용자와 시민 권리'에 초점을 둔 제3의 규제모델을 개발해온 유럽연합의 경우, "파괴적인 잠재력을 지닌 디지털 혁신을 기술기업의 변덕에 맡길 수 없고 법치와 민주적 거버넌스에 확고한 기반을 두어야 한다"는 원칙을 인공지능에도 적용했다고 브래드포드는 설명한다. 그는 유럽의 모델이 인공지능 분야에서도 "기본권을 보호하고 민주적 제도를 유지하면서 기업권력을 견제하려는 제3의 방법, 즉 '골디락스'의 대안"이 될 것이라고 낙관했다.[419]

다만 브래드포드는 권리 중심의 유럽 모델 안에서 어떻게 인공지능 같은 첨단 분야의 혁신이 나올 수 있을지 적극적 의견을 개진하지는 않았다. 그리고 현실에서 미국 모델이 인공지능 기술혁신을 선도하면서 "막대한 부를 창출하고 부러움을 자아내는 기술 발전을 촉진"했기에 일부 유럽 정부들이 미국 모델을 추종할 수 있음을 인정했다. 그럼에도 "구글과 같은 선도적인 기술기업이 디지털 광고 기술을 독점하여 경쟁업체에 손해를 끼치는 시장 지배력 남용"이 벌써 그 대가를 치르기 시작했다는 지적을 잊지 않았다. 또한 중국 모델 역시 일부 권위주의 정부들에게 매력적으로 인식될 수 있지만, 생성형 인공지능처럼 규제가 엄격해지면 혁신이 줄어드는 상황이 벌어질 수 있다면서 중국 방식의 인공지능 개발 역시 비판적으로 평가했다.[420] 2025년 1월 딥시크의 출현으로 중국에 대한 그의 전망이 빗나갔는지는 아직 불분명하다. 다만 대런 애쓰모글루는 딥시크가 중국 정부의 자금을 지원받지 않은 채 자율적으로 연구개발에 집중하는 등 역설적으로 가장 '미국적'인 방식으로 인공지능을 개발해서 성공했다고 분석했다.[421]

인공지능 규제와 관련해서 약간 다른 각도의 문제제기를 추가로 살펴보자. 2000년대 말 '이미지넷(ImageNet)' 데이터베이스 구축으로 인공지능 발전에 획기적 공헌을 했던 스탠퍼드 대학교 페이페이 리(Fei-Fei Li)는, 사기업 주도로 인공지능 개발 방향이 결정되고 있는 점에 심각한 우려를 표명했다. 인공지능은 기업이 생산한 기존 제품들과는 완전히 다른 차원에서 사회에 큰 영향을 줄 것인데, 인공지능 개발의 중심이 사기업으로 쏠리면 정책이 학계와 시민사회가 아니라 기업의 목소리에 좌우될 것이라고 경고했다.

그의 논점은 "정책 입안자들이 책임감 있는 인공지능을 개발하는 데 공공부문이 중요한 리더십을 수행할 수 있도록 권한을 부여"해야 한다는 것인데, 아직 미국은 물론 유럽도 여기까지 진전되지는 못했다.[422] 아이러니한 대목은 인공지능 개발에서 공공의 중요성을 강조했던 그가 막상 2024년 스탠퍼드 대학이라는 공적 조직을 떠났고, 곧 2억 3천만 달러를 펀딩 받아 설립한 '월드랩스(World Labs)'라는 인공지능 스타트업의 CEO가 되었다는 것이다. 그는 언어문서에 의존한 대규모 언어모델(LLM)의 다음 단계로서 시각에 의존한 대규모 세계모델(LWM)을 개발하겠다고 선언했다.[423] 소수 빅테크가 인공지능 개발을 독점한 현실의 위험성을 공공의 관점에서 정확히 경고한 것은 엔지니어인 페이페이 리보다는 경제학자인 마리아나 마추카토였다. 그는 "인공지능은 잘 고려된 공공전략의 맥락에서 개발되고 배포되어야 한다. 경제적 자유와 정치적 자유는 서로 깊이 얽혀 있으며, 어느 쪽도 고도로 집중된 (빅테크-인용자) 권력과 양립할 수 없다."고 분명하게 지적하고 있다.[424]

3) 사회·생태적 안전을 외면한 한국 인공지능 기본법

글로벌 움직임과 비교하여 한국의 인공지능 대응 정책을 확인해볼 차례다. 한국은 대통령령으로 2024년 7월 정부 산하에 '국가인공지능위원회 설치 및 운영에 관한 규정안'을 의결하여 '국가 AI위원회'를 구성하고, 같은 해 11월 연구 전담조직인 'AI안전연구소'도 설치했지만 인공지능 법률은 미뤄졌다. 하지만 2024년 말 12.3 내란 사태 이후 혼란한 정국에서 인공지능 기본법까지 확정되었다. 이 법은 1년 뒤인 2026년부터 시행에 들어간다. 공식적으로는 유럽에 이어 세계에서 두 번째로 인공지능 법률을 갖게 된 것이다.

그러면 한국 인공지능법의 내용은 어떨까? 일단 법의 제안 배경으로서 "인공지능이 가져올 잠재적 혜택과 함께 위험성에 대한 우려가 전 세계적으로 주목"되고 있다는 정당한 문제의식을 깔고는 있다. 법의 틀은 위험 기반 규제법인 유럽의 인공지능법을 외형적으로는 참조한 것 같지만, 결정적으로 유럽이 네 단계로 위험도를 체계화하고 각각에 대해 매우 구체적으로 내용을 적시한 것과 달리, 한국은 원래 발의안에서 사용했던 '고위험'이라는 용어를 버리고 대신 모호하고 중립적인 '고영향' 인공지능 범주 하나만 도입했다. 또한 "사람의 생명, 신체의 안전 및 기본권에 중대한 영향을 미치거나 위험을 초래할 우려가 있는 인공지능 시스템"을 고영향 인공지능으로 정의한 후 그 목록을 간단히 나열하는 정도에 그쳤다.[425] 법안 본회의 통과와 함께 발행된 국회 입법조사처의 보고서조차 인공지능 기본법에서 규정한 고영향이 "인간의 기본권에 대한 위험뿐만 아니라 정치·사회·경제 등 다양한 분야에서도 발

생"하고 있음을 고려해야 한다고 지적할 정도다.[426]

유럽처럼 '수용할 수 없는 인공지능'은 아예 없고, '고영향' 인공지능의 대상과 범위가 애매할 뿐만 아니라, '선허용 후규제' 발상에 집착한 탓인지 대체로 영향 평가와 관리 역시 자율규제 방식으로 하게 되어 있다. '고영향'으로 지정된 경우에도 적용받는 규제내용과 사업자의 의무 역시 불투명하거나 시행령에 위임하는 방식이다. 이와 같은 내용은 유럽법은 물론 미국 캘리포니아 등에서 논의되었던 법들과도 비교 자체가 어려울 정도로 유약한 수준이다.

사실 한국의 인공지능법에서 중심은 '인공지능 기술개발 및 산업육성'에 두어졌고, '인공지능 윤리 및 신뢰성 확보' 내용은 상대적으로 빈약한, 어떤 의미로 보면 인공지능 '규제법'이라기보다는 '진흥법'에 가깝다. 법안 내용에서 진흥과 규제가 8:2 또는 7:3 비율 정도로 구성되었다고 과기부에서 인정할 정도다. 물론 이 법은 '기본법' 성격을 갖기 때문에 하위 법령을 추가로 제정해서 규제 관련 세부 내용을 채울 수도 있다. 하지만 기본법의 틀 자체가 너무 엉성하므로 한계는 분명하다.

기후와 생태에 미치는 영향에 대한 언급과 규제는 기본법 안에 있을까? 인공지능이 잠재적으로 기후와 생태에 미칠 악영향이나 위험성 언급 자체가 기본법에 존재하지 않는다. 애초에 법안 논의과정에서도 기후와 생태에 미치는 영향은 제대로 다뤄진 적이 없다. 법의 제1조에는 단지 "인공지능의 건전한 발전과 신뢰 기반 조성에 필요한 기본적인 사항을 규정함으로써 국민의 권익과 존엄성을 보호하고 국민의 삶의 질 향상과 국가 경쟁력을 강화하는 데 이바지"한다는 내용만 간략히 언급되어 있을 뿐이다. 그리고 '고영향 인공지능' 정의 가운데 하나로서

"「에너지법」 제2조 제1호에 따른 에너지 공급의 영향" 정도가 있을 뿐이다. 대규모 전력수요를 요구하는 인공지능 시스템을 '고영향' 인공지능으로 평가할 수는 있다는 얘기다.

결국 세계에서 두 번째로 법률 제정에 성공한 한국의 인공지능법은 인공지능이 미칠 사회적·생태적 악영향을 통제하는 데는 큰 효과를 발휘하기 어려울 전망이고, 따라서 한국의 디지털전환과 생태전환의 균형과 선순환에도 크게 기여하지 못할 것이다. 사실 한국은 2020년에도 "닷컴이나 금융 기업들에서 개인 동의 없이도 쉽게 영리 목적으로 이용할 수 있도록 폭넓게 허용"하는 '데이터3법'을 통과시키는 역진성을 보였던 전례가 있을 정도로 디지털 규제에서 초점을 잘못 잡는 경우가 있었다.[427] 이번 인공지능법도 이런 궤도에서 크게 벗어나지 않는다.

이처럼 인공지능에 대한 적절한 사회·생태적 규제를 위해서 한국의 인공지능 기본법은 제정되자마자 개정되어야 할 운명에 처했다. 최소한 '고영향' 규정에 앞서 '금지해야 할 인공지능' 규정을 신설하는 등, 인공지능이 초래할 사회·생태적 위험 등급을 더 세분하고 캘리포니아 법안에서 나왔던 사전 안전성 테스트 취지도 진지하게 고려할 필요가 있다.

나아가 "'고위험 영역 인공지능'의 범위를 확대·재정의하고, 인공지능 감독·규제 담당 기관이 고위험 영역 인공지능 알고리즘의 투명성, 설명 가능성, 인권침해·차별 예방조치 여부 등을 사전에 엄격히 점검하도록 하며, 활용 중에 문제가 발생한 경우 인공지능 감독·규제 기관이 일시 사용중지 명령 등 적정한 조치를" 하도록 제안했던 국가인권위원회의 의견도 전향적으로 검토할 필요가 있다.[428] 특히 딥페이크나 저작권 침해 정도의 대응을 넘어서 '기후와 생태에 미칠 수 있는 악영향'을 제어하기 위한 내용을 위험 요인으로 반드시 명시할 필요가 있다.

4) 가상자산 채굴의 생태파괴는 규제되고 있나?

가상코인은 디지털 기술이 초래한 대표적인 생태적 위협 중 하나다. 그런데 기술 낙관주의로 기울어진 사회 인식, 사회적으로 심각한 자산 불평등 등 매우 다양한 요인들이 가상코인의 반환경적 측면에 눈감게 하고 생태파괴에 대한 적극적 대응을 방해하고 있다. 글로벌 차원에서도 지금까지 가상코인의 환경피해는 대체로 방치되어 왔으며, 고작 유엔에서 '암호화폐-기후협약(Crypto Climate Accord)'이라는 것을 조직해서 미래의 블록체인 기반 프로젝트들이 에너지 낭비를 하지 않는 방향으로 가도록 유도하는 정도만 실행되었을 뿐이다.[429] 일부에서는 비트코인 등 가상자산 채굴에 재생에너지를 사용하면 환경피해를 줄일 수 있다고 주장한다. 하지만 이는 현재 재생에너지 전체 용량이 화석연료를 대체하기에도 턱없이 부족한 상황이라는 단순한 사실을 무시한 발상이다. 탈탄소 에너지 전환의 갈 길이 바쁜 시대에 비트코인 채굴 같은 무의미한 곳에 낭비할 재생에너지 전력이 있을 것이라는 발상 자체가 전혀 현실에 맞지 않는 터무니 없는 생각인 것이다.[430]

개별적인 국가 차원의 대응에서 볼 때 가상자산에 대해 가장 강경하게 조치한 국가는 중국이다. 이전까지 비트코인 채굴의 압도적인 비중을 차지했던 중국은, 2021년부터 가상화폐 채굴은 물론 법정화폐와 가상화폐의 교환, 가상화폐 간 교환, 가상화폐 관련 파생상품 거래 등 가상화폐 관련 모든 활동을 불법으로 규정했다. 그 결과 채굴자들은 전기 요금이 싼 카자흐스탄 등을 찾아 중국을 떠났고 미국과 캐나다에도 상당히 많은 채굴장이 생겼다. 그러자 "2022년 미국에서 가상코인 채굴에 사용된 전력량이 미국의 모든 가정용 컴퓨터 또는 가정용 조명에 사용되는 전력량과 비슷"할 정도라고 백악관이 공개하는 상황이 되었다.

이를 계기로 미국은 2023년에 '디지털 자산 채굴 에너지세(the Digital Asset Mining Energy tax)'를 준비했다. 이는 "오랜 국가적 과제와 새로운 위험, 즉 현재 암호화폐 채굴 관행의 경제적, 환경적 비용을 모두 해결하려는 대통령의 의지를 보여주는 예"라는 것인데, "기업들은 암호화폐 채굴에 사용하는 전기 비용의 30%에 해당하는 세금"을 내야 한다는 것이었다.[431] 즉, 이 법에 따르면 가상자산을 채굴하기 위해 컴퓨터 자원을 사용하는 모든 기업은 자체 소유이든 타인에게 임대한 것이든 채굴에 사용된 전력 비용의 30%에 해당하는 소비세를 부과받게 된다. 세금은 첫해 10%, 두 번째 해 20%, 세 번째 해 30% 등 단계적으로 적용될 예정이었지만 불행하게도 2023년과 2024년 반복해서 의회를 통과하지 못하고 좌절되었다. 트럼프 대통령이 2기에 취임하면서 상황은 급반전되었다. 트럼프의 밈 코인($TRUMP와 $MELANIA로 알려짐)이 무려 약 60억 달러까지 치솟아 트럼프 가족에게 엄청난 자산을 안겨준 배경을 업고, 트럼프 대통령은 취임하자마자 가상코인의 투기를 부추기는 방향으로 틀어버렸기 때문이다.[432]

한편 유럽은 2023년 3월 세계 최초로 가상자산법 MiCA(Markets in

Crypto-Assets Regulation)을 가결해서 시행에 들어갔다. MiCA는 기본적으로 가상자산 시장을 인정하되, 중개소에 대해 코인 발행 승인 및 거래 운영조건을 엄격히 규정함으로써 투자 위험으로부터 소비자를 보호하고 사기적인 거래(fraudulent schemes)를 예방하자는 데 초점을 두었다. 또한 흔히 스테이블코인(stable coin)*으로 알려진 자산준거 토큰과 전자화폐 토큰에 대해 각종 시장조작이나 내부자 거래행위 등을 엄격히 불법으로 규정하여 거래 투명성을 확보하는 법이다.[433]

하지만 환경적 유해성이 크게 드러나는 '가상자산 채굴'에 대해서는, "원래 유럽연합 집행위원회가 기후변화에 미치는 부정적인 영향을 고려하여 작업증명 채굴방식을 채택하는 암호자산의 거래를 금지하는 법안을 발표하였으나, 이후 업계의 의견을 수렴하여 법안을 수정"했다고 알려졌다. 다만 기후변화에 미치는 영향을 고려하여 2025년까지 모든 암호자산의 채굴활동을 유럽연합의 녹색분류체계(green taxonomy)의 적용 대상에 포함하도록 의무화했다.[434] 중국이나 미국과 달리 유럽의 전력 요금은 싸지 않으므로 유럽 채굴시장이 비교적 작아 과세방안 같은 논의가 중요하게 부각되지는 않았다. 다만 채굴 비중이 상당했던 아이슬란드에서 채굴로 인해 에너지 문제가 불거지자 아이슬란드 당국이 식량안보를 위해 비트코인 채굴에 규제를 가하고 옥수수 등 농업에 전기 공급을 우선하겠다고 결정하는 일은 있었다.[435]

---

* 스테이블코인이란, 달러 등 기존 법정화폐와 교환 비율을 연동시켜 가격 급변동성을 줄이고 신뢰를 높이겠다는 목적으로 발행된 가상코인으로서 달러와 1:1로 연동시킨 테더(USDT)가 대표적이다. 하지만 실제로 발행된 가상코인만큼 달러를 준비하고 있지 않은 등 신뢰성에 대한 문제제기는 여전하다.

결국 MiCA는 사실 가상자산 자체를 포괄적으로 인정한 후에 다만 시장 플레이어들에게 증권시장에 준하는 엄격한 의무와 투명성을 요구했다고 보면 된다. 그런데 이에 대해서 국제결제은행(BIS)이나 유럽중앙은행(ECB)에서는 다른 목소리도 나오고 있다. 우선 국제결제은행은 "주식이나 부동산과 같은 실물 자산에 대한 청구권을 토큰화"하는 경향이 커지면서 점점 더 제도권 금융생태계와 가상자산 생태계가 서로 얽히는 상황에 주목했다. 이 경우 가상자산 거품 붕괴가 기존 경제 시스템에 큰 충격을 줄 수도 있기 때문이다.[436] 가상코인이 주변적인 투기시장을 넘어 주류 금융 시스템에 영향을 줄 수 있는 상황에 이르렀음을 시사한다.

또한 유럽중앙은행 경제분석가들인 울리히 빈드세일과 위르겐 샤프는 유럽의 가상코인 규제가 매우 미흡하다고 비판했다. 그들은 비트코인 등 가상코인 가격이 급등하는 건 특별한 가치가 있어서가 아니라, 가격 조작 행위들이나 범죄 목적의 가상코인 수요, 그리고 규제 당국의 느슨한 규제 탓이라고 분석했다. 따라서 "비트코인을 사실상 금지하는 것까지 포함하여 강력한 규제 개입의 대상이 되어서는 안 된다는 것은 잘못된 생각"이라며, 금지에 가까운 규제 강화도 필요하면 선택에서 배제하지 말아야 한다고 강조했다. 덧붙여 "탈중앙 금융은 입법자가 필요하다고 판단하는 만큼 강력하게 규제할 수 있다"고 못박았다.[437] 이런 비판들과 비교해봐도 확실히 MiCA는 관대한 법이라고 할 수 있다.

그렇다면 1부에서 이미 살펴보았듯이, 전 세계적으로도 드물게 가상자산 투자가 가장 대규모로 일어나고 있는 한국의 사정은 어떨까? 가상코인 투자 인구가 짧은 시간 동안 600만을 넘어설 정도로 급팽창한 한국의 가상코인 시장은 "그 어떤 거래의 안전장치도 제대로 갖춰지지 않아 시세조작, 먹튀, 사기 등이 횡행하는가 하면, 거품이 붕괴되는 속도도 가장 가팔라서" 납치와 살인까지 일으키며 극단적 사회문제로 비화되기도 했다.[438] 심지어 현역 국회의원의 과도한 코인투자가 밝혀지며 정치권 논쟁으로까지 번지자, 드디어 2023년 7월에 가상자산 이용자 보호와 불공정거래 행위를 규제하는 최소한의 장치를 담은 '가상자산 이용자 보호법'이 겨우 만들어졌다.

2024년 7월부터 시행에 들어간 한국의 가상자산법은 ①가상자산 이용자의 자산 보호, ②가상자산 시장의 불공정 거래행위 금지, ③가상자산 시장 및 사업자에 대한 금융당국의 감독 및 제제 권한 등을 담고 있다. MiCA에서 다루고 있는 범위 가운데 일부인 '이용자 보호'에만 초점을 맞춘 정도라고 보면 된다. 물론 가상자산 사업자에 대한 진입·영업행위 규제를 담은 2단계 입법을 준비 중이지만 2025년 1월 현재까지 구체적으로 내용이 마련되지는 못했다.* 더욱이 2단계조차 채굴 과정에서 발생하는 에너지 소비에 대한 규제나 가상코인 자체의 환경적 악영향에 대한 고려는 하고 있지 않다.

결국 한국은 유럽 가상자산법 일부를 차용하는 수준으로 입법화는 했지만, 환경적 유해성을 규제하는 부분은 찾을 수 없고, 채굴에 대한 통제도 없으며 그나마 이후에 규제 강화보다는 가상자산 시장의 활성

---

* 하지만 가상코인에 호의적인 트럼프 정부 등장으로 가상자산 시장 규제를 강화하기는커녕 비트코인 현물 ETF 발행·거래 허용 등 규제 완화 쪽으로 방향을 틀 가능성도 있다. 이미 국회는 2024년에 금융투자소득세 폐지와 함께 가상자산 과세를 2027년으로 다시 유예한 바 있다.

화 쪽으로 움직이려는 경향마저 있다. 유럽을 포함해서 글로벌 추이를 감안하면, 한국 사회도 가상자산에 대한 사회적 유해성에 대해 충분히 인식해야 함은 물론, 특히 생태적 유해성에 대해 더 강화된 제도적 장치들을 도입해야 한다. 이러한 움직임이 향후 두 전환의 균형 회복에 중요하게 도움이 될 것이다.

3
지체된 생태전환을 가속시킬
녹색산업정책

1) 시장주의를 넘어 녹색산업정책으로

지금까지 디지털전환과 생태전환의 균형을 회복하기 위한 중요한 정책 수단으로 독점규제와 인공지능 규제(그리고 가상코인 규제)에 대해서 유럽-중국-미국이 각각 어떤 식으로 다르게 대응했는지 분석했다. 대체로 세 경로 모델의 차이가 꽤 드러났지만 점점 더 유럽 스타일의 규제 모델로 수렴하는 경향이 있다는 것을 확인할 수 있다. 그 결과 비록 생태적 악영향을 효과적으로 차단하는 수준에는 아직 크게 못 미치지만, 독점규제와 인공지능 규제, 그리고 가상자산 규제 강도가 조금씩 높아지게 되었다. 2025년 1월 현재 이 추이가 어디까지 발전할지는 아직 불확실하다. 문제는 한국이다. 한국의 경우 아직 유럽 모델은 고사하고 규제가 약한 미국의 시장주도 모델에도 미치지 못할 정도로 글로벌 추이를 따라잡는 데 실패하고 있다. 정부와 기업, 시민사회 등 이해관계자들 모두 이 대목을 심각하게 인식할 필요가 있다. 그렇지 않으면 미래에 디지털전환 편향은 심해지는 반면 생태전환은 더 지체될 수 있다.

독점규제와 인공지능 규제가 주로 디지털전환을 사회·생태 친화적인 방향으로 끌고 가려는 제도적 노력이라면, 녹색산업정책은 능동적으로 생태전환을 가속하기 위해 정부가 적극적으로 개입하는 전략이다. 유럽 모델에서 결정적으로 취약한 조각이 있다면 바로 산업정책이다. 미국 연방정부 예산이 GDP의 20%라면 유럽연합 차원의 예산은 전체 지역 GDP의 고작 1% 정도에 불과하다. 때문에 유럽은 대규모 재정이 소요되는 산업정책을 쉽게 도입하기 어렵고 그 때문에 지금까지 비용이 많이 들어가지 않는 '규제법'을 주로 동원해왔다.[439] 더구나 유럽연합은 완전한 연방국가가 아니기 때문에 "유럽연합 집행위원회의 제안부터 채택된 법안의 서명까지, 그리고 새로운 법안이 회원국에서 시행되기까지 평균 19개월이 소요되는 입법 절차를 거칠" 정도로 의사결정이 느려 급변하는 산업환경에 순발력 있게 대응하는 데 상당한 어려움이 있다.[440]

산업정책만 놓고 보면 중국이 디지털전환과 생태전환 모두에서 선도해왔으며, 최근 미국과 유럽이 여기에 합류하는 모습을 보인다. 물론 유럽도 유럽 전체 차원의 산업정책이라고 할 '그린딜'을 비롯해서 개별적인 회원국들 차원에서 별도의 산업정책 도입 움직임이 최근 활발해지는 추세이기는 하며 뒤늦게 미국 등 다른 나라들도 뛰어들고 있다. 그러면 녹색산업 영역에서 2020년대부터 구체적으로 어떤 정책이 도입되고 있고 이 움직임이 생태전환을 가속시킬 가능성은 어느 정도인지 자세히 살펴보자.

원래 기후위기 대응과 생태전환을 위한 공적 개입으로써 가장 전통적인 방법은 산업정책이 아니라 탄소세와 같은 가격 교정을 통해 시장의 보이지 않는 손이 탈-탄소산업으로 향하게 만드는 것이었다.[441] 이 같은 방법으로 1980~1990년대 오존층을 되살리고 산성비를 실제로 막았다고 믿는 많은 전문가들은, 최근까지도 시장의 가격신호에 의존하여 기후위기와 생태위기도 해결할 수 있다고 주장해왔다. 하지만 21세기 들어오면서 서서히 양상이 달라지기 시작했다. 요나스 메클링(Jonas Meckling)과 벤틀리 알란(Bentley B. Allan)은 [그림 4-2]에서 보는 것처럼 초기 시장주의적 탄소가격 정책에서 벗어나 2000년대 후반부터 개입주의적 산업정책으로 서서히 정책 패턴이 변했음을 통계적으로 확인했다.

그들은 기후 대응 정책이 본격적으로 출현하기 시작한 1990년부터 2017년까지 선진 7개국 정상회의(G7), 경제협력개발기구(OECD), 유엔환경계획(UNEP), 유엔개발계획(UNDP), 세계은행(World Bank), 유엔 기후변화협약(UNFCCC) 등 6개 기구의 문헌을 분석했다. 그 결과 케인지언 녹색산업정책과 슘페터리언 국가녹색혁신정책이 기존의 시장 기반 탄소가격 정책 등을 대체하면서 2008년 이후 강력한 흐름을 형성했다고 평가했다.[442] 이들은 다음과 같이 지난 30여 년의 기후 대응 정책을 요약했다. "1990년대 기후정책이 출현했을 때는 시장 기반 아이디어가 활용 가능한 정책해법들을 지배했다. 이는 시장 메커니즘에 초점을 맞춘 교토의정서와 배출권거래제의 부상으로 표현된다. 최근에는 녹색성장이 기후정책의 핵심 개념으로 등장하고 있다. 녹색성장은 기후정책에서 국가의 강한 역할을 옹호하는 새로운 사고방식과 연관되어 있다."

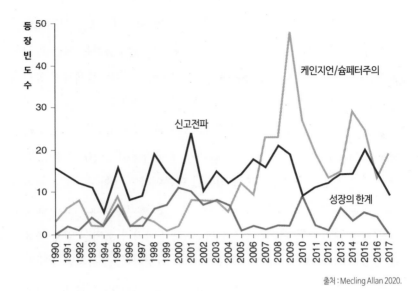

출처 : Mecling Allan 2020.

그림 4-2 국제기구 환경정책 보고서에서 경제학파의 비중 변화

그런데 메클링과 알란의 지적은 매우 보수적인 국제기구들의 추이를 분석한 것으로서, 사실 이 기간 동안 기후 대응에 전진적인 몇 국가들은 훨씬 더 적극적인 시장 개입적 방법을 채택하기도 했다. 중국이 대표적 사례. 분명한 것은 "기후 대응 정책이 점점 더 시장이라는 '보이지 않는 손'에 의지하기보다는 국가와 정부라는 '보이는 손'에 의지하는 방향"으로 움직여 왔다는 것이다.[443]

기후 대응과 생태전환이 시장가격 의존에서 벗어나 산업정책으로 대체된 결정적 분기점은 2019년 그린뉴딜 캠페인이었다. 이 시기쯤 되면 시종일관 시장주의 해법을 지지해왔던 국제통화기금(IMF)마저 '산업정책의 귀환(the return of the industrial policy)'을 공식적으로 선언할 수밖

에 없는 상황까지 왔다.[444] 시장의 가격신호에 의존하는 탄소가격제와 달리, 녹색산업정책은 정부의 직접적 시장 개입을 수용하는 훨씬 공격적인 정책이라서 그동안 신자유주의가 만연했던 글로벌 경제정책 공간에서는 기피되던 정책이다. 그런데 상황이 바뀐 것이다.

IMF에서 발간한 보고서를 통해 레다 치프(Reda Chief)와 푸아드 하사노프(Fuad Hasanov)는, 한국 등 동아시아 국가들이 선진국으로 진입한 이유가 진정한 산업정책을 도입했던 덕분이라며 동아시아 경제기적의 비결로서 산업정책, 즉 '국가의 주도적인 손(leading hand of the state)'이 중요한 역할을 했음을 상기시켰다. 그리고 국가가 ①야심 있는 목표를 설정하고, ②책임성 있게 정확한 정책을 실행하며, ③상황변화에 따라서 빠르게 적응하는 것, 즉 '야심 있는 목표, 책임성, 적응(Ambition, Accountability, and Adaptability)'이 산업정책 성패의 중요 요인이라고 강조했다.[445] 그들은 학계와 정책 전문가들이 산업정책의 엄연한 역사적 성과를 잊은 것에 대해 '잊혀진 국가의 손(the forgotten hand of the state)'이라고 비유하며 최근 각국 정부들이 잊혀진 기억을 되살리고 있음을 지적했다.

물론 국가 산업정책에 대한 회의론은 얼마 전까지만 해도 상당히 만연해 있었고 실패가 자명한 것으로 알려지기도 했다. 과거 산업정책의 실패를 상징했던 전형적인 사례는 1970년대 유럽 국가들이 연합으로 추진했던 '콩코드' 비행기였다(하지만 비슷한 시기 추진한 유럽의 에어버스는 달랐다). 그리고 녹색산업정책의 실패로 자주 지목되는 사례는 오바마 정부가 지원을 아끼지 않았던 태양광 기업 '솔린드라(Solyndra)'의 파산이었다. "솔린드라는 2005년에 설립된 태양광 업체인데, 오바마 정부가 5억 3,500만 달러 대출을 보증하고 대통령이 직접 나서서 홍보했을 정도였지만, 2011년에 중국 기업들과의 가격경쟁에 밀려서 파산"했다.[446] 이 사례는 녹색산업에서도 예외 없이 정부가 승자를 가려낼 능력이 없다는 것을 증명하는 것처럼 보였다.

하지만 학계에서 산업정책을 일관되게 옹호해왔던 경제학자 대니 로드릭(Dany Rodrik)은 녹색기술의 경우 실제 구현해보기 전까지는 불확실성이 매우 높으므로 정확히 승자를 가려내야 한다는 잣대가 무의미하다고 반박한다. 더욱이 녹색산업처럼 기술혁신의 긍정적 외부효과가 크고 탄소가격이 너무 낮은 현재의 시장실패 상황에서 '수익성' 여부가 정책 성공을 판단하는 기준점이 될 수 없다는 것이 로드릭의 주장이다. 설령 특정 기업이 실패하더라도 다른 기업들이 여기서 충분히 배우는 긍정적 외부효과가 기대된다면 개별적인 프로젝트들에서는 마이너스 수익률을 거두더라도 사회적으로 실패라고 볼 수 없다는 것이다.[447]

솔린드라 역시 실패 그 자체가 문제가 아니라 실패를 성공적인 산업정책의 일부로 받아들이면서도 최소화하려는 노력, 즉 명확한 성공의 기준점을 만들고 밀착 모니터링을 하여 필요하면 경로를 바꿀 수 있는 명시적인 장치들을 두지 못한 점이 문제라고 로드릭은 지적한다. 한편 솔린드라와 비슷한 시기에 비슷한 명목으로 정부의 지원을 받았던 테슬라의 기사회생 사례가 반증으로 제시되기도 한다. "테슬라는 2009년에 4억 6,500만 달러의 정부 대출 보증 덕분에 살아나게 되었기 때문"이다.[448] 경제학자 마추카토는 "미국 정부가 솔린드라에 5억 3,500만 달러의 보증 대출을 해주었던 같은 해, 테슬라에도 4억 6,500만 달러

규모의 비슷한 대출을 했다"면서, 일부 실패 사례만 편향적으로 강조하는 경향을 비판했다.[449]

한편, 이론적 논쟁과 별개로, 2008년 글로벌 금융위기 이후 경기회복 정책을 고려하면서 여러 나라들이 각기 강도와 규모는 달랐지만 공통적으로 녹색산업정책을 도입하기 시작했다. 독일과 중국이 가장 강력한 정책을 폈고 미국이나 인도 등도 폭넓은 정책 수단을 사용했는데, 연구개발비 지원, 정부조달, 대출, 신용보증, 직접 보조금 지원 등이 그 사례다. 특히 1기 오바마 정부는 2009년 통과된 7,870억 달러 규모의 '미국 회복과 재투자법(American Recovery and Reinvestment Act)'을 기반으로 710억 달러를 녹색투자로 돌린 바 있다.[450]

2) 녹색산업정책 전환의 결정적 계기, 그린뉴딜

"그린뉴딜은 2030년까지 100% 클린에너지를 달성하고, 필요로 하는 모두에게 생활임금을 보장해주며, 노동자와 일선 공동체들에게 정의로운 전환을 해주도록 미국 사회의 각계각층을 참여시키는 10년 계획"이라는 것이, 미국에서 그린뉴딜 캠페인에 앞장섰던 선라이즈운동(Sunrise Movement)이 홈페이지에 게시한 그린뉴딜 정의다.[451] 한편 미국 진보 싱크탱크 뉴컨센선스(New Consensus)는 그린뉴딜이 "루스벨트의 원래 뉴딜과, 2차 대전 전시동원 이후 지금까지 행해졌던 가장 야심 차고 전환적인 국가적 프로젝트"라고 정의했다.[452] 그리고 정치경제학자 앤 페티포(Ann Pettifor)는 "기후 붕괴가 국가 전체의 안전에 대한 위협이라면, 전쟁의 위협에 직면했을 때 그랬던 것처럼, 국가가 전환을 이루기 위해 중

요한 역할을 담당해야" 하는데 그린뉴딜이 바로 그 임무를 하는 것이라고 강조했다.[453]

앞에 예시한 그린뉴딜 정의를 보면 대체로 그것이 대규모 기획의 성격이 강한 집중적 산업정책임을 금방 확인할 수 있다. 21세기에 들어와서 역사적으로 그린뉴딜은 크게 두 번의 계기로 출현했는데, 첫 번째는 2008년 글로벌 금융위기 전후였고 두 번째는 2019년 미국 하원의원 오카시오 코르테스(Alexandria Ocasio-Cortez)의 그린뉴딜 결의안이 기폭제가 되어 등장했다.[454] 탈성장 경제학자 리카도 마스티니(Riccardo Mastini)와 요르고스 칼리스(Giorgos Kallis) 등은 2008년 그린뉴딜을 버전 1.0으로, 그리고 2019년 이후의 그린뉴딜을 버전 2.0으로 구분하고, 특히 그린뉴딜 2.0 버전은 녹색성장에서 상당히 탈피하여 탈성장에 근접했다고 평가했다.[455]

이들은 그린뉴딜 2.0이 탈성장의 미래로 가는 '전환전략(transitional strategy)'으로서 의미가 있을 수 있다고 적극적으로 재해석하고 있다. 확실히 2019년 버전의 그린뉴딜은 최소한 "탈탄소화 과정이 시장의 가격신호에 따라 진행될 수 있다는 주류경제학의 관점을 거부하고, 국가가 적극적 투자정책, 산업정책, 그리고 분배정책 수단들을 동원해서 시장에 개입해야 한다고 역설한 점에서" 과거에 비해 훨씬 진전된 것이다.[456]

특히 2019년 버전의 그린뉴딜은 2008년 버전과 달리 '경기부양(다시 말하면 경제성장)' 목표를 전면에서 빼버리고, 대신에 기후 대응을 위한 온실가스 감축을 전면에 내걸었다. 그와 동시에 일자리 창출 등 고용과 복지에 무게를 실었다. 다시 말해서 "'성장과 녹색'이 아니라 '복지와 녹색'으로 초점을 이동시킨" 점에서 중요한 변화가 있었다.[457] 그 결과 2019년 버전의 그린뉴딜은 전통적인 재정확대를 통한 성장률 제고보다는, "적극적인 녹색산업정책을 통한 녹색인프라 구축과 탈탄소 산업전환, 교통전환, 건물의 효율화 등에 역점"을 두었다. 시장 메커니즘이나 기술 의존을 넘어 국가의 공격적인 공적 투자와 녹색인프라 구축, 능동적 산업정책 개입이 두드러졌다는 얘기다.

바로 이런 점 때문에 "2008년에는 경기침체로부터 벗어나면서 경기부양형 그린뉴딜이 급격히 퇴색했던 반면에, 2019년 그린뉴딜은 계속 진화를 거듭하면서 다양한 산업정책적 내용들을 보강하고 기후 대응을 위한 추가적인 조치들과 연결"되고 있다.[458] 물론 한국 정부가 코로나19 이후 경제회복을 위해 한국판 뉴딜의 하위 범주로 배치한 그린뉴딜은 외형적으로는 산업정책의 형태를 보였지만, 글로벌 추세와 달리 거의 민간 기업 지원이 중심이고 스마트 그린학교나 공공건물 리모델링처럼 매우 제한된 영역에서만 예산이 직접 투자되었다. 하지만 그조차도 이후 진화하지 못하고 정권이 바뀌면서 사실상 사라졌다.

3) 글로벌 녹색산업 경쟁의 도래

한국에서 그린뉴딜이 힘을 잃어가는 시점에서 글로벌 분위기는 완전히 다른 길로 접어들었다. 우선 미국에서는 바이든 정부가 2021년 집권한 직후 그린뉴딜 공약을 담아 제안했던 '더 나은 재건법(Build Back Better Act)'이 지루한 공방으로 시간을 끌다가 2022년 8월, 규모를 축소하고 일부 화석연료 기업들의 요구를 수용해 '인플레이션 감축법

(Inflaton Reduction Act;IRA)'이라는 묘한 이름으로 전격 입법화되었다. 같은 시점에 반도체법(CHIPS and Science Act)과 행정명령으로 실행된 '국가 생명공학과 바이오 제조 이니셔티브'가 동시에 시행되었고, 그보다 한 해 앞서 '기반시설투자 및 일자리법(Infrastructure Investment and Jobs Act)'도 제정되었다.[459]

IRA의 핵심 내용은 법인세 최저한세를 통해서 약 2,000억 달러 이상의 수입을 확보하고 녹색산업에 집중 투자하는 것인데, 총투자 금액 4,370억 달러 가운데 80%인 3,690억 달러를 기후변화 대응 분야에 투자하도록 계획이 짜여있다.[460] 한국에서 관심이 많았던 전기자동차 관련 지원은 모두 합해 100억 달러 남짓에 불과하고 대부분은 재생에너지나 녹색산업생산에 투자된다. 구체적으로는 투자비용 저리융자, 세액공제나 보조금 등으로 민간 투자기업들에게 지원되는 방식인데, '투자' 총액에 대해서뿐 아니라 제품 '생산'에 대해서도 지원함으로써 실제 산업생산과 일자리 창출과의 연계성을 확보하고 있다.[461] 시장주도 모델을 이끌었던 미국이 이처럼 강력한 산업정책을 전격 도입하자 이후 글로벌 산업경쟁 판도는 달라졌다.

미국과 달리 중국은 이미 이전부터 '중국제조 2025'와 같은 강력한 산업정책을 시행해왔다. 그 결과 글로벌 태양광과 풍력발전 증설을 압도적으로 주도하고 전기자동차와 배터리 제조 등 녹색산업과 녹색기술 부문 모두에서 놀라운 성장을 거두게 되었다. 이는 2010~2020년대 글로벌 산업지도에서 나타난 가장 두드러진 변화로 기록되었다. 2023년에 들어오자 중국은 '신질생산력(New Quality Productive Forces)' 개념을 제시하면서 첨단산업에 기초한 녹색산업 강화 의지를 더욱 공고히 했다. 여기서 신질생산력이란 "혁신을 추진력으로 삼아 전통적인 경제성장 방식과 생산력 발전 경로에서 벗어나고 첨단기술, 고효율, 고품질을 특징으로 한 새로운 발전 이념에 부합하는 선진적인 생산력"을 갖추는 것이다.[462] 한편으로는 노동과 자본에 의존해온 중국 경제의 내적 한계를 극복하고. 다른 한편으로는 미국과 유럽 등으로부터 가해지는 첨단기술 통제와 관세 보복에 능동적으로 대응하려는 중국 정부의 의지가 신질생산력으로 표현되었다고 해석할 수 있다. 뒤이어 중국은 2024년 8월, '경제 및 사회발전의 전면적인 녹색전환 가속화에 관한 의견'을 발표했는데, 녹색전환에 디지털 접목을 가속화하고 저탄소 전환을 위한 과학기술 혁신을 기획했다는 점에서 신질생산력 원리를 녹색산업에 투영한 것으로 평가할 수 있다.

중국의 강력한 녹색산업정책은 심지어 민간 기업에도 심대한 영향을 주었다. 예를 들어 미국의 배제전략으로 큰 타격을 입은 화웨이는 2022년 4월 〈친환경 개발 2030 보고서(Green Development 2030 Report)〉를 발표하고 기업 차원의 녹색 비전을 제시하기도 했다. 화웨이는 보고서에서 ①전기의 50% 이상을 재생에너지에서 생산, ②산업 전반의 친환경화, ③전기 교통수단을 본격화, ④탄소중립으로 운영되는 건물, ⑤친환경 디지털 인프라, ⑥저탄소 생활에 대한 관심 증대 등을 담았다.[463] 즉, 디지털 선두기업이 생태전환에 능동적 자세를 갖겠다는 매우 야심 찬 기획이다.

화웨이 말고도 알리바바, 텐센트, 바이두 등 막대한 전력을 소비하는 중국의 거대 IT 기업들 역시 2021년을 기점으로 일제히 탄소중립을 선언하고 나섰다. 그 결과 중국은 세계 재생에너지 신규 증설의 절반 이상을 차지할 뿐만 아니라 세계에 판매되는 전기자동차의 절반을 생산하게 되었고, 반도체와 달리 녹색제조 공급망의 대부분을 자체적으로 갖출 정도로 주요 녹색기술에서 선두를 유지하고 있다.

미국이 그린뉴딜을 들고 나오던 시점에서 영국은 노동당을 중심으로 '녹색산업혁명'이라는 이름 아래 녹색산업정책을 정당 공약으로 내걸고 나왔는데, 그 내용 중 일부가 2020년에 보수당 정부의 녹색산업혁명을 위한 '10대 계획(10-Point Plan)'에 담긴다. 노동당의 '녹색산업혁명' 공약을 보수당 방식으로 수용한 것이라고 볼 수 있다. 영국은 10대 계획으로 "2023년부터 2032년까지 영국의 이산화탄소 배출량을 1억 8천만 톤 줄이겠다"고 계획했는데, 이는 모든 자동차를 약 2년 동안 도로에서 퇴출시킨 양에 해당한다. 또한 이 계획을 통해 2030년까지 최대 25만 개의 일자리를 창출하고 "엔지니어, 수리공, 건설 노동자 및 기타 많은 사람들이 영국의 과학과 기술을 활용하여 청정에너지를 생산 및 사용하고 전 세계 새로운 시장에 수출하는 훌륭한 신산업을 구축"하겠다고 공언했다.

2019년 말 일찍부터 '유럽 그린딜'을 발표했던 유럽연합은 이를 계속 진화시키며 유럽을 최초의 탄소중립 대륙으로 만들겠다는 야심에 한 발 더 접근했다. 구체적으로 2021년 탄소중립 목표를 상향하는 '핏 포55'를 발표하는가 하면, 2022년 5월에는 2030년까지 총 3,000억 유로 규모를 투자하여 러시아산 화석에너지 의존에서 탈피하겠다는 '리파워유럽계획'을 공개했다. 그리고 결정적으로 미국 IRA에 맞대응하는 성격으로 2023년 2월 '유럽 녹색산업계획(European Green Industrial

Plan)'과 이를 입법화한 '넷제로산업법'과 '핵심원자재법'을 연달아 발표했다. 넷제로산업법 내용을 보면, 재생에너지를 핵심으로 하는 8대 녹색 핵심기술을 집중 지원하고 2030년까지 탄소중립 전략산업 제조 역량을 유럽연합 연간 수요의 40% 수준까지 끌어올리자고 제안하고 있다. 또한 공공입찰 절차에서 지속가능성과 공급망 안정성 기여도를 반영하고, 법안 이행을 감독할 '탄소중립 유럽 플랫폼' 설립을 명시한 점도 주목된다.[464]

한편 일본은 내용이 다소 모호하지만 2022년 해상풍력 제조부터 차세대 태양광산업에 이르기까지 녹색산업 관련 지원 계획을 수립했다.[465] 그리고 프랑스는 가장 늦은 2023년 5월 녹색산업 법안을 발의함으로써 녹색산업정책을 공식화했다. 프랑스의 녹색산업정책 목표는 친환경기술 선도국 지위 확보와 녹색산업 육성을 통한 탈탄소화다. 그리고 이를 통해 온실가스를 감소시키는 한편, 2030년까지 230억 유로 투자 유치와 4만 개의 일자리를 창출하겠다는 계획이다.[466] 이처럼 비록 IRA 이전에도 녹색산업정책이 실시된 나라들이 있었지만, IRA는 이를 국가간 산업경쟁 수준으로 첨예화시켰다.[467]

미국과 유럽, 일본 등지에서 경쟁적으로 녹색산업정책을 채택하기 시작하자, 그동안 잠잠했던 일부 보수 경제학계나 미디어에서 반발이 생기기도 했다. 국내에서는 경제학자 김영한이 경제전문지 한국경제의 기명 칼럼에서 "바이든 행정부는 중국의 산업정책을 모방한 듯한 적극적인 산업정책을 미국 경제의 회생 전략으로 밀어붙이고 있다"며 이를 다음과 같이 비판했다. "미국을 필두로 세계 선진국에 확산하는 자국내 제조업 부활을 위한 경쟁적인 산업정책과 보호무역정책이 지속 가능한 산업정책 및 무역정책은 될 수 없으며, 결국 방향을 수정할 수밖에 없다"는 것이다. 이어서 "기술변화와 경제적 효율성을 무시한 정치적 동기에 의한 산업정책은 실패할 수밖에 없음은 과거 중남미 산업정책의 실패 사례가 분명히 보여준다. 작금의 미국뿐만 아니라 우리 정치인들도 주목해야 할 교훈"이라며 산업정책의 부활을 극히 부정적으로 평가했다.[468] 하지만 글로벌 추세가 그의 비판을 수용할 것 같지는 않다.

해외에서는 영국의 경제지 이코노미스트지가, 기후변화에 맞서 싸우고 국가 안보를 강화하며 세계화의 부정적 폐단을 바로잡기 위해 각 국가들이 산업정책을 경쟁적으로 부활시키고 있다고 소개하면서도 이를 우려하는 평가를 덧붙였다. 구체적으로 이코노미스트지는 '산업군비경쟁(an industrial arms race)'이라는 용어를 동원하면서, "제조업에 보조금을 지급하고 보호하는 정부는 경제에 도움이 되기보다는 해를 끼칠 가능성"이 높다며, "정책 입안자들이 보조금의 위험성에 대해 명확히 인식하지 않는 한, 울타리가 쳐진 마당(the fenced-in yard)은 점점 더 커질 것"이라고 우려했다.[469]

하지만 일부의 비판에도 불구하고 전 세계가 자국의 녹색산업 구축에 힘을 쏟으면서 생태전환의 산업적 기반을 확보하려는 치열한 경쟁은 앞으로 점점 강화될 전망이다. 많은 전문가들은 "최근 몇 년 동안 각국 정부가 녹색전환, 공급망의 탄력성, 좋은 일자리 문제, 중국과의 지정학적 경쟁 등 다양한 문제를 해결하기 위해 의식적으로 산업정책에 점점 더 많이 참여하면서 산업정책의 중요성이 크게 높아졌다"고 평가하고 있다.[470] 또한 IMF에 이어 최근 OECD 역시 "글로벌 위기, 기술 발전, 기후변화, 비시장적 관행, 지정학적 긴장 등 정부가 산업 성과를 형성하는 데 보다 적극적으로 개입하도록 강요하는 여러 요인" 탓에 점점

	EU	영국	미국	일본	중국
정책	그린딜 투자계획	탄소중립전략 (10대 계획)	인플레이션 감축법(IRA)	녹색전환(GX) 기본방침	14차 5개년계획
지원 금액	5,470억 유로 (약 5,700억 달러)	120억 파운드 (약 140억 달러)	4,000억 달러	20조 엔 (약 1,500억 달러)	
대상 기간	7년 (2021~2027)	10년 (2021~2030)	10년 (2022~2031)	10년 (2023~2032)	5년 (2021~2025)
개요	• 2050년까지 탄소중립을 달성하는 투자계획 • 민관 자금을 활용 1조 유로의 투자 유도	• 기후변화 대책으로 10개항의 지원 패키지 • 해상풍력, 수소, 원자력, EV, 교통, 항공해운, 주택 녹색화, CCUS, 식수, 기술혁신과 금융	• 기후변화대책, 에너지 안보 강화에 관한 지원 패키지 • 전력, 제조업, 주택 등에 관한 세액 공제 등 • 전기차 분야에서는 북미에 최종 조립입지 거점을 구축하는 것이 지원조건	• 탈탄소,에너지 안정 공급, 경제성장에 관한 정책 • 녹색전환 경제이행채 등을 활용하여 재생에너지 전환, 원자력 발전 도입, 수소, 암모니아 공급망 구축 등 지원	• 2030 탄소 피크, 2060년 탄소중립 달성을 위한 투자계획 • 철강, 석유화학, 비철금속, 건축자재 등을 탈탄소화 중점 분야로 설정

출처: 임소영 · 김계환 · 조은교 2023:39

표 4-2 주요국 녹색산업정책 개요

더 많은 국가에서 산업정책이 도입되는 현실을 인정했다. 이어서 "잘 설계된 산업정책이 정부로 하여금 현대 세계 경제의 특정한 복잡성을 탐색하고 지속 가능한 성장과 경쟁력을 향해 산업을 이끌어가는 데 도움"이 될 수 있다고 진단했다.[471]

심지어 미국이 인프라법이나 반도체법, IRA 등을 통해 최근 갑작스럽게 산업정책에 강력히 개입하는 것처럼 보이지만, 사실은 시장주도 모델을 고수한 미국조차 중국 못지않게 오래전부터 '숨겨진' 산업정책을 지속시켰다는 평가도 새삼스럽게 주목받는 중이다. '숨겨진 발전 국가(hidden developmental state)'로서 미국이라는 개념의 재부상인데, 미국이 공식적으로는 '산업정책'과 민간 부문의 승자를 가리는 정부의 역할을 부인해왔지만, 실제로는 새로운 기술을 실험실에서 상업 공간으로 옮기기 위해 매우 정교하고 분산된 일련의 공공정책을 구사해왔다는 주장이다. 다만 이런 정부의 정책은 고도로 분산된 데다가 수십 개의 정부 기관에 흩어져 있어 대부분 유권자에게는 잘 보이지 않게 되었다는 것이다.[472]

디지털 혁신은 미국보다 뒤처졌고, 녹색혁신은 최근 중국에게 추월당하면서 글로벌 산업 경쟁력에서 점점 더 불리한 위치로 전락할 위험에 처했다고 스스로 진단한 유럽은,[473] "점점 더 긴장되는 지정학적 환경에서 유럽의 전략적 자율성을 높임과 함께 친환경 및 디지털전환을 가속화해야 할 필요성" 탓에 더 강력한 산업정책으로 나갈 개연성도 있다. 폰 데어 라이언 유럽연합 2기 집행위원회가 임기 시작 직후인 2025년 1월 '유럽을 위한 경쟁력 나침반(A Competitiveness Compass for the EU)'과 2월 '유럽 청정산업 딜(Clean Industrial Deal)'을 연이어 발표하면서 단일시장 기능 활성화, 벤처자본 규모 확대, 연구개발 지원 등을 통해 디지털 혁신을 가속화하겠다는 의지를 표명한 데서 그 단서를 엿볼 수 있다.[474] 다만, 시장의 경쟁력과 혁신을 과도하게 강조하면서 디지털 규제나 탄소중립 의지를 과거보다 다소 약화시킬 우려는 있다.

4) 녹색산업 후진국 한국의 선택

그러면 산업정책 덕분에 선진국으로 진입한 한국에서 녹색산업정책은 어떻게 받아들여지고 있을까? 불행하게도 한국에서는 2025년 1월 현재 이렇다 할 녹색산업정책 도입 움직임을 발견하기 어렵다. 2020년 버전의 민간 주도 그린뉴딜 정책은 점차 무력해진 대신에, 2022년 집권한 윤석열 정부는 아예 녹색산업 대신 대체로 탄소 집약적 성격이 강한 핵발전과 방위산업, 우주산업을 새롭게 부각시켰기 때문이다. 윤석열 정부는 2027년까지 방산 수출 4대 강국 도약을 목표로 방위산업을 국가전략과 미래 먹거리 산업으로 육성하고 첨단 전력 건설과 방산 수출 확대를 정책기조로 삼았다.[475] 또한 윤석열 정부의 3대 주력분야 100대 핵심기술에서도 이차전지 등 범용적 분야를 제외하면 녹색혁신 분야는 없었다.[476] 여야를 막론하고 미국 IRA를 그저 통상정책 수준으로 대응해왔던 정치권은 한국의 자동차, 배터리, 반도체 기업들의 미국 투자가 본격적으로 궤도에 오르자 뒤늦게 '미국이 기업을 훔쳐갔다'며 한탄하지만, 여전히 그것이 우리의 산업정책 부재가 불러온 자업자득의 성격이 있음을 충분히 인지하지는 못한 것 같다.[477]

시장주도 모델의 대표주자인 미국마저 막대한 재정을 동원하여 자국에 반도체와 녹색산업을 재구축하려는 강한 의지를 보이고 다른 나라들도 경쟁적으로 속속 합류하는 상황에서, 한국만의 기이한 '녹색산업정책 부재'라는 정책 공백은 미래 산업경쟁에도 불리한 징조일 뿐 아니라, 결정적으로 지체된 생태전환을 가속시켜 두 전환의 균형성과 상호 선순환을 회복하기 위한 가장 중요한 정책수단을 포기하는 것이다.

늦었지만 한국은 2020년 그린뉴딜을 훨씬 뛰어넘는 녹색산업정책을 도입할 필요가 있다. 기후 후진국, 재생에너지 후진국, 생태지체국가의 오명을 신속히 벗어나기 위해 공공의 책임을 담보할 녹색산업정책은, 화석연료에 의존하지 않고 지구생태계의 한계를 준수하면서 시민의 물질적 생산을 가능하게 해주는 전에 없던 심층적 산업구조 전환이어야 한다. 따라서 녹색산업정책은 앞으로 10년 동안 역사상 가장 빠른 속도의 경제전환을 책임져야 한다. 녹색산업정책을 글로벌 차원에서 보면 2차 대전 후 유럽 재건에 쏟아부은 마셜플랜보다 규모가 더 크고, 1960년대 미국 GDP의 2%를 투입한 달탐사 프로젝트(Moonshot Project)보다 더 과감해야 하는데, 로마클럽은 이를 위해 경제 규모의 최소 2~4% 수준의 녹색투자가 필요하다고 역설하고 있다.

한국이 새롭게 도입해야 할 녹색산업정책 분야는 ①기존의 탄소 집약적 산업을 대체하는 새로운 탈탄소산업(재생에너지 부품소재 생산)을 개척하거나, ②기존 산업의 생산공정을 크게 효율화하여 저탄소산업으로 혁신하도록 유도하는 영역이다. 그리고 이를 위한 ③기술혁신 지원, 교육 지원을 포함한다. 또한 ④기존의 탄소 집약적인 산업과 회색산업의 비중을 체계적으로 감소시켜 나가는 정책까지를 포괄하고, ⑤녹색산업정책 수단으로는 사기업의 녹색전환을 유도하는 지원 이나 규제 정책은 물론, 직접 공공투자를 통해 녹색인프라를 구축하거나 공적 기구를 신설해야 한다.

구체적으로 태양광, 풍력산업과 시설에 대한 공적 투자와 지원은 물론, 전력 그리드와 전력 저장장치 투자를 포함하는 '녹색에너지 인프라투자'가 핵심적으로 담겨야 한다. 또한 기존의 건물과 수송, 산업 분야의 녹색화와 에너지 효율화를 지원하는 '에너지 효율화 지원' 내용이 있어야 한다. 나아가 태양전지와 풍력터빈 등 재생에너지 기술, 배터리와 그린수소 등 에너지 저장 기술, 분산 에너지를 관리하는 스마트 기술, 에너지 효율화 달성을 지원할 기술, 녹색 환원제 등 산업공정에서 탈탄소화를 구현하거나 저탄소화를 실현할 기술, 전력 기반 난방을 지원할 히트펌프 기술 등 다양한 '녹색혁신 기술지원'이 담겨야 한다. 물론 녹색일자리 지원과 녹색기술교육 지원도 포함되어야 하고, 마지막으로 이 모든 것을 위한 공적, 사적 재원 마련 방안이 명시되어야 한다.

* * *

4부의 내용을 요약해보자. 지금까지 한국에서 디지털 편향을 극복하고 두 전환의 균형을 회복할 핵심 정책 사례를 제시했다. 세 모델의 어디에도 속하지 않을 만큼 글로벌 전환 궤도에서 일탈한 한국은, 최소한 글로벌 추세가 유럽 모델의 강점을 수용하는 방향으로 모아진다는 점을 감안하여, 디지털 독점규제와 인공지능 규제에 들어갈 필요가 있다. 아울러 지체된 생태전환에 속도를 내기 위해 녹색산업정책을 시급히 도입해야 한다. 이러한 방향전환은 시장권력인 기업과의 수직적인 싸움에서 소극적이었던 정부의 태도를 바꿔야 함을 의미한다. 또한 대외적으로 정부 대 정부 사이의 수평적 싸움에 직면해서, 디지털과 생태의 전환을 위한 글로벌 표준 설정에 능동적으로 목소리를 높이고 균형적인 자국 녹색산업 기반을 구축하려는 시도를 포함해야 한다.

물론 2025년부터 임기가 시작된 트럼프 정부의 대대적인 정책 수정으로 인해 디지털 플랫폼 규제, 인공지능과 가상자산 규제, 그리고 녹색산업정책 모두에서 전반적 후퇴가 불가피하다는 우려도 있다. 예를 들어 트럼프 대통령은 집권 첫날부터 바이든 정부의 인공지능 규제 행정명령을 철회했고, 다음날 곧바로 오픈AI와 오라클, 소프트뱅크가 참여하는 5천억 달러 규모의 '스타게이트 합작회사' 프로젝트를 자신이 직접 발표했다. 취임 3일 뒤에 다보스포럼 화상회의를 통해 자국의 빅테크 규제 의지가 없을 것임은 물론 미국 플랫폼기업들에 대한 유럽의 과징금 부과에 공개적으로 불만을 표시하기도 했다.

같은 날 '디지털 금융 기술 분야에서 미국 리더십 강화'라는 행정명령에 서명했는데, 여기에는 '디지털 자산의 책임 있는 성장과 사용을 지원'하겠다며 미국을 '지구의 암호화폐 수도(crypto capital of the planet)'로 만들려는 계획을 담았다. 심지어 취임 당일 파리 기후변화협정에서 탈퇴를 선언한 트럼프 대통령은 취임사에서 '그린뉴딜을 종식하고 전기자동차 의무를 철회'한다고 발표했다. 이어서 '국가 에너지 비상사태(National Energy Emergency)'를 선포하고 화석연료 생산과 인프라 건설에 적용되던 각종 규제를 완화할 것을 지시했다.

임기가 시작된 지 단 3일 만에 일어난 사건이라고는 믿기지 않을 정도로 신속히 취해진 디지털과 생태 분야의 후진은 확실히 전 세계에 큰 충격을 주었다. 하지만 이 같은 미국 대통령의 공언이 곧바로 미국 안에서 입법적, 제도적 역진까지 이어질지는 미지수고, 일부 연방정부의 역진이 현실화된다고 해도 50개 주의 정책에 그대로 투영되지는 않을 것이다. 특히 반도체법과 IRA로 제도화된 산업정책은 트럼프 정부에서도 어느 정도까지는 연속성이 유지되리라 전망된다.[478] 더욱이 미국의 정책 변화를 유럽과 중국을 포함한 전 세계가 그대로 수용할 가능성은 전혀 없다. 오히려 민주주의 규범은 유럽이 선도하도록 내주고, 녹색산업 주도권에 이어 글로벌 기후 리더의 역할이 중국으로 넘어가도록 자초할 수도 있다.

결국 트럼프 정부의 일탈로 우여곡절은 있겠지만 앞서 분석한 쌍둥이전환의 기본 방향과 정책, 규제 기조가 글로벌 차원에서는 여전히 이어진다는 전망을 유지하는 것이 타당하다. 일부에서 벌써 트럼프 정부의 코드에 맞춰 디지털 독과점 규제나 인공지능 규제를 풀고, 화석연료나 핵발전도 다시 수용하자는 식의 성급한 주장이 나오지만, 한 세대 이상의 미래 운명을 좌우할 두 전환을 한 정권의 변덕에 맡길 일이 아니다. 유엔의 인공지능 고위급 자문위원인 이언 브레머(Ian Bremmer)가 비록 에너지 전환에 국한해서 내린 결론이지만 다음과 같은 지적을 동의하지 않기는 어렵다.

"청정에너지 혁명을 이끄는 경제적, 기술적 힘은 어느 한 국가나 정치 지도자가 멈추기에는 너무 강력해졌다. 글로벌 에너지 전환은 앞으로의 여정에 몇 가지 난관이 있더라도 전진해 갈 것이다."[479]

맺음말

2050년 안에
인공지능과 기후가 바꿀 미래

1
디지털전환과 생태전환의
장기전망

쌍둥이전환이 바꾸게 될 한 세대 후의 미래를 전망해보며 이 책을 시작했다. 책을 마무리하면서 이제 다시 한번 시야를 넓혀 디지털전환과 생태전환의 장기적 미래 흐름을 전망해보자. 두 전환이 한 세대 뒤에 변화시킬 우리의 미래는 각각 아주 상징적인 이정표가 있다. 이 이정표를 넘어가면 디지털전환과 생태전환 모두 미지의 영역에 들어간다. 우선 디지털전환과 인공지능 고도화가 도달할 미래 분기점은 일찍이 물리학에서 빌어온 개념인 '특이점(singularity)'이다. 한편 결코 이전으로 되돌아갈 수 없는 급변점인 '티핑포인트(tipping point)'를 이정표로 삼은 생태전환은 '위기'의 티핑포인트와 '전환'의 티핑포인트라는 두 개념이 동시에 사용된다. 두 전환이 각각 자신들 앞에 놓인 이정표의 통과를 어떻게 이해하고 있고, 어떤 대비를 하고 있는지 알면 두 전환의 미래를 이해하는 데 큰 도움이 될 수 있다.

먼저 인공지능과 디지털전환의 이정표부터 살펴보자. 미국의 실리콘 밸리 디지털 기술자들은 새로운 기술이 등장해서 모든 것을 바꾸는 순간을 오랫동안 기다려왔다. 그것이 좋은 방향으로든 나쁜 방향으로든 기계와 인간이 통합되어 역사를 온전히 바꾸는 순간을 갈망해온 것이다.[480] 디지털 혁신이 바꿔놓을 이 이정표는 1950년대 선구적인 컴퓨터 과학자 폰 노이만(Von Neumann)에서 기원이 시작된 '특이점'이다. 물리학에서 (일반적인 물리법칙이 붕괴되는 지점인) 블랙홀의 지평선 너머를 뜻하는 특이점은, 무어의 법칙에 따라 기하급수적 속도로 혁신해온 디지털 기술이 순식간에 폭발적으로 혁신을 거듭하여 '돌이킬 수 없는 도약'을 하는 시점을 말한다. 특히 컴퓨터 지능이 인간지능과 동등해지는 인공일반지능(artificial general intelligence;AGI) 단계에 도달하고, 곧이어 순식간에 인공초지능(artificial super intelligence;ASI)까지 비약하는 상황을 상상하면서 동원한 용어다.

아예 특이점 도래 연도를 지목해서 강력히 주장한 이는 미래학자이자 구글 엔지니어링 이사인 레이 커즈와일(Ray Kurzweil)이었다. 그는 이미 2005년, 당시 기준으로 40년 뒤인 2045년경이면 디지털 기술이 지수적으로 폭발하고 인공지능이 인간과 결합하여 초지능으로 점프할 것이라면서 다음과 같이 전망했다. "2045년을 특이점의 시기로 예상한다. 인간 역량이 심오하게, 돌이킬 수 없는 변환을 맞는 때일 것이다. 2040년 중반이 되면 비생물학적 지능이 세상을 지배하고 있겠지만 그래도 그건 여전히 인류 문명일 것이다. 인간이 생물학을 초월하는 것이지 인간성을 초월하는 것이 아니다."[481] 당시만 해도 거의 체감이 안 되는 공상 소설같은 주장이었다.

그런데 2010년대에 접어들어 딥러닝 기술의 뒷받침을 받은 인공지능이 부상하자 초지능 등장과 특이점 도래가 다시 관심을 받는다. 2014년 스웨덴 철학자이자 옥스퍼드 대학 교수인 닉 보스트롬(Nick Boström)은 초지능에 도달하는 경로와 형태를 구체적으로 예시하기도 했다.[482] 그리고 다보스포럼 회장인 클라우스 슈밥이 4차 산업혁명이라는 용어를 유행시켰던 2016년,[483] 한국에서 딥러닝 인공지능 알파고가 최고 바둑기사인 이세돌과의 대결에서 승리하자 인공지능이 인간을 추월하는 특이점 도래의 가능성이 먼 미래의 일로만 여겨지지는 않았다. 물론 이때도 많은 전문가들은 그런 주장들을 어림없는 소리라고 간단히 물리쳤다. 전 엘런 인공지능연구소의 컴퓨터과학자 오렌 엣치오니(Oren Etzioni)도 "딥러닝은 과도하게 부풀려져 있다고 생각해요. 이대로 발전하면 조만간 인공지능, 어쩌면 더 나아간 인공일반지능, 심지어 초지능까지도 가능할 거라고 생각하는 사람도 있죠. 나무 꼭대기까지 올라간 아이가 달을 가리키면서 달에 가는 중이라고 말하는 느낌입니다"라고 인공지능에 대한 과대평가를 경계했다.[484]

오늘날 특이점 논쟁이 또다시 반복해서 거세게 일어나게 된 계기는 대규모 언어모델(LLM)에 기반한 생성형 인공지능인 챗GPT가 2022년 말부터 갑작스럽게 주목받으면서부터다.[485] 서비스를 공개한 지 5일 만에 100만 사용자를 넘었고 두 달 만에 월간 활성 사용자(MAU) 수가 1억 명을 돌파하며 파란을 일으켰으니 그럴 만도 했다. 생성형 인공지능은 탁월한 자연어 처리, 압도적인 매개변수, 이를 처리하기 위한 대규모 하드웨어 용량 등을 기반으로 과거보다 훨씬 나은 서비스를 대화형으로 자연스럽게 처리해주었다.

생성형 인공지능이 사회를 휩쓸었던 첫해인 2023년이 되자 온갖 화려한 전망과 심각한 우려가 동시에 쏟아져 나왔다. 구글 CEO 순다르 피차이(Sundar Pichai)는 인공지능을 "불이나 전기, 또는 우리가 과거에 해왔던 그 어떤 것보다 더 심오한 것"이라고 말했고, 빌 게이츠는 "인공지능이 사람들이 일하고, 배우고, 여행하고, 의료 서비스를 받고, 서로 소통하는 방식을 바꿀 것"이라고 흥분했으며, 억만장자 투자자 리드 호프먼(Reid Hoffman)은 "세상을 긍정적으로 변화시킬 힘이 사상 최대가 될 것"이라고 낙관했다.* 심지어 오픈AI CEO 샘 알트먼은 2025년 1월 트럼프 정부 2기 시작을 앞두고, "도널드 트럼프의 이번 대통령 임기 동안 인공일반지능이 개발될 것"이라고 장담하기까지 했다.[486] 한편 특이점이라는 개념을 유행시켰던 커즈와일은 2024년《특이점은 더 가까워졌다(The singularity is nearer)》라는 제목의 책을 출간했다. 그는 여기서 2005년에 원래 특이점 도래 시기로 전망했던 2045년을 그대로 유지하면서도, 한발 더 나아가 이제는 특이점의 마지막 단계에 진입했다고 선언했다. 그는 2045년 전후로 인간과 인공지능의 결합을 통한 노화의 정복이 가능하리라고 전망했다.[487]

특이점 넘어 도래할 미래에 대해 기술전문가들은 대개 낙관적으로

---

* Streitfeld 2023. 심지어 2024년 일론 머스크는 "전력과 반도체만 뒷받침된다면, 새로운 인공지능 모델의 능력이 2025년 말까지 인간의 지능을 초월할 것"이고 "향후 5년 안에 AI의 능력이 모든 인간을 초월할 것"이라는 장담까지 했다. 하지만 여전히 유사한 반박도 계속 이어졌다. 인지과학자 게리 마커스(Gary Marcus)는 "현재 생성형 AI 프로그램들이 너무 많은 오류를 범하고, 신뢰성이 떨어지며, 세상을 피상적으로 이해"하고 있다며, AI가 2025년까지 인간지능을 따라잡는 것은 고사하고 5년 안에 뛰어넘을 것이라는 주장도 터무니없다며 일론 머스크와 100만 달러의 내기를 제안하기도 했다(Avila 2024).

묘사하지만 상당히 비관적으로 전망하는 일부 집단도 있다. 인공지능 업계에서 "AI가 불러올 위험을 경시하고 빠른 발전 가능성을 강조"하는 '부머들(boomers)'이 낙관적 전망을 대변한다면, "AI를 통제하지 않으면 인류에게 실존적 위협이 될 수 있다고 믿고 엄격한 규제"를 주장하는 '두머들(doomers)'이 비관적 전망을 대변한다.[488] 한편 인공지능 혁신이 도달할 특이점에 대한 비판은 디지털 분야를 넘어 에너지와 기후 분야에서도 꽤 있다. 최고의 에너지 전문가 바츨라프 스밀(Václav Smil)은 이전에는 필수적으로 여기던 물질을 불필요하게 만들 것이라는 인공지능 숭배자들의 예측에 초점을 맞춰 이렇게 비판한다. "인공지능에 의해 탈물질화가 이뤄지면 성형된 금속과 가공된 광물에 의존하는 우리 신세도 막을 내릴 것이다. 결국에는 지구라는 환경 없이도 우리는 잘 지낼 수 있을지 모른다. 예컨대 지구처럼 환경을 바꿔놓은 화성에 갈 수 있다면 지구가 왜 필요하겠는가? 물론 이 모든 것은 극도로 성급한 예측 수준이 아니다. 이는 가짜뉴스가 만연하고 현실과 허구가 뒤섞인 사회가 조장한 환상이다."[489]

한편 환경학자이자 원로 국제 환경운동가인 빌 맥키번(Bill McKibben)은, 인공지능의 비약으로 인해 "우리는 인간을 더욱 똑똑해지는 로봇 형태로 대체할 수도 있다. 또 의식을 디지털 방식으로 보존하여 우리 자신을 살리려 할 수도 있다"고 전제하지만, "우리가 이런 선택을 할 것인지는 잘 모르겠다. 오히려 안 하지 않을까 생각된다"면서 설사 디지털 이상주의자들이 주장하는 특이점이 온다고 해도 그걸 우리가 선택해야 하는지에 대해 근본적인 의문을 던졌다.[490]

종합하면, 현재 상황에서 인공지능과 디지털전환이 불러올 미래는 매우 불확실하며 특이점 도래에 관한 주장도 상당히 엇갈리고, 미래의 기대치도 낙관과 비관이 교차한다고 평가할 수 있다. 이처럼 디지털전환이 가져올 미래가 매우 양면적이고 불확실하다는 측면을 고려할 때, 관건은 예방적인 대책을 세워야 한다는 것이다. 왜냐하면 특이점이 이미 오면 되돌릴 수 없으므로 특이점 이후에 비극적인 결과가 초래되지 않도록, 또는 특이점 이전이라도 부정적인 영향이 더 심화되기 전에 이를 방지할 대책을 세워야 하기 때문이다.

생태 변화를 관찰하는 이들은 물리학에서 가져온 특이점이라는 용어 대신에 급변점이라는 의미의 '티핑포인트(tipping point)' 개념을 사용한다. 작은 변화가 시스템에 큰 변화를 가져오는 현상을 설명하려고 저널리스트 말콤 글래드웰(Malcolm Timothy Gladwell)이 2000년에 같은 이름의 책을 통해 대중화시킨 용어다. 이 용어는 "갑작스럽거나 돌이킬 수 없는 심각한 피해, 또는 둘 다 이어질 수 있는" 생태위기를 설명하기 위해 생태학 분야에서 활용되었다.[491] 즉 이 경우는 전환의 티핑포인트보다 '위기의 티핑포인트'가 주로 사용되었는데, 뒤에 살펴보겠지만 위기를 막기 위한 '사회적 티핑포인트'가 별도로 함께 사용되기도 한다.

먼저 위기의 티핑포인트부터 살펴보자. 지구생태계라는 복잡하고 중층적인 시스템이 위기의 티핑포인트를 넘는지 확인하려면 경계영역을 설정해야 한다. 엄격하게는 한계와 경계를 구분하기도 하는데, "한계는 열역학 법칙에 부딪히기 때문에 극복할 수 없다. 그것은 바로 연료 탱크의 문제다. 경계는 건널 수 있지만 눈에 보이지 않기 때문에 더욱 위험하다. 우리는 이미 그 경계를 지나치고 나서 너무 늦었다는 걸 깨달는다."[492] 그런데 디지털전환의 특이점은 아직 오지 않았고 언제 올지에 대해서도 의견이 분분하지만, 생태위기의 티핑포인트는 많은 분야에서 이미 넘고 있다는 사실이 중요하다. 즉 디지털전환의 변곡점은 오지 않은 불확실한 미래인데 비해서, 생태위기가 '경계를 넘어가고 있는 것'은 이미 직면한 현실이라는 뜻이다. 디지털전환보다 생태전환을 더 심각하고 무겁게 직면해야 하는 이유가 여기에 있다.

일찍이 2009년에 지구생태계의 '행성적 경계들'을 9가지로 분류하고, 각각이 경계를 넘어 티핑포인트에 접근하고 있는지를 측정하려 시도했던 이는 스톡홀름 복원력센터의 요한 록스트룀(Johan Rockström) 팀이었다. 이들은 얼마 전까지 4가지 분야에서 이미 경계선을 넘어가고 있다면서 다음과 같이 경고했다. "9가지 중 4가지 경계선을 이미 벗어났다. 기후, 생물다양성, 토지, 그리고 영양소 한계선이 이에 해당한다. 심각한 경고로 받아들여야 한다. 생명체들이 계속 멸종하고 영양소가 과도하게 사용된다면 불확실성과 두려움으로 가득 찬 변화가 더 빨리 시작될 수 있다. 이 두 가지만으로도 우리는 빨간 경고등 앞에 있는 셈이다. 여기에 더해 기후와 토양 시스템도 위험 지대에 매우 근접해 있다. 소리 없는 경고음이 세계 곳곳에서 미친 듯이 울리고 있다."[493]

그런데 2020년 이후 생태위기는 경계선을 더 빠른 속도로 넘어가고 있다. 2023년 갱신된 연구결과에 따르면 이제 기후, 생물다양성, 토지는 물론이고 오염 물질과 플라스틱, 질소 순환과 담수까지 6개 분야가 행성의 경계를 넘나들고 있고 "동시에 모든 분야의 경계가 위협을 받고" 있다고 평가되었다.[494] 특히 기후위기는 눈에 띄게 위험해지고 있다. 얼마 전까지 과학자들은 1.5℃ 경계선을 넘는 시기를 2030년 이후로 잡았다. 하지만 1988년에 의회 청문회에서 기후변화가 실제함을 알렸던 기후과학자 제임스 한센(James Hansen) 등은 1.5°C를 넘어가는 시점이 2030년 이전이 될 수 있다는 분석결과를 발표해서 세계를 당혹스럽게 만들었다.[495] 심지어 한센은 우리가 이미 1.5°C의 세상으로 이동하는 것이 아니라 그걸 넘어가려 하고 있으며, "지구의 에너지 균형에 영향을 미치는 의식적인 행동을 취하지 않으면 2030년대에는 2°C 세상을 지나게 될 것"이라고 경고했다.[496]

이런 전망은 2024년이 관측 사상 가장 더운 해로 기록됨은 물론, 연간 기준으로 1.5°C를 넘어갔다는 측정 결과가 나오면서 무게가 실리고 있다. 예를 들어 세계기상기구(WMO)는 2024년 지구 연평균 지표면 온도가 산업화 이전 기준선보다 1.55°C(2023년은 1.45°C)나 높은, 기록상 가장 따뜻한 해라고 발표했고, 유럽의 코페르니쿠스 기후변화서비스(CCCS)는 무려 1.6°C(2023년은 1.48°C)라고 공개했다. 미국 해양대기청(NOAA)의 분석치는 조금 낮은 1.46°C였다(그림 5-1 참조). 한국 역시 기상관측 사상 가장 온도가 높았던 해가 2024년이라고 기상청은 분석했다.

그 결과 "전례 없는 기록이 연이어 깨지면서 고통스러운 장면이 펼쳐지고 있다. 우리는 인류 역사상 그 누구도 직접 목격하지 못했던 기후위기의 낯선 영역에 다시 진입하고" 있다는 고백, 다시 말해서 '미지의 영역'에 들어섰다는 분석이 나왔다.[497] 미지의 영역에 들어왔다는 말은 인류가 지금까지 축적해온 과거의 지식이 미래를 예측하는 데 더 이상 의미가 없어졌다는 말이다. 과거에 인간이 만들어 놓은 거대한 지식 덩어리를 조합해서 답을 알려주는 최첨단 인공지능도 여기에서 무력하기는 마찬가지다.

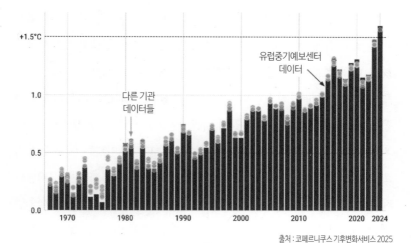

출처 : 코페르니쿠스 기후변화서비스 2025

그림 5-1 2024년에 산업화 이전 대비 1.6℃까지 오르며 역사상 최고 기록 경신

사실 2022년부터 이미 빌 맥과이어(Bill McGuire) 같은 기후과학자들은 '1.5℃ 가드레일'이 무너졌다고 문제제기를 시작했는데,[498] 2023년에 들어 이런 주장들이 다른 이들에게서도 거침없이 쏟아져 나왔다. 기후 싱크탱크 E3G의 선임 연구원 앨든 마이어(Alden Meyer)는 1.5℃ 안에서 머무르는 것이 "기술적으로는 여전히 가능하다고 말할 수" 있을지 몰라도 정치적으로 불가능하다고 진단했다. 글로벌시스템연구소 피에르 프리들링스타인(Pierre Friedlingstein)은 지구 온난화가 1.5℃를 넘어서는 것은 "이제 불가피해 보인다"고 판단하는가 하면, 제임스 한센도 1.5℃가 '죽은 목표'이며 그렇지 않다고 주장하는 사람은 '거짓말을 하는 것'이라고 지적할 정도다.[499] 이처럼 당장 생태전환을 서두르지 않으면 행성위기 티핑포인트를 점점 더 많이 넘어가게 될 전망이다.

특이점이나 티핑포인트나 모두 '이전 상태로 되돌아갈 수 없는' 회복력을 잃은 상태라는 점은 같다. 이후의 상태가 이전의 경험으로 파악하거나 대처할 수 없는 상태라는 점도 마찬가지다. 하지만 디지털전환의 특이점은 여전히 아직 일어나지 않은 불확실한 이정표다. 때문에 특이점을 넘은 뒤의 세상이 낙관적일지 비관적일지는 아직 논쟁 대상이다. 하지만 기후위기와 생태위기의 심화로 위기의 티핑포인트는 이미 넘어가고 있다. 그 결과는 당연히 비극적이다. 2050년의 세계, 또는 2100년의 세계는 그저 지금보다 조금 더 뜨거워진 세계가 아니라, 인간 사회의 엄청난 재조직을 수반할 정도로 고통을 수반할 전망이다. 그 결과 '사회적 붕괴'가 예고되고 있다.[500]

바로 이 대목에서 생태위기의 티핑포인트는 생태전환의 티핑포인트와 만난다. 생태전환의 티핑포인트는 생태위기의 티핑포인트를 지나기 전에, 사회적 역량을 총동원하여 다시 생태계가 이전의 안전한 상태에 머물도록 경계선을 넘는 것을 말한다. 즉, 시민사회와 정치, 시장, 그리고 기술이 모두 동원되어 생태위기를 막기 위한 변곡점에 도달하는 '사회적 티핑포인트'다.[501] 디지털전환보다 생태전환을 서둘러야 하는 이유는 바로 우리가 이미 돌이킬 수 없을 정도로 생태위기의 티핑포인트를 넘어가기 이전에 생태전환을 가속화하여 사회적 티핑포인트를 넘어야 하기 때문이다(그림 5-2 참조).

지금까지 디지털전환과 생태전환의 장기 미래를 전망하는 하나의 방법으로 두 전환이 각각 예정한 변곡점인 디지털전환의 '특이점'과 생태전환의 '티핑포인트'를 확인해보았다. 디지털전환은 아직 오지 않은 특

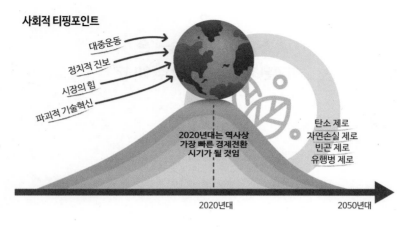

출처 : 록스트룀 외 2022:334 (필자가 일부 수정)

그림 5-2 기후위기와 생태위기 극복을 위한 사회적 티핑포인트 만들기

이점의 파국적 가능성을 회피하기 위해 예방적 대책이 수반된 신중한 전환이 필요한 상황이다. 반면 생태전환은 돌이킬 수 없는 위기의 티핑 포인트를 완전히 지나버리기 전에 위기를 방지할 사회적 티핑포인트를 넘어서도록 더 서둘러야 한다. 이 점에서 프랑스 정치경제학자 엘루아 로랑(Éloi Laurent)의 두 전환에 대한 진단은 매우 정확한 것이다.

"정말 우리에게 불가피하고 이익도 된다지만 실제로 급하지도 않은 '디지털전환'은 우리 눈앞에서 매일 가속화되고 있다. 반면 종종 불가능 하다거나 비용이 엄청나게 든다고 하지만 우리 인간 종을 위한 지구의 우호적 환경이 유지될지 여부가 달려 있는 '생태전환'은 심각하게 지연 되고 있다. 우리는 여기에 대한 값비싼 대가를 치르게 될 것이다."[502]

2
두터워지는 '기술권'은
파괴된 지구를 대신할 수 있나?[503]

디지털전환과 생태전환의 장기 미래를 전망하면서 일부에서는 디지털 기술을 최대한 확장함으로써 비록 지구생태계가 일부 무너지더라도 인류를 지킬 수 있을지도 모른다고 기대한다. 폭염을 피하겠다며 첨단 냉방기기를 더 많이 도입하는 것처럼, 악화되는 기후재난과 그로 인해 열악해진 생태조건을 '더 많은 기술'과 '더 새로운 기술'로 대체해보자는 것이다. 어쩌면 이미 우리는 기존의 '생물권 안의 인류'에서 벗어나 현실 속에서 점점 더 '인공적 기술'에 의존하는 쪽으로 무한히 이동하고 있는지도 모른다. 그리고 이런 방향을 당연한 진보로 환영하거나 아니면 '불가피한 현실'로 받아들인다. 반대로 과도한 기술 의존에 대한 정당한 지적이나 비판은 과거로 돌아가려는 '퇴행'으로 낙인찍히는 경향이 있다.

특히 점점 더 시민들의 삶이 도시로 편입되면서 우리는 '생물권'의 존재와 접촉하고 연결하고 상호 의존한다는 느낌은 사라지고, 무수한 디지털 기기나 콘크리트와 철강에 둘러싸인 환경에서 일상을 살아간다. 숲과 강과 풀은 없고 완벽하게 인공적인 빌딩 숲만 가득 찬 도시들에서 살아가는 영화 속의 미래도시가 더 이상 낯설지 않다. 기후 대응이 실패한 미래에 이렇게 자연생태계를 인공적 기술이 완전히 대체함으로써 여전히 인류가 생존에 성공할 수도 있을까? 임계점까지 극대화된 디지털전환이 이런 식으로 기후와 생태 파국에 대한 최후 해결사가 될 수 있나?

이 수수께끼를 풀어내는 데 도움을 줄 중요한 개념이 하나 있다. 2024년 2월 고인이 된 미국 듀크대학교 지질학 명예교수 피터 하프 (Peter Haff)가 제안한 '기술권(technosphere)'이다. 기술권이라는 용어는 일찍이 러시아 지구화학자 블라디미르 베르나츠키(Vladimir Vernadsky)나 미국의 기술철학자 돈 아이디(Don Idhe) 등이 이미 사용했다. 하지만 지구 시스템을 이루는 수권, 대기권, 암석권, 생물권과 나란히 '기술권'을 '지질학적 패러다임'이라고 부르는 이야기 속에 선명히 위치 지은 것은 명백히 피터 하프다.[504] 그는 기술권을 "수권 및 생물권에 비견되는 상호 연결된 행성의 하위 시스템으로서 자체의 내생적 발전 법칙에 따라 작동하는, 일종의 비인간적 주체성과 목적을 가진" 영역으로 정의하고 이를 인류세 시대와 연결시켰다(그림 5-3 참조).

21세기를 살아가는 우리는 이미 현실 세계에서 더 이상 다른 동물처럼 지구생태계가 만들어준 환경 안에서만 살아갈 수 없으며, 복잡한 기술의 층(대지 위에 구축된 촘촘한 인공 교통망과 빌딩 숲, 세계를 연결한 통신망, 물류망, 각종 비즈니스 시설, 문화시설 등) 위에서 살아가고 있다. 이와 같은 21

세기 인류의 삶에 대해 피터 하프는 "인간은 기술의 매트릭스 안에 갇혔으며, 이제 거기에서 벗어나서는 살아남을 수 없는 역학"에 놓여 있다고 평가했다. 기술권에 의존한 현대인의 삶의 방식은 특히 21세기 디지털과 인공지능의 출현으로 그 정도가 심해졌는데, 그 결과 더 이상 인터넷도 스마트폰도 없는 삶은 마치 공기가 없고 물이 없는 세상이 되는 것 같은 공포를 느낄 정도가 되었다.

하프는 "기술이 제공하는 지원 구조와 서비스가 없다면 인류는 석기

그림 5-3 기존의 지구 시스템과 기술권

시대 기준인 천만 명을 넘지 않는 수준으로 빠르게 감소"할 것이라면서, 인간이 역사적으로 축적한 기술을 기반으로 생물권 위에 탑재한 기술권이, 지구생태계가 원래 제공하고 있는 대기권이나 수권, 생물권과 마찬가지로 이제는 현대 생활의 불가피한 일부가 되었다고 평가했다.[505]

한발 더 나아가 일부에서는 기술권을 넘어 디지털과 인공지능의 등장으로 '정보권(infosphere)'이라는 새로운 영역이 창출되었다는 주장도 나오고 있다. 예를 들어 기존 사이버 공간 개념과 차별화되는 정보권을 "모든 정보 존재자와 그 속성, 그 상호작용, 프로세스 및 상호관계로 구성된 전체 정보환경"이라고 규정하고, "오늘날 우리는 인포스피어라고 불리는 거대한 컴퓨터 안으로 들어와 있으며, 인포스피어와의 상호작용 또한 터치스크린, 음성 명령, 제스처 감지, 위치 데이터 등을 통한 신체적 방식으로 바뀌고" 있다고 주장하는 것이다. 나아가 "인포스피어는 생명체가 살아 숨쉬는 대기 환경처럼 인포그[506]로서의 인간이 디지털 문명의 일상적 생활을 영위하는 기술적 생태공간"이라고 말한다.[507] 하지만 정보권이라는 개념은 기존 지구 시스템의 수권, 대기권, 생물권, 그리고 기술권과의 차별성을 강조하는 데 집중한 나머지, 정보권이 어떻게 전통적인 지구의 물리적 시스템과 연결되어 있으며, 지구가 제공하는 에너지나 물질에 깊숙이 의존하고 있는지는 제대로 포착하지 못했다. 당연하게도 인류세와의 연결고리도 모호하다.

반면 피터 하프가 주장하는 기술권 개념은 "기술에 대한 더 깊고 성찰적인 접근 방식을 인류세 과학의 핵심으로 끌어들였다는 점뿐만 아니라, 초기 사상가들보다 기술의 물질적이고 에너지적인 측면에 더 집중했다는 점"에 특징이 있다.[508] 무슨 말인가? 기술권은 물리적 지구 시스템으로부터 질량, 정보, 에너지를 흡수하는 준자치구가 되어가고 있음과 동시에, 지구에 새로운 부담과 문제를 일으키는 요인이 되고 있다는 것이다. 다시 말하면 기술권은 전통적으로 인간이 의존해왔던 생물권과는 다른 고유한 인공적 실체이자 물리적 시스템일 뿐 아니라 여전히 지구 시스템으로부터 막대한 에너지와 물질을 의존하고 있고, 인간이 만들었지만 스스로 그것을 완전히 통제할 수 없는 문제를 안고 있다. 또한 기술권은 다른 생물권이나 자연의 시스템과 달리 재생과 순환 능력이 현저히 떨어진다. 지금의 인공지능과 디지털 기술의 급격한 확산도 바로 이 같은 기술권의 층을 더 두껍게 만들고 기술권에 내재한 문제를 더 심화시키는 방향으로 가게 만들 수 있다.

물론 현재 시점에서 누구도 온갖 기술적 장치와 도구를 던져버리고, 즉 기존의 기술권을 모두 걷어내고 다른 존재들처럼 생물권 위에서만 살아갈 수는 없을 것이다. 하지만 기술이 발생시킨 문제를 기술로 해결한다는 기존의 관성이 무한히 계속될 수 없음도 이제는 인정해야 한다. 다시 말해서 기술권에서 발생하는 문제들에 대해 기술권을 키워서 해결하기보다는, 기술권과 지구생태계의 다른 시스템(생물권, 대기권, 수권, 암석권 등)과의 공존과 균형을 어떻게 이룰 것인지로 초점을 옮김으로써, 기술권의 진화 방향이 지구 시스템과 충돌하지 않도록 조정하는 쪽으로 초점을 이동시켜야 한다는 것이다. 이것이 디지털전환과 생태전환을 장기적으로 고려할 때 가장 중요한 이슈다.

기술권 개념과 함께 디지털전환과 생태전환의 장기 전망에서 살펴봐야 할 또 하나의 주제가 남아있다. 기술권을 포함한 지구 시스템 전체가 갖는 복잡성을 어떻게 이해할 것인가이다. 환경경제학 같은 전통적인 접근법에서는 너무 쉽게 지구 시스템을 에너지와 원료를 공급받는 원료 창고, 또는 폐기물과 폐열을 버리는 폐기물 창고 정도로 간주하는 암묵적 경향이 있다.

하지만 지구생태계는 원료 창고도 폐기물 창고도 아니다. 수십억 년 동안 생명체들과 상호작용하면서 만들어진 고도로 균형 잡히고 서로 연결된 '복잡계 시스템'이다. 복잡계 안에서 안정된 균형을 이루도록 진화한 지구의 탄소순환 시스템의 균형이 과도한 온실가스 배출로 인해 무너지고 교란을 일으켜 인간과 생명체가 여기에 적응할 수 없게 된 것이 지금의 기후위기다. 이런 관점에서 보면, 최신의 디지털 혁신과 인공지능이 "토지 및 해양 경관을 보다 효과적으로 사용하고 환경 모니터링 역량을 강화하며 공급망의 투명성을 개선할 수도" 있지만, 동시에 복잡계로서의 생태 시스템에 미칠 수 있는 불확실한 충격을 다면적이고 심층적으로 고려해야 한다.[509]

한발 더 나아가 기존의 인간과 자연이라는 둘 사이의 상호작용을 넘어 인간-자연-기계(인공지능)의 상호작용이라는 더 다차원적인 관계까지를 고려해야 한다(그림 5-4 참조). 인공지능과 디지털 기술의 급격한 확산과 활용에 따라 "인간, 기계, 사회·생태 시스템 간의 연결성이 증가"하게 될 것이고, 이에 따라 전혀 예기치 못한 "식량, 에너지, 상품 생산 시스템과 같은 사회의 주요 부문 사이의 충돌로 인한 혼란 가능성"도 있기 때문이다. 물론 인공지능 등이 기후나 생태변화를 더 잘 예측해 농업 등에 도움을 줄 수도 있다. 하지만 기후위기로 인해 과거와는 차

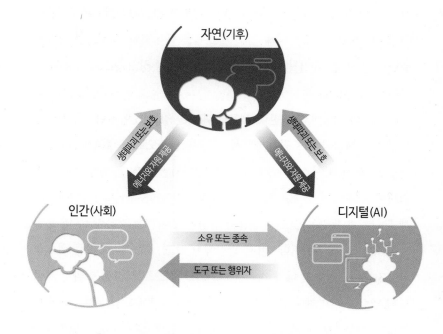

자연(기후)

생태파괴 또는 보호

에너지와 자원 제공

생태파괴 또는 보호

에너지와 자원 제공

인간(사회)

디지털(AI)

소유 또는 종속

도구 또는 행위자

그림 5-4 인간-자연-인공지능의 복잡한 상호관계

원이 전혀 다른 '미지의 영역'으로 진입한 상황을 인공지능이 파악하지 못하고, 과거의 생태학적 조건에서 축적된 데이터로 학습한 인공지능 시스템이 엉뚱한 예측이나 제안을 내놓을 가능성 역시 커진다. 한마디로 알고리즘 편향이 사람에 대해서뿐 아니라 생태계에 대해서도 발생할 수 있는 것이다.[510]

또한 인공지능 기술 등을 추가했을 때 시스템이 점점 더 중첩되고 복잡해지면서 '예기치 않은 충격'을 불러올 수 있다는 점 역시 기존에는 충분히 생각하지 않는 이슈다. 나아가 대체로 디지털 기술은 경제적

'효율성'을 극대화하도록 활용되었는데, "특정 작물 등 소량의 재화를 효율적으로 생산하기 위해 시스템 성능을 최적화하려고 하면 장기적으로 전체 시스템의 기능과 복원력이 약화되는 경우가 많다"는 점도 감안해야 한다. 예를 들어 "전 세계의 산업적 농업 상황은 현재 일부 작물의 높은 수확량을 창출하지만 생물다양성, 경관, 기후 또는 홍수 조절 등 사회가 중요하게 여기는 다른 많은 생태계 서비스의 감소를 초래"할 수 있다. 이처럼 디지털 기술의 효율성 추구가 생태계의 복원력 논리와 서로 충돌할 수 있다는 점도 중요한 이슈다.[511]

물론 "디지털이 뜨면 자연은 쇠락한다(Digital rises, nature declines)"는 식으로 상황을 극단적으로 해석할 필요는 없다.[512] 하지만 디지털전환의 가속화와 인공지능의 부상이 지구생태계와 환경에 미치는 영향은 과거와 차원이 달라지고 있기에 이를 포착하고 대처하는 방법도 분명히 달라져야 한다. 대부분 도시에 거주하는 현대인들은 일상에서 '생물권'에 둘러싸여 살기보다는 디지털로 채워진 '기술권'에 매일의 일상을 의존하고 있다. 그리고 매일 공짜로 이용하는 많은 디지털 서비스에 익숙해져 그 수요를 줄여야 한다는 감각은 무뎌진 상태다. 여기에 더해 인공지능 이용이 증가하며 기술 복잡성이 증대하고 있지만 그것이 불러올 불확실한 생태적 영향은 잘 인지하지 못하고 있다.

3
지구생태계 한계 안에서의
디지털과 인공지능

더 강력하고 고도하며 첨단의 기술권 구축에 성공했다고 해도 점점 취약해지는 지구생태계를 대체할 수는 없으며, 오히려 지구생태계라는 복잡계에 예기치 못한 나비효과를 초래할 위험마저 크다는 점을 앞서 확인했다. 그러면 이제 디지털전환과 인공지능 혁신을 근본적으로 제약하는 지구생태계의 한계에 대해 큰 틀에서 다시 확인해보자. 이 이슈를 원칙적으로 다루려면 기술과 환경에 대한 서로 다른 경제학적 접근법을 서로 비교해봐야 한다. 접근법에 따라서 디지털(기술)과 환경(생태) 사이의 안정된 상호의존 관계를 정의하는 방식이 완전히 다르기 때문이다.[*]

우선 전통적인 환경경제학(그리고 자원경제학)은 경제활동으로 인한 환경파괴가 부정적 외부성(negative externality)으로 인한 가장 큰 '시장실패'라고 간주한다. 여기서 외부성이란 생산활동 과정에서 일부 비용이

---

[*] 1부 마지막에 인공지능과 기후의 관계를 다루면서 짧게 언급했지만, 여기서는 폭을 넓혀 환경경제학과 생태경제학이 접근하는 관점의 차이를 비교해보면서 포괄적으로 다시 다룬다.

나 이익이 시장 밖으로 흘러나가 시장가격이 포착하지 못하는 현상을 경제학 개념으로 설명한 것이다. 환경파괴나 기후위기는 시장이 잘 작동하지 않아서 생긴 문제라는 것인데, 환경적 피해(시장실패)를 교정하는 방법은 오염을 발생시킨 경제활동에 정부가 세금(예를들어 탄소가격)을 매겨 비용을 가격에 반영하는 것이다.

그러면 어떤 일이 벌어질까? 일단 온실가스를 많이 배출하며 생산한 상품 가격이 올라간다. 그러면 소비자들은 가격이 오른 '탄소 집약적 상품'을 적게 사용하려 할 것이고 시장에서 수요가 줄어들 것이다. 생산자(기업)는 매출과 수익이 떨어지고 경쟁력을 상실할 위기에 처하므로 "저탄소 기술로 이전하여 자신의 비용을 낮추고 수익을 높이도록" 경영전략을 바꿀 것이다. 한편 발명가들과 혁신가들은 "저탄소 제품과 공정을 개발하고 도입"하려고 기술혁신에 힘쓸 것이고 최종적으로 세상은 '저탄소 생산과 소비' 경제로 변화되어 기후위기도 사라질 것이다. 이것이 환경경제학의 논리다.[513] 이 과정에서 에너지 사용 총량 규제나 사회제도 변화, 소비패턴 변화를 시도하려고 애쓸 필요는 없다. 생산자와 소비자가 시장의 가격신호에 따라 자율적으로 태도를 바꾼 결과, 결정적으로 에너지와 자원을 더 '효율적'으로 쓰도록 디지털이나 인공지능과 같은 기술혁신을 이루게 된다. '시장 가격'의 변화로 '기술혁신'에 성공하면 기후위기는 해결된다고 과감히 요약할 수 있다.

하지만 환경경제학과 달리 1960년대 말부터 틀이 형성되기 시작한 대안적인 생태경제학은 경제활동으로 인한 환경파괴를 '시장실패'로 보지 않는다. 경제활동에서 발생할 수 있는 환경파괴 행위가 개별 제품의 생산과정에서 가격신호가 작동하지 않아 생긴 '미시적 문제'가 아니라 경제 전체의 문제, 즉 '거시경제'적 경제 규모가 지구 한계를 초과한 문제로 판단하기 때문이다.[514] 왜 그럴까? 지구가 제공하는 화석연료와 물질, 공기와 대지, 물 등에 경제가 전적으로 의존하고 있다는 확고한 인식이 생태경제학의 대전제다. 따라서 경제 과정이란 먼저 지구 시스템으로부터 에너지와 물질을 공급받아야만 비로소 시작될 수 있고, 또 생산과 소비에서 발생한 폐기물과 폐열을 유한한 지구 시스템으로 내보냄으로써 완결된다고 생태경제학은 설명한다. 요약하면 생산과 소비는 오직 유한한 지구생태계가 지우는 한계 안에서만 제대로 작동할 수 있는 것이다.[515]

이에 대해 원로 생태경제학자 호안 마르티네스 알리에르(Joan Martínez Allière)는, "경제는 물리적이고 사회적인 현실 안에 내재되어 있다. 따라서 경제는 독립된 순환체계로 분석될 수 없다. 열린계인 경제는 반드시 외부(자연과 사회)와의 물질/에너지 흐름과 사회적 작용을 고려해야 한다. 특히 모든 경제활동은 외부의 엔트로피를 증가시키는 비순환적 과정을 동반한다"고 요약했다.[516] 생태적인 관점을 유지했던 정치사상가 더글러스 러미스(Douglas Lummis) 역시 다음과 같이 주장했다. "경제 제도, 즉 생산수단, 생산의 제관계는 절대적, 근원적으로 환경에 종속되어 있습니다. 환경이 바뀌면 경제 제도의 하부구조는 틀림없이 바뀝니다. 환경이 파괴되면 경제 제도도 파괴됩니다. 아무리 자연환경을 무시하고자 해도 인간이 생물인 이상 그 영향으로부터 벗어날 수 없습니다. 그렇게 되면 아무리 극단적인 무관심 혹은 현실도피형 인간이라도 자신의 삶의 방식을 바꾸지 않고서는 살아갈 수가 없습니다.

그 변화가 곧 반드시 일어납니다."[517]

따라서 생태경제학은 지구생태계가 감당할 수 있는 수용 능력을 추정한 후에, 그에 적당한 정도의 물질량과 에너지 범위를 정해서(생태경제학이 말하는 처리량의 한계), 그 범위 안에서 경제활동을 하도록 요구한다. '사후적으로' 시장 가격을 통해 교정하는 것이 아니라, '사전적으로' 물질량 단위로 측정해서 생태파괴를 예방하는 것이다. 물론 여기서 기술혁신이 경제에 투입되는 에너지와 자원을 더 효율적으로 이용할 수 있게 도울 수 있다. 하지만 기술혁신이 지구에서 공급받는 에너지와 자원 사용 자체를 없앨 수는 없다. 그러면 정말 현재 인간의 경제 규모가 지구생태계를 위협할 만큼 팽창했을까? 지금 직면하고 있는 기후위기는 한 치의 망설임도 없이 그렇다고 대답한다.[518] 앞서 확인한 것처럼 지구생태계의 여러 영역에서 위기의 티핑포인트를 넘어가고 있기 때문이다.

환경경제학과 생태경제학의 관점을 인공지능과 디지털 분야에 투영하면 어떤 차이를 보일까? 환경경제학은 디지털 영역을 기본적으로 무한 확장하면서 그 과정에서 부정적 측면을 줄여보려는 길을 선택할 가능성이 높다. 즉, 디지털 기술이 초래할 사회적 비용을 가격 메커니즘에 반영시키고 이 효과로 생긴 기술혁신을 통해 부정적인 측면을 통제하려 할 것이다. '더 많은 기술, 더 새로운 기술'이라는 해법에 초점을 맞춘다는 것이다.[519] 반면 디지털 기술 확대와 팽창에는 한계를 두지 않는다. 인간 경제활동 규모를 감당할 생태계 '수용 능력'의 한계를 고려해야 한다는 감각이 없기 때문이다.

반면, 생태경제학은 "위태로운 한계에 근접하면 비용–편익 분석은 웃

음거리일 뿐이다. 이때 중요한 것은 한계를 넘지 말아야 한다는 사실뿐"이라고 강하게 비판한다.[520] 경제학자 데니스 메도스(Dennis Medows)는 "기술이 물리적 희소성 문제를 모두 해결할 마법의 능력을 가진다고 믿는다면, 혹은 신성한 존재가 우리를 모든 광기로부터 구원하기 위해 지구에 내려올 것이라고 상상한다면, 당신은 물리적 한계에 대한 질문에는 완전히 무관심한 셈"이라고 지적한다.[521] 결국 생태경제학은 생태적으로 안전한 물질적 경계영역을 설정하고 디지털 기술과 디지털 산업이 여기에 적응되도록 조정하며, 그 결과 더 복잡한 혁신을 촉발할 수도 있지만 더 검소한 디지털, 더 단순한 디지털의 진화로 이어질 가능성 역시 배제하지 말아야 한다고 주장한다.

이 대목에서 (인공지능 지원을 위한 데이터센터 전력수요가 20%까지 폭증하여 국가적인 문제로 번진) 아일랜드의 환경부 장관인 이먼 라이언(Eamon Ryan)의 지적은 생태경제학의 관점을 가장 적절히 대변한다. 그는 2024년 9월 24일 파이낸셜 타임스와의 인터뷰에서, 인공지능 개발 역시 "우리가 약속한 기후한계 안에서(within the climate limits) 작동해야 하고, 전력의 안정적 공급이 가능한 전력망 안에서 작동해야" 한다고 분명하게 말하고 있다. 생태경제 원칙에 따라서 인공지능과 기후의 관계를 이토록 잘 압축한 관료는 아직 없다.[522]

4
한국 사회의 미래
: 인공지능과 기후 대응 사이에서

이제 이 책 전체를 요약하며 결론을 지을 차례다. 글을 시작하면서 디지털전환과 생태전환이라는 거대한 두 힘이 우리 사회와 시민 삶의 미래를 결정할 가장 큰 요인이 되리라 전망했다. 하지만 유럽 등의 일부 예외를 제외하면 사회적 공론장이나 정책 영역에서 두 전환을 각자 별개로 다루고 있고 한국에서 이 경향은 유독 심각하다. 이 책을 쓰게 된 문제의식이 닿은 지점이다.

이 책을 시작하며 가장 먼저 기존의 연구와 자료 분석을 통해 과연 디지털전환이 어떻게 생태전환에 영향을 주고 있는지를 확인하려 했다. 특히 디지털전환의 첨단에 있는 인공지능이 기후에 미치는 영향에 초점을 맞췄다. 분석 결과 디지털전환과 인공지능 확산이 기후와 생태에 긍정적인 영향을 줄 수 있다는 견해가 압도적으로 지배하고 있지만, 못지않게 부정적인 충격을 줄 개연성도 크다는 사실이 확인되었다. 이를 통해 디지털전환이 그 자체로 생태전환에 긍정적인 영향만 준다고 보장할 수는 없으며, 만약 무절제한 디지털 확대로 인해 지구생태계에 미칠 유해성이 적절히 규제되지 않는다면, 오히려 생태전환을 방해하고 지체시킬 수도 있음을 유의해야 한다고 결론지었다. 특히 인공지능의 폭발적 확산 지원을 위해 빠르게 증설되고 있는 데이터센터가 에너지 공급에 상당한 부담을 주고, 심지어 에너지전환을 지체시키는 데서 이런 우려는 이미 현실화하고 있다.

이어서 2부에서는 구체적으로 한국 사회가 두 전환을 어떻게 수행하고 있으며 다른 국가들과 비교하여 어떤 특징이 있는지 살펴보았다. 기존의 다양한 글로벌 성과측정지수를 이용해서 179개 국가의 위치를 디지털-생태 매트릭스에 분포시켜 본 결과, 한국은 최첨단 '디지털 사회'인 반면에 생태전환의 진도는 매우 느린 지극히 예외적인 국가임을 확인했다. 정부와 기업을 포함해서 사회 전체가 대체로 디지털전환 쪽으로 과도하게 편향되어 있는데, 유사한 사례인 미국과 이스라엘, 싱가폴과 비교해도 한국의 편향은 두드러졌다.

반면 독일, 영국, 네덜란드, 오스트리아 등 유럽의 주요 국가들은 한국만큼 디지털화가 진전된 것은 아니지만 생태전환은 한국보다 훨씬 성과가 높아 이미 '저탄소 사회'로 방향을 잡고 있었다. 더욱이 북유럽의 덴마크는 디지털전환과 생태전환을 모두 높은 수준으로 진전시켜 '디지털-생태적 성숙에 접근한 사회'를 향하고 있었고 핀란드와 스웨덴 역시 상당히 안정적으로 유사한 길을 걷고 있다. 만약 높은 수준의 디지털전환이 자동적으로 높은 수준의 생태전환으로 이어질 수 없다면, 한국처럼 굳어진 디지털 편향은 시장 메커니즘 안에서 자동으로 교정되지 않을 것이고 정부의 의도적인 정책개입이 필요해진다.

이처럼 디지털 편향으로 기울어진 한국 사회는, 2020년 코로나19 팬데믹 이후 회복과정에서 두 전환의 균형을 이룰 중대한 기회를 갖게 되었다. 정부가 한국판 뉴딜이라는 경제 회복 패키지 안에 디지털뉴딜과 그린뉴딜을 통합하여 운영함으로써 두 전환의 균형과 상호 선순환을 실현하면서 코로나19 이후 사회의 방향전환 기회를 만들 수 있었기 때문이다. 하지만 2020~2023년 4년 기간 동안 실제 정부가 시행한 정책과 국정운영은 두 전환의 균형에 기여하지 못하고 오히려 불균형을 심화시키는 방향으로 움직였으며, 2022년 정권이 바뀌면서 이 추세는 더 강화되었다.

같은 시기 온실가스 배출량이 많은 한국의 글로벌 대기업은 4년이라는 짧은 시간 동안 36개 주요 기업이 대거 RE100에 가입하는 등 외형적으로는 생태전환에 높은 관심을 기울였다. 그런데 RE100 가입 기업을 전수 조사하여 교차분석한 결과, 한국 기업은 유럽과 북미 기업은 물론 여타 아시아 기업에 비해 RE100 목표 달성 시기를 2040~2050년으로 과도하게 늦춰 잡는 등 실제로는 생태전환의 의지가 상대적으로 낮았음을 확인했다. 다행스러운 점은 시민들이 한국 사회의 '디지털 편향-생태지체'라는 불균형을 잘 인지하고 있다는 사실이며, 또한 두 전환의 균형이 필요하다고 생각한다는 것이다.

그러면 디지털과 인공지능 편향으로 기울어진 불균형을 우리 사회가 어떻게 바로잡고 디지털전환과 생태전환을 함께 균형적으로 추구해나갈 수 있을까? 3부에서는 개념 수준이 아니라 현실 수준에서 글로벌 디지털전환으로 가는 세 가지 경로로서, ①미국으로 대표되는 시장주도 모델, ②중국의 국가주도 모델, 그리고 ③유럽의 정책기조를 반영한 권리주도 모델을 제시한 미국의 법학자 아누 브래드포드의 아이디어를 생태전환으로 확장하여 중요한 시사점을 얻을 수 있었다.

세 모델과 우리나라를 비교해보면, 한국은 시장주도 모델을 주도해온 미국보다도 더 심한 시장의존형 전환패턴을 보였던 반면, 녹색산업정책을 주도하는 중국 모델의 장점이나 시민의 권리와 안전을 중시하는 유럽 규제모델의 장점을 지나치게 외면하고 있다. 글로벌 세 모델이 디지털 규제 강화, 녹색산업정책 경쟁, 시민의 권리 보호 등으로 수렴하는 경향이 있다는 사실에 주목하고 우리 사회가 지금이라도 이런 추세를 적극적으로 참조해야 디지털 편향에서 탈출할 수 있다.

다음으로 4부를 통해 우리사회가 '디지털 편향'과 '생태적 지체' 상태에서 벗어나기 위한 대표적인 정책 수단으로서 디지털 독점규제, 인공지능(과 가상자산)의 생태적 영향 통제, 그리고 녹색산업정책 도입을 적극적으로 고려해야 한다고 강조했다. 우선 두 전환의 방향을 결정하는 가장 중요한 요인은 권력관계인데 무엇보다 디지털 권력을 견제하는 독점규제가 필요하다. 디지털 독점규제는 유럽이 선도했으나 현재 미국과 중국도 빠르게 유럽 모델로 접근하고 있는 중이다. 한국은 독과점 디지털 플랫폼 국내 기업이 존재하는 드문 나라이고 독과점 횡포가 뚜렷이 드러났는데도 아직 규제 체제가 없다. 유럽의 디지털시장법을 차용하여 준비했던 '플랫폼 공정경쟁 촉진법'도 2024년 9월 중단되었다.

최근 디지털전환의 강력한 드라이버로 떠오른 인공지능의 사회·생태적 위험성을 예방하려는 규제표준을 세우는 정책 역시 긴급하다. 이 분야 역시 유럽의 인공지능법이 선도하고 미국과 중국이 뒤늦게 합류하고 있다. 다만 유럽의 인공지능법(그리고 가상자산법)조차 아직은 생태적 유해성을 제어하는 내용이 상당히 취약하다는 점을 고려해야 하는데, 한국의 인공지능 기본법은 아예 유럽 인공지능법에도 미치지 못하고 있어 개정이 시급하다.

한편 지체된 생태전환을 적극적으로 추진할 가장 주목받는 정책으로서 '녹색산업정책'이 중국을 넘어 미국(IRA)과 유럽(유럽 녹색산업계획과 넷제로산업법), 그리고 일본, 영국, 프랑스 등에서 경쟁적으로 도입되는 새로운 글로벌 국면이 열리고 있다. 과거 산업정책에 힘입어 빠른 산업화에 성공하고 세계 최고의 제조업 강국 반열에 오른 한국은, 정작 새로운 녹색산업 경쟁이 글로벌 수준으로 확산되는 상황에서 고작 미국 IRA 보조금 혜택을 얻으려는 로비에만 분주할 뿐 독자적인 녹색산업정

그림 5-5 쌍둥이전환의 균형 회복을 위한 핵심 정책

책 도입 소식은 없다. 우리 사회는 기후 대응과 생태전환을 위해, 더 나아가서는 산업 경쟁력을 위해서라도 녹색산업정책 도입을 절박하게 고려해야 한다(그림 5-5 참조).

* * *

역사적으로 한국은 웹 2.0, 스마트폰, 공유경제, 스마트도시, 가상코인과 4차 산업혁명, 그리고 인공지능에 이르기까지 21세기 사반세기 동안 최첨단 디지털전환 속도에서 뒤처지지 않으려고 온갖 노력을 기울인 끝에 세계 최고 수준의 디지털화를 달성했다. 그 결과 디지털은 우리 일상과 사회의 여러 방면에 크고 작은 편의를 제공하고 삶을 더 풍부하게 해주었다. 최고 수준의 국제 경쟁력을 가진 반도체와 디지털 산업도 구축되었고, 세계에서 드물게 독자적인 디지털 플랫폼 비즈니스도 여럿 운영되고 있다.

하지만 좀 더 넓은 시야에서 보면, 고도의 디지털전환으로 불평등이 줄어들지는 않았으며 오히려 불안정한 플랫폼노동이나 디지털 미세노동의 양산으로 고용 격차와 소득 격차를 키우기도 했다. 또한 디지털이 뒷받침한 가상코인 시장은 자산투기와 금융 거품을 키우는 데 일조하기도 했다. 그 사이 기후 대응을 위한 생태전환 속도는 심각하게 지체되어 한국은 OECD 국가 가운데 1인당 온실가스 배출이 가장 높은 그룹에 속하고 1인당 에너지 소비도 가장 많은 편이다. 반면 재생에너지 비중은 가장 낮다. 만약 한국 정부가 앞으로도 과도한 디지털 팽창으로 인한 사회·생태적 악영향 규제에도 소극적이고, 과소한 생태전환 현실을 외면하는 관성을 바꾸지 않는다면, 현재의 '디지털 편향, 생태지체' 상태를 더욱 고착시킬 가능성이 높다. 그리고 그만큼 '디지털-생태 성숙사회'로 가는 길은 좁아질 수밖에 없다.

지금까지 분석한 것처럼 최소한의 대안은 이미 현실 사회들에서 발견할 수 있다. 글로벌 차원에서 시장주도 모델과 국가주도 모델, 그리고 권리주도 모델이 서로의 장점을 흡수하면서 두 전환의 균형을 찾아 수렴하는 상황에서, 우리 사회의 방향전환을 위한 단서를 찾을 수 있기 때문이다. 특히 현재 한국의 정책 방향보다 나름 성과가 좋은 유럽의 '권리주도 모델'은 하나의 참조 모델이 될 수 있다. 물론 유럽 모델 역시 한계가 분명하다. 인공지능 위험성 목록에서 생태파괴는 여전히 부차적으로만 고려되고 있다든지, 녹색산업정책 지향을 분명히 해온 유럽 그린딜이 여전히 성장주의를 고집하는 점 등이 대표적인 증거다. 때문에 장기적으로는 유럽 경험을 뛰어넘어 생태 파괴적 성장주의 정책을 성찰하고 생태한계 안에서 디지털과 인공지능 혁신이 작동하도록 새로운 전략을 짜야 한다. 물론 세계은행의 표현대로 "녹색과 디지털을 연계하는 정책은 대부분 정부에게 미지의 영역"이고 한국도 마찬가지다.[523] 하지만 한 세대 이상의 미래를 열어갈 중대한 과제인 만큼 창조적인 상상력을 발휘하여 두 전환의 균형을 향해 가야 한다.

마지막으로 남는 과제가 있다. 이 책은 원칙적으로는 디지털전환과 생태전환이 쌍둥이전환으로 통합되어 서로 선순환하는 방안을 모색했지만, 대체로 (먼저 진행된) 디지털전환이 (뒤따르고 있는) 생태전환에 긍정적인 역할을 할 수 있을지에 초점을 맞췄다. 그런데 두 전환의 상호작용을 넘어서, 두 전환이 함께 다른 제3의 사회적 요인에 미칠 영향은 어떻게 분석하고 평가해야 할까?

예를 들어 두 전환이 동시에 노동과 사회적 불평등에 영향을 주는 경우를 생각해보자. 이미 디지털전환이 불안정한 플랫폼노동 양산 등으로 고용 격차와 소득 격차를 확대하는 상황에서, 생태전환 역시 정의롭지 못한 방식으로 추진되어 일자리 상실과 지역경제 악화를 동반할 수 있다. 지금까지 디지털전환 과정에는 '정의로운 전환'이라는 개념을 사용하지 않았지만, 디지털전환 과정에서 대규모로 양산되는 불안정한 플랫폼노동 보호를 고려하려는 노력 등도 '정의로운 디지털전환'으로 해석한다면 쌍둥이전환에 대한 정의로운 전환 방안을 모색할 수 있다. 그렇다면 두 전환을 모두 정의롭게 추진하여 전환에서 발생하는 격차와 불평등 심화를 방어하고 평등화의 계기로 작용하도록 어떻게 만들수 있을까? 두 전환 사이의 선순환뿐 아니라 두 전환이 결합하여 노동과 불평등에 미칠 선순환을 모색하는 고차원 방정식이 필요하다.

마찬가지로 두 전환은 각각 또는 통합하여 민주주의 발전에 일정한 영향을 줄 수 있다. 이미 디지털전환은 더 많은 수평적 민주주의를 증진할 것이라는 애초의 약속을 뒤엎고 허위정보 유포와 반향실 효과 등을 통해 공론장의 분열을 초래하는 상황을 우리는 지켜보고 있다. 동시에 비상사태 상황까지 이른 기후위기와 생태위기 대응에 민주주의가 더 강력한 힘을 발휘할지 아니면 오히려 중국과 같은 권위주의가 효과적일지를 두고 일부에서 이슈가 제기되는 상황도 만들어지고 있다. 과연 두 전환은 민주주의와 어떻게 선순환할 수 있을까? 왜 하필 두 전환의 결정적 시점인 21세기 전반기에 민주주의가 오히려 약화되고 유럽과 미국은 물론 한국 사회까지 우익 포퓰리즘의 기세가 확산되고 있을까? 이 또한 해명해야 할 어려운 과제다. 두 전환 사이의 선순환 전략에 대한 실마리가 풀리면 그다음에 본격적으로 두 전환과 제3의 요인(불평등과 민주주의, 사회복지, 인구변화, 글로벌 질서 등)의 선순환을 가능하게 만들 해법을 찾는 단계로 나가야 한다고 생각한다.

여전히 한국 사회의 미래는 열려있다. 우리의 삶에 점점 더 깊숙이 들어오고 있는 디지털과 인공지능 혁신의 이점을 충분히 누리면서도, 이들이 시민권 약화, 사회적 불평등, 민주주의 침식, 그리고 기후위기와 생태파괴로 귀결되지 않고 지구생태계의 한계 안에서 작동하도록 만들 수 있다. 디지털전환의 특이점이 사회적, 생태적 비극으로 끝나지 않게 할 수 있으며, 기후와 생태의 티핑포인트를 넘기 전에 생태적으로 안전한 사회적 티핑포인트에 도달할 수 있다. 다만 두 전환이 특이점과 티핑포인트를 넘기 전에 시민들의 지혜를 모아 우리의 길을 찾아야 한다.

감사의 말

뉴스가 매일 폭포처럼 쏟아지는 '인공지능과 기후'라는 복잡한 주제를 개인이 다룬다는 건 솔직히 고달픈 일이다. 집필 기간 동안 녹색전환연구소와 여러 방면으로 협업하면서 연구원들과 토론하고 대화할 수 있었던 덕분에 고달픔을 좀 덜어낼 수 있었다. 이상헌 이사장, 이유진 소장, 지현영 부소장을 포함하여 모든 연구원께 감사드린다. 특히 연구소 경제전환팀과 이 주제로 세미나를 하기도 했고, 2024년 11월 〈민주주의 랩 컨퍼런스〉에서는 책 주제와 관련된 토론회를 열어 의견을 들을 수 있었다. 연구소에서 인공지능의 기후 영향 연구책임을 맡은 강민영 연구원과 다양한 의견을 나눈 것도 도움이 되었다.

2024년 내내 〈매일노동뉴스〉와 〈소셜코리아〉 언론매체와 잡지 〈문화과학〉지를 통해 여러 차례 인공지능과 기후를 주제로 기고하면서 생각을 다듬는 데 도움을 받았다. 그리고 2024년 10월 산업노동학회에서 '생태경제학적 관점에서 본 이중적 산업전환의 상호영향'을 발표하고 토론 의견을 들었던 경험도 책에 반영되었다.

대기과학자 조천호 박사, 이노소셜랩 서진석 연구위원, 사회적금융

연구원 문진수 연구원장, 한국노동연구원 이정희 연구원, 녹색연합 박항주 전문위원 등이 원고를 읽고 더없이 소중한 조언도 남겨주신 덕분에 실수를 줄이고 좀 더 나은 책이 되었다. 감사드린다.

나처럼 독립연구자는 SNS를 매개로 다양한 전문가나 정책가들과 연결되어 그들의 주장을 읽고 의견을 듣는 것이 의외로 연구에 많은 도움이 된다. 일일이 감사의 인사를 드릴 수는 없지만 정말 도움이 되었다고 말하고 싶다. 그리고 나는 비록 이 책 전체를 통해 생태한계를 고려하지 않는 무분별한 인공지능의 팽창을 경고하고 있지만, 이 글을 쓰면서 다양한 인공지능 앱의 소소한 도움을 받은 사실을 인정하지 않을 수 없다. 매일 아침 운동으로 심학산 자락을 한 시간 이상 걷는데, 혼자 산길을 오르내리면서 사람이 아니라 인공지능과 대화하고 인공지능에게 녹음시키고 번역시키고 자료 찾으라고 하면서 내 생각을 정리하곤 했다.

무엇보다 이 책은 학위논문 '한국 사회에서 디지털전환과 생태전환의 균형회복을 위한 정부 역할'을 기본 골격으로 하여 대중서로 재구성하고 최신 정보를 풍부하게 덧붙여서 완성한 것이다. 책의 틀이 어느 정도 견고하다면 그건 순전히 논문을 지도하고 심사해주셨던 김동춘, 박경태, 유철규, 박상희, 이상헌 교수님 덕분이다. 감사드린다.

이번에도 나의 딱딱한 이야기를 기꺼이 책으로 멋지게 만들어준 착한책가게의 전광철 대표님과 출판사 분들께도 감사드린다. 아울러 이 책에 담긴 아내와 두 딸 김민재, 김연우의 격려와 지원을 잊지 않고 있음을 밝힌다.

별첨 1

디지털전환과 생태전환 측정 방법

1) 두 전환의 진전 수준 평가방법

국제기구를 포함해서 많은 공적 기관들이 주요 국가들의 디지털전환과 생태전환(또는 사회의 지속가능성) 수준을 절대적으로 또는 상대적으로 비교하고 측정해왔다. 이 책은 이들 통계 데이터를 활용하여 전 세계 국가들의 두 전환 진전 수준을 평가하고 이를 '쌍둥이전환 매트릭스'에 투영시키려 했다.

다양한 기관들이 다양한 기준에 따라서 두 전환 각각에 대한 측정지표를 개발해왔고 각각 서로 다른 장점이 있지만, 가장 많은 나라를 포괄하면서도 신뢰성 있는 측정자료를 기준으로 매트릭스에 표시했다. 다만 객관성을 보완하기 위해 디지털전환과 생태전환 각각에 대해 3개의 추가 통계 데이터를 참조했다. 매트릭스에 분포된 국가들의 상대적 위치를 표시한 후에, 주요 국가들에 대해 디지털 성숙도와 생태적 성숙도에 따라 3개 그룹으로 유형화를 시도했다. 그 결과 한국이 과연 디지털전환에 기울어져 있는지, 기울어져 있다면 얼마나 편향되어 있는지를 분석하고자 했다.

디지털전환과 생태전환(또는 녹색전환, 지속가능성) 각각의 진전 정도를 국가별로 상대 비교하여 조사하고 지수화한 사례는 꽤 다양하다. 문제는 두 전환을 통합적으로 비교한 사례가 적다는 것이다. 따라서 일단 디지털전환과 생태전환 각각에 대해서 성과를 측정한 결과를 기존 자료들을 검토한 후 이를 결합해보았다.

우선 디지털전환 성과를 측정한 사례를 알아보았다. 첫째로, 스위스 국제경영개발대학원(Institute for Management Development; IMD) 세계경쟁력센터가 2023년 기준으로 64개국을 평가한 '디지털 경쟁력 순위(Digital Competitiveness Ranking)'가 있다. 디지털 지식, 기술, 미래 대비라는 3가지 요소를 단순 평균한 것으로 순위를 매기게 된다. 3가지 요소는 다시 "9개의 하위 요인으로 세분되어 총 54개의 기준으로 구성되며, 객관 데이터와 경영진의 설문조사 응답을 통해 정량화"된다는 것이 IMD의 설명이다. IMD가 2023년 평가한 순위에 따르면 미국이 1위이고 한국은 6위로 매우 높았는데 2021년 12위에서 상승한 것이다. 즉 한국은 코로나19 이후 디지털 경쟁력이 상대적으로 빠르게 올라갔다는 것이다. 영국은 20, 독일 23, 프랑스 27, 일본 32위였다. 그런데 이 순위는 점수화하지 않고 순위만 매겨졌고 정부의 역할에 초점을 맞춰 평가하지는 않았다(IMD 2023).

둘째 디지털 성과지수로서 글로벌파이낸스(Global Finance) 매거진이 65개국을 대상으로 2023년 12월 평가한 기술 선진국 순위가 있다. 이 순위는 "기술 역량과 해당 기술에 대한 국민들의 숙련도"를 나타내는데, 평가 방법은 인구 대비 인터넷 사용자 수와 인구 대비 LTE(4G) 사용자 수, 그리고 여기에 IMD 세계경쟁력센터에서 집계한 디지털 경쟁력 순위를 더하고, 마지막으로 GDP에서 연구개발(R&D)에 지출되는 비중을 포함해서 종합점수를 매긴다. 한국(종합점수 6.63)은 이 순위에서 2위인 미국(4.94)을 제치고 압도적 점수로 1위를 차지했다.

셋째로, OECD가 2023년에 33개 회원국(그리고 4개 가입국 및 1개 파트너 국가)의 정부 고위급 디지털 정책 관계자들을 대상으로 한 설문조사를 토대로 종합점수를 부여한 '디지털정부지수(Digital Government Index; DGI)'가 있다. 2020년 1월 1일부터 2022년 10월 31일까지의 기간 동안, 각국 정부가 데이터와 기술을 활용하여 정부와 공공부문 디지털 혁신을 제공하는 데 필요한 기반을 어느 정도 갖추고 있는지를 가장 정밀하게 평가한 최신의 자료인데, 아쉽게도 독일, 그리스, 슬로바키아, 스위스, 미국 데이터가 빠졌다(OECD 2024:8-9). 이 데이터는 한국(종합점수 0.935), 덴마크(0.811), 영국(0.775) 순으로 최고 순위 결과가 나와 있다. 이외에 세계은행도 〈디지털 진보 트렌드 보고서 2023〉을 내서 국가 간 비교하지만, 종합점수를 산출하여 국가 사이의 순위를 정하지는 않았다(World Bank Group, 2024a). 유엔환경계획(UNEP) 역시 2022년 디지털 전환지표(Digital Transformation Indicator)의 기준을 제시하고는 있지만 국가별 점수를 산정하지는 않았다(UNEP 2022).

이 책에서는 193개국이라는 가장 많은 나라들을 포괄하면서도, 코로나19 이후의 2022년 상황까지 정부의 디지털화 노력을 반영한 유엔의 '전자정부 발전지수(E-Government Development Index; EGDI)'를 기본으로 각 국가의 디지털전환 정도를 상대 비교해 보았다(UN 2022). 이 지수는 ①온라인 서비스의 범위와 품질(온라인서비스지수, OSI), ②통신 인프라의 발전 상태(통신인프라지수, TII), ③ 내부 인적자본(인적자본지수, HCI)이라는 세 가지 정규화된 점수를 가중 평균하여 각국 정부의 상대적인 성과를 측정했다. 이 책은 디지털-생태전환 매트릭스에서 디지털전환 기본지수를 유엔의 EGDI로 하고 앞서 언급한 IMD 랭킹, GF 스코어, 그리고 OECD DGI를 보조적으로 참고했다.

이번에는 생태전환 진전의 성과를 측정한 사례를 살펴보겠다. 첫째로, OECD에서 측정하는 '환경정책 엄격성지수(Environmental Policy Stringency index:EPS)'가 있는데, 오염이나 환경 악화에 대해 정부가 부과하는 명시적 또는 암묵적인 부담 정도에 따라 측정한다. 문제는 측정 대상이 28개국으로 한정된 데다가 정보 업데이트가 느린(2024년 기준 2020년 데이터 공개) 제약이 있다. 또한 얼마나 엄격히 정부가 환경규제를 하는가에만 초점을 맞췄고, 얼마나 적극적으로 에너지전환 등에 투자하는지 등 능동적인 전환 촉진 노력이 포함되지 않은 단점도 있다. 이 지수에서는 프랑스, 스위스, 핀란드 등이 상위권이고 한국은 18위로 평균보다 낮다.

둘째로, 생태전환의 가장 근간이 되는 '에너지전환지수(Energy Transition Index; ETI)'를 다보스포럼이 민간 컨설팅 기업 엑센추어(Accenture)와 협업하여 발표하는데, 시스템 수준에서 지속 가능하고 공정하며 안정되게 전환성과를 냈는지와 함께, 전환을 가능하게 하는 혁신, 인프라, 교육, 금융, 규제 등을 각각 고려하여 점수를 산정한 후 120개 국가의 순위를 매겼다(WEF with Accenture, 2023:9-12). 이 지수에서는 스웨덴, 덴마크, 노르웨이, 핀란드, 스위스가 상위를 차지했고 프랑스(7위), 독일(11위)도 높은 점수를 얻었으며, 심지어 미국도 12위였는데 한국은 31위로 매우 낮았다.

셋째로, 독일 기반의 기후 NGO인 저먼워치(GermanWatch) 등이 에너지전환을 포함하여 기후 대응에 얼마나 적극적인지 보다 넓은 기준으로 성과를 측정하는 '기후변화 성과지수(the Climate Change Performance Index;CCPI)가 있다. 이 지수는 전 세계 온실가스 배출량의 90% 이상을 차지하는 67개 주요 국가(EU도 하나로 포함)에 대해 100점까지 점수를 매긴다. 측정 기준은 온실가스 배출량(전체 점수의 40%), 재생에너지 비중(20%), 에너지 사용방식(20%), 기후정책(20%)의 4개 범주 14개 지표를 사용한다. 2023년에 발표된 성과측정 결과를 보면 덴마크에 제일 높은 점수를 주었지만 "전반적으로 매우 높은 등급을 받을 만큼 충분히 좋은 성적을 거두지 못했다"는 이유로 1~3위를 비워두고 4위에 놓았다. 한국은 64위로 마지막에서 4번째로 나쁜 점수를 받을 정도로 최하위에 있었고 미국도 한국보다는 높았지만 하위권인 57위였다.

이 책에서 기준으로 사용하려는 지수는 가장 많은 국가를 상대비교하고 가장 종합적으로 생태전환 성과를 평가하는 '환경성과지수(Environmental Performance Index;EPI)'다. 이 지수는 예일 대학과 컬럼비아 대학이 세계 180개국을 대상으로 측정하는데, [그림 6-1]처럼 기후변화, 환경적 건강, 생태계 활력이라는 3대 목표를 실현하기 위한 6대 범주, 그리고 여기에 40개 지표를 이용하여 100점까지 종합점수를 매겨, 어떤 '국가가 환경정책 목표에 얼마나 근접했는지' 순위를 매긴다 (Yale Center, 2022).

저먼워치의 CCPI처럼 1, 2, 3위를 비워두지는 않았지만, 이 지수 역시 '상위권을 포함한 모든 국가가 여전히 개선해야 할 과제를 안고' 있고, 2024년 시점에서 "어떤 국가도 완전히 지속 가능한 궤도에 올랐다고 주장할 수 없다"고 밝혔다. 다시 말해 상위를 차지한 덴마크, 영국,

핀란드 누구도 지구 온도 상승을 1.5℃ 이내로 막을 수 있는 생태 성숙 사회의 궤도로 진입하지 못했다는 것이다. CCPI와 거의 비슷하게 한국은 63위로 매우 낮았고 미국 역시 43위로 하위권을 면치 못했다.

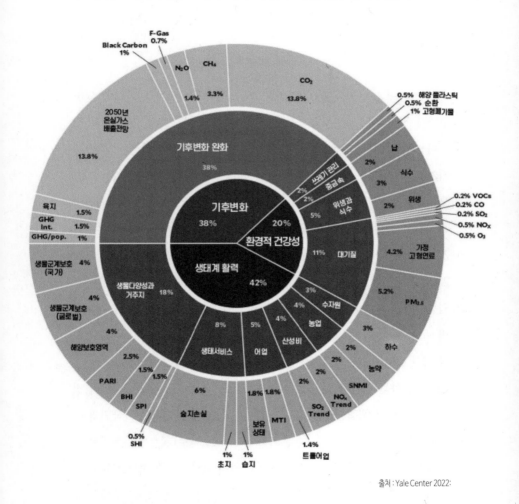

출처 : Yale Center 2022:

그림 6-1 '환경성과지수'를 구성하는 3대 정책목표

두 전환에 대한 한국 정부의 정책 성과 평가방법

두 전환의 균형과 선순환을 위한 한국 정부의 노력을 평가하기 위한 평가 분석 기간은 2020년부터 2023년까지 4년 기간인데, 2020년은 코로나19 발생과 봉쇄로 비대면 상황이 만들어졌고 녹색 회복를 위한 계기가 된 시점이다. 그리고 실제로 한국 정부는 '한국판 뉴딜'이라는 이름으로 디지털뉴딜과 그린뉴딜을 전략적으로 선택함으로써 두 전환을 명시적으로 결합하여 추진하였고, 이를 지휘할 비상경제중앙대책본부가 2022년 4월까지 무려 58회나 이어졌다. 이 책은 한국판 뉴딜을 중심으로 2020~2023년, 4년 기간 동안 중앙정부 가운데 기획재정부, 교육부, 산업통상자원부 공식 보도자료 텍스트의 내용을 분석하고 특히 '중대본회의' 문서를 집중 살펴봄으로써, 두 전환의 균형성을 회복하기 위해 정부가 어떤 노력을 했는지 검증하는 '내용분석' 방법론을 도입하였다.

내용분석을 위한 분석 대상은 개념적으로 '쌍둥이전환에 대한 중앙정부의 태도와 정책접근 변화'다. 이를 위해 정부가 공식적으로 국민과 소통하려고 배포한 보도자료를 분석하였다. 보도자료라는 텍스트에서 두 전환에 대한 언급과 강조 등을 내용분석하여 얼마나 균형적으로 두 전환을 추진하기 위해 노력했는지를 확인하였다는 것이다. 보도자료를 선택한 것은 "보도자료 생산의 목적이 주요 정책이나 사업을 소개하거나 홍보"(신명선 2016)하는 것이므로 정책분석에 적합하고, "보도자료 유형이 가장 높은 신뢰성, 정보성"(박재형·김종무 2023)을 보였기 때문이다.

물론 중앙정부의 정책 태도를 알아보는 방법은 정책문서 말고도 조직 구성의 변화나, 재정 배분, 또는 정부 입법 활동을 분석할 수도 있다. 그런데 정책변화에 민감히 반응해서 조직이 탄력적으로 변하는 경우는 흔치 않으며, 예산 편성의 변화를 보고 정책변화를 읽는 경우는 정량적 분석에 유효할 수는 있지만 디지털전환이나 생태전환 예산은 거의 모든 부서에 흩어져 있을 수 있어 해당 항목을 별도로 추출하는 일이 간단하지 않다. 한편 정부 입법 실적 등을 분석하여 정책변화를 읽는 것도 하나의 방법이 될 수 있지만 입법과정 없이 정책이 구현되는 경우도 많다. 따라서 이 책은 내용분석 방법이 4년 동안 두 전환에 대한 정부의 상대적 무게를 어디에 두었는지를 확인하는 효과적인 방법일 수 있다고 판단한다.

중앙정부 보도자료는 매우 방대하다. 이 책에서는 중앙정부에서 예산을 계획하는 기획재정부, 산업정책을 짜고 산업을 지원하는 산업통상자원부, 인재양성을 지원하는 교육부 등 세 부처에서 공식적으로 시민에게 공개하고 소통하기 위해 발간한 보도자료로 표집 대상을 한정했다. 표집의 시간적 범위는 코로나19가 발생했던 연도인 2020년 1월부터 2023년 12월까지 4년 동안이다. 이 사이 집권당이 교체되었지만 연속성과 단절성을 살펴보는 것까지를 감안했다.

중앙정부 세 부처의 4년 동안 보도자료 가운데 '명시적으로 두 전환을 주요 주제로 다룬 문서'를 추출했다. 이를 위해 행정기관 웹사이트에 공개적으로 게시된 보도자료 문서를 개별적으로 전수 확인하여 추출했다. 코딩 유목의 타당성을 확인하기 위해 두 명의 코더간 신뢰도를 측정한 결과 '명시적으로 두 전환을 주요 주제로 다룬 문서' 추출의 일치도는 90%를 보여 상당한 정도의 분석 유목 타당성이 확보되었다.

한편 두 전환은 아직 잘 확립된 정책 개념이 아니라서 말뭉치(corpus)에서 대표적인 연관어를 선별하는 등 텍스트 분석 방법을 도입하기에는 한계가 많다. 예를 들어 디지털전환이라는 공식적인 개념을 사용하지 않으면서도 정보통신산업과 관련된 수많은 정책 분야의 기획과 실행, 점검이 이루어지고 있다. 또한 두 전환은 아직 매우 초기적인 단계라서 겉으로 드러난 가시적 내용(manifest content)만 가지고 정책의 진의를 파악하기가 어렵고, 기저에 깔린 의미인 잠재적 내용(latent content)을 직접 확인할 필요성이 상대적으로 높다. 이런 문제를 해결하는 방법은 보도자료 내용을 직접 수작업으로 확인하며 추출하는 것이다.

2020~2023년 4년 기간 동안 세 부처가 홈페이지를 통해 공개한 보도자료는 총 10,398건이었다. 여기서 명시적으로 두 전환을 주요 주제로 다룬 보도자료(정책, 행사, 장차관 동정 모두 포함)를 추출했다(다른 주제를 다루면서 두 주제를 단지 언급만 한 보도자료는 포함하지 않았다). 추출 데이터의 분류는 디지털전환만을 다룬 경우, 생태전환만을 다룬 경우, 그리고 두 전환을 통합하여 다룬 경우까지 세 유형으로 나눴다. 따라서 코딩 포맷은 '보도자료 발행일자 – 발행부처(1:기획재정부, 2:교육부, 3:산업통상자원부) – 주제구분(1:디지털전환, 2:생태전환, 3:두 전환공통) – 정부 구분(1:문재인 정부, 2:윤석열 정부) – 보도자료 제목'으로 구성해서 데이터를 구축했다.[524]

두 전환을 주요 주제로 다뤘다고 해도 전환을 진전시키는 내용이 아니라 억제하거나 방해하는 경우 배제했다. 예를 들어, '태양광 비리조사' 등 전환을 억제할 목적으로 다룬 조사는 배제했고, 내연기관 자동차에 혜택을 주는 '유류세 인하' 정책처럼 '부정적 차원'에서 도입된 역진적인 정책도 배제했다. 다만 부생수소처럼 시민사회에서는 생태전환에 도움이 되지 않는다고 평가하지만, 정책 추진 당사자 관점에서는 도움이 된다고 평가하여 추진하는 사례는 일단 포함했다. 각 사례가 얼마나 두 전환을 효과적으로, 또는 강력하게 추진하는 데 도움이 되는가와 같은 정책의 질이나 강도는 평가하지 않았다. 코딩이 완료된 데이터는 〈IBM SPSS Statistics 20〉으로 비교적 간단한 빈도분석과 교차분석 등 기술 통계량 정도만 이용했다.

이름	유형	너비	소수점	설명	값	결측값	열	맞춤	측도
부처구분	숫자	1	0		1. 기획재정부…	없음	6	오른쪽	명목(N)
연도	숫자	4	0		2020, 2020년…	없음	5	오른쪽	척도(S)
날짜	날짜	11	0		없음	없음	11	오른쪽	척도(S)
디지털-그린	숫자	1	0		1. 디지털전환…	없음	12	오른쪽	명목(N)
특이사항	숫자	1	0		0. 특이사항없음…	없음	12	오른쪽	명목(N)
제목	문자	521	0		없음	없음	50	왼쪽	명목(N)
정부구분	숫자	1	0		1. 문재인정부…	없음	8	오른쪽	명목(N)

표 6-1 정부 보도자료 내용분석 코딩 구조

한 가지 덧붙여 둔다면, 중앙정부의 기조와 달리 지방정부에 따라서는 중앙정부의 정책기조와 크게 편차가 날 수 있다는 점이다. 수원, 평택, 화성 등 디지털 특화단지가 지방정부 산업과 경제를 좌우하는 경우에는 디지털전환이 지방정부 산업, 경제, 고용, 사회정책을 압도할 수 있다. 반대로 충남 등 화력발전소가 밀집된 지역에서는 상대적으로 그린뉴딜이나 탄소중립 정책 논의에 상당한 비중이 두어질 수도 있다. 하지만 여기서는 이를 감안하지 않았다(지방정부 가운데 두 전환의 불균형을 시정하기 위해 노력한 사례가 있는지 조사하는 연구는 앞으로의 과제다).

두 전환에 대한 한국 대기업의 대응 평가방법

다음으로 2020~2023년 4년 기간 동안 기업들은 두 전환에 대해 어떤 태도를 보였는지 확인하는 단계다. 정부의 태도는 공식문서를 통해 분석할 수 있지만, 기업은 비슷한 방식으로 수행하기에는 어려움이 있다. 하나의 방법은 기업이 발표하는 '지속가능 경영보고서'를 분석하는 것인데, 현재 한국거래소(KRX) ESG 포털에 2023년 기준으로 161개 보고서가 공개되어 있다(유가증권시장본부 ESG지원부, 2023). 하지만 아직 의무공시제도가 도입되기 전이라서 보고서가 일정 부분 자의적이고 성과측정 등이 명확하지 않아 기업간 비교나 국제비교가 쉽지 않다. 따라서 여기서는 클라이밋 그룹(Climate Group)이 운영하는 글로벌 RE100에 참여한 국내기업들을 해외기업들과 비교하는 방법을 사용했다. 홈페이지에 공개된 4년 동안의 가입 기업 데이터 전체를 수집하는 방식으로 '기존 통계자료를 분석'함으로써, 한국 기업이 RE100에 가입한 다른 나라 기업들에 비해서 얼마나 생태전환을 위한 의지를 보이는지 확인했다.

사실 중앙정부가 한국판 뉴딜을 통해 명목적으로 두 전환을 결합시켰던 2020~2023년 4년 기간은 기업들에게도 의미있는 시점이었다. 이 시점을 전후해서 한국 기업들이 처음으로 그리고 대규모로 RE100에 가입하기 시작했기 때문이다. 생태전환에 대해 무관심한 태도를 보였던 한국 기업들이 이 시기를 계기로 생태전환에 전향적으로 변했던 하나의 징표가 대거 RE100에 가입한 점이다. 이 책은 2020~2023년 기간 두 전환에 대한 정부의 태도 분석을 보완하는 차원에서 같은 시기 한국 기업의 RE100 가입 상황을 분석함으로써 생태전환에 대한 기업의 전향적 태도가 다른 나라 기업들과 비교해서 어떤지를 확인했다.

RE100 캠페인은 영국 기반의 비영리 단체인 클라이밋 그룹(The Climate Group)이 주도하고 탄소정보 공개프로젝트(Carbon Disclosure Project; CDP)가 협력하여 2014년에 시작했는데, 글로벌 기업들에게 100% 재생에너지로 전력을 공급받도록 촉구하는 자발적 캠페인이다. 대체로 전력 소비량이 연간 100기가와트시 이상 소비기업이나 포춘지 1,000대 기업처럼 글로벌 기업이 캠페인 대상이며, 2050년 이전에 RE100을 달성하도록 하고 있지만 연도별 목표설정은 자율에 맡긴다. 본 보고서에서는 클라이밋 그룹이 홈페이지에 게시한 회원사 가운데 2023년 말까지 가입한 423개 기업 전부에 대해 가입연도, RE100 달성 목표연도, 업종분야, 그리고 국적(본사 위치)을 토대로 기본 통계량을 분석했다.

두 전환에 대한 시민 인식조사 방법

두 전환의 수행과 관련해서 중요한 행위 주체인 시민들이 한국 사회의 두 전환 진전 상황을 어떻게 이해하고 있으며 어떻게 대응해왔는지를 살펴보는 것도 매우 중요하다. 2020~2023년 기간 정부와 기업들의 두 전환 접근 방식에 대한 시민들의 반응과 평가를 분석하면 좋겠지만 적절한 통계자료 확보에 어려움이 있었다.

대신에 2024년 5월 시점에서 시민들이 두 전환을 어떻게 생각하고 있는지에 대해 직접 온라인 설문조사를 실시하여 알아보는 방법을 도입했다. 지금까지 이뤄지고 있는 디지털전환과 생태전환 각각에 대해 그 속도와 위험성, 이익 등에 대해 질문을 한 후에, 전환을 통합시켜서 두 전환이 균형감 있게 진행되고 있는지, 아니라면 무엇을 해야 하는지를 물었다. 개인의 사생활 보호 등을 책임질 수 있는 공인된 전문 조사기관에 의뢰하여 인터넷 방식으로 조사했는데, 기본 조사 내역은 다음과 같다.

- 조사기관: 메타보이스(주)   • 조사일시: 2024년 5월 17~28일
- 표본크기: 300명
- 조사방법: 등록된 패널에 E-mail을 발송해 응답받은 온라인 조사
- 표집방법: 2024년 4월 말 행정안전부 주민등록 인구통계에 따라 성별, 연령대별 인구비례 할당 후 무작위 추출
- 표본오차: ±5.7%포인트(95% 신뢰수준)   • 응답률: 36.4%

구분	측정항목
디지털/인공지능전환	인공지능 또는 디지털전환 관련 질문 13개 (리커트 척도 질문 8, 내용 선택 질문 5)
생태/기후전환	기후 대응과 생태전환 관련 질문 13개 (디지털전환과 동일한 유형으로 질문하여 비교분석)
두 전환의 상관관계	디지털전환, 생태전환 모두에 해당하는 질문 11개

표 6-2 설문 설계에서 구성한 측정 항목

구분	변수내용	변수측정
통제변수	성별	남성=1, 여성=2
	연령대	19세이하=1, 20~29=2, 30~39=3, 40~49=4, 50~59=5, 60세이상=6
	직업별	농/임축/어업=1, 자영업=2, 관리/전문직=3, 경영/사무직=4, 서비스/판매/노무직=5, 전업주부=6, 학생=7, 기타/은퇴/무직=8
	업종별	제조업=1, 건설업=2, 유통=3, 서비스업=4, ICT=5, 금융=6, 보건의료=7, 환경분야=8
	소득구간	2천만 원 미만=1, 2~4천만 원 미만=2, 4~6천만 원 미만=3, 6~9천5백만 원 미만=4, 9천5백만 원 이상=5
	이념성향	매우진보=1, 중도진보=2, 중도=3, 중도보수=4, 매우보수=5

표 6-3 설문 설계에서 구성한 주요 통제변수

		사례수	%
전 체		300	100.0
성별	남자	148	49.3
	여자	152	50.7
연령대별	18~29세	46	15.3
	30대	46	15.3
	40대	52	17.3
	50대	60	20.0
	60대	53	17.7
	70세 이상	43	14.3
권역별	서울	56	18.7
	인천/경기	96	32.0
	대전/세종/충청	33	11.0
	광주/전라	29	9.7
	대구/경북	29	9.7
	부산/울산/경남	45	15.0
	강원/제주	12	4.0
이념성향별	진보	59	19.7
	중도	161	53.7
	보수	80	26.7

표 6-4 응답자 특성표: 디지털전환과 생태전환 국민 인식조사

참고문헌

국내문헌

4차산업혁명위원회 · 관계부처합동. 2018. 「도시혁신 및 미래성장동력을 창출을 위한 스마트시티 추진전략」. 관계부처합동.

고성호. 2024. 《진격의 비야디》. 북저널리즘.

공정거래위원회. 2025. 〈2024년 공시대상기업집단 지정현황〉.
http://www.ftc.go.kr/www/selectReportUserView.do?key=10&rpttype=1&report_data_no=10609

관계부처합동. 2020. 〈한국판 뉴딜종합계획- 선도국가로 도약하는 대한민국으로 대전환〉. 한국판 뉴딜 국민보고대회.

관계부처합동. 2022. 〈신성장 4.0 전략 추진계획〉.
https://nsp.nanet.go.kr/plan/subject/detail.do?nationalPlanControlNo=PLAN0000031386

관계부처합동. 2023a. 〈3대 주력기술 초격차 R&D전략〉.
https://www.msit.go.kr/bbs/view.do?sCode=user&nttSeqNo=3182908&pageIndex=&searchTxt=&searchOpt=ALL&bbsSeqNo=94&mId=113&mPid=238

관계부처합동. 2023b. 〈국가 탄소중립·녹색성장기본계획〉.
https://www.2050cnc.go.kr/base/board/read?boardManagementNo=2&boardNo=1396&menuLevel=2&menuNo=16

관계부처합동. 2025. 〈국가 AI컴퓨팅 센터 구축(SPC 설립) 실행계획(안)〉.

https://www.msit.go.kr/bbs/view.do?sCode=user&mId=307&mPid=208&pageI
ndex=2&bbsSeqNo=94&nttSeqNo=3185394&searchOpt=ALL&searchTxt=

걸럼비아 데이비드. 이대희 옮김. 2024. 《비트코인의 정치학》. 에코리브르.

구도완 · 이철재 · 김민재. 2023. 《생태전환을 꿈꾸는 사람들》. 한살림.

구준모 · 김종철 외. 2023. 〈공공재생에너지 확대 전략〉. 공공운수노조·한국발전산업노동조
합·청소년기후행동·사회공공연구원.

국토교통부. 2019. 〈제3차 스마트도시 종합계획(2019~2023)〉.

https://smartcity.go.kr/wp-content/uploads/2019/08/%EC%A0%9C3%EC%B0
%A8-%EC%8A%A4%EB%A7%88%ED%8A%B8%EB%8F%84%EC%8B%9C-%EC%A
2%85%ED%95%A9%EA%B3%84%ED%9A%8D-2019-2023.pdf

국토교통부. 2024. 〈제4차 스마트도시 종합계획(2024~2028)〉.

https://smartcity.go.kr/2024/05/02/%EF%BD%A2%EC%A0%9C4%EC%B0
%A8-%EC%8A%A4%EB%A7%88%ED%8A%B8%EB%8F%84%EC%8B%9C%E
C%A2%85%ED%95%A9%EA%B3%84%ED%9A%8D%EC%95%8842428%EB%8-
5%84%EF%BD%A3-%ED%99%95%EC%A0%95/

국회도서관. 2024. 〈글로벌 데이터센터 지형도〉. THE 현안, 2024-38호(통권 제38호).

굿맨 피터. 김하범 옮김. 2025a. 《다보스맨》. 진지

굿맨 피터. 장용원 옮김. 2025b. 《공급망 붕괴의 시대》. 세종

금융위원회 금융정보분석원. 2021. 〈42개 가상자산사업자에 대한 신고 심사 결과〉.

금융위원회 금융정보분석원. 2022a. 〈2021년도 하반기 가상자산사업자 실태조사 결과〉.

금융위원회 금융정보분석원. 2022b. 〈2022년 상반기 가상자산사업자 실태조사 결과〉.

금융위원회 금융정보분석원. 2023a. 〈2022년 하반기 가상자산사업자 실태조사 결과〉.

금융위원회 금융정보분석원. 2023b. 〈2023년 상반기 가상자산사업자 실태조사 결과〉.

김공희. 2024. 〈전환의 문제의식 벼리기: 결국 문제는 체제다?〉. 《경제와 사회》, 통권 144
호, 64-85쪽.

김갑성. 2021. 〈대한민국의 스마트시티전략〉. 《Smart City Top Agenda》, Vol.1, No.1

김계환 · 강지현. 2023. "프랑스판 인플레이션 감축법 IRA, 전기차 보조금 제도의 내용과
시사점". 《KIET산업경제》.

김동주. 2022. 《전환사회의 새로운 힘, 재생에너지를 공유하라》. 한그루.

김병권. 2020. 《기후위기와 불평등에 맞선 그린뉴딜》. 책숲.

김병권. 2021. 《진보의 상상력》. 이상북스.

김병권. 2022. "국내 플랫폼 경제의 독점화 경향 및 정책 대안". 《문화과학》 109호, 188-206쪽.

김병권. 2023a. 《기후를 위한 경제학》. 착한책가게.

김병권. 2023b. "디지털 전환과 녹색 전환의 상호 얽힘과 불확실성". 《뉴래디컬리뷰》, 통권 제8호, 192-214쪽.

김병권. 2023c. "기후위기와 부활하는 녹색산업정책의 재평가". 《시민과세계》, 통권 42호, 1-29쪽.

김병권. 2024a. "가상코인 환상: 가상코인 실패를 인정하지 못하는 사회심리". 《시민과세계》, 통권 43호, 149-180쪽.

김병권. 2024b. "인공지능, 기후, 그리고 디지털 충분성". 《문화과학》, 통권 119호, 49-65쪽.

김병권. 2024c. "경제성장과 복지, 기후의 선택기로에 선 유럽의 딜레마". 녹색전환연구소. https://drive.google.com/file/d/1TTskhSEBi-h_g2paq7IOwX5sKxfo9MoF/view?fbclid=IwY2xjawH1dZdleHRuA2FlbQIxMAABHZAmd8nb_p8xAQe8Q0rNZrSvzISY7e_-_BDTDfNefta0btYl8Jpx_giTDw_aem_aGmACWN1LRjX8sESISD4ow&pli=1

김병권. 2024d. 《1.5도 이코노믹 스타일》. 착한책가게

김선희 외. 2024. 《인공지능시대의 철학자들》. 사월의책.

김수진. 2023. "녹색전환의 국가 정당화 의무". 《경제와사회》, 137:12-41쪽.

김영한. 2023. "미국 新산업정책의 실체". 한국경제, 2023.07.29. https://www.hankyung.com/opinion/article/2023072806421

김용균. 2022. "미국「인플레이션 감축법」의 주요 내용과 영향". 《국회예산정책처 나보포커스》, 52:1-4쪽.

김용학 · 임현진. 2000. 《비교사회학》. 나남출판.

김윤희. 2023. "EU와 미국의 '탄소무역장벽' 주요 내용과 영향". 《나보포커스》, 제59호.

김익회 · 이재용외. 2019. "스마트도시의 혁신생태계 활성화 방안 연구". 국토연구원.

김재인. 2023. 《AI 빅뱅》. 동아시아.

김정원. 2024. "AI 기본법 글로벌 현황". 《시민참여 AI기본법 제정을 위한 쟁점 토론회 자료집》, 민주당 최민희 국회의원 & 시민기술네트워크.

노드하우스, 윌리엄. 황성원 옮김. 2018. 《기후카지노》. 한길사.

노드하우스, 윌리엄. 김홍옥 옮김. 2023. 《그린의 정신》. 에코리브르.

녹색전환연구소. 2023. 《2023 기후전망과 전략》. 착한책가게.

녹색전환연구소. 2024. "2025_국내외 10대 기후·에너지 전망". IGT 이슈브리프.

대한민국 정책브리핑. 2020. 〈그린뉴딜 관련 강민석 대변인 브리핑〉.

    https://www.korea.kr/briefing/policyBriefingView.do?newsId=148872594

대한민국 정책브리핑. 2021. 〈2050 탄소중립〉.

    https://www.korea.kr/special/policyCurationView.do?newsId=148881562

도시경제과. 2019. 〈스마트시티 국가시범도시 서비스로드맵 1.0〉. 국토교통부.

데이옌, 데이비드. 유강은. 2020. 《우리는 독점기업 시대에 살고 있다》. 열린책들.

딕슨-드클레브, 상드린 · 가프니, 오웬 외. 추선영 · 김미정 옮김. 2023. 《모두를 위한 지구》.
    착한책가게.

레이워스, 케이트. 홍기빈 옮김. 2018. 《도넛 경제학》. 학고재.

러미스, 더글러스. 최성현 · 김종철 옮김. 2011. 《경제성장이 안되면 우리는 풍요롭지 못할
    것인가》. 녹색평론사.

런시먼, 데이비드. 박광호 옮김. 2018. 《자만의 덫에 빠진 민주주의》. 후마니타스.

로치, 스티븐. 이경식 옮김. 2023. 《우발적 충돌: 미국과 중국은 왜 갈등하는가?》. 한국경제신문.

록스트룀, 요한 · 가프니 오웬. 전병옥 옮김. 2022. 《브레이킹 바운더리스》. 사이언스북스.

루비니, 누리엘. 박슬라 옮김. 2023. 《초거대 위협》. 한국경제신문.

린훙원. 허유영 옮김. 2023. 《TSMC 세계 1위의 비밀》. 생각의힘.

마추카토, 마리아나. 이가람 옮김. 2025. 《미션 이코노미》. 이음

만셀, 로빈 · 스타인뮐러, 에드워드. 김병근 · 옥주영 외 옮김. 2022. 《플랫폼 경제학》. 박영사.

매일경제. 2024. 옐런 "미중, 中과잉생산 등 논의 위한 회담 개최 합의".

    https://m.mk.co.kr/news/economy/10984123

맥나미, 로저. 김상현 옮김. 2020. 《마크 저커버그의 배신-민주주의의 최대 위협, 페이스북
    의 멘토가 적이 된 사연》. 에이콘출판.

맥키번, 빌. 홍성완 옮김. 2019. 《폴터》. 생각이음.

문용식. 2025. 《일하는 방식의 혁신이 진짜 혁신이다》. 클라우드나인

문재인. 2020. "제5차 비상경제회의 대통령 모두발언". 행정안전부 대통령기록관.

    http://webarchives.pa.go.kr/19th/www.president.go.kr/articles/8528

뭉크, 야스차. 함규진 옮김. 2018. 《위험한 민주주의》. 와이즈베리.

밀라노비치, 브랑코. 김기정 옮김. 2019. 《홀로 선 자본주의 – 미국식 자유자본주의, 중국식
    국가자본주의 누가 승리할까》. 세종.

밀러, 크리스. 노정태 옮김. 2023. 《칩워: 누가 반도체 전쟁의 최후 승자가 될 것인가?》. 부키.

바스타니, 아론. 김민수 · 윤종은 옮김. 2019. 《완전히 자동화된 화려한 공산주의》. 황소걸음.

박상인. 2021. 《이스라엘의 2013 반경제력집중법》. 서울대학교출판문화원.

박재형·김종무. 2023. "공공기관 정책홍보 정보 제공 유형 차이에 따른 수용자 태도 분석 -보도자료, 카드뉴스, 영상콘텐츠 비교-". 《커뮤니케이션 디자인학연구》, 85권:90-103쪽.

박지환. 2024. "AI 기본법 국회 입법안 해설". 《시민참여 AI기본법 제정을 위한 쟁점 토론회 자료집》, 민주당 최민희 국회의원 & 시민기술네트워크.

박태웅. 2023. 《박태웅의 AI 강의》. 한빛비즈.

박태주. 2023. "체제전환 관점에서 본 정의로운 전환전략 모색". 《한국산업노동학회 2023년 봄학술대회 자료집》.

박훈. 2024. "인공지능 발전에 따른 기후변화 대응". 《동향과 전망》, 122호.

방송통신위원회. 2024. "2024년 주요업무 추진계획- 신뢰받고 혁신하는 글로벌 미디어 강국". https://www2.korea.kr/briefing/pressReleaseView.do?newsId=156621387&pWise=sub&pWiseSub=J2

법률신문. 2023. "공정위, 사전규제 방식의 「플랫폼 경쟁촉진법」 제정 추진". https://www.lawtimes.co.kr/LawFirm-NewsLetter/194502

바비, 얼. 고성호 김광기 외 옮김. 2014. 《사회조사방법론 13판》. Cengage Learning.

박소희. 2024. "중국 신질생산력 정책의 동향과 시사점". 《KIET 산업정책》, 202409.

보스트롬, 닉. 조성진 옮김. 2017. 《슈퍼 인텔리전스: 경로, 위험, 전략》. 까치글방.

비상경제중앙대책본부. 2020a. "코로나19 대응 및 경제활력 제고를 위한 「10대 산업분야 규제혁신 방안(I)」". 중대본1차회의.

비상경제중앙대책본부. 2020b. 「한국판 뉴딜」추진방향. 중대본2차회의.

비상경제중앙대책본부. 2020c. 「국민참여형 한국판 뉴딜펀드」후속조치 추진방안.

비판사회학대회. 2022. 《21세기 자본주의의 디지털, 그린전환과 사회의 미래》. 대회자료집.

산업연구원. 2024. "제조업, 서비스 비중 국제통계". 산업통계분석시스템.

산업자원부·국토교통부. 2023. "첨단산업 생태계 구축을 위한 15개 국가첨단산업단지 조성". https://smartcity.go.kr/2023/03/15/%EC%B2%A8%EB%8B%A8%EC%82%B0%EC%97%85-%EC%83%9D%ED%83%9C%EA%B3%84-%EA%B5%AC%EC%B6%95%EC%9D%84-%EC%9C%84%ED%95%9C-15%EA%B0%9C-%EA%B5%AD%EA%B0%80%EC%B2%A8%EB%8B%A8%EC%82%B0%EC%97%85%EB%8B%A8%EC%A7%80/

산업자원부. 2023. "제10차 전력수급기본계획". https://www.kier.re.kr/resources/download/tpp/policy_230113_data.pdf

산업자원부. 2024. "제11차 전력수급기본계획 실무안".

샤우 빅타. 이종식 옮김. 2024. 《탄소기술관료주의》. 빨간소금.

서르닉, 닉. 심성보 옮김. 《플랫폼 자본주의》. 킹콩북.

세르비뉴, 파블로·스테방스 라파엘. 강현주. 2022. 《붕괴의 사회정치학》. 에코리브르.

슈밥, 클라우스. 송경진 옮김. 2016. 《제4차 산업혁명》. 메가스터디북스.

슈밥, 클라우스·반햄 피터. 김미정 옮김. 2021. 《자본주의 대예측》. 메가스터디북스.

슈트어트, 다이애나·피터슨, 브라이언·군더슨, 라이언. 탈성장과 대안연구소 옮김. 2024. 《체제변화를 위한 기후 의제: 이론에서 사회변혁까지》. 크리에이티브 커먼즈. https://mayflybooks.org/climate-agenda-for-system-change

스마트도시정책관. 2020. "2020 스마트도시 및 정보화 시행계획". 서울특별시.

스밀 바츨라프. 강주헌 옮김. 2023. 《세상은 실제로 어떻게 돌아가는가》. 김영사.

신명선. 2016. "보도자료 텍스트의 특성". 《국어교육학연구》, 51권 3호:359-39쪽.

아기옹 필리프·앙토냉 셸린 외. 이민주 옮김. 2022. 《창조적 파괴의 힘 – 혁신과 성장 그리고 자본주의의 미래》. 에코리브르.

아담스-프라슬 제레미아스. 이영주 옮김. 2020. 《플랫폼 노동은 상품이 아니다》. 숨쉬는 책공장.

애쓰모글루 대런·존슨 사이먼. 김승진 옮김. 2023. 《권력과 진보: 기술과 번영을 둘러싼 천년의 쟁투》. 생각의힘.

안상효·우종률. 2022. "국내 RE100 이행방안의 경제성 비교분석 연구". 《Current Photovoltaic Research》, Vol. 10(2) 62-71쪽.

양원창·이재승. 2022. "한국 RE100 제도에서 녹색프리미엄의 특성 및 한계". 《신재생에너지》, 18권 3호, 43-59쪽.

앤더슨 에스핑. 박시종 옮김. 2007. 《복지 자본주의의 세 가지 세계》. 성균관대학교 출판부

오레스케스 나오미·콘웨이 에릭. 유강은 옮김. 2012. 《의혹을 팝니다》. 미지북스.

오태현·임유진. 2018. "EU의 디지털세(Digital Tax) 주요 내용과 시사점". 《KIEP 오늘의 세계경제》, Vol.18, No.13.

오형나·홍종호. 2021. "디지털 전환의 기후효과: 현황과 전망". 《한국경제포럼》, 제14권, 제4호, 1-24쪽.

왕광익. 2016. "제로 에너지 스마트 도시 조성방안 연구". 국토연구원.

우 팀. 조은경 옮김. 2020. 《빅니스-거대기업에 지배당하는 세계》. 소소의책.

유가증권시장본부 ESG지원부. 2023. "2023년 지속가능경영보고서 공시 분석결과 및 모범사례 발표". KRX.

유재국. 2024. "AI 혁명에 부응한 선제적 전력공급·전력망 확충 긴요". 국회입법조사처,

《이슈와 논점》, 제2238호.

유종일. 2019. "〈전환적 뉴딜〉 정책제안". 경제 · 인문사회연구회〈전환적 뉴딜 T/F〉.

원용진 · 박서연. 2021. 《메가플랫폼 네이버:한국 인터넷 산업의 성장과 그늘》. 컬처북.

웨인라이트 조엘 · 만 제프. 장용준 옮김. 2023. 《기후 리바이어던》. 앨피.

이광석. 2021. 《피지털 커먼즈 - 플랫폼 인클로저에 맞서는 기술생태 공통장》. 갈무리.

이광석. 2022. 《디지털 폭식 사회 : 기술은 어떻게 우리 사회를 잠식하는가?》. 인물과사상사.

이병욱. 2019. 《블록체인 해설서》. 에이콘.

이병욱. 2020. 《비트코인과 블록체인: 가상자산의 실체 2/e》. 에이콘.

이병욱. 2022. 《돈의 정체: 금, 달러, 비트코인 -돈과 금융》. 에이콘.

이상헌. 2020. "한국 사회의 지속가능성 제고를 위한 녹색전환 정책". 《공간과 사회》, 제71
권, 79-104쪽.

이유진 · 이후빈. 2019. "미국의 그린뉴딜(Green New Deal) 정책과 한국에 주는 시사점".
《국토이슈 브리프》, 제6호.

이재용 · 사공호상. 2015. "스마트도시 해외동향 및 시사점". 《국토정책 브리프》, No.529.

이코노미스트. 2024. 《2025 세계대전망》. 한국경제신문.

인치밍. 안동환 옮김. 2023. 《칩대결》. 알에이치코리아.

임성진. 2023. "한전 위기의 정치경제". 기후변화행동연구소.
https://climateaction.re.kr/news01/1693074

임소영 · 김계환 · 조은교. 2023. "탄소중립 산업통상 정책 비교분석: 미국 인플레이션감축
법, EU 탄소중립산업법과 핵심원자재법을 중심으로". 《Issue Paper》, 202309.

임운택. 2024a. "자본주의 이중 전환과 계급정치의 전망". 《사회생태전환의 정치》, 두번째
테제, 309-337쪽.

임운택. 2024b. "포스트 성장사회의 도전". 《경제와 사회》, 통권 144호, 12-63쪽.

임은정. 2023. "기후변화 대응에 대한 유럽과 동아시아의 시각 차이". 《정세와 정책》, 통권
364호: 1-4쪽.

장영욱 외. 2023. "EU '그린딜 산업계획'의 주요 내용과 시사점". 《KIEP 세계경제 포커스》,
6(2):1-10쪽.

장영욱 · 오태현. 2021. "EU 탄소감축 입법안('Fit for 55')의 주요 내용과 시사점". 《KIEP 세
계경제 포커스》, 4(44):1-12쪽.

장훈교 외. 2023. "탈석탄화 지역의 녹색전환 일자리 창출 방안 기초연구: 영국의 경험, 한
국의 현재, 대안의 탐색". 녹색전환연구소.

정준화. 2024. "인공지능의 내재적 위험과 입법·정책 과제- 데이터·기술·이용자를 중심으

로 -”. 국회입법조사처, NARS 입법·정책, 제162호.

제이콥스, 마이클·마추카토 마리아나. 정태인 옮김. 2017. 《자본주의를 다시 생각한다》. 칼폴라니사회경제연구소.

정태석. 2023. “한국 사회의 정의로운 생태전환 논쟁과 생태 정치 전략의 성찰”. 《경제와 사회》, 제137호, 42-79쪽.

조정환·이광석 외. 2023. 《인공지능, 플랫폼, 노동의 미래》. 빨간소금.

주보프, 쇼샤나. 김보영 옮김. 2021. 《감시 자본주의 시대 - 권력의 새로운 개척지에서 벌어지는 인류의 미래를 위한 투쟁》. 문학사상사.

차정미. 2023. ““트리플 트랜지션(Triple Transition)”: 디지털 전환, 녹색 전환, 그리고 국제질서 전환”. 《국가미래전략 Insight》제77호.

최경진 외. 2024. 《EU인공지능법》. 박영사.

최윤희·허선경. 2022. “미국「국가 바이오기술 및 바이오제조 행정명령」의 정책적 시사점”. 《i-Kiet산업경제이슈》, 145:1-8쪽.

카라, 싯다르트. 조미현 옮김. 《코발트 레드》. 에코리브르.

케인스, 존 메이너드. 정명진 옮김. 2017. 《설득의 에세이》. 부글.

커즈와일, 레이. 김명남·장시원 옮김. 《특이점이 온다》. 김영사.

크리스토퍼스, 브렛. 이병천. 정준호 외 옮김. 2024. 《불로소득 자본주의 시대-누가 경제를 지배하고 그들은 어떻게 자산을 불리는가》. 여문책.

크로퍼드, 케이트. 노승영 옮김. 2022. 《AI 지도책》. 소소의책.

투즈, 아담. 김부민 옮김. 2022. 《셧다운 - 코로나19는 어떻게 세계 경제를 뒤흔들었나》. 아카넷.

페이라노, 마르타. 최사라 옮김. 2021. 《우리의 적들은 시스템을 알고 있다 - 인터넷 인프라에서 빅데이터 알고리즘 가짜뉴스까지》. 시대의창.

포드, 마틴, 강대영 외 옮김. 2019. 《AI 마인드》. 터닝 포인트.

포드, 마틴, 이윤진 옮김. 2022. 《로봇의 지배》. 시크릿하우스.

포크스, 제크. 장진영 옮김. 2024. 《비이성적 암호화폐》. RHK.

프랭크 ,토머스 . 고기탁 옮김. 2018. 《민주당의 착각과 오만》. 열린책들.

피게레스, 크리스티아나. 홍한결 옮김. 2020. 《한배를 탄 지구인을 위한 가이드》. 김영사.

피트롱, 기욤. 양영란 옮김. 2018. 《프로메테우스의 금속》. 갈라파고스.

피트롱, 기욤. 양영란 옮김. 2023. 《‘좋아요’는 어떻게 지구를 파괴하는가》. 갈라파고스.

하이트, 조너턴. 이충호 옮김. 2024. 《불안세대》. 웅진지식하우스.

한국산업기술진흥원. 2023. “일본 에너지 기반 산업의 녹색전환(GX) 방향성”. 《산업기술 정책브리프》, 2022-2.

한국은행. 2022. "EU 암호자산시장 법률안".
　　https://www.bok.or.kr/portal/bbs/P0000559/view.do?nttId=10072479&menuN
　　o=200690&pageIndex=1
해리스, 말콤. 이정민 옮김. 2025. 《팔로알토, 자본주의 그림자》. 매일경제신문사.
화웨이. 2022. "화웨이, '친환경 개발 2030 보고서' 발표".
　　https://www.huawei.com/kr/news/kr/2022/4/green-development-2030
황경인. 2022. "미국 인플레이션 감축법의 국내 영향과 시사점: 자동차와 이차전지 산업을
　　중심으로". 《KIET 산업경제》, 9월호:7-19쪽.
황준석 · 장현숙. 2023. "EU 탄소중립산업법 주요 내용과 시사점". 《국제무역통상연구원
　　Trade Brief》, 07:1-9쪽.
홍천택. 2022. "일본 에너지 기반 산업의 녹색전환(GX) 방향성". 《산업기술정책》, 2022-03.

외국문헌

Acemoglu, Daron. 2024a. "The Simple Macroeconomics of AI". NBER Working
　　Paper 32487.
　　http://www.nber.org/papers/w32487
Acemoglu, Daron. 2024b. "The AI Safety Debate Is All Wrong". Project Syndicate,
　　Aug 5, 2024.
　　https://www.project-syndicate.org/commentary/ai-safety-human-misuse-
　　more-immediate-risk-than-superintelligence-by-daron-acemoglu-2024-08
Acemoglu, Daron. 2025. "A Sputnik Moment for AI?". Project Syndicate, Feb 4, 2025.
　　https://www.project-syndicate.org/commentary/china-ai-deepseek-raises-
　　difficult-questions-for-united-states-by-daron-acemoglu-2025-02
Acemoglu, Daron. 2025. "A Sputnik Moment for AI?". Project Syndicate, Feb 4,
　　2025.
　　https://www.project-syndicate.org/commentary/china-ai-deepseek-raises-
　　difficult-questions-for-united-states-by-daron-acemoglu-2025-02
Acemoglu, Daron · Robinson, James. 2013. *Why nations fail: The origins of power,
　　prosperity, and poverty*. Crown Currency.
Agrawala, Shardul · Dussaux, Damien et al. 2020. "What policies for greening the

crisis response and economic recovery?". OECD Environment Working Papers No. 164.

Al-Haschimi, Alexander · Spital, Tajda. 2024. "The evolution of China's growth model:challenges and long-term growth prospects".
https://www.ecb.europa.eu/press/economic-bulletin/articles/2024/html/ecb. ebart202405_01%7Ea6318ef569.en.html#toc9

Alang, Navneet. 2024. "No god in the machine: the pitfalls of AI worship". The Guardian, 8 Aug 2024.
https://www.theguardian.com/news/article/2024/aug/08/no-god-in-the-machine-the-pitfalls-of-ai-worship?CMP=fb_gu&utm_medium=Social&utm_source=Facebook&fbclid=IwY2xjawEk0dRleHRuA2FlbQIxMQABHVQmY syVnOMskUuLzEO-sEMrxaSyTOmFxRwczh4LCW1hXfldJs578vlfMg_aem_NGditGw73d-N0o6KYAyp2g#Echobox=1723118433

Albert, Michael. 2024. *Navigating the Polycrisis*. The MIT Press.

Andrae, Anders. 2019. "Prediction Studies of Electricity Use of Global Computing in 2030". International Journal of Science and Engineering Investigations, vol. 8, issue 86.

Ankrom, Katharine · Franco, Andr. 2021. "Ecological maturity and stability of nematode communities in response 1 to precipitation 2 manipulations in grasslands"
https://www.sciencedirect.com/science/article/pii/S0929139321003863

Avila, Joseph. 2024. "Elon Musk and Jamie Dimon's AI Predictions and What They Mean for the Future of Humanity". The Wallstreet Journal. 2024.4.10.

Baldor-Reliance. 2022. "Motors in Data Centers Powering the Connected World".
https://www.baldor.com/mvc/DownloadCenter/Files/BR267

Bank for International Settlement. 2023. "The crypto ecosystem:key elements and risks".
https://www.bis.org/publ/othp72.pdf

BCG. 2023. "How AI Can Speed Climate Action".
https://www.bcg.com/publications/2023/how-ai-can-speedup-climate-action

Bellamy Foster, John. 2019. "On Fire This Time". Monthly Review, 2019.11.1.
https://www.bcg.com/publications/2023/how-ai-can-speedup-climate-action

Berners-Lee, Mike. 2020. *How Bad are Bananas?:Revised 2020 Edition*. London: Profile Books Ltd.

Bhide, Amar . 2025. "Is DeepSeek Really a Threat?". Project Syndicate, Jan 30, 2025.

https://www.project-syndicate.org/commentary/deepseek-ai-not-a-threat-to-us-and-could-help-widen-use-if-genuine-by-amar-bhide-2025-01

Bindseil, Ulrich · Schaaf, Jrgen. 2022. "Bitcoin's last stand". The ECB Blog.

https://www.ecb.europa.eu/press/blog/date/2022/html/ecb.blog221130~5301eecd19.en.html

Bindseil, Ulrich · Schaaf, Jrgen. 2024. "ETF approval for bitcoin – the naked emperor's new clothes". The ECB Blog.

https://www.ecb.europ a.eu/press/blog/date/2024/html/ecb.blog20240222~0929f86e23.en.html

Birkinshaw, Julian. 2023. "The Real Threat Of AI Is Untrammeled Corporate Power". Forbes, Nov 6, 2023.

https://www.forbes.com/sites/lbsbusinessstrategyreview/2023/11/06/the-real-threat-of-ai-is-untrammeled-corporate-power/

Block, Fred · Keller, Matthew · Negoita, Marian. 2024. "Revisiting the Hidden Developmental State". Politics & Society, Vol. 52(2) 208–240.

Bloomberg. 2024. "AI Needs So Much Power That Old Coal Plants Are Sticking Around".

https://www.bloomberg.com/news/articles/2024-01-25/ai-needs-so-much-power-that-old-coal-plants-are-sticking-around

Boffey, Daniel. 2020. "Amsterdam to embrace 'doughnut' model to mend post-coronavirus economy". the Guardian, 2020.4.8.

https://www.theguardian.com/world/2020/apr/08/amsterdam-doughnut-model-mend-post-coronavirus-economy

Boulding, Kenneth. 1966. "The economics for the coming spaceship earth". Environmental Quality in a Growing Economy, pp.3-14.

Bradford, Anu. 2020. *The Brussels Effect: How the European Union Rules the World*. Oxford University Press.

Bradford, Anu. 2023a. *Digital Empires: The Global Battle to Regulate Technology*.

Oxford University Press.

Bradford, Anu. 2023b. "The Race to Regulate Artificial Intelligence: Why Europe Has an Edge Over America and China". Foreign Affairs, June 27, 2023. https://www.foreignaffairs.com/united-states/race-regulate-artificial-intelligence

Bradford, Anu. 2024. "The False Choice Between Digital Regulation and Innovation". Northwestern University Law Review, Vol. 119, No. 2.

Bradford,Anu · Li, Eileen · Waxman, Matthew. 2024. "How Domestic Institutions Shape the Global Tech War". Harvard National Security Journal, vol. 16.

Bremmer, Ian. 2025. "Trump Will Not Kill the Global Energy Transition". Project Syndicate, Feb 11, 2025. https://www.project-syndicate.org/commentary/trump-will-not-kill-global-energy-transition-by-ian-bremmer-2025-02?fbclid=IwY2xjawI dcBBleHRuA2FlbQIxMQABHSIpPvLkLJlC95_ucH2awQAdRBZXvfSJQ3-jNR79vzcwmQ0yR0MlriyvYg_aem_uVKybO5h0Cya_iFk-YPp-Q

Bryan, Kenza · Hodgson, Camilla · Tauschinski, Jana. 2024, "Big Tech's bid to rewrite the rules on net zero". Financial Times, August 14 2024. https://www.ft.com/content/2d6fc319-2165-42fb-8de1-0edf1d765be3

Brown, Gorden · El-Erian, Mohamed et al. 2024. *Permacrisis: A Plan to Fix a Fractured World*. Simon & Schuster.

Burck, Jan · Uhlich, Thea et al. 2023. "CCPI Results 2024". Germanwatch – Bonn Office. https://www.foreignaffairs.com/united-states/race-regulate-artificial-intelligence

Calvert, Brian. 2024. "AI already uses as much energy as a small country. It's only the beginning". Vox, 2024.5.28.

Campbell, Jillian · Jensen, David. 2019. "Building a digital ecosystem for the planet". UNEP Foresight Breifing, No. 14.

Carbon Tracker. 2021. "Flying blind: The glaring absence of climate risks in financial reporting". https://carbontracker.org/reports/flying-blind-the-glaring-absence-of-climate-risks-in-financial-reporting/

Chief, Reda · Hasanov, Fuad. 2019. "The Return of the Policy That Shall No Be Named: Principles of Industrial Policy". IMF Working Paper.

Christophers, Brett. 2024a. *The Price is Wrong: Why Capitalism won't save the Planet.* London:Verso.

Christophers, Brett. 2024b. "We are taking a devastating risk with the green energy sector – one that might cost us our future". The Guardian, 2024.2.27.
https://www.theguardian.com/commentisfree/2024/feb/27/climate-crisis-private-sector-government-investment

Chow, Andrew. 2024. "Going All In: Tech companies raced ahead with AI, driving markets and stirring regulations". Time, Dec 30 2024.

Climate Action Against Disinformation & Check My Ads et al. 2024. "The AI Threat to Climate Change".
https://caad.info/analysis/reports/the-ai-threats-to-climate-change/

Climate Goup & CDP. 2024. "RE100 annual disclosure report 2023".
https://www.there100.org/our-work/publications/re100-2023-annual-disclosure-report

CMA. 2024. "AI Foundation Models Technical update report".
https://www.gov.uk/government/publications/ai-foundation-models-update-paper

CODES. 2022. "Action Plan for a Sustainable Planet in the Digital Age". Coalition for Digital Environmental Sustainability.
https://sustainabilitydigitalage.org/featured/codes-action-plan-for-a-sustainable-planet-in-the-digital-age/

Commission for Regulation of Utilities. 2021. "CRU Direction to the System Operators related to Data Centre grid connection processing Decision".
https://www.cru.ie/publications/27081

Council of the European Union. 2024. "Proposal for a Regulation of the European Parliament and of the Council laying down harmonised rules on artificial intelligence (Artificial Intelligence Act) and amending certain Union legislative acts".
https://digital-strategy.ec.europa.eu/en/library/proposal-regulation-laying-down-harmonised-rules-artificial-intelligence

Coyle, Diane. 2024. "Will the AI Revolution Lead to Greater Prosperity?". Project Syndicate, Aug 26, 2024.

Daly, Herman. 1992. "Allocation, distribution, and scale: towards an economics that is efficient, just, and sustainable". Ecologicd Economics, No.6(1992) pp.182-193.

Dannouni, Amane · Deutscher, Stefan et al. 2023. "Accelerating Climate Action with AI". BCG & Google.

Datacenters.com Technology. 2019. "Why is Ashburn the Data Center Capital of the World?".
https://www.datacenters.com/news/why-is-ashburn-the-data-center-capital-of-the-world

Dator, Jim. 2009. "Alternative Futures at the Manoa School". Journal of Futures Studies, 14(2), pp 1-18.

Deloitte. 2018. "Digital Maturity Model: Achieving digital maturity to drive growth".
https://www2.deloitte.com/content/dam/Deloitte/global/Documents/Technology-Media-Telecommunications/deloitte-digital-maturity-model.pdf

Deloitte. 2024. " Powering artificial intelligence A study of AI's environmental footprint—today and tomorrow".
file:///C:/Users/User/Downloads/powering-artificial-intelligence.pdf

Department of the Treasury. 2023. "General Explanations of the Administration's Fiscal Year 2024 Revenue Proposals".
https://home.treasury.gov/system/files/131/General-Explanations-FY2024.pdf

de Vries, Alex. 2023. "The growing energy footprint of artificial intelligence". Joule 7:1-4.

Dewar, Alex · Frdeau, Michel. 2020. "How Government Can Fuel a Green Recovery ". Boston Consulting Group.

Dragh, Mario. 2024. "The future of European competitiveness: Part A A competitiveness strategy for Europe". European Commission.

Durand, Cedric. 2024. *How Silicon Valley Unleashed Techno-feudalism*. London: Verso.

Enerdata. 2024. "Share of wind and solar in electricity production".
https://yearbook.enerdata.net/renewables/wind-solar-share-electricity-

production.html

EPRI. 2024. "Powering Intelligence: Analyzing Artificial Intelligence and Data Center Energy Consumption". 2024 White Paper.

Espinoza, Javier. 2024. "Why Big Tech fines do not work". Financial Times, April 10 2024.
https://www.ft.com/content/ba6eb664-b981-42d7-b24a-65e7e19889f8

EuroChambers. 2022. "EuroChambers Twin Transition Survey".
https://www.eurochambres.eu/publication/eurochambres-twin-transition-survey/

European Center for Digital Competitiveness. 2021. "Digital Riser Report 2021".
https://digital-competitiveness.eu/wp-content/uploads/Digital_Riser_Report-2021.pdf

European Commission. 2022. "Study on Greening Cloud Computing and Electronic Communications Services and Networks:Towards Climate Neutrality by 2050".
https://digital-strategy.ec.europa.eu/en/library/study-greening-cloud-computing-and-electronic-communications-services-and-networks-towards-climate

European Commission. 2024. "The EU Artificial Intelligence Act". https://artificialintelligenceact.eu.

European Commission. 2025. "A Competitiveness Compass for the EU". Brussels, 29.1.2025, COM(2025) 30 final.

European Parliament. 2023a. "Briefing EU Legislation in Progress: Artificial intelligence act".
https://www.europarl.europa.eu/thinktank/en/document/EPRS_BRI(2021)698792

European Parliament. 2023b. "on energy efficiency and amending Regulation".
https://eur-lex.europa.eu/legal-content/EN/TXT/?uri=OJ%3AJOL_2023_231_R_0001&qid=1695186598766&d1e32-90-1

Farrell, Henry · Newman, Abraham. 2023. Underground Empire: How America Weaponized the World Economy. Henry Holt and Companyy.

Ferreboeuf, Hugues · Efoui-Hess, Maxime et al. 2021. "Environmental impacts of digital technology: 5-year trends and 5G governance". The Shift Project.

Fiorino, Daniel. 2018. *Can Democracy Handle Climate Change?*. USA: Polity.

Flufy, Paddy Le. 2023. *Building Tomorrow: Averting Environmental Crisis With a New Econmic System*. First Light Books.

Fouquet, Roger · Hippe, Ralph. 2022. "Twin transitions of decarbonisation and digitalisation: A historical perspective on energy and information in European economies ". Energy Research & Social Science 91.

French, Howard. 2025. "What China Got Right About Big Tech". Foreign Policy, Jan, 24, 2025.

　　https://foreignpolicy.com/2025/01/24/what-china-got-right-about-big-tech/

Frenkel, Sheera · Kang, Cecilia. 2022. *An Ugly Truth : Inside Facebook's Battle for Domination*. Brown Book Group.

Friends of The Earth. 2021. "Four Days of Texas-Sized Disinformation:Social Media Companies threaten Action on Climate Change".

　　https://caad.info/analysis/reports/truth-and-lies-four-days-of-texas-sized-disinformation/

Galaz, Victor · Centeno, Miguel. 2021. "Artificial intelligence, systemic risks, and sustainability". Technology in Society, Vol 67.

Geels, Frank · Pinkse, Jonatan. 2021. "Productivity opportunities and risks in a transformative, low-carbon and digital age". The Productivity Institute Working Paper No. 9.

GeSI. 218. "ICT Solutions for 21st Century Challenges", https://smarter2030.gesi.org

Goldman Sachs. 2024. "Gen AI: Too Much Spend,, Too Little Benefit?". Issue 129.

Google. 2021. "Real-world challenges for AGI,".

　　https://deepmind.google/discover/blog/real-world-challenges-for-agi

Google. 2024. "Environmental Report 2024".

　　https://blog.google/outreach-initiatives/sustainability/2024-environmental-report/

Gunn-Wright, Rhiana · Hockett, Robert. 2019. "The Green New Deal". New Consensus.

Gupta, Shivam · Motlagh, Mahsa et al. 2020. "The Digitalization Sustainability Matrix: A Participatory Research Tool for Investigating Digitainability". Bonn

Alliance for Sustainability Research/Innovation Campus Bonn.

Haff, Peter. 2013. "Technology as a geological phenomenon: implications for human well-being". The Geological Society of London.

Haff, Peter. 2014. "Humans and technology in the Anthropocene: Six rules". The Anthropocene Review, Vol. 1(2) 126–136.

Hansen, James · Sato, Makiko. 2023. "Global warming in the pipeline". Oxford Open Climate Change, Vol. 3(1).

Harlan, Chico · Dance, Scott et al. 2023. "The planet is warming so fast, it could cross a key climate limit in 2024". Washington Post. 2023.12.13.
  https://www.washingtonpost.com/climate-environment/2023/12/08/climate-change-threshold-cop28-dubai/

Harris, Jonathan. 2013. "Green Keynesianism: Beyond Standard Growth Paradigms". Global Development and Environmnet Institute Working Paper 13(02):1-19.

Hedberg, Annika · Šipka, Stefan. 2020. "Towards a green, competitive and resilient EU economy: How can digitalisation help?". European Policy Center.

Helliwell, John · LayardJohn, Richard et al. 2023. "World Happiness Report 2023". the United Nations.

Holscher, Katharina · Wittmayer, Julia · Loorbach, Derk. 2018. "Transition versus transformation: What's the difference?". Environmental Innovation and Societal Transitions, 27, pp 1–3.

Hubbard, Sally. 2020. *Monopolies Suck: 7 Ways Big Corporations Rule Your Life and How to Take Back Control*. Simon & Schuster.

Hussain, Atif. 2024. "The Jevons Paradox in the Age of Generative AI".
  https://medium.com/@atifhussain/the-jevons-paradox-in-the-age-of-generative-ai-bfd79d77af21

IEA. 2023a. "Net Zero Roadmap: A Global Pathway to Keep the 1.5 °C Goal in Reach(2023 Update)".
  https://www.iea.org/reports/net-zero-roadmap-a-global-pathway-to-keep-the-15-0c-goal-in-reach

IEA. 2023b. "Advancing Clean Technology Manufacturing: An Energy Technology Perspectives Special Report".

https://www.iea.org/reports/advancing-clean-technology-manufacturing

IEA. 2024a. "Electricity 2024: Analysis and forecast to 2026".

https://www.iea.org/reports/electricity-2024

IEA. 2024b. "Renewables 2024: Analysis and forecast to 2030".

https://www.iea.org/reports/renewables-2024

IEA. 2024c. "Batteries and Secure Energy Transitions". World Energy Outlook Special Report.

https://iea.blob.core.windows.net/assets/cb39c1bf-d2b3-446d-8c35-aae6b1f3a4a0/BatteriesandSecureEnergyTransitions.pdf

IMD. 2023. "The IMD World Digital Competitiveness Ranking".

https://worldcompetitiveness.imd.org/rankings/digital

IMF. 2023. "Artificial Intelligence: What AI means for economics". F&D December 2023.

IRENA. 2023. "World Engergy Transition Outlook 2023: 1.5°C Pathway".

https://www.irena.org/Publications/2023/Jun/World-Energy-Transitions-Outlook-2023

Johansson, Anders. 2024. "China's Generative AI Rules".

https://www.linkedin.com/pulse/chinas-generative-ai-rules-anders-c-johansson-floyc/

Juhasz, Reka · Lane, Nathan · Rodrik, Dani. 2023. "The New Economics of Industrial Policy".

Kang, Cecilia · Sanger, David. 2024. "Biden Issues Executive Order to Create A.I. Safeguards". New York Times, October, 30, 2023.

Kara, Sidoharth. 2023. *Cobalt Red: How the Blood of the Congo Powers Our Lives.* New York: Martin's Publishing Group.

Kaufman, Noah · SahaSaha, Sagatom. 2023. "Green Trade Tension: Green industrial policy will drive decarbonization,but at what cost to trade?". IMF Finance and Development, June, 2023.

Khalaf, Roula. 2024. "Iceland to harvest more corn and less bitcoin, says PM". Financial Times, March, 23, 2024.

https://www.ft.com/content/6432a24b-b7c4-4c2f-85a8-79108dbe0644

Khan, Lina. 2017a. "Amazon's Antitrust Paradox". 126 Yale L. J. 710 (2016-2017).

Khan, Lina. 2018. "The New Brandeis Movement: America's Antimonopoly Debate". Journal of European Competition Law & Practice, 2018, Vol. 9, No. 3, 131-132.

Khan, Lina. 2023. "We Must Regulate A.I. Here's How". New York Times, May, 3, 2023. https://www.nytimes.com/2023/05/03/opinion/ai-lina-khan-ftc-technology.html

Khan, Lina. 2025. "Stop Worshiping the American Tech Giants". New York Times, Feb 8, 2025.
https://www.nytimes.com/2025/02/04/opinion/deepseek-ai-big-tech.html

Khan, Lina · Vaheesan, Sandeep. 2017b. "Market Power and Inequality: The Antitrust Counterrevolution and Its Discontents". 11 Harv. L. & Pol'y Rev. 235.

Klein, Naomi. 2023. "AI machines aren't 'hallucinating'. But their makers are". the Guardian, May, 8, 2023.
https://www.theguardian.com/commentisfree/2023/may/08/ai-machines-hallucinating-naomi-klein?CMP=Share_iOSApp_Other&fbclid=IwAR1vWhkUc5-68VR9mXyLi7Ccd0gFWcxuCme9y89O5EOhDSPZMV8atu3NyWE

Kotkin, Joel. 2020. *The Coming of Neo-Feudalism: A Warning to the Global Middle Class*. Encounter Books.

Kpur, Akash. 2024. "Can the Internet Be Governed?". New Yorker, January, 29, 2024.
https://www.newyorker.com/magazine/2024/02/05/can-the-internet-be-governed

Krausmann, Fridolin · Lauk, Christian et al. 2018. "From resource extraction to outflows of wastes and emissions: The socioeconomic metabolism of the global economy, 1900-2015". Global Environmental Change 52(2018). pp.131-140.

Kurzweil, Ray. 2024. *The Singularity is Nearer*. London: The Bodley Head.

Kushida, Kenji. 2024. "The Silicon Valley Model and Technological Trajectories in Context". Carnegie Endowment for International Peace.
https://carnegieendowment.org/research/2024/01/the-silicon-valley-model-and-technological-trajectories-in-context?lang=en

Lange, Steffen · Pohl, Johanna · Santarius, Tilman.. 2020. "Digitalization and energy consumption. Does ICT reduce energy demand?". Ecological

Economics, Vol. 176, 106760.

Lange, Steffen · Santarius, Tilman. 2020. *Smart Green World? : Making Digitalization Work for Sustainability*. London & New York: Routledge.

Laurent, Eloi. 2023. *Toward Social-Ecological Well-Being: Rethinking Sustainability Economics for the 21st Century.* Springer.

Lenton, Timothy · McKay, David et al. 2023. "Global Tipping Point". University of Exter, Global Systems Institute.

Leonard, Mark. 2022. *The Age of Unpeace : How Connectivity Causes Conflict*. Transworld Publishers Ltd.

Leonard, Mark. 2023. "This cold war is different". Project Syndicate, 4 Sep 2023.

Lewis, Joanna. 2023. *Cooperating for the Climate.* The MIT Press.

Lichtenthaler, Ulrich. 2021. "Digitainability: The Combined Effects of the Megatrends Digitalization and Sustainability". JIM Vol.9, pp 64-80.

Li, Fei-Fei · Etchemendy, John. 2023. "Why the U.S. Needs a Moonshot Mentality for AI—Led by the Public Sector". Wall Street Journal, December, 9, 2023.
https://www.wsj.com/tech/ai/artificial-intelligence-united-states-future-76c0082e

Lovely, Mary · Yan, Jing. 2024. "While the US and China decouple, the EU and Chinadeepen trade dependencies".
https://www.piie.com/blogs/realtime-economics/2024/while-us-and-china-decouple-eu-and-china-deepen-trade-dependencies

Lucero, Karman. 2024. "Managing the Sino-American AI Race". Project Syndicate, Aug 9, 2024.
https://www.project-syndicate.org/onpoint/us-china-ai-governance-dialogue-limits-and-potential-by-karman-lucero-2024-08

Lynn, Barry. 2020. *Liberty From All Masters*. St. Martin's Press.

Machado, Aluisio · Miller, Ronald. 1997. "Empirical relationships between the energy and information segments of the US economy: An input-output approach". Energy Policy, Vol. 25, Issue 11, pp913-921.

Mahboub, Houda · Sadok, Hicham. 2023. "Measuring the Digital Transformation: A Key Performance Indicators Literature Review". Procedia Computer Science Vol. 225, 4570–4579.

Mann, Michael. 2021. *The New Climate War: The Fight to Take Back the Planet.* New York: Public Affairs.

Mastini, Riccardo · Kallis, Giorgos · Hickel, Jason. 2021. "A Green New Deal without growth?". Ecological Economics 179.

Mazzucato, Mariana. 2013. *The Entrepreneurial State: Debunking Public vs. Private Sector Myths.* UK: Anthen Press.

Mazzucato, Mariana. 2018. *The Value of Everything:Making and Taking in the Global Economy.* UK: Allen Lane.

Mazzucato, Mariana. 2021. *Mission Economy: A Moonshot Guide to Changing Capitalism.* UK: Allen Lane.

Mazzucato, Mariana. 2024. "The ugly truth behind ChatGPT: AI is guzzling resources at planet-eating rates". The Guardian, 30 May 2024.

Mazzucato, Mariana · Valletti, Tommaso. 2025. "Governing AI for the Public Interest". Project Syndicate, Feb 11, 2025.
https://www.project-syndicate.org/commentary/governing-ai-in-the-public-interest-starmer-plan-misses-the-mark-by-mariana-mazzucato-and-tommaso-valletti-2025-02

McCabe, David. 2024. "'Google Is a Monopolist,' Judge Rules in Landmark Antitrust Case". New York Times, Aug. 5, 2024.
https://www.nytimes.com/2024/08/05/technology/google-antitrust-ruling.html?auth=login-google1tap&login=google1tap

Mcgovern, Gerry. 2020. *World Wide Waste:How digital is killing our planet - And what we can do about it.* Silver Beach Publishing.
https://gerrymcgovern.com/books/world-wide-waste/introduction-why-digital-is-killing-our-planet/

Meckling, Jonas · Allan, Bentley. 2020. "The Evolution of Ideas in Global Climate Policy". Nature Climate Change 10:434-438.

Metzand, Cade · Kang, Cecilia. 2024. "California Bill to Regulate A.I. Causes Alarm in Silicon Valley". New York Times, Aug. 14, 2024.
https://www.nytimes.com/2024/08/14/technology/ai-california-bill-silicon-valley.html

Md, Siddik · Arman, Shehabi. 2021. "The environmental footprint of data centers in the United States". Environ. Res. Lett, 16.

Microsoft. 2024. "2024 Environmental Sustainability Report: Data Fact Sheet".
https://blogs.microsoft.com/on-the-issues/2024/05/15/microsoft-environmental-sustainability-report-2024/

Miller, Rich. 2023. "Dominion: Virginia's Data Center Cluster Could Double in Size".
https://www.datacenterfrontier.com/energy/article/33013010/dominion-virginias-data-center-cluster-could-double-in-size

Milman, Oliver. 2024. "Global heating will pass 1.5C threshold this year, top ex-Nasa scientist says". The Guardian, January, 8, 2024.
https://www.theguardian.com/environment/2024/jan/08/global-temperature-over-1-5-c-climate-change

Mooney, Attracta. 2024. "Data centres must work 'within climate limits', says Irish minister". Financial Times, September 17 2024.

Moreno, Carlos. 2024. The 15-Minute City:A Solution to saving Our Time and Our Planet. Wiley.

Mrena, Edouard · Stevis, Dimitris et al. 2018. "Mapping Just Transition(s) to a Low-Carbon World: A report of the just transition research collaborative", UNRISA Rosa Luxemburg Stifung. University of London.

Muench, Stefan · Stoermer, Eckhard et al. 2022. "Towards a green & digital future: Key requirements for successful twin transitions in the European Union". Publications Office of the European Union.

Munchau, Wolfhang. 2024. Kapnut: The end of the German Miracle. Swift Press.

Nahm, Jonas. 2021. Collaborative Advantage Forging Green Industries in the New Global Economy. Oxford University Press.

Narayanan, Arvind · Kapoor, Sayash. 2024. AI Snake Oil: What Artificial Intelligence Can Do, What It Can't, and How to Tell the Difference. Princeton University Press.

New York Times. 2023. "The Climate Summit Embraces A.I., With Reservations". New York Times, December, 3, 2023.
https://www.nytimes.com/2023/12/03/climate/artificial-intelligence-climate-change.html

New York Times. 2024. "Yellen Warns China Against Flood of Cheap Green Energy Exports". New York Times, March 27, 2024.
https://www.nytimes.com/2024/03/27/business/yellen-china-green-technology.html

Niranjan, Ajit. 2024. "European parliament votes for watered-down law to restore nature". The Guardian, February, 27, 2024.
https://www.theguardian.com/environment/2024/feb/27/european-parliament-votes-for-watered-down-law-to-restore-nature-farmers-protests

Nordhaus, William. 2018. "Climate change: The Ultimate Challenge for Economics". Nobel Price Lecture.

Obringer, Renee · Rachunok, Benjamin et al. 2021. "The overlooked environmental footprint of increasing Internet use". Resources, Conservation & Recycling. Vol. 167.

OECD. 2019. "Measuring the Digital Transformation: A Roadmap for the Future". OECD Publishing.

OECD. 2020. "Building Back Better: A Sustainable, Resilient Recovery after COVID-19". OECD Policy Responses to Coronavirus (COVID-19).

OECD. 2024a. "2023 OECD Digital Government Index". OECD Public Governance Policy Papers.

OECD. 2024b. "Governing with Artificial Intelligence: Are Governments Ready?". OECD Artificial Intelligence Papers, June 2024, No. 20.

OECD. 2024c. "Pro-Competitive Industrial Policy". OECD Roundtables on Competition Policy Papers.
https://doi.org/10.1787/20758677.

Our World in Data. 2024. "Tracking global data on electric vehicles".
https://ourworldindata.org/electric-car-sales

Palma, Stefania. 2022. "A 'once-in-a-century inflection point': DoJ's antitrust chief on curbing corporate power". Financial Times, 2022.6.3.

Petitor, Ann. 2019. *The Case for the Green New Deal*. Verso.

Pew Research Center. 2021. "56% of Americans support more regulation of major technology companies".
https://www.pewresearch.org/short-reads/2021/07/20/56-of-americans-

support-more-regulation-of-major-technology-companies/

Plvora, Alexandre · Manimaaran, Sivasegaram at al. 2022. "Identificaion of Emerging Technologies and Breakthrough Innovations". European Innovation Council Working Paper 1/2022.

Prontera, Andrea. 2024. *Green Superpowers: China, the European Union, and the United States in the Global Energy Transition*. Oxford University Press.

Posner, Eric. 2021. "Biden's Antitrust Revolutionaries". Project Syndicate.

Rajan, Raghuram. 2019. *The Third Pillar: How Markets and the State Leave the Community behind*. Penguine Press.

Rathi, Akshat. 2023. *Climate Capitalism: Winning the Global Race to Zero Emissions*. John Murray.

Raval, Anjli. 2020. "Can the world kick its oil habit?". Financial Times, February, 13, 2020.

   https://www.ft.com/content/dddb57ec-4d2d-11ea-95a0-43d18ec715f5

Raworth, Kate. 2018. "Doing the Doughnut at the G20?".

   https://www.kateraworth.com/2018/12/01/doing-the-doughnut-at-the-g20/

Reich, Robert. 2025a. "Trump's crypto-ligarchy".

   https://robertreich.substack.com/p/trumps-crypto-explosion

Reich, Robert . 2025b. "American capitalism just got a black eye".

   https://robertreich.substack.com/p/american-capitalism-just-got-a-black

Reynolds, Elisabeth. 2025. "Trump's Industrial Policy Is More Continuity Than Disruption". Project Syndicate, Jan 31, 2025.

   https://www.project-syndicate.org/commentary/trump-industrial-policy-similar-to-biden-administration-by-elisabeth-reynolds-2025-01

Ribera, Teresa · Kaplan, Daniel. 2018. "White Paper Digital Technology and Environment". IDDRI, Fing, WWF France, GreenIT.fr.

Richardson, Katherine · Steffen, Will et al. 2023. "Earth beyond six of nine planetary boundaries". Science Advances, Vol 9, Issue 37.

Rodrik, Dani. 2014. "Green Industrial Policy". Oxford Review of Economic Policy 30(3):469-491.

Rolnick, David · Donti, Priya. 2022. "Tackling Climate Change with Machine Learning". ACM Computing Surveys, Vol. 55, No. 2, Article 42.

Roose, Kevin. 2023. "A.I. Belongs to the Capitalists Now". Nov. 22, 2023.
https://www.nytimes.com/2023/11/22/technology/openai-board-capitalists.
html

Royal Schiphol Group & PA consulting. 2022. "The Twin Transition Playbook: How
to bring your digital and sustainability roadmaps together Bringing Ingenuity
to Life Version: 2.0".
https://www.paconsulting.com/global-shifts/sustainable-world/the-twin-
transition-2

Samochowiec, Jakub. 2020. "Future Scenario: Four scenarios for the world of
tomorrow". Jacobs foundation.

Satariano,Adam. 2024. "The World's Pioneering Tech Cop Is Making Her Exit".
New York Times, Nov. 26 2024.

Satariano, Adam · McCabe, David. 2024. "Forced to Change: Tech Giants Bow to
Global Onslaught of Rules". New York Times, March, 4, 2024.
https://www.nytimes.com/2024/03/04/technology/europe-apple-meta-
google-microsoft.html

Schram, Albert. 2023. "Artificial Intelligence and the Jevons Paradox".
https://www.linkedin.com/pulse/artificial-intelligence-jevons-paradox-albert-
schram-ph-d-/

Schwab, Klaus · Zahidi, Saadia. 2020. "The Global Competitiveness Report Special
Edition 2020". World Economic Forum.

Scott, Jennifer. 2025. "DeepSeek's success will undermine the US-China tech war".
Financial Times, Feb 2, 2025.
https://www.ft.com/content/3549cc33-e04d-41da-8c58-525d5bb2ba4c?fbcl
id=IwY2xjawIM1FZleHRuA2FlbQIxMAABHTUOcbZVLmmnwghnx3TAb8lnv_
EnQw9iBhHwQDOsCp7HGSTTzP-cyJBy2Q_aem_OJ4ZqEbhP4IkzHtf-PNJpA

Stiglitz, Joseph. 2024. *The Road to Freedom: Economics and the Good Society.*
W.W. Norton & Company.

Stoddard, Isak · Anderson, Kevin et al. 2021. "Three Decades of Climate Mitigation:
Why Haven't We Bent the Global Emissions Curve?". Annual ,Review of
Environment and Resources, No.46, pp.653–89.

Streitfeld, David. 2023. "Silicon Valley Confronts the Idea That the 'Singularity' Is

Here". New York Times, June, 11, 2023.

https://nytimes.com/2023/06/11/technology/silicon-valley-confronts-the-idea-that-the-singularity-is-here.html

Szerszynsk, Bronislaw. 2024. "Perter K. Haff(1944-2024) - in memoriam". Medium, Feb 26, 2024.

https://medium.com

Teachout, Zephy. 2020. *Break'em up*. All Points Books.

techUK. 2022. "Climate Tech: The Innovators".

https://www.nyserda.ny.gov/All-Programs/Innovation-at-NYSERDA/Climate-Tech-Innovators

Tepper, Jonathan. 2019. *The Myth of Capitalism: Monopolies and the Death of Competition*. Willy.

Terzi, Alessio · Sherwood, Monika · Singh, Aneil. 2023. "European industrial policy for the green and digital revolution". Science and Public Policy, No.50, 842–857.

https://doi.org/10.1093/scipol/scad018

The Economist. 2023. "Subsidies and protection for manufacturing will harm the world economy". The Economist, July, 13, 2023.

https://www.economist.com/leaders/2023/07/13/subsidies-and-protection-for-manufacturing-will-harm-the-world-economy?utm_medium=social-media.content.np&utm_source=linkedin&utm_campaign=editorial-social&utm_content=discovery.content&fbclid=IwAR1zs5LUekM5QsdKPcn3Ed GYm9MnFCej1QSJImnFi4G-LrgNTEpeIAguw_s

The Economist. 2024a. "How to know when the world has passed 1.5°C of global warming". The Economist, February, 9, 2024.

https://www.economist.com/the-economist-explains/2024/02/09/how-to-know-when-the-world-has-passed-15degc-of-global-warming

The Economist. 2024b. "The breakthrough AI needs: A race is on to push artificial intelligence beyond today's limits".

https://www.economist.com/leaders/2024/09/19/the-breakthrough-ai-needs

The Economist. 2024c. "China is writing the world's technology rules: It is setting standards for everything from 6G to quantum computing".

https://www.economist.com/business/2024/10/10/china-is-writing-the-worlds-technology-rules

The Royal Society. 2020. "Digital technology and the planet: Harnessing computing to achieve net zero".
http://www.royalsociety.org/topics-policy/projects/digital-technology-and-the-planet

The Shift Project. 2019. "Lean ICT: Towards Digital Sobriety". the Agence franaise de developpement and the Caisse des Dpts.

Trincado, Estrella · Sanchez-Baydon, Antonio. 2021. "The European Union Green Deal: Clean Energy Wellbeing Opportunities and the Risk of the Jevons Paradox". Energies, Vao. 14.

Tseng, Darren · Diehl, Stephen · Akalin, Jan. 2022. Popoing the Crypto Bubble. Consilience Publishing.

UNEP. 2022. "Digital Transformations Version 1.0".
https://www.unep.org/resources/policy-and-strategy/digital-transformation-becoming-innovative-agile-and-collaborative

UN General Assembly. 2024. "Seizing the opportunities of safe, secure and trustworthy artificial intelligence systems for sustainable development".
https://press.un.org/en/2024/ga12588.doc.htm

Vallor, Shannon. 2024. The AI Mirror: How to Reclaim Our Humanity in an Age of Machine Thinking. Oxford University Press.

Varoufakis, Yanis. 2023. Techno Feudalism: What Killed Capitalism. London: The Bodley Head.

Veldhuis, Anne. 2023. "Managing the Twin Transition: The Role of Research and Technology organizations in Converging the Digital and Sustainability Transition". Utrecht University.

Veugelers, Reinhilde · Faivre, Clemence. 2023. "The Green and Digital Twin Transition: EU vs US Firms". Intereconomics, 2023, 58(1), 56-62.

Victor, Peter. 2022. "The Macroeconomics of a Green Transformation: The Role of Green Investment". Economic+Social Issues 27. pp. 55-65.

Villamayor-Tomas, Sergio · Muradian, Roldan. 2023. The Barcelona School of Ecological Economics and Political Ecology. Springer.

Walker, Deanna. 2023. "Sam Altman's drama points to a deep divide in the tech world". BusinessNews, November, 19, 2023.
https://biz.crast.net/sam-altmans-drama-points-to-a-deep-divide-in-the-tech-world/

WEF. 2022a. "What is the 'twin transition' - and why is it key to sustainable growth?".
https://www.weforum.org/agenda/2022/10/twin-transition-playbook-3-phases-to-accelerate-sustainable-digitization/

WEF. 2022b. "Digital solutions can reduce global emissions by up to 20%. Here's how".
https://www.weforum.org/agenda/2022/05/how-digital-solutions-can-reduce-global-emissions/?utm_source=campaign.name&utm_medium=email&utm_campaign=program.Name

WEF. 2024. "Global Risks Report 2024".
https://www.weforum.org/publications/global-risks-report-2024/in-full/?utm_source=google&utm_medium=ppc&utm_campaign=globalrisks&gad_source=1&gclid=CjwKCAjwtqmwBhBVEiwAL-WAYVjgITEfkHIY5IXRJo1OJ7X8ZMGTp9nLcvlAa2BPcJIJD5NNZMhkOBoCU3AQAvD_BwE

WEF. 2025a. "Global Risks Report 2025".
https://www.weforum.org/publications/global-risks-report-2025/

WEF. 2025b. "Artificial Intelligence's Energy Paradox". https://reports.weforum.org/docs/WEF_Artificial_Intelligences_Energy_Paradox_2025.pdf

WEF with Accenture. 2023. "Fostering Effective Energy Transition 2023 Edition".
https://www.weforum.org/publications/fostering-effective-energy-transition-2023/

Wheeler, Tom. 2024. Techlash: Who Makes the Rules in the Digital Gilded Age?. Brookings Institution Press.

White House. 2022. "Blueprint for an AI Bill of Rights".
https://www.whitehouse.gov/ostp/ai-bill-of-rights/

White House. 2023a. "FACT SHEET: President Biden Issues Executive Order on Safe, Secure, and Trustworthy Artificial Intelligence".
https://www.whitehouse.gov/cea/written-materials/2023/05/02/cost-of-

cryptomining-dame-tax/

White House. 2023b. "The DAME Tax: Making Cryptominers Pay for Costs They Impose on Others".

https://www.whitehouse.gov/briefing-room/statements-releases/2023/10/30/fact-sheet-president-biden-issues-executive-order-on-safe-secure-and-trustworthy-artificial-intelligence/

The White House. 2025. "Statement by President Biden on the Executive Order on Advancing U.S. Leadership in Artificial Intelligence Infrastructure".

https://www.whitehouse.gov/briefing-room/statements-releases/2025/01/14/statement-by-president-biden-on-the-executive-order-on-advancing-u-s-leadership-in-artificial-intelligence-infrastructure/

Wiedmann, Thomas · Lenzen, Manfred. 2020. "Scientists' warning on affluence". Nature Communications, 2020.

https://www.whitehouse.gov/ostp/ai-bill-of-rights/

World Bank Group. 2024a. "Digital Progress and Trends Report 2023".

https://www.worldbank.org/en/publication/digital-progress-and-trends-report

World Bank Group. 2024b. "Green Digital Transformation: How to Sustainably Close the Digital Divide and Harness Digital Tools for Climate Action". Climate Change and Development Series.

Yale Center for Environmental Law & Policy. 2022. "The Environmental Performance Index:Ranking country performance on sustainability issues". https://epi.yale.edu/epi-results/2022/component/epi

주

1. https://www.iea.org/commentaries/what-the-data-centre-and-ai-boom-could-mean-for-the-energy-sector

2. WEF 2025a.

3. 최근 서구의 정치 불안정이나 특히 한국에서의 2024년 12.3 내란 사태는 다음과 같은 정치학계의 믿음을 무너뜨렸다. "1인당 국내총생산이 7천 달러를 넘어선 민주국가 가운데 전제 정부로 회귀한 사례는 하나도 없다. 일정 수준의 번영에 이르면 민주주의는 강해진다"(런시먼 2018).

4. 고작 기업가 정신이나 혁신을 들먹이면서 대규모 경제 붕괴에 안이하게 대처하거나, 소득 양극화 심화에 정면으로 대응하는 것을 회피하려는 태도가 정치 양극화와 포퓰리즘 발흥의 토양이 된다는 연구는 많이 나와 있다. 관련하여 야스차 뭉크는 "시민들이 자신이 속한 정치체제에 충성심을 갖는다면, 그 까닭은 그 체제가 안전을 보장하고, 주머니를 두둑하게 만들어주기 때문이지, 그들의 가장 근본적인 원리원칙에 잘 들어맞기 때문이 아니"라고 지적하고 있다(뭉크 2018).

5. 슈밥 2016.

6. 애쓰모글루 · 존슨 2023.

7. 김병권 2023a.

8. 상드린 딕손-드클레브 등은 기후위기 대처를 성공시킨 2100년의 미래에 대해서 "재생에너지, 재생농업, 건강에 더 좋은 식단과 더불어 인구가 감소하면서 과소비와 물질 발자국은 줄어든다. 이는 특히 10% 최고 부유층을 중심으로 눈에 띄게 줄어든다"고 하면서도

다음과 같은 단서를 덧붙인다. "하지만 세계는 유토피아와는 거리가 멀다. 여전히 갈등이 불거지고 기후붕괴가 충격을 주고 있다. 지구가 장기적으로 안정적일 수 있는 여부도 매우 불확실하다"(덕슨-드클레브·가프니 외 2023). 한편 피게레스는 생태전환에 성공한 미래를 다음과 같이 예시한다 "인류는 전반적으로 삶의 재생, 재조직, 재구조화를 통해 생활방식을 더 지역적인 형태로 바꾸는 데 성공했다. 에너지 단가는 크게 떨어졌지만, 장거리 통근 대신 지역 생활을 택하는 경향이 우세하다. 통신 연결성이 개선되어 집에서 일하는 사람이 많아지면서 생활이 유연해지고 여가 시간이 늘어났다"(피게레스 2020).

9. Samochowiec 2020. Dator 2009.

10. Samochowiec 2020:14-25.

11. Samochowiec 2020:14-25.

12. Samochowiec 2020:26-37.

13. Samochowiec 2020:38-49.

14. Samochowiec 2020:50-62.

15. 바스타니 2019:60.

16. Hölscher·Wittmayer·Loorbach 2018.

17. World Bank Group 2024b. 엄밀하게 보면 세계은행 보고서는 동시에 'digital and green transitions'이라는 표기를 사용하는 등 혼용해서 사용했다고 봐야 한다.

18. 이상헌 2020:90.

19. 정태석 2023:44-45.

20. 오형나·홍종호 2021.

21. 그럼에도 디지털전환은 여전히 인공지능 기술도입 등 기술적 층위에 무게를 두어 연구하는 경향이 강하다는 사실은 틀림없다.

22. Gupta · Motlagh et al. 2020.

23. EuroChambers 2022.

24. 물론 생태전환의 진전 여부를 평가할 때, 하위 영역으로서 녹색기술에서의 혁신 정도나 특히 에너지전환 수준은 빼놓을 수 없는 고려사항의 하나다.

25. Lichtenthaler 2021.

26. 임운택 2024:309.

27. Veldhuis 2023,

28. Lichtenthaler 2021.

29. Hedberg·Šipka 2020:4.

30. Veldhuis 2023:9.

31. World Economic Forum 2022a.

32. Gupta·Motlagh 2020.

33. Lichtenthaler 2021:66.

34. Muench·Stoermer et al. 2022:81.

35. Veldhuis 2023.

36. Lichtenthaler 2021:67.

37. 피트롱 2023:20.

38. Muench·Stoermer et al. 2022. 120쪽의 이 보고서는 유럽 집행위원회 산하의 공동연구센터(JRC)가 2022년, 정책 결정 과정에 증거 기반의 과학적 지원을 제공하는 것을 목적으로, 다수 연구자들이 참여하여 발간한 정책지원 과학 보고서다. 보고서는 탄소중립을 실현할 2050년까지 "현재와 미래의 디지털 기술이 어떻게 녹색전환의 핵심 원동력이 될 수 있는지 분석한다. 또한 디지털 기술이 추가적인 환경 부담을 가져올 수 있는 등 두 가지 전환 사이의 긴장 지점을 조사한다. 그리고 경제적, 사회적, 정치적 요인이 두 가지 전환에 어떤 영향을 미칠지 평가한다"고 핵심 내용을 요약하고 있다.

39. Muench·Stoermer et al. 2022:7.

40. Muench·Stoermer et al. 2022:9.

41. Muench·Stoermer et al. 2022:80

42. Muench·Stoermer et al. 2022:75-76.

43. 차정미 2023.

44. World Bank Group 2024b.

45. WEF 2022a.

46. WEF 2022b.

47. WEF 2022b.

48. World Bank Group 2024a.

49. The Royal Society 2020

50. 유럽혁신위원회(EIC)는 유럽연합에서 고위험-고영향 기술의 상용화를 지원하기 위해 2021년 3월 유럽연합이 도입한 조직이다.

51. Pólvora·Manimaaran at al. 2022:10.

52. 피트롱 2023:44.

53. GeSI 218.

54. 피트롱 2023:36-38.

55. 피트롱 2023:282.

56. 이재용·사공호상 2015:2

57. 이재용·사공호상 2015:4.

58. 김익회·이재용 외 2019:10. 물론 2018년 이후 한국에서 추진된 스마트도시 사례들이 모두 지속가능성을 배제한 채 디지털 기술 도입으로 치우쳐왔다고 평가한다면 이 또한 너무 일방적일 수 있다. 2019년부터 추진된 세종시 스마트도시는 에너지와 환경에 중요한 방점을 찍었고, 2020년부터 추진된 서울시 서초구의 스마트도시 전략도 '그린'에 상당한 무게를 두기도 했다.

59. 4차산업혁명위원회·관계부처합동 2018:29. 특히 "민간과 범부처 협력위원회인 대통령 직속 4차산업혁명위원회가 2017년 4월 출범하게 되었고, 11월에는 그 산하에 분과 중 하나로 스마트도시 특별위원회를 설치하여, 4차 산업혁명 기술을 담는 그릇으로서의 도시를 계획하고 구축하는 역할을 수행"했다는 지적에서 드러나듯이 스마트도시는 디지털전환에 사실상 편입되는 식이었다(김갑성. 2021).

60. 도시경제과 2019:4

61. 국토교통부 2019:6

62. 국토교통부 2024:16.

63. 국토교통부 2024:21

64. Dannouni·Deutscher et al. 2023:8.

65. Dannouni·Deutscher et al. 2023:11-21.

66. Dannouni·Deutscher et al. 2023:22-27.

67. Rolnick·Donti 2022:19-23.

68. Mcgovern 2020:37.

69. Bhide 2025.

70. Vallor 2024.

71. Narayanan · Kapoor 2024:3-12.

72. Klein 2023.

73. Klein 2023.

74. Lichtenthaler 2021. 그는 이 글에서 '디지털지속가능성(digitainability)'이라는 새로운 용어를 제안하면서, 디지털전환과 생태전환의 개별적인 중요성을 넘어서 상호간 긍정적, 부정적 의존성이 더욱 중요해질 것이라고 전망했다. 또한 지속 가능한 디지털전환

을 위해 탄소발자국과 에너지 소비 측면에서 디지털 솔루션의 잠재적인 어두운 측면을 극복해야 할 필요성도 강조했다. 이런 대목에서 적어도 필자와 문제의식이 일치하는 지점이 있다.

75. Lichtenthaler 2021:71

76. https://cop29.az/en/media-hub/news/cop29-presidency-hosts-inaugural-digitalisation-day

77. https://www.iea.org/commentaries/why-ai-and-energy-are-the-new-power-couple

78. Hedberg·Šipka 2020.

79. Hedberg·Šipka 2020.

80. World Bank Group 2024b.

81. Galaz·Centeno 2021:2.

82. Mcgovern 2020:9.

83. 크로퍼드 2022:55. 물론 뒤에 살펴보겠지만 데이터센터 에너지 사용량, 온실가스 배출량의 공개를 의무화하는 작업이 시도되고는 있다.

84. World Bank Group 2024b. 이에 따르면 소비자 디바이스에 24~40%, 데이터센터에 20~48%, 연결 네트워크에 16~40퍼센트가 사용되고 있다.

85. Baldor-Reliance 2022:2.

86. 이 연구소의 홈페이지는 https://theshiftproject.org/en/home/

87. Ferreboeuf·Efoui-Hess et al. 2021:12-14. 한편 세계은행은 디지털의 온실가스 배출량을 1.5~4%라고 평가하고 있다(World Bank Group 2024b).

88. IEA 2024a:31-39.

89. IEA 2024a:31-39.

90. IEA 2024a:31-39. 데이터센터 숫자는 실시간으로 빠르게 늘어나는 중인데, 2024년 3월 현재 전 세계적으로 약 11,000개의 데이터센터가 운영되고 있으며, 그 중 절반인 5,381개가 미국에 있다는 또 다른 자료도 있다(국회도서관 2024; Statista 웹사이트 통계 참조).

91. IEA 2024a:31-39.

92. CRU 2021.

93. CRU 2021.

94. https://csf.kiep.go.kr/newsView.es?article_id=54545&mid=a20100000000

95. 유재국 2024.

96. "일상 파고든 AI, '데이터센터' 최소 600개 필요…SK에코 '두각'". 뉴스1, 2024.11.19.
97. 유재국 2024.
98. 박훈 2024.
99. 산업자원부 2024. 16.7기가와트의 추가수요에서 데이터센터 수요는 일부에 불과해서 정부가 추정한 정확한 데이터센터 전력수요는 알기 어렵다.
100. 유재국 2024.
101. de Vries 2023;EPRI 2024.
102. EPRI 2024:27.
103. The Economist 2024b.
104. IEA 2024:31-39.
105. Microsoft 2024.
106. Google 2024:41.
107. 에릭 슈미트 "기후 목표 어차피 달성 못 해…AI 인프라 투자해야". 디지털투데이, 2024.10.07.
108. https://www.ft.com/content/089b24f7-3d2c-49db-ba49-0989291aa094
109. Bryan · Hodgson · Tauschinski 2024.
110. Bloomberg 2024. 2024년 현재 이와 유사한 미디어 보도가 쏟아지고 있다. 월스트리트저널도 데이터센터가 전력망에 부담이 되고 있어 재생에너지로의 전환이 지연될 수 있다는 데 대다수가 동의하는 상황이라고 분석했다(연합뉴스 2024.3.25). 미국 전력업체 서던컴퍼니는 지난해에 데이터센터 건설을 비롯한 산업활동을 이유로 조지아주 전력 수요 전망치를 대폭 올렸는데, 2030년까지 기존 예측보다 17배 많은 수요 증가를 전망했다. 잘 알려진 것처럼 조지아주는 전 세계 데이터센터의 중심 허브다. 이런 우려는 미국 외에 영국에서도 발견되는데, 블룸버그를 인용한 국내 언론 보도에 따르면 영국 역시 데이터센터의 급증으로 10년 안에 전력 수요가 6배 이상 늘어날 것이라는 전망이다(디지털투데이 2024.3.27).
111. "AI 사용 증가, 에너지 전환 속도 늦출 정도 아냐". 탈핵신문, 2024.11.07. 그는 노르웨이 선급협회(DNV)가 10월 10일 〈2024 에너지전환 전망 보고서〉를 근거로 "현재 데이터센터, 암호화폐, AI가 세계 총 전기 수요의 2%를 차지하고 있는데, 2050년까지 AI의 전기 수요가 세 배로 증가하지만, 전반적인 전기화로 총 전기 수요가 두 배로 증가할 것이기 때문에 AI 자체가 차지하는 비중은 크게 변하지 않는다"고 인용하고 있다.

112. Mazzucato 2024.

113. 직접 효과와 간접 효과는 World Bank Group 2024b.

114. Lange·Pohl·Santarius 2020:8.

115. Fouquet·Hippe 2022:4.

116. Moore, Malcolm·Johnston, Ian·Pitel, Laura. 2025. "DeepSeek-driven sell-off puts power demands of AI in doubt, says IEA", Financial Times, Jan 29 2025.

117. "딥시크, '제번스의 역설'처럼 고성능 칩 수요 늘릴까". 한겨레신문, 2025.02.04.

118. 오형나·홍종호 2021:2.

119. 오형나·홍종호 2021:19.

120. Andrae 2019:32.

121. "기후위기에 원전? 비싸고 느린 '라라랜드'일 뿐". 한겨레신문, 2024.11.25.

122. IEA 2025.

123. IEA 2025.

124. IEA 2023.

125. IEA. 2024:101-102. IEA는 인도에서는 태양광 발전과 배터리 저장장치가 이미 석탄보다 경쟁력이 있고, 중국에서는 태양광 발전과 배터리 저장장치의 조정 균등화발전비용(LCOE)이 2025년경에 석탄화력발전보다 낮아진다고 전망했다. 미국과 유럽에서도 태양광 발전과 배터리 저장장치의 조합이 석탄화력발전, 심지어 가스화력발전과 경쟁하게 될 것으로 예상했다.

126. https://about.bnef.com

127. 이코노미스트 2024.

128. Mcgovern 2020:29.

129. 1994년 이후 인터넷 웹개발 분야에 종사해온 게리 맥거번은 생태적 디지털 활용을 연구하여 이 분야에서 세계적으로 인정받고 있는 전문가다. 아일랜드 타임스는 그를 웹발전에 큰 영향을 미친 선구자 5인 중 한 명으로 선정한 바가 있고, 최근에는 2023년 12월 7일 유엔무역개발회의(UNCTAD)와 유엔환경계획이 주최한 eWeek 고위급 세션 '디지털 경제와 환경 지속가능성'에 참여하여, 데이터센터가 지구에 매우 실질적인 영향을 미치고 있다고 경고하기도 했다.

130. 크로퍼드 2022:62.

131. 피트롱 2023:61.

132. 피트롱 2018:22-23.

133. 크로퍼드 2022:48.

134. 피트롱 2023:97.

135. 카라 2024:30.

136. Berners-Lee 2020:16.

137. 피트롱 2021:272-273.

138. 피트롱 2021:112.

139. https://www.statista.com/statistics/633826/worldwide-hyperscale-data-center-numbers/#:~:text=Published%20by.%20Petroc%20Taylor%2C%20 Jun%207%2C%202024.,up%20from%20just%20700%20two%20years%20prior. 데이터센터 규모는 랙(rack) 단위로 측정한다. 서버랙 10만 대 이상을 수용하면서 면적이 약 37,161㎡ 이상인 데이터센터를 하이퍼스케일(hyperscale) 데이터센터라고 한다. 서버랙의 수에 따라 메가(mega: 9001~10만 대 미만), 매시브(massive:3,001~9,000대), 라지(large: 801~3000대) 등으로 데이터센터를 분류한다(유재국 2024).

140. 피트롱 2023:137-141.

141. Datacenters.com Technology 2019.

142. Miller 2023.

143. Bindseil. Schaaf 2022.

144. Laurent 2023:59.

145. McGoven 2020:22.

146. Krausmann·Lauk et al. 2018.

147. Wiedmann·Lenzen 2020.

148. Friends of The Earth 2021:3-5.

149. Friends of The Earth 2021:2.

150. Climate Action Against Disinformation & Check My Ads et al. 2024: 3.

151. WEF 2024.

152. 김병권 2024:150.

153. 컬럼비아 2024:114.

154. Bindseil·Schaaf 2024. 유럽중앙은행에서 '시장 인프라 및 결제' 분야 이사 직책을 맡고 있는 울리히 빈드세일(Ulrich Bindseil)과 선임 자문을 맡고 있는 위르겐 샤프(Jürgen Schaaf)는 중앙은행 블로그를 통해 지속적으로 가상코인의 문제점을 지적하는 날카롭고 비판적인 글을 올리고 있는데 매우 시의적절하고 주목할 만한 내용을 담고 있다.

155. CNBC 2018년 2월 6일.

156. Roubini 2021.

157. 루비니 2023.

158. Tseng. Diehl. Akalin 2022.

159. Reich 2025.

160. 일부에서는 2024년 1월 10일, 미국 증권거래위원회(SEC)가 비트코인 현물 상장지수
펀드(ETF)를 승인하면서, 드디어 비트코인과 가상코인이 적어도 안전 자산이 될 수 있
으며 곧 사회적으로 유용한 역할을 하리라고 기대했다. 그리고 이를 증명하듯 2024년
상반기에 1 비트코인 가격이 꿈의 1억 원을 넘기도 했다.

하지만 ETF 승인에도 불구하고 "비트코인의 공정 가치는 여전히 제로"라면서, 가상코
인은 "부동산과 달리 현금 흐름이나 배당금(주식)이 발생하지 않고, 생산적으로 사용할
수 없으며(상품), 사회적 혜택(금, 보석)이나 뛰어난 능력에 따른 주관적 평가(예술 작품)를
제공하지도 않는다"고 울리히 빈드세일과 위르겐 샤프는 강하게 반박했다. 특히 그들
은 비트코인 가격이 폭등하는 것을 보고 '지속가능성'을 판단하면 안 되며, 여전히 가
상코인은 "경제 펀더멘털 데이터도 없고, 진지한 예측을 도출할 수 있는 공정 가치도
없다. 투기 거품에는 '가격의 증거'가 없기 때문"이라고 덧붙였다(Bindseil·Schaaf 2024).

161. 김병권 2024:163-164.

162. Huang. O'Neill. Tabuchi 2021.

163. 김병권 2024:164.

164. IEA 2024:31-39.

165. Tseng. Diehl. Akalin 2022.

166. 김병권 2024:165.

167. Obringer·Rachunok et al. 2021.

168. Mcgovern 2020:23.

169. 피트롱 2023:125.

170. Lange · Santarius 2020; The Shift Project 2019.

171. 피트롱 2023:22.

172. 하이트 2024.

173. Deloitte 2024. 좀 더 폭넓은 관점에서 세계은행도 '디지털 기술로 녹색화 지원하기
(Greening with digital technologies)'와 '디지털 부문을 녹색화하기(Greening the digital
sector)'라는 두 축을 설정하고 있다(World Bank Group 2024b).

174. 김병권 2023a:41-42.

175. 슈트어트 · 피터슨 · 군더슨 2024:17.

176. Alang 2024.

177. WEF 2022a. WEF 2022b. Royal Schiphol Group & PA consulting 2022.

178. Lange·Pohl · Santarius 2020:8.

179. Bloomberg 2024.

180. McGoven 2020:22.

181. Bindseil. Schaaf 2022.

182. Friends of The Earth 2021:3-5.

183. 비판사회학회 2022. 비판사회학회는 2022년 11월 4~5일, '21세기 자본주의의 디지털·그린 전환과 사회의 미래'라는 주제로 가을 국제학술대회를 열고 한국 사회에서 처음으로 통합적 관점으로 두 전환을 다뤘다. 여기서 다뤄진 내용은 2024년 1월 《사회생태 전환의 정치》라는 단행본으로 출간되었다.

184. 이광석 2022:137.

185. 김병권 2023b:195.

186. 김병권 2021:138.

187. 임운택 2024b:14.

188. 김공희 2024:76.

189. 차정미. 2023.

190. Lichtenthaler 2021.

191. 마틴 포드는 20세기에 전기를 일상에서 필수적으로 흔하게 썼던 것처럼, 21세기에는 인공지능을 비슷하게 사용할 것이라면서도 이렇게 단서를 붙였다. "하지만 인공지능은 다르다. 인공지능에는 어두운 면이 있고 개인과 사회 전체에 끼칠 수 있는 진짜 위험을 동반한다"(포드 2022:19).

192. 디지털이 초래한 노동의 변화를 다루는 한국 학자들의 《인공지능, 플랫폼, 노동의 미래》 같은 저작들, '양면 시장'의 부상에 따른 경제의 변화를 다루는 경제학자 로빈 만셀(Robin Mansell) 등의 《플랫폼 경제학》, 아예 자본주의 시스템 자체의 특징이 바뀌고 있다고 주장하는 좌파 연구자 닉 서르닉(Nick Srnicek)의 《플랫폼 자본주의》, 문화적 영향을 짚어주는 이광석의 《디지털 폭식사회》 등 대단히 많은 연구들이 디지털화가 사회의 여러 층위에 주는 심대한 영향을 지적한다.

193. 구도완 2023:106.

194. Kotkin 2020.

195. Varoufakis 2023. Durand 2024.

196. 주보프 2021.

197. Lange · Pohl 2020:105-120.

198. Lange · Pohl 2020:144-145.

199. 랑게는 디지털 충분성을 기술적 충분성, 데이터 충분성, 사용자 충분성으로 세분화하고, 엄격한 데이터 보호는 프라이버시를 보호하도록 설계하고 사용자 데이터 주권을 보호하는 내용을 포함하며, 공공선에 초점 맞추기에는 커먼즈로서 인터넷, 오픈소스, 협동적 플랫폼 등의 내용이 들어가야 한다고 제안한다(Lange · Pohl 2020:144-145).

200. The Shift Project 2019.

201. Mrena · Stevis et al. 2018.

202. 구도완 2023.

203. 디지털전환에서 '성숙' 개념은 기존에 기업조직이 능숙하게 디지털 기술을 활용하는 정도를 평가할 때 간간히 활용되기는 했지만, 이는 이 글의 맥락과는 다른 것이다(Deloitte 2018). 또한 뒤에 설명하는 것처럼, 기존에 디지털 성숙도를 측정하는 '전자정부발전지수(EDGI)' 같은 사례들을 보면, 순전히 양적으로 디지털 기술이 얼마나 많이 도입되었는지 국한해서 평가하기보다는, 기술적 인프라와 함께 실제 서비스, 그리고 사람들에게 체화된 인적 역량을 함께 평가하기도 한다. 하지만 이 글이 제시한 '디지털 성숙도' 개념에는 한참 미치지 못한다.

204. 생태전환에서의 성숙도 개념은 기존에는 거의 사용하지 않았으나 일부 생태학에서 다른 의미로 사용되는 사례가 있기는 하다(Ankrom · Franco 2021). 따라서 이 책에서는 필자가 독자적으로 정의한 방식에 따라 사용할 것이다. 생태전환 정도를 측정하는 기존의 지수들도 재생에너지 도입 수준 등 기술, 산업적 요인에서부터 기후 대응 지수 등 다양한 요인들을 고려하기는 하지만, 탈성장전환 등을 적극적으로 고려하지는 않는다.

205. World Bank Group. 2024a.

206. Yale Center 2022.

207. 투즈 2022:15.

208. OECD 2024:8-9.

209. Foster 2019.

210. 뒤에 산업정책을 검토하며 다시 언급하겠지만 미국은 긴 우여곡절을 겪은 뒤 2022년 8월 '인플레이션 감축법(일명 IRA)'이라는 의외의 이름의 기후 대응법으로 부족한 결실

을 맺었다.

211. 2020년 온실가스 배출은 전년 대비 세계적으로는 약 −3.7% 정도로 감소했고, 한국은 −7% 정도 감소한 것으로 평가되고 있다(Our World in Data).

212. Boffey 2020.

213. Moreno 2024.

214. OECD 2020. Agrawala,Shardul·Dussaux,Damien et al. 2020.

215. 문재인 2020.

216. 대한민국 정책브리핑 2020.

217. 유종일 2019.

218. 관계부처 합동 2020.

219. 이 책의 초안 원고는 2024년 12. 3 내란 사태 이전에 작성되었기 때문에 대체로 분석의 시간적 범위가 2023년 말로 제한된다. 그러나 2024년까지로 범위를 확장해도 내용이 크게 달라지지는 않는다.

220. 비상경제중앙대책본부 2020a.

221. 비상경제중앙대책본부 2020b.

222. '한국판 뉴딜의 핵심은 디지털뉴딜'이라고 당시 문용식 한국국지능정보사회진흥원(NIA) 원장이 분명히 증언했다. 문용식 2025:358-362.

223. 대한민국 정책브리핑 2021.

224. 이광석 2022:134.

225. 이광석 2022:132.

226. 2024년에 한국 기업의 신규 가입은 없었지만, 대만은 스콘을 포함하여 5개 대만 기업이 RE100 대열에 참여하여 한국과 똑같이 4번째로 많은 국가가 되었다.

227. 글로벌 플랫폼기업들인 구글, 메타, 애플, 마이크로소프트는 모두 2021년 이전에 목표가 달성되었다.

228. 산업연구원 2022.

229. Climate Goup & CDP 2024.

230. Climate Group & CDP 2024:54.

231. Climate Group. 2024. "South Korea RE100 Localised Policy Messages".

232. Enerdata 2024.

233. Climate Goup & CDP 2024:42-43.

234. 이들은 기업의 특성 정보를 수집하는 연례조사인 2021년 유럽투자은행설문조사

(EIBIS)에 담긴 11,920개 유럽 기업과 802개 미국 기업 자료를 기반으로 분석했다. 디지털 영역은 자신의 사업영역에 대한 최첨단 디지털 기술 적용을 살펴봤고, 생태전환 영역은 기후위기 영향에 대처하고 온실가스 배출을 줄이기 위한 투자를 조사했다.

235. Veugelers · Faivre, 2023:57.

236. Veugelers · Faivre 2023:58.

237. IEA 2023. IRENA 2023.

238. IRENA 2023.

239. IEA 2023

240. 김병권 2023a:282—292.

241. 슈밥 · 피터 반햄 2021:98-106.

242. 레이워스 2018:246.

243. 레이워스 2018:246.

244. Flufy 2023:28.

245. Muench·Stoermer et al. 2022:75-76.

246. Kushida 2024.

247. Nahm 2021:11.

248. 밀러 2023. 인치밍 2023.

249. 김병권 2020:21-22. 물론 그린뉴딜은 국가 정책으로 한정되지 않고, 도시의 정책으로도 많이 수용되었다. 미국에서 LA나 뉴욕의 도시버전 그린뉴딜이 대표적이다.

250. 웨인라이트 · 만 2023:18-19.

251. 웨인라이트 · 만 2023:17.

252. Bradford 2023a.

253. 세 국가군과 한국의 비교를 주로 정책 맥락에서 대조해보는 방식을 사용할 것인데, 여기서 "맥락의 대조는 이론의 일반화에 대해 비판적이며, 가능한 한 상이한 사례들 사이의 차이점을 대조하기 위해 사용된다. 맥락의 대조로서의 비교연구는 각각의 사례에 내재하는 맥락적 특수성을 발견하여 그러한 특수성이 일반적인 것으로 추측되는 사회과정에 어떠한 영향을 끼치는가"는 알아내는 것이다(김용학 · 임현진 2000:57).

254. 세 모델의 차이, 그리고 이와 비교해서 한국의 현실이 갖는 독특함에는 역사적 경로의 차이가 숨겨져 있을 것이지만, 이들을 역사적으로 추적하는 것은 그 자체로 기술, 산업, 사회 분야의 상당한 자료 동원이 필요하므로 여기서는 생략한다.

255. Leonard 2023.

256. Prontera 2024: 45-50.

257. 앤더슨 2007: 62-74.

258. Bradford 2023a:32-68. 최근 인공지능이 미칠 악영향에 대한 걱정이 커지고 있지만, 미국은 2024년 말 현재 "여전히 연방 차원에서 인공지능 규제법안을 만들지 않고, 기술기업들이 무시해도 그만인 자발적 표준을 제안"하는데 그치고 있다(Bradford 2023b).

259. 페이라노 2021.

260. 주보프 2021.

261. 맥나미 2020.

262. https://a16z.com/the-techno-optimist-manifesto/

263. 중국의 거대 기술기업들의 급성장에서 한 가지 아이러니한 대목은 이들 국가 보조금보다는 미국을 비롯한 벤처 캐피탈을 기반으로 성장했으며, 이는 중국의 기술력 또한 시장 중심의 기반에 크게 의존하고 있다는 것을 의미한다는 사실이다.

264. Bradford 2023a:69-104.

265. Leonard 2022:33.

266. 국제전기통신연합(ITU)은 2024년 9월, 6세대(6G) 모바일 기술에 포함될 세 가지 새로운 기술 표준을 승인했다. 이 규칙은 네트워크가 AI를 통합하고 가상현실과 같은 영역에서 몰입형 경험을 생성하는 방법에 관한 것인데, 중국과학원(CAS)과 국영기업인 차이나텔레콤이 개발했다. 글로벌 모바일 네트워크에서 중국산 장비를 배제하려는 미국 정부의 노력에도 불구하고 무선 기술은 이처럼 꾸준히 중국화되고 있다(The Economist 2024c).

267. Leonard 2022:28-29.

268. Bradford 2023a:69-104.

269. Bradford 2023a:105-110.

270. 마르그레테 베스타게르는 2014-2024년까지 유럽에서 거대 디지털 플랫폼기업들에 대해 거액의 벌금을 부과하는 등 디지털 독점을 주도해온 상징적인 인물인데, 뒤에 다시 설명할 것이다.

271. Bradford 2023a:111-130.

272. arrell · Newman 2023. Bradford · Li · Waxman 2024.

273. https://companiesmarketcap.com/

274. http://data.krx.co.kr/contents/MMC/RANK/rank/MMCRANK001.cmd

275. 밀라노비치 2019.

276. 로치 2023:457.

277. Farrell · Newman 2023:210.

278. Leonard 2022:124-128.

279. Kaufman · SahaSaha 2023. 다만 글로벌 녹색산업 갈등을 피하려면 제한된 수준의 녹색 관세나 자국 녹색산업 지원정책을 허용하면서 글로벌 협력을 유지하는 새로운 합의가 필요하다고 그들은 덧붙였다.

280. Prontera 2024:150-151.

281. Christophers 2024b

282. Prontera 2024:155-160.

283. 태양전지를 세계 최초로 발명했던 미국에서 21세기에 들어서 재생에너지와 배터리, 풍력 등에서 두드러진 글로벌 기업이 손에 꼽힐 만큼 부진한 이유는 별도의 연구과제다. 뒤늦게 IRA를 입법하고 대규모 공적자금을 쏟아부어 녹색산업 기반을 일으키려 하고 있지만, 2025년 1월 현재 그 전망은 아직 장담하기 어렵다. 참고로 대만기자 린훙원은, TSMC가 애리조나에 400억 달러를 투자해 파운드리 공장을 개설한 것에 대해, 모리스 창이 회의적이었다고 지적을 소개하며 "생산공장을 억지로 미국으로 이전시키면 원가 상승이 불가피하다. 미국의 생산비용이 타이완보다 50~100퍼센트 비싸기 때문"이라고 덧붙였다. 미국의 반도체 제조 부활에 부정적으로 본다는 것인데, 이 논리를 연장하면 배터리나 전기자동차, 태양광 제조 역시 유사하게 평가할 수도 있다(린훙원 2024:389-407).

284. 미국과 달리 "독일의 풍력 및 태양광 기업들은 부품 및 복잡한 생산 장비 개발 기술을 보유한 중소기업이 대다수를 차지"하여 재생에너지 산업을 이끌어갔기 때문에 그나마 산업기반을 유지할 수 있었다(Nahm 2021:15).

285. the Economist. 2024. "The shale revolution helped make America's economy great". the Economist, Oct 14th 2024.

286. 김병권 2024c.

287. Rathi 2023:13-28.

288. 고성호 2024:128.

289. Prontera 2024:66-70.

290. Nahm 2021:122. Lewis 2023:2.

291. 202년 중국 시진핑 주석은 2030년까지 태양광과 풍력발전 용량을 최소 1,200기가와

트까지 늘리겠다는 목표를 세웠다. 그런데 2024년 한 해 동안 태양광은 45.2%(+277기가와트)라는 기록적인 증가율로 총 887기가와트를 달성했고, 풍력도 18%(+80기가와트) 증가한 약 521기가와트를 달성함으로써 총 1,408기가와트가 되었다.

292. IEA 2024b:16-19. 특히 반도체와 디지털 부문에서 미국의 수출통제 등으로 고전을 겪고 있는 것과 달리, 녹색 부문에서는 거의 완결적인 생산체계를 기반으로 세계 녹색 제조를 이끌고 있어, 2024년부터 미국이 이들의 과잉 생산에 항의하는 상황이 되었다.

293. 파이낸셜타임스는 "14개 중국 발전사의 경우 이제 재생에너지가 석탄과 가스에 의존하는 것보다 수익성이 더 높았다"면서, "초기에는 중국의 재생에너지 설치가 국가정책에 의해 추진되었지만, 이제는 점점 더 수익 동기에 의해 추진"되고 있음을 지적했다 (파이낸셜타임스 2024.1.5.). 심지어 전문가들은 당초 2030년까지 최대 CO_2 배출량을 달성하겠다는 중국의 목표가 예정보다 앞당겨져 2024년에 이미 도달했다고 추정하기도 한다.

294. Nahm 2021.

295. Al-Haschimi · Spital 2024. Lovely · Yan 2024. IEA 2023b. IEA 2024b.

296. Prontera 2024: 247.

297. Prontera 2024: 105.

298. Prontera 2024: 99.

299. Terzi, · Sherwood · Singh 2023.

300. 녹색전환연구소 2024:17-24.

301. 황준석 · 장현숙 2023.

302. 한국 기업들이 비즈니스 활동을 억제하는 규제라면서 유럽의 탄소국경조정 적용 유예 등을 놓고 협상하려 하지만 사실 이는 글로벌 표준으로 수용해야 할 이슈다.

303. 김병권 2024c.

304. Dragh 2024: 3.

305. Dragh 2024: 7-8.

306. 미국 하원은 빅테크의 경쟁 위반 행위를 규율하기 위해 2019년 6월부터 2020년 10월까지 약 16개월간 광범위한 조사를 수행하고 2020년 10월에 무려 450쪽에 달하는 조사 보고서를 발간했다. 이 보고서는 2021년 이후 바이든 정부가 디지털 독점을 규율하는 토대가 되었다.

307. Bradford 2023a:68.

308. Bradford 2023b.

309. Bradford 2023a:69-104.

310. Bradford 2023a:98.

311. Bradford 2023a:99

312. Bradford 2023a:10

313. Bradford 2023a:17

314. Bradford 2023b

315. Bradford 2020.

316. Bradford 2023a:19.

317. Bradford 2023a:362.

318. '다중위기'는 2016년 유럽연합 집행위원회 위원장인 장클로드 융커가 그리스 채무 위기, 푸틴의 우크라이나 침략, 브렉시트의 소용돌이, 시리아의 난민 위기가 유럽으로 확산되는 상황에서 유럽을 관리해야 했던 경험을 설명하기 위해 채택한 용어인데, 경제사학자 아담 투즈(Adam Tooze)가 코로나19 이후 2020년대 글로벌 상황을 설명하려고 다시 꺼내 들었다. 일부에서는 영구적 위기(pemacrisis) 또는 초거대위협(mega-threat)라는 용어를 동원하여 단일한 한 가지로 환원될 수 없는 현재의 위기국면을 설명한다. 세 국가 모델의 유동화는 이런 현실의 반영이다(Brown El-Erian et al. 2024; Albert 2024; 루비니 2023).

319. Bradford 2023a:132.

320. Hubbard 2020.

321. Wheeler 2024:19.

322. 유럽이 2030년까지 육지와 바다 면적의 20%에 해당하는 공간을 자연으로 복원하려는 '자연복원법' 시행을 앞두고 농민과 마찰을 빚는 등 생태전환에서 과도하게 앞서 나간다는 비판도 있지만, 이는 앞서 나가서 문제가 아니라 '정의롭게' 추진하지 못해서 생긴 문제다(Niranjan 2024).

323. 슈밥·반햄 2021:290.

324. Rajan 2019.

325. 비상경제중앙대책본부 2020a.

326. 비상경제중앙대책본부 2020c.

327. 김병권 2023c.

328. 산업통상자원부 2023.

329. 녹색전환연구소 2023:66. 원래는 2025년에 자산규모 2조원 이상 기업들, 2030년 상장기업 전체에 대해 ESG 공시를 의무화할 예정이었는데, 2023년 10월에 연기를 발표했다. 2025년 1월 현재까지 ESG 의무공시를 언제부터 시행할지 미지수다. 유럽은 2022년 말 '지속가능성 보고지침(Corporate Sustainability Reporting Directive:CSRD)'을 만들어서 비재무공시 대상 대기업을 시작으로 회계연도 기준 2024년도부터 적용된다.

330. Bradford 2023a:11-16.

331. 최근에는 대기업의 경제력 집중을 탐구하고 개혁방안을 연구하는 분위기도 드물 정도가 되었다. 오랫동안 이를 연구한 박상인은 한국의 주요 재벌 경제력 집중이 2010년 전후로 정점을 찍고 다소 완화되기는 했지만, 여전히 높은 수준을 기록하고 있다고 지적한다(박상인 2021: 140-142). 더욱이 기존의 전통적 재벌을 넘어서 네이버와 카카오와 같은 디지털 플랫폼기업들 역시 신흥 재벌 수준으로 몸집을 키워 재계 상위수준으로 진입했지만, 이들의 시장 지배력 남용행위는 여전히 과징금 부과 수준에 머무르고 있다(김병권 2023a).

332. Leonard 2021:164.

333. 덧붙인다면, 정부와 기업뿐 아니라 사실 정부의 관성을 비판하고 변화된 행동을 압박해야 할 NGO나 시민사회도 책임에서 자유로울 수는 없다. 일부 노동조합에서의 '플랫폼노동'에 대한 문제제기와 자영업의 '온라인 플랫폼 공정화법' 제정 요구를 제외하면, 빅테크의 과도한 경제권력에 대한 규제나 '디지털 과잉'에 대한 사회적 견제가 현재 한국 사회에서 대단히 부족하다. 더 나아가 생태전환을 디지털전환과 적극적으로 결합하여 사회적으로 대처하는 기후운동이나 환경운동도 아직 없다. 두 전환이 모두 정의롭게 진행되기 위해서는 노동조합, 지역주민, 커뮤니티 등이 전환의 주요 이해관계자로 분명하게 호명되어야 한다. 나아가 시민사회와 커뮤니티의 관점에서 두 전환을 어떻게 통합적으로 인지하고 대처할지에 대한 전략도 필요하다.

334. 김병권 2023a:23-25. Stoddard · Anderson et al. 2021.

335. 애쓰모글루 · 존슨 2023.

336. Mann 2021.

337. https://www.ft.com/content/262f2980-a380-45b0-bcaf-1d7d68918831.

338. Stiglitz 2024.

339. 애쓰모글루 · 존슨 2023:397.

340. Chow 2024.

341. Teachout 2020:37.

342. Bradford 2023a:124.

343. 애쓰모글루 · 존슨 2023:137.

344. Acemoglu 2024b.

345. Birkinshaw 2023.

346. 애쓰모글루 · 존슨 2023:57.

347. Roose 2023.

348. 애쓰모글루 · 존슨 2023:481.

349. 애쓰모글루 · 존슨 2023:503.

350. 애쓰모글루 · 존슨 2023:103.

351. Palma 2022.

352. Satariano · McCabe 2024.

353. Espinoza 2024.

354. https://www.gov.uk/government/collections/digital-markets-unit

355. 日 공정위, 애플·구글 등 '독과점' 감독 부서 신설…해외 당국과 연계, 서울경제, 2024-08-2.

356. 김병권 2021:78-79. 존 셔먼(John Sherman) 미국 상원의원은 1890년 미국 최초의 반독점법인 '셔먼 독점금지법'을 통과시키는 데 주도적인 역할을 했으며, 루이스 브랜다이스(Louis Dembitz Brandeis) 대법관은 20세기초 미국의 반독점과 경제민주주의에 중요한 기여를 한 인물로 평가받고 있다.

357. 우 2020:131.

358. 굿맨 2025a : 452-456. 뉴욕타임스 기자 피터 굿맨에 따르면 보수 싱크탱크인 '미국기업연구소'가 보크를 반독점 정책고문으로 고용해서 그의 이데올로기를 적극 전파하는 한편, 퀘이드맨해튼은행, US스틸, 화이자 등 주요 독점기업들이 보크와 그의 제자들에게 연구자금을 지원해왔다.

359. Khan 2017a.

360. Khan 2017a.

361. '신브랜다이즈주의(New Brandeisians)'는 19세기 말 도금시대에 적용되었던 강력한 반독점 전통의 부활을 요구하는 조류다. 신브랜다이즈주의자들은 현재 빅테크의 독점화를 100년 전 도금시대 독점의 부활로 인식하고 있다. 이들에게는 구글이 자사 상품이 포함된 검색결과를 차별적으로 보여준다든지, 애플이 자사 앱이 포함된 앱스토어를

운영하는 등의 행위가 심판과 선수의 이중적 지위 문제를 일으키는 이해충돌에 해당하므로 심각한 경쟁 파괴 행위가 된다. 더 나아가 이들은 데이터의 독점이나 시장 다양성의 상실까지 문제를 삼고 있고, 심지어 빅테크가 명백히 미국 정치에 본질적인 영향을 미치려 하고 있다는 점까지 주목하고 있다(Posner 2021).

362. Khan 2017a.

363. Khan 2017a.

364. Khan 2017a.

365. Pew Research Center 2021.

366. McCabe 2024.

367. McCabe 2024.

368. Satariano · McCabe 2024.

369. 공정거래위원회 2025.

370. 김병권 2021:81. 김병권 2022.

371. 김병권 2022.

372. 2025년 1월 국회 '의안정보시스템' 검색 결과.

373. 법률신문 2023.

374. 우 2020.

375. 크리스토퍼스 2024:35.

376. 크리스토퍼스 2024:574-575.

377. 크리스토퍼스 2024:578.

378. 김동주 2022:58-63.

379. 구준모·김종철 외 2023.

380. 주보프 2021:661.

381. 우 2020:99-100.

382. 우 2020:99-103.

383. 우 2020:99-104.

384. 우 2020:99-107.

385. 우 2020:108-111.

386. 우 2020:112.

387. 우 2020:118-123.

388. Bradford 2023a:51.

389. Tepper 2019:91-92.

390. Dragh 2024.

391. Bradford 2024.

392. Bradford 2024.

393. 대런 애쓰모글루는 이 대목을 강력히 문제 삼았다. "예외없이 미국 기술기업들은 규모에 집착한다. 아직 입증되지 않은 '규모의 법칙'을 인용하며 더 많은 데이터와 컴퓨팅 파워를 모델에 공급하는 것이 더 큰 능력을 발휘할 열쇠라고 가정했다. 심지어 어떤 이들은 '규모만 있으면 된다'고 주장했다(Acemoglu 2025).

394. French 2025.

395. Khan 2025.

396. 유럽 인공지능법은 2021년 4월 21일에 제안서가 채택된 이후 여러 논의과정을 거쳤고, 2024년 3월 13일 본회의에서 전체 618표 가운데 찬성 523표라는 압도적인 지지로 최종안을 가결했다. 이 법의 일부 금지 조항은 발효 6개월 뒤부터 적용되며 이후 단계적으로 적용이 확대되어 2026년이 되면 전면 시행될 예정이다(EU 2024. 최경진 외 2024).

397. Council of the European Union. 2024:9

398. Council of the European Union 2024:9.

399. Council of the European Union 2024:13.

400. Council of the European Union 2024:46.

401. Council of the European Union 2024:78-88.

402. European Parliament 2023:5.

403. Galaz · Centeno 2021:7.

404. European Parliament 2023:2.

405. IEA 2024:31-39.

406. https://www.bbc.com/news/technology-68789880

407. CMA 2024.

408. White House 2022.

409. Kang · Sanger 2024.

410. Kang · Sanger 2024

411. 다만 미국의 경우 행보가 느린 연방정부와 달리 2024년 1월 현재 16개 주에서 인공지능법을 제정하는 등 주 정부 차원에서는 좀 더 신속하고 명확한 인공지능 규제에 나서고 있다. 관련법을 논의 중인 주까지를 포함하면 약 30개 주까지 늘어난다(Kpur 2024).

412. The White House. 2025.

413. 법안 내용은
https://leginfo.legislature.ca.gov/faces/billNavClient.xhtml?bill_id=202320240SB1047

414. Metzand · Kang 2024.

415. Lucero 2024.

416. Johansson 2024.

417. Bradford 2023b.

418. Bradford 2023b.

419. Bradford 2023b.

420. Bradford 2023b.

421. Acemoglu 2025.

422. Li · Etchemendy 2023.

423. 공공이 인공지능 연구개발을 주도하는 이슈는 드물지만, 인공지능의 공공분야 활용 영역은 상당히 활발한 주제다. 대표적으로 OECD는 2024년 발표한 페이퍼를 통해, 공공 부문에서 AI를 사용하면 정부가 보다 효율적인 내부 운영과 보다 효과적인 공공 정책으로 생산성을 높일 수 있고, 공공 정책과 서비스를 보다 포용적이고 시민과 특정 커뮤니티의 변화하는 요구에 대응할 수 있도록 설계하고 제공할 수 있다고 긍정적으로 평가하고 있다. 다만 AI의 잠재적 이점에도 불구하고 공공 부문에서 파편화되고 통제되지 않은 AI 배포의 위험에 대한 우려도 있다는 지적도 덧붙였다. OECD. 2024b.

424. Mazzucato · Valletti 2025.

425. https://likms.assembly.go.kr/bill/billDetail.do?billId=PRC_R2V4H1W1T2K5M1O6E4Q9T0V7Q9S0U0

426. 정준화 2024. 《박태웅의 AI 강의》의 저자 박태웅 의장도 인공지능법 발의 과정에서 '신뢰할 수 있는 인공지능'에 대한 정의부터 내용들이 부실하게 준비되고 있음을 명확히 지적해왔다(박태웅 2023).

427. 이광석 2022:140.

428. 박지환 2024.

429. https://cryptoclimate.org/를 참조할 수 있다.

430. 김병권 2024.

431. The White House 2023.

432. Reich 2025.

433. 한국은행 2022.

434. 한국은행 2022.

435. Khalaf 2024.

436. BIS 2023.

437. 영어 원문은 다음과 같다. "Decentralised finance can be regulated as forcefully as the legislator considers necessary"(Bindseil · Schaaf 2024)

438. 김병권 2024.

439. Bradford 2023a:131.

440. Dragh 2024.

441. 노드하우스 2017.

442. Meckling · Allan 2020:435.

443. 김병권 2023c:7.

444. Chief · Hasanov 2019.

445. Chief · Hasanov 2019.

446. 김병권 2023c.

447. Rodrik 2014.

448. 김병권 2023c.

449. 마추카토 2025:74

450. Harris 2013.

451. 웹사이트 https://www.sunrisemovement.org/green-new-deal/ 를 참조할 수 있다.

452. Gunn-Wright · Hockett 2019.

453. Petitor 2019:18.

454. Petitor 2019:1-208

455. Mastini · Kallis · Hickel 2021.

456. 김병권 2023a:72-73.

457. 김병권 2023c.

458. 김병권 2023c.

459. 최윤희 · 허선경 2022.

460. 김용균 2022.

461. 미국의 IRA가 과연 생태전환에 전진적으로만 영향을 줄 것인지에 대한 우려도 있을

수 있는데 이는 IRA가 여전히 강력한 '성장정책'의 일환이기 때문일 것이다. 대체로 녹색산업정책은 "녹색 공공투자가 경제의 무한팽창을 가속화시키는 녹색성장으로 귀결되어 기후위기를 악화시키는 방향으로 흐를 우려가 있는 것도 사실"이다. 이에 대해서 팀 잭슨이나 피터 빅터 등 생태경제학자들은 탈성장적 녹색산업정책도 가능하다고 제안한다(Victor 2022). 녹색산업정책은 성장주의가 아니라 탈성장의 방향으로도 움직일 수 있다는 것인데, 당연히 미국 IRA나 중국과 유럽의 녹색산업정책이 이런 성격을 가지고 있는 것은 물론 아니다(김병권 2023c).

462. 박소희 2024.

463. 화웨이 2022.

464. 황준석 · 장현숙 2023.

465. 한국산업기술진흥원 2023.

466. 김계환 · 강지현 2023.

467. 김계환 · 강지현 2023.

468. 김영한 2023.

469. The Economist 2023.

470. Juhasz · Lane · Rodrik 2023.

471. ECD. 2024c.

472. Block · Keller · Negoita 2024.

473. Dragh 2024. 미국에게는 디지털에서 밀리고 중국으로부터는 녹색에서 추격을 허용한 유럽의 고민은 2024년 9월 공개된 〈유럽경쟁력 보고서〉에 잘 드러나 있다(김병권 2024c).

474. European Commission 2025.

475. 관계부처합동 2022.

476. 관계부처합동 2023a.

477. 현대차 한국 탈출, "도시 하나가 미국으로 가버렸다.", 슬로우뉴스, 2025년 01월22일.

478. Reynolds 2025.

479. Bremmer 2025.

480. Streitfeld 2023.

481. 커즈와일 2007:183.

482. 보스트롬 2017.

483. 슈밥 2016.

484. 포드 2019:442.

485. Streitfeld 2023.

486. 샘 알트먼 "인간 수준의 AGI, 트럼프 임기 중 개발될 것". 한겨레신문, 2025-01-06.

487. Kurzweil 2024:4-5.

488. Walker 2023.

489. 스밀 2023:13.

490. 맥키번 2019:377.

491. Lenton · McKay et al. 2023:32.

492. 세르비뉴 · 스테방스 2022:41.

493. 록스트룀 · 가프니 2022:138.

494. Richardson · Steffen et al. 2023.

495. Hansen · Sato 2023.

496. Milman 2024.

497. Ripple · Wolf et al. 202.

498. McGuire 2022.

499. Harlan · Dance et al. 2023

500. 세르비뉴 · 스테방스 2022.

501. 록스트룀 · 가프니 2022; Dixson-Declève 2022.

502. Laurent 2023:130.

503. 이 주제는 이미 《문화과학》 2024년 가을호에서 "인공지능, 기후, 그리고 디지털 충분성"이라는 주제로 더 자세히 다루었고, 여기서는 그 일부를 수정해서 실었다. 김병권 2024b.

504. Haff 2014:2.

505. Haff 2014:2.

506. '인포그(infog)'란 상호 연결되고 정보적 환경 안에 존재하는 정보적 유기체로 인간을 파악하는 것이다

507. 김선희 외 2024:42.

508. Szerszynsk 2024.

509. Campbell Jensen 2019:4.

510. Campbell Jensen 2019:1.

511. Campbell Jensen 2019:8

512. Mcgovern 2020:13.

513. 노드하우스 2017:325-326.

514. 김병권 2024d: 256.

515. Boulding,Kenneth 1966.

516. Villamayor-Tomas,Sergio · Muradian,Roldan 2023:11-12.

517. 더글러스 러미스 2011:167.

518. 김병권 2023:42.

519. Mcgovern,Gerry 2020:37.

520. 파블로 세르비뉴 · 라파엘 스테방스 2022:143.

521. 파블로 세르비뉴 · 라파엘 스테방스 2022:202.

522. Mooney 2024.

523. World Bank Group 2024. 세계은행 보고서는 "The green-digital policy nexus is uncharted territory for most governments"라고 분명하게 얘기하고 있다.

524. 경제중대본회의 보도자료는 기획재정부에서 발표했지만 범부처 자료이고 별도로 분석할 필요가 있어 기획재정부 빈도 산정에서 제외했다.

찾아보기

디지털 과잉 함정에 빠진 한국, 더 위험해진 기후

AI와 기후의 미래

© 김병권

1판 1쇄 발행 2025년 4월 3일
펴낸이 전광철   펴낸곳 협동조합 착한책가게
주소 서울시 마포구 독막로 28길 10, 109동 상가 b101-957호
등록 제2015-000038호(2015년 1월 30일)
전화 02) 322-3238   팩스 02) 6499-8485
이메일 bonaliber@gmail.com
홈페이지 sogoodbook.com

ISBN 979-11-90400-63-3   (03300)